Christoph Thomann
unter Mitarbeit von Wibke Stegemann

Klärungshilfe:
Konflikte im Beruf

Methoden und Modelle klärender Gespräche
bei gestörter Zusammenarbeit

Rowohlt

4. Auflage Mai 2003

Originalausgabe
Veröffentlicht im Rowohlt Taschenbuch Verlag GmbH,
Reinbek bei Hamburg, August 1998
Copyright © 1998 by Rowohlt Taschenbuch Verlag GmbH,
Reinbek bei Hamburg
Redaktion Wolfgang Müller
Umschlaggestaltung Annette Brodda
Satz aus der Sabon und Frutiger PostScript, PageOne
Gesamtherstellung Clausen & Bosse, Leck
Printed in Germany
ISBN 3 499 60462 0

Inhalt

Konkretes Vorgehen Schritt für Schritt 41

Dank

Die Klärungshilfe ist nicht alleine auf meinem Mist gewachsen, und dieses Buch wäre ohne Hilfe von Wibke Stegemann nicht entstanden. Sie hat aus meinen umgangssprachlichen Erfahrungen vollständige hochdeutsche Sätze gemacht und die Fülle des Gesamtmaterials immer wieder gebündelt und durch Gliederungsvorschläge in eine für den Leser (hoffentlich) nachvollziehbare Ordnung gebracht. Darüber hinaus war sie eine Bereicherung für meine Familie. Ihre Anwesenheit während unserer «Schreibzeiten» hat die Kinder in neue Welten blicken lassen. Auch Claudia Renner bin ich für die jahrelange Aufbewahrung von Tonbändern des Praxisfalls und für ihre Transkripte dankbar. Ich konnte all das plötzlich gut brauchen.

Geistige und handwerkliche Urväter und Urmütter der Klärungshilfe sind Ruth C. Cohn, Dieter Dauber und Fritz Perls. Bei Ruth C. Cohn habe ich nicht nur Themenzentrierte Interaktion (TZI) gelernt, sondern auch die ersten fünf Jahre meiner Praxis supervidieren lassen. Sie war mir Lichtblick und Orientierung mit ihrer praktischen und direkten Art. Von Dieter Dauber, der mein Familien- und Systemtherapielehrer war, habe ich das handwerkliche Vorgehen in allen Varianten gelernt. Er ist ein hervorragender Doppler. Fritz Perls hat mich über seine Bücher geprägt.

Ganz besonders und grundsätzlich muß ich aber noch Friedemann Schulz von Thun, Professor am Fachbereich Psychologie der Universität Hamburg, danken. In unserer nunmehr zwanzigjährigen Zusammenarbeit fühle ich mich sehr geborgen, gefördert, unterstützt und herausgefordert, unter anderem zu diesem Buch. Er hat mich aus der psychotherapeutischen Praxis heraus in die Arbeits- und Wirtschaftswelt eingeführt.

Ohne ihn gäbe es die Klärungshilfe nicht als vermittelbare Methode. Obwohl wir 800 Kilometer voneinander entfernt wohnen, stehen wir in ständigem persönlichem und fachlichem Kontakt. Es ist wunderbar, mit Dir zusammenzuarbeiten, Friedo. Danke.

An der Universität Hamburg und vor allem am Münchener Institut für Wissenschaftliche Lehrmethoden (IWL) habe ich seit Jahren Gelegenheit, die Klärungshilfe Kollegen zu lehren. Auch den Testlesern muß ich für ihre Anregungen und Kontrollen des Manuskripts danken. Besonders Alexander Redlich habe ich dadurch nicht nur als absolut zuverlässig, sondern auch über seine zahlreichen Kommentare persönlicher kennengelernt.

Für die tieferen Schichten des Gefühls hat Samuel Widmer indirekt einen großen Einfluß auf die Klärungshilfe, wie sie hier beschrieben ist, gehabt. Sanftes, schonungsloses Konfrontieren und damit den Punkt treffen, um den es geht, habe ich selber bei ihm viele Male erlebt. Durch ihn habe ich die Angst vor der innersten Wahrheit verloren. Dadurch hat die Klärungshilfe nochmals an Direktheit gewonnen.

Viel habe ich auch gelernt von und mit Klaus Heer, Dorothee Rosin, Pierre-Alain Emmenegger, Vreni Widmer, Ruth M. Clemann, Danièle Nicolet, Catarina Barrios, der Hamburger und Berner Klärungshilfe-Supervisionsgruppe und natürlich im Hamburger Arbeitskreis für Kommunikation und Klärungshilfe.

Ein besonderer Dank gilt all den mutigen, verzweifelten und vertrauensvollen Menschen in Führungspositionen, die sich für eine Klärung der Zusammenarbeit ihrer Mitarbeiter an mich wandten und die ich dann durch Konfliktsituationen begleitet habe. Ich habe mit Ihnen sehr viel lernen können, und Sie bilden eine Grundlage meines Einkommens. Danke.

Mit Jadwiga Zawadynska-Thomann, meiner Frau, habe ich den häufigsten fachlichen Austausch. Seit Jahrzehnten reden wir auch über die Klärungshilfen in allen akuten Stadien. Besonders in der Anfangsklärung gibt sie mir wichtige Anregungen und Rückmeldungen. Dafür danke, liebe Iga, für den Rest sowieso.

C.T.
Schüpfen / Bern, im Dezember 1997

Friedemann Schulz von Thun

Vorwort

Genau 10 Jahre sind vergangen, seit unser erstes Buch über Klärungshilfe erschien (Christoph Thomann, Friedemann Schulz von Thun: Klärungshilfe, Reinbek 1988, rororo Sachbuch 18406). Dieses Taschenbuch ist nicht ganz ohne Folgen geblieben.

Obwohl für Fachmenschen geschrieben, liegt es schon in der 9. Auflage vor, erschien auf Ungarisch und hat die inzwischen in Deutschland erstarkte Mediationsbewegung (z. B. Besemer 1993) deutlich beeinflußt. Damals hatten wir es ‹nur› mit Paaren und Familien zu tun. Schon vorher kamen aber Anfragen mehr und mehr aus der Berufswelt, aus der Welt, in der Menschen so viel miteinander zu schaffen haben – und einander so viel zu schaffen machen.

Hier wird alles noch etwas komplizierter und schwieriger. Es gibt nicht nur Betroffene, sondern auch Auftraggeber, Institutionen, Hierarchien, kurz: ein zuweilen verwickeltes systemisches Drumherum, das vom Klärungshelfer, noch bevor er seine ‹eigentliche› Arbeit beginnt, mit größter Bewußtheit und eigener Klarheit erkundet und bewältigt sein will. Und es gibt ganze Teams, in denen es knirscht und brodelt. Christoph Thomann ist diesen Anfragen weitgehend ohne mich nachgegangen und hat, nach und nach, die Regeln der Kunst erweitert und zu einem stimmigen Gesamtkonzept entwickelt. Wenn «jeder gegen jeden und Gott gegen alle» ist, wie es der Chef im Praxisbeispiel von seiner Abteilung beschreibt, dann entsteht eine gruppendynamische Komplexität, deren Bewältigung in diesem Konzept auf eine einfache und geradezu geniale Weise gelingt: zum einen dadurch, daß jeder Beteiligte zu Beginn einer Konfliktklausur mit seinem «Bild» der Verhältnisse ausführlich zu Wort kommt, ohne Dreinreden, ohne Diskussionen. Zwar wird hier keinesfalls immer sogleich deutlich, wie es der Person wirklich ums Herz ist – die Verhärtung verhindert manchmal, daß sie es selber weiß. Gleichwohl, sie darf sich zeigen, und man bemüht sich, sie zu verstehen und von innen her zu begreifen. Allein, das ist nicht nur klärend, sondern vielfach Balsam für verwundete und verstockte Seelen. – Zum anderen dadurch, daß der Klärungshelfer den ganzen Klumpatsch des Teamkonflikt-Potentials in dyadische Klärungen gliedert, im Beisein aller, verbunden mit einer klaren Vorstellung von der richtigen Reihenfolge. Dadurch bleibt die Situation übersichtlich, und ein «guter Dialog über Schlechtes», wie Christoph Thomann das nennt, kann stattfinden und Prägnanz gewinnen.

So bekam ich mit der Zeit den Eindruck, auch aus mancher Forschungsarbeit, die wir an der Universität Hamburg aus dazu gemacht haben (siehe auch Alexander Redlich 1996), daß dieses Konzept mit seinen insgesamt fünf plus zwei plausiblen Phasen inzwischen sehr ausgereift und mitteilenswert geworden ist. Auch waren die Praxisberichte des Autors immer spannend und überzeugend. Daher freue ich mich sehr, daß Christoph Thomann meinem Drängeln nachgegeben und etwas getan hat, was dem intuitiven Praktiker oft schwerfällt: die Regeln der Kunst so zu Papier zu bringen, daß sie sowohl aus der konkreten Praxis heraus verstehbar werden als auch generalisierend über diese hinausweisen. Dies ist hier nun wunderbar gelungen, und somit scheint alles bestens. – Oder?

Oder hängt der Erfolg nicht letztlich doch von der Intuition des routinierten Praktikers ab, welcher mit «Scharfblick, Herz und Kralle» (wie wir in der Einführung lesen werden) der menschlichen Verzweiflung und Verhärtung, der Feindseligkeit und der heillosen Verstrickung zuleibe rückt, mit dem unerschütterlichen Optimismus dessen, der es schon oft geschafft hat? «Es war schwierig, ist aber gut herausgekommen», so lautet oft der Kurzbericht nach einer dreitägigen Klausur mit einem Team, in der «die Luft bleihaltig» war, die «Nacht der langen Messer» befürchtet wurde und es allgemein als «ungeheuerlich» empfunden wurde, «wie man sich das Leben gegenseitig schwermachen kann» (Zitate aus dem Praxisbeispiel). Wie wird ein Klärungshelfer mit so etwas fertig? Schwebt er als harmonisierender Friedensengel ein? Die hier erfreulich konkret und ausführlich dokumentierte Praxis der Klärungshilfe zeigt eher das Gegenteil: Die oft erkalteten Konflikte wollen erst einmal richtig empfunden und ausgekämpft sein, bevor man sich wieder (v)ertragen kann. Wenn der Klärungshelfer den dabei zutage kommenden Gefühlen von Verachtung und Angst, Verletzung und Rachsucht gewachsen ist, wenn er keinen allzu großen Schrecken bekommt, angesichts der Wucht menschlicher Gehässigkeiten, sondern die Kontrahenten mit Liebe und aufgekrempelten Ärmeln dort in Empfang nimmt, wo sie sich selber als «Stachelwesen» empfinden – dann löst sich etwas, und was wie ein Zauber erscheint, ist vor allem die heilsame Kraft einer ehrlichen, meist lange verschleppten Aussprache. Kann man das lernen? Ein fundiertes Konzept, ein solides Handwerkszeug: das ist der halbe Weg. Die andere Hälfte: man muß dem menschlich gewachsen sein. Im «Inneren Team» des Klärungshelfers verbinden sich höchst unterschiedliche Fachleute, um gemeinsame Sache zu machen: Neben dem versierten Gesprächsmoderator ist da ein sensibler Psychotherapeut, der die Gefühle hinter den Worten ahnt und einordnet (siehe Kapitel «Der Mensch – ein Schichtenwesen», S. 166ff.); ferner ein Organisationsfachmann, der das Zwischenmenschliche im Kontext von Hierarchien und Strukturen begreift (siehe Kapitel «Führung, Hierarchiespielregeln und Konferenzen», S. 180); und da ist nicht zuletzt, leider und zum Glück, der berührbare, irritierbare und verletzliche Mitmensch, der selbst eine Konfliktgeschichte hinter sich hat und immer auch auf seine eigene Art reagiert – und nicht nur und nicht immer gemäß professioneller Interventionsstrategie.

Von daher ist es richtig und wohltuend, daß der Autor nicht nur das Konzept erklärt, sondern uns Leser hin und wieder zu «Meditationen» einlädt, zum Beispiel: «Welche der genannten Situationen ist für Sie persönlich am schwierigsten? Warum? Was hat das mit Ihnen persönlich, Ihren Erfahrungen und Ihrem Streitstil zu tun? ...»

Und noch einmal: Kann man das lernen? Ja, wenn man fachliches Lernen, methodisches Üben und menschliches Reifen als Einheit begreift – und wenn man das Glück hat, bei einem Meister in die Lehre gehen zu können. So ein Buch wie dieses bietet dafür keinen Ersatz, wohl aber einen wunderbaren Auftakt und eine gute Nach-Lese.

Einführung

Klärungshilfe

Überall, wo Menschen miteinander schaffen, machen sie sich über kurz oder lang auch zu schaffen. Ob sie wollen oder nicht. Konflikte sind ein Anzeichen von Vertiefung. Diese Vertiefung ist auch eine Chance, wenn man sie ergreifen kann. Allerdings ist diese Chance mit höchst unangenehmen Gefühlen und Situationen verbunden, die einen erst mal von der normalen, vorher vielleicht sogar sehr gut funktionierenden Zusammenarbeit abhalten. Konflikte sind weder wünschenswert noch notwendig, sondern einfach unvermeidbar.

Wenn ein Konflikt da ist, ist es entscheidend, wie damit umgegangen wird. Da es zu kaum einer Ausbildung gehört, Konflikte im Beruf lösen zu lernen, greifen wir alle in solchen Situationen auf unser – von Haus aus gelerntes – Konfliktverhalten zurück: Vermeidung, Verleugnung, Ausbrüche, Beschwichtigungen, oberflächliche Lösungen etc. Wie auch im Privatleben haben diese Strategien im Berufsleben fatale Langzeitfolgen. Kurzfristig ist der Konflikt zwar gezähmt, langfristig führen sie aber zu einer enormen Erschwerung der Zusammenarbeit. Auch die größten Konflikte haben klein angefangen. Wenn die Eskalation schon lange im Gange ist, sieht man meistens nur noch die unerhörten Taten und Tatsachen und nicht mehr die vorher nicht erhörten Gefühle, Wünsche und Grenzen der Menschen. An diesem Punkt ist es subjektiv schwer glaubhaft, daß Konflikte positive Auslöser sein können. Man sieht nur das «zu Bruch gegangene Geschirr» und die «schmutzige Wäsche» und hat die innere Gewißheit, daß es nie mehr so schön oder problemlos wird, wie es mal war. Alles was jetzt noch kommen kann, ist Flickwerk. Tatsächlich kann aber durch die gründliche und saubere Bearbeitung eines Konflikts eine qualitativ neue, realere Zusammenarbeit entstehen. Es stimmt tatsächlich, daß es nicht so wird wie früher. Es wird anders – und besser. Besser heißt hier nicht strahlender, sondern realistischer, tatsächlicher und wahrer. Das ist immer mehr wert als eine oberflächliche oder problemlose Zusammenarbeit. Die Illusionen von heute sind die Katastrophen von morgen.

In der Klärung von konkreten Konflikten in der Zusammenarbeit werden der vordergründige Anlaß, die Gründe und Hintergründe des Konflikts bearbeitet. Zusätzlich und fast in der Hauptsache erhöhen die Konfliktparteien ihre gemeinsame Konfliktfähigkeit. Die betroffenen Personen werden befähigt, in Zukunft anders und besser mit Konflikten untereinander umzugehen. Sie lernen, sich offener auszudrücken, einander besser zuzuhören, die Realität schneller zu akzeptieren und flexibler darauf zu reagieren, um die gemeinsamen Ziele zu erreichen.

Bei einer Konfliktklärung in der Arbeitswelt darf nie vergessen werden, daß es sich nicht um Psychotherapie, Gruppenselbsterfahrung oder dergleichen handelt. Der Klärungshelfer hat immer die sachliche Zusammenarbeit zur Erreichung des Teamziels vor Augen. Er greift nur in solchen Fällen zwischenmenschliche und gefühlsmäßige Phänomene auf, in denen das unmittelbar zur Erreichung des Ziels unumgänglich ist. Diese Grenze ist aber fließend, und es ist unter anderem von der Person des Klärungshelfers abhängig, wie weit er in diese tieferen Bereiche hineingehen will und kann.

Überblick über das Vorgehen in der Klärungshilfe

Der Ablauf der Klärungshilfe gliedert sich von der Anfrage bis zum Abschluß des Falles in sieben Phasen auf:

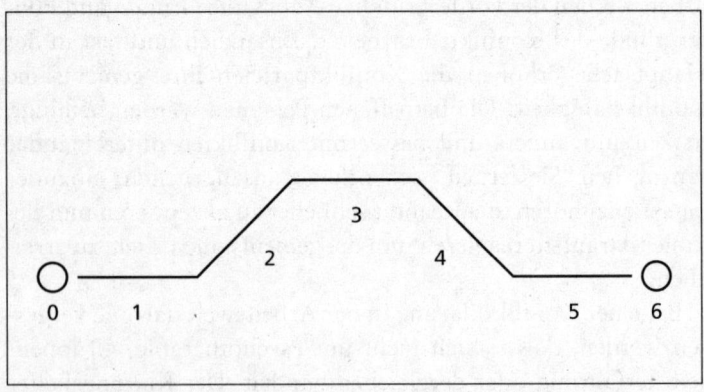

0. Auftragsklärung
1. Anfangsphase
2. Selbstklärung
3. Dialogphase
4. Erklärungen und Lösungen
5. Abschluß
6. Nachsorge

In der **Auftragsklärung** wird überprüft, ob die angefragte Situation überhaupt für Klärungshilfe indiziert ist. Wenn dem so ist, wird hier auch das konkrete Vorgehen mit dem Auftraggeber zusammen geplant. In der **Anfangsphase** treffen sich alle am Konflikt Beteiligten, lernen den Klärungshelfer kennen, nehmen mit ihm und untereinander Kontakt auf, um herauszufinden, ob es noch Hindernisse gibt, bevor man in die Klärung des Konflikts einsteigt. In der **Selbstklärungsphase** geht es ans «Eingemachte». Jede anwesende Person erklärt aus ihrer subjektiven Sicht, was alles zu dem Konflikt zu sagen ist, wie er entstanden ist, wie er sich auswirkt. Im **Dialog der Wahrheit** (Dialogphase) werden diese unterschiedlichsten und sich gegenseitig widersprechenden subjektiven Sichtweisen miteinander in Kontakt gebracht. Es findet eine Art verlangsamter und dadurch vertiefter Streitdialog zwischen den Konfliktparteien statt. Gefühle und belastende Vergangenheit müsssen erst aufgelöst werden, bevor man Lösungen für die Gegenwart und Zukunft finden kann. Dies geschieht dann in der Phase **Erklärungen und Lösungen**. Zunächst wird der Konflikt anhand einer Theorie für alle annehmbar erklärt. Das bewirkt eine allgemeine Beruhigung. Die Beteiligten sind nun fähig, sachlich nach neuen Lösungen zu suchen. Es vergehen also über zwei Drittel der Zeit, bevor man zu den Lösungen kommt. Hier werden nun Sachthemen diskutiert und Abmachungen getroffen. In der **Abschlußphase** wird der Klärungsprozeß abgeschlossen, Reste werden benannt und Konsequenzen für nicht Besprochenes oder nicht Gelöstes formuliert. Außerdem wird hier natürlich auch Abschied genommen. In der späteren **Nachsorgephase** findet eine Überprüfung des Transfers und eventuell eine Nachbetreuung statt.

Dieser Weg führt über viele Details und Stolpersteine, die in den folgenden Kapiteln ausführlich behandelt werden.

Bei der Beschreibung der einzelnen Phasen in den nächsten Kapiteln wird immer zwischen Zweier- und Teamklärungen unterschieden. Bei Zweierklärungen lassen sich zwei Konfliktparteien, die auch wirklich aus je nur einer Person bestehen, von einem Dritten bei der Klärung ihres Konflikts unterstützen. Bei Teamklärungen sind mehr als zwei Personen anwesend, beteiligt und betroffen. Meist handelt es sich um eine ganze Abteilung.

Wer die Teamklärung als Klärungshelfer lernen und beherrschen will, muß die Zweierklärung können, nicht aber umgekehrt. Bei Teamklärungen ist ungleich mehr zu bedenken. Die kleinen Piktogramme hinter den Überschriften zeigen jeweils an, ob sich dieses Kapitel hauptsächlich auf Teamklärung ⬚ oder Zweierklärung ⬚ bezieht.

Das Ziel der Klärung ist immer die Stärkung
– der Zusammenarbeit,
– der guten, nützlichen, fach- und personengerechten Führung,
– der sachgerechten Hierarchie,
– der Klarheit,
– der Transparenz, Effizienz und Effektivität.
Das alles bei gutem, mindestens aber annehmbarem und sachlichem Klima. Dazu muß in der Klärungshilfe das «Unsachliche» angeschaut und erledigt werden. Das heißt dann konkret: Fehler in der Vergangenheit müssen zugegeben werden, aufgestaute und verhärtete Gefühle müssen aufgelöst werden, und die versiegte Kommunikation muß wieder zum Fließen gebracht werden. Insgesamt entsteht durch die in diesem Buch beschriebenen Grundhaltungen und Interventionen ein Klima der Toleranz und Offenheit. Dieses Klima wirkt sich enorm beruhigend auf die Teilnehmer aus, so daß die fachlich/sachliche Zusammenarbeit in relativ kurzer Zeit wieder eine Chance hat.

Klärung heißt nicht, daß es hinterher schöner wird, nur wahrer. Oft ist es hinterher trotzdem besser. Klärung kann aber auch zu unangenehmen Klarheiten und Wahrheiten führen, für die der Klärungshelfer dann aber nicht zuständig ist. Klären heißt den Nebel wegblasen. Aber was dann ans Licht kommt, liegt nicht im Verantwortungsbereich des Klärungshelfers. Er kann vorher nicht wissen, ob sich unter dem Nebel eine saftige Wiese, ein schroffer Felskamm, ein tosendes Meer oder gar ein Gletscher verbirgt. Auf alle Fälle hilft die Klärung allen Beteiligten, sich in Zukunft der Realität entsprechend zu verhalten. Klärung kann auch zu Trennung bzw. Kündigung führen. Das passiert allerdings nur in den seltensten Fällen. Trotz dieser Risiken ist das Ziel der Klärung immer die Stärkung der Zusammenarbeit.

Klärung in einem Team kann nicht in zwei Stunden bewirkt werden. Insbesondere, wenn der Konflikt schon älter ist, bedarf es mehr Zeit (Zeitplanung siehe Auftragsklärung). Jeder Konflikt, bei dem um Vermittlung ersucht wird, ist älter oder geht tiefer.

Konfliktentwicklung

Bei der normalen und guten Zusammenarbeit zwischen Menschen ist die Sachebene (oben im Kommunikationsquadrat) unproblematisch und wird nicht durch Stiche aus der Beziehungsebene (unten) gestört.

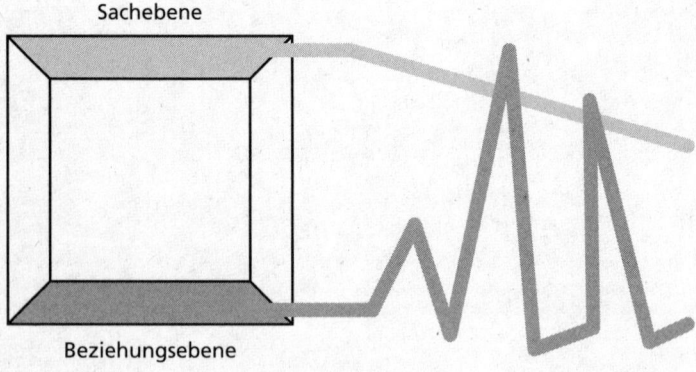

Sachebene

Beziehungsebene

Störungen auf der Beziehungsebene beeinträchtigen den Sachertrag, bohren ihn quasi von unten an. Wenn diese Störungen öfter auftreten oder chronisch werden, sinkt der Sachertrag. Sach- und Beziehungsebene werden heillos miteinander verflochten. Ist das der Fall, müßte die Kommunikation auf der Sachebene abgebrochen werden, um erst einmal zu schauen, was da so unter dem Tisch (auf der Beziehungsebene) los ist, bevor sachlich weiter zusammengearbeitet wird. Dies könnte zum Beispiel von dem Leiter der Sitzung, einem mutigen Teilnehmer oder einem externen Beobachter eingeleitet werden.

Fieberkurve der Konflikt-Entwicklung

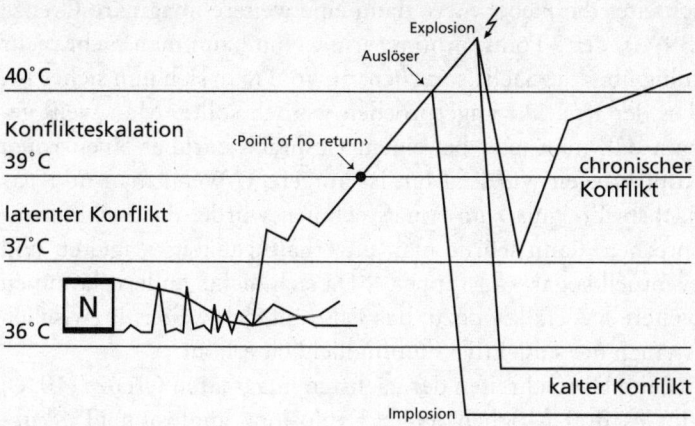

Findet an diesem Punkt jedoch keine Metakommunikation statt, steigt die «Fieberkurve» des Konflikts an. Die kleinen und mittleren Nadelstiche, Verletzungen und Anfeindungen sammeln sich an. Irgendwann überschreitet die Fieberkurve dann eine imaginäre Grenze (37°C), und wir haben es mit einem **latenten Konflikt** zu tun. Die Beteiligten schlucken, machen gute Miene zum bösen Spiel, versuchen geduldig und nicht kleinkariert zu sein. Das alles kommt aber nur vom Kopf her und entspricht dem Bild, wie man gerne sein würde. Innerlich ist man längst woanders, nämlich kleinkariert, empfindlich, aufgebracht und verletzt. Wenn die Situation günstig wäre, könnte man auch darüber sprechen, aber die günstige Gelegenheit ergibt sich nie. Das Ganze ist noch nicht gravierend genug, um eine solche Gelegenheit extra herbeizuführen. Man ist sich auch nicht sicher, ob das alles noch im Bereich des Tolerierbaren ist oder diesen bereits überschritten hat. Jedes weitere Ereignis füllt das Faß, das irgendwann überlaufen wird. Es wird jedoch nichts dagegen unternommen, und die Fieberkurve steigt weiter an.

Durch weitere kleine und dann auch mittlere Vorfälle überschreitet die Fieberkurve dann eine weitere imaginäre Grenze (39 °C), den «Point of no return». Nun kann man nicht mehr ruhig über die Sache sprechen, obwohl man sich nun sicher ist, daß der Konflikt angesprochen werden sollte. Man weiß genau, daß man jetzt bei einem Gespräch darüber einen roten Kopf kriegen würde. Man ist aufgeregt. Wenn man nun das nächste Ereignis zum Anlaß nehmen würde, die Sache anzusprechen, dann würde man unverhältnismäßig reagieren und eventuell sogar «ausflippen». Da sich nichts ändert, kommen weitere «Vorfälle» dazu, das Faß füllt sich weiter. Inzwischen ist auch die subjektive Empfindlichkeit erhöht.

Beim Überschreiten der nächsten imaginären Grenze (40 °C) gibt es drei Möglichkeiten: Explosion, Implosion (Tiefkühlung) oder Chronifizierung des Konflikts.

Wenn das Faß endlich überläuft, kommt es zum Beispiel zu einer Explosion. Solche Explosionen befreien zunächst einmal das Gemüt, erschweren aber die soziale Situation der Zusammenarbeit meist enorm. Am besten ist es, wenn alle Konfliktpartner explodieren. Die Sache ist dann klar, und die Beteiligten sind auf gleicher Stufe. Wenn einer aber cool bleibt oder sich überheblich über die Explosion äußert, verschlimmert sich die Lage für den Konflikt und die Explodierten noch. Zu jeder Explosion gehört unbedingt, quasi als zweiter Akt, das Darüber-Reden. Im Alltag wird dieser zweite Akt jedoch oft ausgelassen. Oft kommen dann Vernebelungsfloskeln wie «Der beruhigt sich schon wieder», «Ich hatte halt einen schlechten Tag», «Schwamm drüber», «Gras drüber wachsen lassen» usw. zum Einsatz. Diese Verleumdungs- und Verschleierungstechniken führen schleichend zur nächsten Explosion oder zur Chronifizierung des Konflikts.

Eine weitere Möglichkeit ist auch, daß eine Konfliktpartei implodiert, sich innerlich ganz zurückzieht («Dieser Mensch ist für mich gestorben»). Das Ergebnis ist ein sogenannter kalter Konflikt. Der Betroffene macht Dienst nach Vorschrift und begegnet dem Konfliktgegner neutral oder sogar (über)höflich, aber kalt. Echte Zusammenarbeit ist nun nicht mehr möglich.

Es kann auch passieren, daß der Konflikt nach dem Point of no return chronisch wird. Es kommt durch Unterdrückung der Gefühle nicht zu Explosionen, die unterschwelligen Sticheleien und kleinen Vorfälle gehen aber weiter. Einerseits kommt nichts wirklich Neues dazu, andererseits löst sich aber auch nichts. So eine Chronifizierung eines Konflikts kann nur in Situationen entstehen, in denen sich die Beteiligten weder ausdrücken können (oder dürfen) noch flüchten können. Es entsteht ein festgefahrener, verbissener Konflikt, aber ohne erleichternde Explosionen.

Mit Begriffen der Medizin könnte man die Explosionen als blutende Wunde, den latenten Konflikt als Entzündung, den chronischen Konflikt als eitrig verklebte Wunde und den kalten Krieg als Krebs eventuell mit immer mehr unsichtbaren Metastasen bezeichnen.

Interventionen

Es gibt verschiedene Stellen, an denen eine interne oder externe Moderation (Klärungshilfe) angefragt und hinzugezogen wird. Am Anfang ist eine ganz gewöhnliche **Sachmoderation** angebracht. Sie soll verhindern, daß die Beteiligten sich gegenseitig anfeinden oder lahmlegen. Meistens führt schon die Anwesenheit eines Moderators dazu, daß das Konfliktverhalten gedämpft wird. Explizite **Metakommunikation** ist hier nur in Ausnahmefällen notwendig.

Bei einem latenten Konflikt wird eventuell eine **Teamentwicklung** angefragt. Die Anfrage könnte folgendermaßen lau-

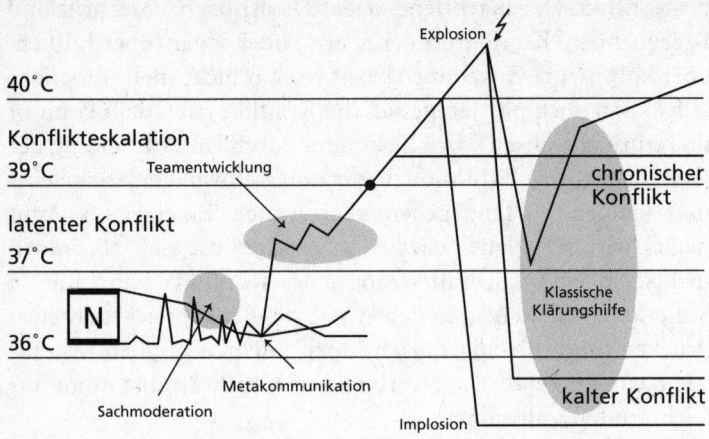

Explosion

40°C

Konflikteskalation
39°C   Teamentwicklung   chronischer
                                                  Konflikt
latenter Konflikt
37°C

            N   Klassische
                                           Klärungshilfe
36°C

        Sachmoderation   Metakommunikation   kalter Konflikt

                                 Implosion

ten: «Bei uns geht es eigentlich grundsätzlich gut, aber es gibt
Empfindlichkeiten und schwierige Punkte unter der Oberfläche. Würden Sie uns mal in einer Teamentwicklung begleiten?» Latente Konflikte können auch anläßlich eines **jähr-
lichen Metakommunikationsgesprächs** der Führungskraft mit
der Gruppe der Mitarbeiter thematisiert werden (siehe «Metakommunikativer Führungsstil», S. 241 ff.).

Es kommt auch vor, daß die Klärung latenter Konflikte
quasi «zufällig» anläßlich eines internen Kommunikationsse-
minars entsteht.

In der darüberliegenden Schicht, der Konflikteskalation,
kann folgende Anfrage kommen: «Bei uns steht alles unter
Strom. Es fehlt nur noch ein Tropfen, bis das Faß überläuft.»
Als Moderator oder Klärungshelfer fühlt man sich in solchen
Situationen schnell wie ein Kaninchen zwischen zwei sich an-
feindenden Giftschlangen. Entweder ist dann alles hochgradig
blockiert und in Nebenschauplätzen festgefahren, oder es
kommt schon zu Beginn der Arbeit zur Explosion. Es ist relativ
schwierig, sich dann als neutraler Auslöser nicht schuldig zu
fühlen, obwohl man natürlich objektiv gesehen keine Verant-

wortung für die Eskalation hat. Streitvermeider unter den Anwesenden machen dann oft den Klärungshelfer direkt verantwortlich. Als Klärungshelfer muß man sich dann klarmachen, daß es nicht zu vermeiden ist, daß es bei der Arbeit an Konflikten zu Explosionen kommt. Sie dürfen sein. Natürlich ist es nicht jedermanns Sache, diese Explosionen auszulösen und zu erleiden.

Die «angenehmste» Anfrage kommt in einem heißen Konflikt, nach der Explosion. Es ist offensichtlich, daß Konflikte da sind, sie müssen nicht ausgegraben werden, und es muß keine Begründungs- und Rechtfertigungsarbeit geleistet werden. Man wird richtig als Auftragshandwerker angefragt: «Bei uns liegt es im argen. Helfen Sie uns! Wir kommen alleine nicht zurecht.» Das ist die schönste Anfrage, weil man gleich loslegen kann mit der Klärungshilfe. Jedem ist klar, daß hier ein Konflikt vorliegt, daß man ihn mit eigenen Bordmitteln nicht mehr lösen kann und daß der Sachertrag durch den Konflikt empfindlich beeinträchtigt wird.

Die schwierigste Anfrage entsteht bei einem kalten Konflikt. Die Klärungshilfe wird natürlich nicht von einer der Konfliktparteien angefragt und schon gar nicht von dem, der den kalten Krieg führt. Meistens kommt die Anfrage vom Chef oder von anderen Mitarbeitern. Das Schwierige ist, daß derjenige, der sich in die Kälte zurückgezogen hat, nie zugeben würde, daß es überhaupt einen Konflikt gibt, daß er verletzt, eingeschnappt etc. ist. Da dann nachzufragen, Kontakt herzustellen und den Konflikt ins Heiße zurückzuführen ist nicht leicht.

Neben der Explosion gibt es auch die Implosion, bei der eine Konfliktpartei den Dampf nicht nach außen, sondern nach innen abläßt. Die Folgen können Resignation, aggressiver Sarkasmus, Depression und psychosomatische Erkrankungen sein. Dieser Prozeß läuft oft unbewußt ab. Auch die Implosion ist eine Sackgasse. Der notwendige Weg zurück ist besonders heikel, weil es arbeitsrechtlich nicht erlaubt ist, jemanden über seine Krankheiten zu befragen.

Meditation

In welcher Schwierigkeitsreihenfolge sehen Sie persönlich die oben beschriebenen Konfliktstadien? Was ist für Sie als Klärungshelfer die schönste Anfrage? Ist das realistisch? Kann die überhaupt vorkommen? Welche Situation ist für Sie persönlich am schwierigsten? Warum? Was hat das mit Ihnen persönlich, Ihren Erfahrungen und Ihrem Streitstil zu tun? Darf das alles so sein? Gestehen Sie es sich zu, diese Vorlieben, Schwierigkeiten und Grenzen zu haben? Oder ist das für Sie inakzeptabel? Muß etwas verändert werden?

Wenn keine der oben besprochenen Hilfeleistungen in Anspruch genommen wird, verschärft sich der Konflikt weiter. Zuerst eskaliert es gefühlsmäßig und zwischenmenschlich, dann wird es «juristisch», und schlußendlich gibt es Zerstörung und Vernichtung (siehe auch Glasl 1990 und Redlich 1997). So eine Konfliktkette ist natürlich immer wesentlich kostspieliger und schmerzvoller als eine Klärungshilfe.

Grundhaltungen in der Klärungshilfe

Den Konfliktparteien glauben

Es ist wichtig, daß der Klärungshelfer den Konfliktparteien glaubt, was sie sagen. In der Klärungshilfe geht es nicht so sehr darum, die **objektive Wahrheit** herauszusuchen, sondern vielmehr darum, die subjektive Erlebnisweise, aufgrund deren die Konfliktparteien handeln, für alle sichtbar werden zu lassen. So spielt es erst einmal überhaupt keine Rolle, ob etwas objektiv oder subjektiv wahr ist, **es zählt nur das subjektiv Wahre**. Besonders in der Selbstklärungsphase ist es die Aufgabe des Klärungshelfers, herauszufinden, wie die Konfliktparteien sich selber, die anderen und die Situation sehen, und dieses erst einmal zu akzeptieren. Eine spätere Konfrontation der Konfliktparteien mit anderen Wahrnehmungen ist dadurch nicht ausgeschlossen. Der Klärungshelfer nimmt zunächst alles, was die betroffenen Menschen sagen, mit der inneren Einstellung auf: «Dieser Mensch sieht es momentan so und hat sicher einen triftigen Grund dafür, es anders zu sehen (oder darzustellen), als es mir oder anderen erscheint.» Konfrontation oder Provokationen sollten erst eingesetzt werden, wenn sich der Klärungshelfer in alle Konfliktparteien ganz einfühlen kann. Diese Einfühlung ist gleichzeitig auch notwendige Grundlage für die spätere Vermittlung im Dialog zwischen den Konfliktparteien.

Akzeptanz und Konfrontation als Grundlage von Veränderungen

Erst auf der Grundlage der Akzeptanz dessen, was und wie ein Mensch sich ausdrückt, kann Konfrontation mit anderen Sichtweisen oder seinen nonverbalen Begleitsignalen fruchtbar sein. Beides ist wichtig, gehört zusammen und ergibt die Möglichkeit zur Veränderung. Akzeptanz allein unterstützt alles, leider auch neurotische und die Wahrheit verschleiernde Tendenzen. Konfrontation allein bewirkt Widerstand, Blockade, Rückzug und Abbruch des Kontakts. Erst wenn die grundsätzliche Akzeptanz deutlich geworden ist, kann konfrontiert werden – nicht umgekehrt.

Widerstand beachten – er ist wichtig

Den Widerstand beachten heißt, ihn ernst zu nehmen. Und das nicht nur aus taktischen Gründen. Widerstand ist ein wichtiger Teil der subjektiven Wahrheit. Daher sollte er als solcher anerkannt werden. Ohne Beachtung und Bearbeitung des Widerstands kann der Konflikt nicht wirklich behoben werden.

Die Beziehung des Klärungshelfers zu den Konfliktparteien

Der Klärungshelfer muß sich ganz einlassen und in jede Konfliktpartei hineinversetzen können, um allparteilich zu sein. Andererseits muß er sich abgrenzen, um konfrontieren zu können. **Ist die Beziehung zwischen dem Klärungshelfer und einer Konfliktpartei (auch nur ein bißchen) gestört, dann muß das sofort zum Hauptthema werden.** Sagt zum Beispiel eine Konfliktpartei: «Sie werden mir das wahrscheinlich wieder nicht glauben ...», dann muß der Klärungshelfer nachfragen: *«Aha, haben Sie das Gefühl, ich glaube Ihnen nicht?»* und die Störung klären, indem er sich Gefühle, Gedanken oder Ereignisse, die dazu führen, nennen läßt und Stellung bezieht. Geht der Klärungshelfer über solche Störungen hinweg, dann nistet sich allmählich eine Unklarheit und damit ein Konfliktkeim in die Beziehung zwischen Klärungshelfer und Konfliktpartei ein. Die Klärung des ursprünglichen Konflikts wird dadurch immer schwieriger. **Die Beziehung zwischen Klärungshelfer und Konfliktpartei soll jederzeit klar sein.** Die Konfliktparteien zeigen Störungen in der Beziehung zum Klärungshelfer meist, wie oben beschrieben, in Nebensätzen oder nonverbal/atmosphärisch. Der Klärungshelfer muß auf beides reagieren und darauf eingehen. Genauso wichtig sind die Störungen des Klärungshelfers zu den Konfliktparteien. Mit der Zeit wird der Klärungshelfer in der eigenen Supervision herausfinden, daß all diese Störungen in erster Linie mit ihm selber zu tun haben. Der Klärungshelfer muß sich als Gegenmaßnahme der unsympathischeren oder störenden Konfliktpartei verstärkt zuwenden, bis sich die Störung aufgelöst hat. Im Idealfall ist der Klärungshelfer in seiner Wahrnehmung ungetrübt, ohne eigene Interessen, im Gefühl offen und wohlwollend und in den Gedanken frei.

Das Idealbild eines Klärungshelfers

Was für ein Wundertier muß ein Klärungshelfer sein, der solche Klärungen erfolgreich durchführt? Der ideale Klärungshelfer sähe etwa folgendermaßen aus:

Adlerblick

Der Klärungshelfer muß einen Scharfblick für das Negative haben, für das, was schlecht läuft, für die objektiven und subjektiven Schwierigkeiten. Das bezieht sich auf die drei Ebenen persönlich, zwischenmenschlich und strukturell. Mit diesem Blick kann er mitten in das Zentrum des «heißen Breis» hineinsehen und braucht nicht mehr um den Brei herumzureden. Dieser Scharfblick sollte nicht nur nach außen, sondern genauso nach innen (auf sich selbst) gerichtet sein. Bei den meisten Menschen, die sich mit Klärungshilfe befassen, ist dieser Scharfblick bereits gegeben.

Herz

Das Herz ist weit und offen, schließt das Positive und Negative mit ein, verurteilt nicht, verdammt nicht und hat keine moralischen Wertungen. Scharfblick und Herz müssen eine gute Verbindung zueinander haben. Auch das Herz soll sich nicht nur nach außen richten, sondern auch das Innere des Klärungshelfers liebevoll akzeptieren.

Das offene Herz akzeptiert alles so, wie es ist. Nicht, daß es automatisch gut so ist, aber es ist jetzt erst mal so. Das Herz kämpft nicht gegen das, was da ist. Das ist nur möglich, wenn das Herz auch nach innen offen ist. Alles, von «A» wie «aalglatt» bis «Z» wie «zu», muß Platz haben. Natürlich ist das am Anfang nicht so, besonders wenn es um Dinge geht, mit denen der Klärungshelfer selbst nicht im reinen ist. Das ist normal. Das Ziel ist es, sich mit den eigenen Schattenseiten auseinanderzusetzen. Alle Schattenseiten, die man an sich kennt und akzeptiert, kann man auch bei anderen akzeptieren.

Flügel

Der Klärungshelfer muß für sich Freiheit und Unabhängigkeit herstellen. Auch in Situationen, in denen seine Flügel mehr oder weniger fest gebunden sind (zum Beispiel bei der Arbeit als interner Klärungshelfer), gibt es Freiheitsgrade, die er nutzen kann und muß. **Freiheit ist die Macht des Klärungshelfers.** Damit ist nicht inhaltliche Macht gemeint. In den allermeisten Fällen hat der Klärungshelfer keine reale Macht über die Konfliktparteien. Freiheit, Kontaktfähigkeit und Allparteilichkeit gleichen diese Machtlosigkeit aus. Die Macht des Klärungshelfers entsteht dadurch, daß er die Oberhand in der Klärungssituation hat. Ohne diese Macht kann man nichts klären. Hat der Klärungshelfer einmal nicht die Oberhand, so passiert es schnell, daß in der Klärung unkontrolliert die Fetzen fliegen.

Zur Freiheit gehört es auch, Einsamkeit auszuhalten. Der Klärungshelfer befindet sich oft in einer einsamen Situation. Er wird unter Umständen von beiden Seiten abgelehnt. Je weniger Angst der Klärungshelfer vor Einsamkeit hat, desto unabhängiger ist er. Dadurch ist es ihm überhaupt erst möglich, unangenehme Wahrheiten anzusprechen.

Kopf/Gehirn

Klärungshelfer müssen auch ein gut ausgebildetes «Adlerhirn» haben, das sich besonders mit Hierarchie, Führung, Strukturen und Abläufen in Organisationen auskennt. Bei Klärungshilfen im beruflichen Bereich geht es in erster Linie nicht um die Persönlichkeitsentwicklung der einzelnen, sondern um organisatorische, hierarchische, strategische und strukturelle Klärungen (zum Beispiel: Wer muß mit wem über was sprechen?). Im Gehirn des Klärungshelfers sind natürlich auch psychologische Inhalte gespeichert, wie Kommunikationsmuster, Gruppendynamik, Persönlichkeitsstrukturen, Beziehungsabläufe, Aufbau und Funktion von Gefühlen, Konfliktmechanismen und deren Eskalationen.

Krallen

Der Klärungshelfer muß den roten Faden und die Werkzeugkiste fest und sicher in den Händen (Krallen) behalten. Beides darf ihm nicht abhanden kommen. Der rote Faden leitet ihn sicher durch die Phasen der Klärung und läßt ihn das inhaltliche Ziel nicht aus den Augen verlieren. Im Werkzeugkasten hat er seine Interventionsmöglichkeiten griffbereit verstaut.

Konkretes Vorgehen
Schritt für Schritt

Phase 0 – Auftragsklärung

Diese Phase umfaßt Anfrage, Auftragsklärung und Beratung des Auftraggebers, inhaltliche Vorgespräche und organisatorische Absprachen. Bei internen, angestellten Klärungshelfern ist die Auftragsklärung ein normaler (bezahlter) geschäftlicher Ablauf. Bei freiberuflichen Klärungshelfern ist sie dagegen erst einmal eine unbezahlte Beratung bzw. Akquisitions-Investition.

Diese Vorphase der Klärungshilfe ist leider auch die komplizierteste und schwierigste. Sie ist die Grundlage, auf der die ganze Konfliktklärung steht und hält, schwankt, rutscht oder fällt. Hier ist es besonders wichtig, daß dem Klärungshelfer keine Fehler unterlaufen. Es gilt eine Unzahl von Kleinigkeiten zu beachten, zu erfragen und herauszufinden:
– Um was geht es?
– Wer ist der Anfragende?
– Ist das überhaupt die richtige Person?
– Was will sie genau?
– Was will sie wirklich (vielleicht heimlich)?
Als Klärungshelfer muß man bei dieser ersten Anfrage sowohl vorsichtig als auch offen und aufmerksam sein. Der Klärungshelfer muß alles aufnehmen und registrieren. Nicht nur das Explizite, sondern auch das, was zwischen den Zeilen und situativ angeboten und inszeniert wird.

Das alles klingt nicht ohne Grund sehr vorsichtig und mißtrauisch. Wird bei dieser Grundlage gemauschelt, bleibt irgend etwas undurchsichtig oder werden irgendwelche Fehler gemacht, dann wirkt sich das hinterher immer aus – meist negativ. Die Auftragsklärung dient sozusagen auch dem Schutz des Klärungshelfers. **Um langfristig den guten Ruf als Konfliktklä-**

rer zu wahren, sollte man wirklich nur Aufträge annehmen, denen man sich auch gewachsen fühlt.

Die vielen Regeln und beachtenswerten Punkte in dieser Phase sind meist aus Fehlern entstanden, die ich in meiner Tätigkeit als Klärungshelfer gemacht habe und für die ich teilweise mit sehr unangenehmen Erfahrungen bezahlen mußte.

Bei einer **Teamklärung** ist die Auftragsklärung viel umfangreicher als bei einer **Zweierklärung**. Für Teamklärungen ist es immer auch wichtig, sich im Vorfeld über die Inhalte der Konflikte zu informieren. Außerdem muß ein Vertrauensverhältnis zum obersten anwesenden Hierarchen aufgebaut werden. Bei einer Zweierklärung ist das weniger notwendig. Es ist sogar hinderlich, im Vorfeld zu viele Informationen zu erhalten (siehe folgendes Kapitel). Im folgenden wird zuerst die Auftragsklärung bei einer Zweierklärung und dann die bei einer Teamklärung beschrieben.

Auftragsklärung für Zweierklärungen

Ziel

Ziel der Auftragsklärung für einen Zwei-Personen-Konflikt ist es, herauszufinden, ob alle Voraussetzungen für die Klärung gegeben sind, und den ersten Termin abzumachen. Ist es wirklich nur eine Zweierklärung, oder müssen noch andere Betroffene zu Beteiligten gemacht werden? Darüber hinaus müssen auch organisatorische Themen wie Ort, Zeit und Geld besprochen und vereinbart werden.

Am Ende der Auftragsklärung muß der Klärungshelfer ein gutes Gefühl haben zur bevorstehenden Klärung.

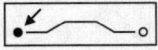

Rolle des Klärungshelfers

Der Klärungshelfer ist also Berater, Organisator und verhandelt real (siehe «Real verhandeln», S. 274f.). Auch eine kurze, grobe Einschätzung der Situation und des Konflikts gehört in diese Phase, um abzustimmen, ob die angefragte Maßnahme aus der Sicht des Klärungshelfers ebenfalls die richtige ist, und um ihre Dauer abschätzen zu können.

Konkretes Vorgehen in der Zweierklärung

Das Vorgehen bei der Auftragsannahme in der Zweierklärung ist, wie gesagt, weniger komplex als bei der Teamklärung. In den meisten Fällen ruft mich einer der beiden Betroffenen an, um anzufragen, ob ich eine Klärung machen würde und wie das abläuft. Ich höre dem Anrufer erst einmal zu. Dabei versuche ich zu erfahren,
– um was für einen Konflikt es sich handelt (zum Beispiel zwischen zwei Kollegen, zwischen Chef und Mitarbeiter oder zwischen Geschäftspartnern),
– wer der Anrufer ist und
– um wen es sich bei der anderen Konfliktpartei handelt.
Im Gegensatz zur Teamklärung muß der Klärungshelfer bei einer Zweierklärung die inhaltliche Sichtweise des Auftraggebers nicht kennen. Er sollte Versuche in dieser Richtung sogar unterbinden. Gerade wenn die Konfliktpartner auf derselben Hierarchie-Ebene stehen oder in gleichrangigen Zusammenarbeitsformen arbeiten (Projektarbeit), ist es hinderlich, die Sichtweisen der Beteiligten vorab zu erfahren. Handelt es sich aber um eine normale Linienhierarchie, kann mir der ranghöhere Beteiligte seine Sichtweise berichten, muß dies aber nicht (im Gegensatz zur Teamklärung).
Bremsen kann der Klärungshelfer den Redefluß, zum Bei-

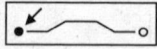

spiel indem er aus Du-Botschaften Ich-Botschaften macht, also aktiv zuhört, ohne weiter auf die Inhalte einzugehen (siehe «Aktives Zuhören», S. 267ff.). Formulierungen wie *«Dann ist es ja wirklich an der Zeit, so eine Klärung zu machen ...»* können helfen, nun weiter über die Organisation der Klärung zu sprechen. Es ist wichtig, daß die Konfliktinhalte **erstmals in Anwesenheit des Konfliktpartners** formuliert werden und nicht schon im Vorgespräch. Der inhaltliche Schwall der Details sollte unbedingt abgebremst werden. Statt dessen stehen die Fragen zur Situationsdiagnose im Vordergrund, um abschätzen zu können, ob es richtig ist, daß nur diese beiden Personen zur Klärung kommen.

In beruflichen Zusammenhängen kommt eine Zweierklärung eher selten vor, meist ist doch eher eine Teamklärung angebracht. Zweierklärungen sind nur dann sinnvoll, wenn die Beteiligten einen isolierten Konflikt miteinander haben, in dem es keine Verbündeten oder andere Beteiligten gibt. Diese Fälle sind meistens hierarchisch hoch angesiedelt (zum Beispiel zwei Eigentümer einer Firma oder zwei selbständige Partner). Es handelt sich um Personen, die auf ihrer Ebene weit und breit allein miteinander sind und zusammenarbeiten (müssen).

Ein seltener Grund dafür, «nur» eine Zweierklärung anzuberaumen, ist eine extrem starke private Verwicklung der Konfliktparteien. Privat-berufliche Konfliktverwicklung kommt zwar oft vor, ist aber selten so schwerwiegend, daß die Klärung nur unter sechs Augen stattfinden sollte.

Fragen zur Situationsdiagnose für die Zweierklärung
Folgende Fragen müssen bei der ersten Kontaktaufnahme mit mindestens einem der beiden Beteiligten geklärt werden.
– *«Weiß der andere, daß Sie anrufen?»*
– *«Hat er den Auftrag gegeben?»*
– *«Wie steht er dazu?»*
Wenn er dies nicht weiß, dann gebe ich dem Anfragenden den

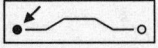

Auftrag, es ihm zu sagen und mich erst danach wieder anzurufen. Ich lehne es grundsätzlich ab, selbst den Konfliktpartner über den Klärungswunsch zu informieren.
– «Können Sie kurz sagen, um was es geht?»
Der Klärungshelfer muß abschätzen können, ob es sich wirklich nur um eine Zweierklärung handelt oder ob noch andere Personen einbezogen werden müssen.
– «Welche offizielle Beziehung haben Sie zueinander (hierarchisch, kollegial)?»
– «Was wurde bereits zur Klärung unternommen?»
– «Wie kommen Sie gerade auf mich?
Die letzte Frage ist kein Fishing for compliments, sondern dient dazu, den Auftragsweg herauszufinden (Zufall oder Empfehlung? Wer hat empfohlen? Warum?).

Einladung der zweiten Konfliktpartei

Am stimmigsten und für die Konfliktlösung am unproblematischsten ist es, wenn beide Konfliktparteien vereinbaren, daß sie ihr Anliegen mit einem neutralen Dritten besprechen wollen. Da dies aber eine Einigung auf einer Metaebene über den Konflikt voraussetzt, ist diese Ausgangslage selten.

Häufig ist es so, daß der mit dem größten Leidensdruck oder kleineren Trotzpegel zum anderen geht. «Ich habe ein Problem in unserer Zusammenarbeit und möchte es gerne mit einem möglichst neutralen Dritten unserer Wahl besprechen.» Diesen Satz auszusprechen fällt schwer. Die Angst vor Demütigung und Abweisung muß überwunden werden. Es könnte ja passieren, daß der Angesprochene hämisch lächelnd erwidert: «Gut, daß du endlich auch siehst, daß du Probleme hast.» Einen zusätzlichen Einfluß hat immer auch die Hierarchie-Situation. Hierarchie wirkt sich erleichternd aus, wenn die Klärung von oben nach unten befohlen werden kann. Wenn sich der Klärungswunsch aber von unten nach oben durchsetzen muß, ist das schwer bis unmöglich, obwohl es für diesen Fall auch Hier-

 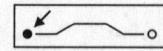

archiespielregeln gibt (siehe «Umgang mit hierarchischen Konflikten», S. 185ff.).

Das wichtigste in der Auftragsklärung ist es, die Balance zu wahren zwischen:
– einerseits möglichst viele Informationen zu erhalten, um entscheiden zu können, ob Klärungshilfe überhaupt angezeigt ist, und
– andererseits nicht zu viele Informationen und «Geheimnisse» über den Kontrahenten und den Konflikt anvertraut zu bekommen, weil darunter die gleichberechtigte Ausgangslage leiden würde.

Nachdem deutlich geworden ist, daß es sich um eine Zweierklärung handelt, an der auch beide Konfliktparteien teilnehmen werden, müssen nun die organisatorischen Fragen wie Dauer, Termin, Geld, Absagemodus etc. gelöst werden.

Für Zweierklärungen werden keine Vortreffen abgemacht. Eventuell wird der erste Klärungstermin offiziell «Vortreffen» (zum Schnuppern oder Sichkennenlernen) genannt, unterscheidet sich aber im Vorgehen nicht von einem normalen ersten Treffen.

Meditation
Überlegen Sie sich Ihre Arbeitsbedingungen für eine Zweierklärung: Wie ist Ihr Absagemodus? Fahren Sie hin, oder sollen die Konfliktpartner zu Ihnen kommen? Wie weit würden Sie fahren? Was kostet eine Eineinhalb-Stunden-Sitzung bei Ihnen (mindestens/maximal)? Ist das Honorar für alle gleich, oder hängt es von den finanziellen Möglichkeiten der Auftraggeber ab?

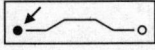

Fehler und Fallstricke

Fallstrick: Fehlende Information zum Organisationshintergrund

Es wäre ein Fehler, sich nicht nach dem organisatorischen Hintergrund und der Situation der Betroffenen zu erkundigen. Das kann durchaus auch ungewöhnliche Fragen, wie zum Beispiel: «Wieviel Prozent des Aktienkapitals haben Sie, und wieviel hat der andere?» einschließen, um abschätzen zu können, ob noch andere Personen in die Klärung einbezogen werden müssen.

Fallstrick: Zu viele Informationen zum Inhalt des Konflikts

Wenn sich der Klärungshelfer bereits im Anfangstelefonat die Schilderungen des Anfragenden sehr ausführlich anhört, steigt die Gefahr, daß er innerlich parteiisch in die Klärung geht. Der andere könnte das sofort merken und sich deswegen der Klärung verweigern. Außerdem ist es wichtig, daß der Klärungshelfer die Sichtweisen der Betroffenen authentisch und deshalb **erstmals in der Klärungssituation hört.**

Was tun, wenn zu viele inhaltliche Informationen angeboten werden? Eine Möglichkeit ist es, das direkt anzusprechen, vielleicht so: *«Ich möchte noch nichts inhaltlich über Ihren Konflikt hören, damit ich in der Klärung so unvoreingenommen wie möglich sein kann. Wir besprechen das dann zu dritt bei unserem ersten Termin. Es ist wichtig, daß Sie mir das alles frisch in Anwesenheit der anderen Person sagen, sonst weiß ich es ja schon, und sie sagen es dann eventuell nicht mehr bei unserem gemeinsamen Treffen. Dadurch können wichtige Informationen verlorengehen.»*

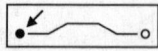

Fehler: Stellungnahme des Klärungshelfers schon während der Auftragsklärung

Der Klärungshelfer sollte sich nicht zu einer Stellungnahme hinreißen lassen, etwa indem er die Diagnose des Anrufenden «Das ist doch untragbar, oder?» bestätigt. Statt dessen kann er sagen: «*Ja, für Sie ist das untragbar, das wollen Sie nicht länger tolerieren*», also aktiv zuhören (S. 270). Für den Anfragenden ist in erster Linie wichtig, **verstanden** zu werden. Je eher sich der Anfragende verstanden fühlt, desto weniger Details des Konfliktinhalts muß er dem Klärungshelfer mitteilen.

Fallstrick: Hereinfallen auf «Solidarisierungsmaschen»

Jeder von uns hat seine Maschen, Leute auf seine Seite zu ziehen, wenn er sich bedroht fühlt. Folglich haben das auch unsere Auftraggeber. Die wollen sich absichern, daß wir zumindest nicht gegen sie Partei ergreifen (am besten noch auf ihrer Seite sind). Oft geht das nach dem Ähnlichkeitsprinzip: «Wir beide sind doch ähnlich und sehen die Welt auch ähnlich.» Beispiele:
- «Finden Sie es nicht auch eine bodenlose Frechheit, daß ...»
- «Sie als Psychologe (Betriebswirtschaftler, Personalverantwortlicher etc.) sehen sicher auch ...»
- «Sie als Konfliktprofi sind doch sicherlich auch für offene Kommunikation und gegen solche hinterhältigen Tricksereien!»

Es gibt verschiedene Möglichkeiten zu reagieren, ohne in die Falle zu tappen:
- distanzierte Einfühlung durch aktives Zuhören: «*Für Sie wäre es also wichtig ...*» (siehe «Aktives Zuhören», S. 267ff.);
- wohlwollend diplomatisches Überhören, ohne äußerlich zu reagieren;
- sachlich und inhaltlich auf diese Fragen eingehen. Dabei besteht allerdings die Gefahr einer Fachdiskussion an falscher Stelle;

- eine Rollenantwort geben: «*Ich will Sie verstehen und den anderen. Ich verstehe mich nicht als neutral oder gar parteilich, sondern als allparteilich.*»

Fallstrick: «Kann ich erst mal alleine kommen?»

Antwort: «*Nein, das wäre ungünstig!*» Diese Anfrage kommt nicht selten. Selbstverständlich würde sich die andere Konfliktpartei durch diese Sonderbehandlung benachteiligt fühlen.

Fehler: Einzelvorgespräche mit den Konfliktparteien

Auch zwei Einzelvorgespräche (mit jedem eines) sind **ungünstig**. Die Energie, die die beiden aufwenden, um mich in diesen Gesprächen zu informieren, soll für die Klärungssituation direkt genutzt werden.

Fehler: Versprechungen

Auf Fragen wie: «Wird das dann wieder wie früher?» oder «Wird das alles wieder gut?», darf der Klärungshelfer keine Zuversicht verbreiten, auch wenn er sie hat. Eine passende Antwort wäre: «*Nein, so wie früher wird es nie mehr. Das ist weder möglich noch erstrebenswert. Das hat ja dazu geführt, daß es jetzt so ist, wie es ist. Ich kann Ihnen nichts versprechen, ich kann nicht ‹schönklären›. Ich kann nur klar und wahr klären. Ich kann Ihnen garantieren, daß die Sache klar wird, nicht aber, daß das schön sein wird.*»

Grundsätzlich sollte der Klärungshelfer nichts versprechen, was nicht machbar ist.

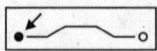

Auftragsklärung für Teamkonflikte

Ziel

In der Teamklärung ist das Ziel der Auftragsklärung, eine seriöse Grundlage zu schaffen, auf der die Klärungshilfe sicher aufruht, wenn sie zustande kommt. Diese Grundlage besteht zu großen Teilen aus zwischenmenschlichen Aspekten. Es muß ein Vertrauensverhältnis zwischen dem Auftraggeber (zumeist der oberste hierarchisch Betroffene) und dem Klärungshelfer entstehen. Konflikte innerhalb einer Abteilung zu klären ist die Aufgabe der (darüberstehenden) Führungskraft. Diese Führungsaufgabe wird während der Klärung an den Klärungshelfer delegiert, und dazu ist Vertrauen wichtig.

Eine weitere Grundlage für die erfolgreiche Klärung ist die Organisation von
- Zeit,
- Raum,
- Geld,
- Material und
- Teilnehmerkreis.

Stimmt einer dieser Faktoren nicht, wird sich das rächen. Es ist zum Beispiel wichtig zu überlegen, ob die Klärung in der Freizeit oder in der Arbeitszeit der Beteiligten stattfinden soll. Was macht man, wenn sich jemand weigert? Was macht man, wenn jemand ankündigt, daß er dann krank sein wird? Diese Fragen und andere organisatorische Themen wollen wohl überlegt und abgewogen werden. Mit ihrer Beantwortung wird die Situation vorbereitet (siehe «Planung», S. 61).

Ziel ist es natürlich, bei der positiven Lösung all dieser Fragen zu einem Konsens, einem Kontrakt bzw. einer Abmachung zu kommen. In den allermeisten Fällen wird dieser Kontrakt nicht schriftlich festgehalten, sondern per (telefonischen) Handschlag vereinbart.

Rolle

In der Auftragsklärung hat der Klärungshelfer eine Doppelrolle: neutraler Berater und Vertragspartner. Einerseits ist er ein **neutraler, uneigennütziger Berater** für den potentiellen Auftraggeber und seine Situation. Er muß herausfinden, ob der Zeitpunkt für eine Klärung geeignet ist, ob Klärungshilfe die richtige Maßnahme ist und ob er (der Klärungshelfer) die richtige Person dafür ist. Das alles sollte er versuchen, so objektiv wie möglich in Erfahrung zu bringen. Es kann auch vorkommen, daß ich an einen Kollegen verweise, der mir für die Sache geeigneter erscheint. Manchmal schlage ich auch eine andere Maßnahme vor (zum Beispiel Coaching der Führungskraft), für die ich vielleicht, vielleicht aber auch nicht, die richtige Person bin.

Gleichzeitig hat der Klärungshelfer die Rolle des **Vertragspartners**. Er stellt Bedingungen, die er für seine Arbeit braucht (Geld, Zeit, Teilnehmer, Rahmen). Diese Bedingungen können zum Teil auch ausgehandelt werden. Je offener diese Verhandlungen geführt werden, um so positiver ist der Kontakt zwischen Auftraggeber und Klärungshelfer insgesamt.

Konkretes Vorgehen in der Teamklärung

Zu irgendeinem unerwarteten Zeitpunkt kommt ein ebenso unerwarteter Anruf. Eine dem Klärungshelfer unbekannte Person ist am Apparat, stellt sich vor und beginnt zu erzählen. Für gewöhnlich ist eine der ersten Fragen an den Klärungshelfer auch schon, ob er Zeit für eine Klärungshilfe hat. Bevor diese

 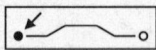

Frage beantwortet werden kann, muß verschiedenes herausgefunden werden: Um was geht es genau? Wen habe ich als Anfrager am anderen Ende des Telefondrahts? Ist es die richtige Person, die anfragt?

Nicht «richtig» wäre

– jemand, der sich selbst einen Auftrag gegeben hat («weil mal jemand etwas unternehmen muß und doch niemand etwas tut»), insbesondere dann, wenn es sich um eine Konfliktsituation handelt, die in der Hierarchie **über** der anfragenden Person angesiedelt ist;

– ein Betroffener, der Vorabklärungen betreiben will, um dann in einer Sitzung oder beim zuständigen Chef einen Vorstoß zu machen;

– ein Delegierter, der von einer Mitarbeiterversammlung oder von einem anderen Gremium dazu auserkoren wurde, jemanden zu suchen, der so etwas macht;

– jemand (zum Beispiel der Stellvertreter des Chefs), der von der richtigen Person beauftragt wurde.

Wenn es nicht die richtige Person ist, spreche ich den Anfragenden nicht als Verhandlungspartner, sondern als Betroffenen an, der jetzt informiert und beraten werden muß, was in seiner Situation getan werden kann. Ich erkläre, daß und warum ich die Anfrage von der hierarchisch höchsten Person, die in den Konflikt verwickelt ist, oder von deren Vorgesetzten brauche. Trotzdem ist der Anfragende natürlich in den Konflikt, die Beziehungen und die eigenen Gefühle verwickelt («Wessen Herz voll ist, dessen Mund geht über»). Es entsteht dann schnell die Situation, daß der Klärungshelfer den Gesprächsfluß abblokken muß. Dies sollte geschehen, ohne den Betreffenden zu verletzen oder zu vergraulen.

Der Auftraggeber muß die hierarchisch höchste betroffene Führungskraft oder deren Vorgesetzter sein. Sie ist zugleich auch die Person, an die die Rechnung geht und mit der die Vorklärung läuft.

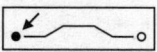

Fragen an den Auftraggeber

Wenn der Klärungshelfer mit der richtigen Person verbunden ist oder ihr in einem Treffen gegenübersitzt, geht es mit folgenden Fragen weiter:

- *Erzählen Sie mal, um was es geht: wer, wann, was, warum, mit welcher Auswirkung usw.*
- *Was haben Sie bisher schon zur Verbesserung der Situation unternommen?*
- *Was möchten Sie erreichen?*
- *Warum rufen Sie mich gerade jetzt an?*
- *Was wäre für Sie das schlimmste Resultat oder Ereignis?*
- *Was darf auf keinen Fall passieren?*
- *Was machen Sie, wenn die Klärungshilfe nicht greift, wenn sich nichts ändert (zum Beispiel kündigen, versetzen)? Warum machen Sie das nicht schon jetzt?*
- *Warum fragen Sie mich an und nicht einen anderen Kollegen oder einen internen/externen Klärungshelfer?*
- *Was sind Ihre eigenen Fehler, und dürfen diese öffentlich werden? (Wo und wie haben Sie Eigentore geschossen?)*
- *Wo sehen Sie Ihre eigene Beteiligung am Konflikt und dessen Eskalation?*
- *Welche Vorwürfe werden Ihnen von außen gemacht?*
- *Welche Vorwürfe machen Sie sich selbst?*
- *Gibt es etwas, was ich nicht weitersagen darf? (Sehr heikel!)*
- *Wie reagieren Sie von Haus aus auf Konflikte?*
- *Was denken und fühlen die Betroffenen zu dieser Maßnahme? Wissen sie, daß Sie das planen?*
- *Gibt es Tabus, über die nicht gesprochen werden darf, oder heilige Kühe, an die man nicht rühren darf?*
- *Sind Sie sich im klaren darüber, daß es Situationen gibt, in denen Sie unter Umständen einstecken, sicher aber hören müssen, wie andere Ihr Verhalten empfinden?*

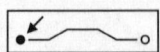

Diese Liste muß natürlich nicht sklavisch abgearbeitet werden. Sie dient eher als Gedächtnisstütze und grober Leitfaden für die Vorgespräche mit dem Auftraggeber. Während der gesamten Auftragsklärung mache ich mir Notizen, sei es am Telefon oder bei einem direkten Treffen. Dabei notiere ich mir nicht nur die objektiven Eckdaten, sondern auch Schlüsselsätze («Wir sind einfach kein Team», «Herr Schmidt fühlt sich zu Höherem berufen»), Schlüsselworte («Altlast», «operative Null») und auch meine subjektiven Eindrücke und Fragen.

Nun folgen Kommentare zu den einzelnen Fragen der Liste oben.

Was haben Sie bisher schon zur Verbesserung der Situation unternommen?
Mit dieser Frage will ich einerseits herausfinden, was objektiv schon gelaufen ist. Durch wie viele Vorgänge und Mühlen sind die Beteiligten schon gelaufen? Wir gestaltet der Chef sein Konfliktmanagement? Ich lerne die Führungskraft kennen, kann sie besser einschätzen und mich in sie einfühlen. Andererseits versuche ich mit dieser Frage herauszufinden, ob Klärungshilfe jetzt wirklich nötig ist oder ob ein wesentlicher Schritt davor vergessen oder gar nicht erst versucht wurde.

In einzelnen Fällen erfahre ich auch, daß bereits geleistete Klärungsversuche mißglückt sind. Ich erkundige mich nicht nach dem Namen des Kollegen, sondern nach der Art der Konfliktklärung und nach den Gründen des Scheiterns. Es kann durchaus sein, daß ich in konfrontierender Art und Weise den Stier bei den Hörnern packe und sage: *«Da kann ich Ihnen auch nichts Besseres versprechen, bei mir läuft das ähnlich.»* Wenn ich aber die Fehler auch so einschätze wie mein Auftraggeber, gehe ich nicht weiter darauf ein, es sei denn, er fordert mich explizit dazu heraus.

Was möchten Sie erreichen?
Was sind seine Ziele, und wie ist seine Zielhierarchie? Finde ich das realistisch, und kann ich dahinterstehen? Oder gibt es in dieser Frage zwischen uns noch etwas abzustimmen?

Warum rufen Sie mich gerade jetzt an?
Damit will ich herausfinden, was objektiv und vor allem auch subjektiv die letzte Eskalationsstufe oder der letzte Tropfen war, der das Faß zum Überlaufen gebracht hat. Was war der Auslöser für den Auftraggeber, gerade jetzt etwas zu unternehmen? Ich erhalte auch zusätzliche Informationen über seine Motivation.

Was darf auf keinen Fall passieren? Was wäre für Sie das schlimmste Resultat oder Ereignis?
Diese Fragen erfüllen einen doppelten Sinn. Einerseits zielen sie auf das sachlich / fachliche und das zwischenmenschliche Ziel ab, sind also inhaltlich gemeint, andererseits dienen diese Fragen auch der Diagnose des Auftraggebers. Wo liegen seine Ängste und Grenzen? Was möchte er nicht erleben? Kann ich dem zustimmen? Sehe ich das auch so? Kann ich vielleicht sogar garantieren, daß das nicht passieren wird? Oder muß ich sagen: «Ja, dann können wir nicht zusammenkommen, weil es genau um das geht (zum Beispiel Wahrheit oder Klarheit), was Sie verhindern oder umgehen möchten.»

Was machen Sie, wenn die Klärungshilfe nicht greift, wenn sich nichts ändert (zum Beispiel kündigen, versetzen)? Warum machen Sie das nicht schon jetzt?
Das ist eine wichtige Frage zur Sach- und Situationsdiagnose. Ich will herausfinden, was den Auftraggeber von normalen Personalmaßnahmen abhält. Das könnten zum Beispiel schlechtes Gewissen, eigene Fehler, «Leichen im Keller», die Wichtigkeit der beteiligten Personen (psychologisch / beziehungsmäßig oder

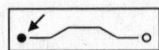

sachlich/fachlich) sein. Ziel dieser Frage ist es auch, herauszu-finden, wes Geistes Kind die Führungskraft ist.

Was sind Ihre eigenen Fehler, und dürfen diese öffentlich werden? (Wo und wie haben Sie Eigentore geschossen?)

Wo sehen Sie Ihre eigene Beteiligung am Konflikt und dessen Eskalation?

Welche Vorwürfe werden Ihnen von außen gemacht?

Welche Vorwürfe machen Sie sich selber?
Diese Fragen sind sowohl inhaltlich als auch zur Diagnose wichtig. Ist der Chef introspektionsfähig? Sieht er die Relativi-tät seiner Sichtweise? Sieht er sich als fehlbar oder als unfehl-bar an? Kann er überhaupt reflektieren? Oder ist er davon überzeugt, daß er alles richtig macht und nur von Versagern und Armleuchtern umgeben ist?

Gibt es etwas, was ich nicht weitersagen darf?
Diese Frage sollte nicht unbedacht gestellt werden, nur weil man hofft, ein «Nein» zu hören. Es könnte ja tatsächlich etwas kommen, was ungeheuerlich ist und die Klärung beeinflußt. Der Klärungshelfer weiß es nun und darf es nicht weitersagen. Dadurch kann er sich in der Klärungssituation nicht mehr kongruent verhalten. Ich stelle die Frage nur sehr selten. Manchmal höre ich dann etwas, von dem ich dem Betreffenden rate, es doch öffentlich zu machen, weil das die Klärung er-leichtern würde. Manchmal treffe ich auch eine Vereinbarung mit der Führungskraft, daß das nur auf Anfrage gesagt werden muß, aber nicht von selber.

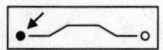

Wie reagieren Sie von Haus aus auf Konflikte?
Diese Frage gehört nicht zu den Standardfragen. Ich stelle sie nur, wenn ich ein diffus ungutes Gefühl habe, daß sich der Auftraggeber winden oder entziehen will oder die Klärungshilfe als Durchsetzungsstrategie und als kaschierte Machtausübung plant. Wenn sich dieser Verdacht mit der Antwort bestätigt, leite ich eine Metakommunikation über seine persönliche Art in Konflikten ein: *«Ich habe bisher den Eindruck, Sie wollen diese Klärungshilfe nicht wirklich zur Klarheit, sondern nur, damit … geschieht.»*

Was denken und fühlen die Betroffenen angesichts dieser Maßnahme? Wissen sie, daß Sie das planen?
Das ist eine Standardfrage, die ich jedesmal stelle. Ich will herausfinden, wie die Führungskraft in zwischenmenschlichen Konfliktsituationen führt. Von wem ging der Hauptanstoß zur Klärung aus? Wie offen ist die Metakommunikation (Gespräch über das Klima der Zusammenarbeit) in dieser Abteilung? Von welcher Seite ist mit Widerstand zu rechnen? Wie und wie offen geht die Führungskraft mit diesem Widerstand um?

Gibt es Tabus, über die nicht gesprochen werden, oder heilige Kühe, an die man nicht rühren darf?
Diese Frage ist wichtig, weil sie eventuelle Grenzen der Klärungshilfe betrifft. Es ist auch eine indirekte Frage danach, ob ich mich als Klärungshelfer frei fühlen darf. Wenn nicht, dann muß ich das wissen. Einschränkungen, die der Auftraggeber macht, müssen eventuell vom Klärungshelfer hinterfragt werden. Ich rate den Führungskräften in dieser Phase durchaus auch mal, sich ernsthaft zu überlegen, ob heikle Punkte nicht doch genannt werden müßten. Diese können als Erklärung dienen, warum er – oder jemand anders – sich so verhält, wie er es tut. Ich bin auch bereit, mit der Führungskraft zusammen tak-

 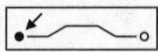

tische Überlegungen anzustellen, wenn diese ethisch vertretbar sind.

Sind Sie sich im klaren darüber, daß es Situationen gibt, in denen Sie unter Umständen einstecken, sicher aber hören müssen, wie andere Ihr Verhalten empfinden?
Das ist eine obligatorische Frage, die ich jedesmal stelle. Sie ist sowohl als Vorwarnungs- als auch als Abstimmungsfrage gedacht. Hat die Führungskraft genügend Vertrauen in mich, um auch das zu riskieren? Zugleich dient die Frage der Einstimmung darauf, daß Führungsfeedback für mich zum Klärungsprozeß gehört (siehe «Metakommunikativer Führungsstil», S. 241 ff.).

Ich will von meinem Gesprächspartner und Auftraggeber **alles** aus seiner Sicht wissen. Dazu lasse ich mir auch ein Organigramm der Abteilung mit allen Namen und Funktionen und seinen Einschätzungen (beruflich/fachlich, menschlich und auf diesen Konflikt bezogen) der betroffenen und beteiligten Personen geben und ein Übersichtsbild der gesamten Organisation.

Vielleicht denken Sie jetzt, daß dieses Vorgehen ungerecht ist, mich von vornherein beeinflußt und daß ich dann parteiisch bin. Nein, dem ist nicht so. Ich weiß jederzeit, daß alle Informationen subjektiv sind, und daß es natürlich auch eine Gegen-Sichtweise gibt, die ich zum Teil schon erahnen kann. Ich brauche die Sicht des Auftraggebers, um ihn zu beraten und die Klärung angemessen zu organisieren. Darüber hinaus baue ich über das Gespräch Kontakt und Vertrauen zwischen mir und dem Auftraggeber auf.

Ich spreche die Vertrauensbeziehung zum Auftraggeber nur indirekt, zum Beispiel durch die oben genannten Fragen, an. Ängste und Widerstände von seiten des Auftraggebers, auch zwischen den Zeilen, sollten ernst genommen und angesprochen

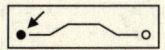

werden. Wenn die Führungskraft abwertend über andere Beteiligte spricht («Mimosen», «Mafia», «diabolisch», «Altlast» etc.), ist es wichtig, nachzuhaken, was sie damit genau meint.

Vor allem in der Auftragsklärung (aber auch in der Dialogphase) spielt das Konfrontieren durch Feedback eine wichtige Rolle. Die wichtigste Grundregel beim Geben von Feedback ist, daß sich Konfrontationen nur vor dem Hintergrund einer grundlegenden Akzeptanz positiv auswirken. Das heißt aber nicht, daß sich der Klärungshelfer mit Feedback und Konfrontation zurückhalten muß, er muß nur vorher seine grundsätzliche Akzeptanz dem Betroffenen deutlich gemacht haben. Ich selber überschreite dabei auch Grenzen und breche Tabus. Themen wie Geld, Profit, Abhängigkeiten, Sexualität, persönliches Versagen, institutionelle Ungerechtigkeiten, Kompetenzdefizite, Unterdrückung von anderen Personen usw. werden von mir ruhig und vorsichtig, aber inhaltlich direkt angesprochen. In der Auftragsklärung konfrontiere ich so rasch wie möglich. Auch schon, wenn ich etwas nur dumpf vermute oder zwischen den Zeilen spüre.

Diese Vorkontakte sind von beiden Seiten **nicht delegierbar**, höchstens der organisatorische Teil (wo, wie teuer und wie lange). Die inhaltliche, beziehungs- und vertrauensaufbauende Vorklärung **muß unbedingt direkt zwischen dem Klärungshelfer und dem Auftraggeber geschehen**. Motivation zur Klärungshilfe kann man nicht bewirken. Entweder ist sie von seiten der Führungskraft da oder nicht. Wenn sie nicht da ist (oder nur halb), dann rate ich dem Auftraggeber von einer Klärungshilfe ab oder schlage andere Maßnahmen vor. Oft hat dies die paradoxe Wirkung, daß dadurch der Wille zur Klärung gestärkt wird.

Nachdem alle Fragen in befriedigender, klärender und vertrauensvertiefender Art und Weise behandelt wurden, geht es mit der konkreten Planung des Vorgehens weiter.

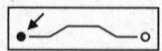

Planung

Der Klärungshelfer muß in der Rolle des **Experten** (aber Auftrag**nehmers**) die Klärung planen. Dazu muß er den Auftraggeber als Verhandlungspartner beraten. Diese Beratung enthält bei Bedarf eine kurze System-, Konflikt- oder Klärungsschulung als Begründung dafür, warum einzelne Punkte der Planung so und nicht anders sinnvoll sind (siehe «Systemischer Blickwinkel», S. 214 ff., und «Konfliktentwicklung», S. 26 ff.).

Fragen für die Planung

– Wer sollte alles dabeisein?
– Wer gehört nicht dazu?
– Soll die Teilnahme obligatorisch oder fakultativ sein?
– Wieviel Zeit ist zu veranschlagen?
– An welchem Ort soll die Klärung stattfinden?
– Soll die Klärung in der Freizeit, Dienstzeit (Blockzeit oder Gleitzeit) stattfinden? Mit Freizeitausgleich oder ohne?

Es geht darum, die stimmigste Form zu finden und zu vereinbaren. Dabei gibt es Punkte, an denen ich nachgebe, und Punkte, wo ich nicht nachgebe.

Wer soll eingeladen («bestellt») werden?

Ganz sicher sollen alle direkt Beteiligten eingeladen werden. Das sind

– die Streitparteien,
– alle, die intensive Gefühle zum Thema haben und gleichzeitig zur Zusammenarbeit notwenig sind, und
– alle, die direkt davon betroffen sind.

Meistens ist es eine ganze Abteilung oder Gruppe. Niemand aus der Gruppe sollte ausgeladen oder nicht eingeladen werden, weil die Klärung ihn nicht betrifft. Wenn die Beteiligten aus zwei Gruppen stammen, dann sollten beide Gruppen vollständig anwesend sein. Betrifft die Klärung nur eine Hierarchie-Ebene, dann sollten alle Kollegen aus diesem Fachgebiet

anwesend sein. Die **offiziellen** Arbeitszusammenhänge, auch in Projektgruppen, sollen dadurch gestärkt werden, daß alle Beteiligten zusammen und vollständig zur Klausur eingeladen werden. In der Regel sind es dann zwischen vier und 25 Personen aus zwei bis fünf Hierarchiestufen.

In einigen Fällen spielen zusätzlich noch der Betriebsrat, eine Vertrauensperson oder eine andere Arbeitnehmervertretung eine nicht unerhebliche Rolle. Natürlich müssen auch die Teilnahme dieser Person und ihre Rolle bedacht und abgewogen werden.

Wer nicht?

Personen, die in der Abteilung waren und am Konflikt mitgebastelt haben, jetzt aber nicht mehr in der Abteilung sind, sollen nicht teilnehmen. Das gilt sowohl für Chefs als auch für Mitarbeiter. Außenstehende, die mehr in der Freizeit, in der Kantine, in der Pause oder bei zufälligen Begegnungen das Ihre zu dem Konflikt beitragen, sollen auch nicht teilnehmen.

Beispiele für Personen, die **nicht teilnehmen** sollen:
- die Freundin der Sekretärin, die in einer anderen Abteilung arbeitet und den Konflikt durch Anstachelung der Sekretärin angeheizt hat;
- ein Vorstandsmitglied, das aus Interesse oder Kontrollbedürfnis mal schauen will, wofür das Geld ausgegeben wird;
- ein interner Mitarbeiter der Personalabteilung, der vielleicht grundsätzlich für die Abteilung zuständig ist, inhaltlich aber nichts mit dem Konflikt zu tun hat.

Allgemein gilt die Regel, daß Personen, die die ganze Sache organisatorisch nichts angeht, die nicht direkt beteiligt oder betroffen sind, nicht teilnehmen sollen.

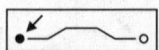

Obligatorisch oder freiwillig?

Die Antwort lautet ganz eindeutig, daß die Teilnahme an der Klärung **obligatorisch** sein soll. Begründung: Wenn die Arbeit Zusammenarbeit erfordert und nicht in Einzelarbeit erledigt werden kann, ist diese Zusammenarbeit ein Arbeitsinstrument, das gepflegt und repariert werden muß. Sie ist eine notwendige Bedingung für diese Arbeit. Kooperationsgrundlage sind daher auch die dazugehörigen Gefühle und Stimmungen, die deswegen nicht privat, sondern beruflich sind und den Kooperationspartnern möglichst zugänglich gemacht werden sollen (siehe «Fallstrick: Privat und persönlich werden verwechselt», S. 109).

Freiwillige Zustimmung aller ist wünschenswert, aber nicht unabdingbare Voraussetzung für die Klärungsmaßnahme. Wichtig ist in erster Linie die Anwesenheit! Man kann einen Mitarbeiter nur zur Anwesenheit zwingen, nicht hingegen dazu, sich zu äußern oder gar offen zu sein. Dazu muß er dann eingeladen, geführt und (in seinen Augen eventuell) verführt werden. Meiner Erfahrung nach äußern sich aber im Lauf der Klärung alle, auch wenn sie das nicht von Anfang an vorhatten. In eindeutig hierarchischen Strukturen weiche ich nicht von der obligatorischen Teilnahme ab.

Die Aufgabe von Führungskräften ist, ihre Mitarbeiter zu führen. Führen ist immer ein kommunikativer Vorgang. Bei Störungen in der Kommunikation muß die Führungskraft diese beheben, und das kann wiederum nur kommunikativ geschehen. Aus diesem Grund ist sie verpflichtet, sich in einer Klärung sowohl sachlich als auch in ihrer Rolle als Führungskraft und persönlich zu **äußern**. In Fällen, in denen niemand die Kooperation verordnen kann und sie auch nicht sachlich geboten ist, gebe ich in diesem Punkt nach. Das ist zum Beispiel in allen halbwegs basisdemokratischen Organisationsstrukturen wie Ärztekollegien, Krankenhäusern oder Lehrerkollegien der Fall. Leider hat das regelmäßig zur Folge, daß für die Klärung entscheidende Personen nicht anwesend sind.

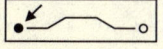

Verweigerung von Teilnehmern

Wenn es Mitarbeiter oder Mitarbeitergruppen gibt, die sich weigern, hilft oft ein Vortreffen mit **allen** Betroffenen. Auf diesem Vortreffen stellt sich der Klärungshelfer in direktem Kontakt der Skepsis, Ablehnung oder den Vorurteilen der Teilnehmer (siehe «Vortreffen mit der Gruppe», S. 79 f.).

Ort

Der Raum, in dem die Klärung stattfindet, sollte auf alle Fälle folgende Kriterien erfüllen:
– störungsfrei (keine Personen oder Telefonate, die reinplatzen, kein Dauerlärm etc.);
– mit Tageslicht und möglichst Teppichboden gegen den Hall;
– gute mobile Sitzgelegenheiten (keine unbeweglichen Bänke, Konzertbestuhlung oder angeschraubte Sessel);
– möglichst ohne Tische, damit alle im Kreis sitzen können (beste Sitzform für direkte Kommunikation in Gruppen);
– Tafel, Flip-Chart oder ähnliches;
– Lüftungsmöglichkeit.

Am komfortabelsten ist natürlich ein Hotel oder eine Tagungsstätte, in der alle übernachten und somit die Mahlzeiten und Abende gemeinsam verbringen. Das hat immer auch den Vorteil, daß die Teilnehmer einmal stärker persönlich zusammenkommen. Der Nachteil einer solchen Tagungsstätte ist, daß die Klärungshilfe dort dem Betriebsalltag sehr fern ist. Hinterher, im Alltag, kann es eventuell einen Rückschlag geben, weil die Bedingungen nicht mehr so ideal sind.

In diesem Punkt gehe ich meistens auf die Wünsche und Einschränkungen des Auftraggebers ein. Es ist zum Beispiel denkbar, die Klärung im Betrieb selber durchzuführen, wenn dort die oben genannten Bedingungen gegeben sind. In diesem Fall muß insbesondere gewährleistet sein, daß die Klärung nicht durch Störungen aus dem Arbeitsalltag («wichtige» Telefonate usw.) unterbrochen wird.

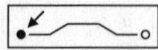

Dauer

Zur Dauer gibt es unscharfe Faustregeln, die ich von Fall zu Fall extensiv oder restriktiv auslege:

- bei mittleren Konflikten zwischen vier und zehn Personen: einen bis zwei Tage. Das absolute Minimum ist ein halber Tag;
- bei schweren Konflikten mit acht bis 60 Personen drei bis vier Tage.

Am besten sind drei Tage. Abweichungen nach unten können durch eine nicht ganz so gravierende Konfliktsituation oder durch eine geringe Anzahl von Teilnehmern begründet sein.

Freizeit oder Arbeitszeit?

Die Klärung soll eindeutig in der Arbeitszeit stattfinden, weil es sich um ein Arbeitsproblem handelt. Es geht um «Arbeitsgefühle» und Arbeitsbeziehungen, und das Ziel ist, daß die Arbeit besser funktioniert. Konfliktklärung ist eine ganz normale betriebliche Funktion. So wie auch die Reparatur einer Maschine selbstverständlich in die Betriebszeit gehört, gehört auch die Reparatur des Betriebsklimas oder der Fähigkeit zur Zusammenarbeit in die Arbeitszeit.

Wenn die Klärung aus irgendwelchen Gründen (zum Beispiel bei einer Service- oder Bereitschaftsabteilung) in der Freizeit stattfinden muß, sollte diese Zeit bezahlt oder durch Freizeitausgleich kompensiert werden.

Ein meist überzeugendes Argument hierfür ist: *«Sie können das schon anders machen, aber wir verlieren allein dadurch einen halben Tag, daß die Leute mürrisch, verhärtet und ungehalten wegen dieses Punktes sind. Die Aufarbeitung dieser Störungen dauert dann ungefähr einen halben Tag.»*

Handelt es sich um Angestellte, sollten sie selbstverständlich ihr Gehalt für diese Zeit bekommen. In anders gearteten Entlohnungsverhältnissen muß die Regelung entsprechend angepaßt werden (so bei Honorarkräften, freien Mitarbeitern o. ä.).

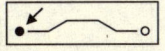

Die Bezahlung sollte so organisiert sein, wie es den normalen Abläufen der Organisation entspricht. In einem speziellen Fall kann das auch heißen, daß die Teilnehmer sich unter Umständen an den Kosten für die Klärungshilfe beteiligen.

Wenn es aus gravierenden organisatorischen Gründen einmal nicht möglich ist, daß alle immer dabeisein können, muß die Anwesenheit aller mindestens am ersten Dreiviertel-Tag (besser noch am ganzen ersten Tag) gewährleistet sein. Für die Zeiten der Abwesenheit einzelner Personen muß **genau** vereinbart werden, wer ihnen vom Verlauf der Klärungshilfe berichtet und sie so auf dem laufenden hält. In Abteilungen, die immer besetzt werden müssen (Service, Notfall, Bereitschaftsdienste), muß eine Regelung getroffen werden, um einen Notdienst aufrechtzuerhalten. Wenn das nicht durch Einsatz externer Kräfte möglich ist, sollte der Notdienst **unbedingt rotieren**, damit nicht wenige Teilnehmer alles verpassen, sondern viele wenig.

Honorar

Nach den organisatorischen Fragen geht es nun darum, den Preis auszuhandeln bzw. festzulegen. Manchmal steht diese Frage für den Auftraggeber am Anfang des Gesprächs, um abschätzen zu können, ob sich die Institution eine Klärungshilfe leisten kann. Jeder Klärungshelfer muß dazu seinen eigenen Standpunkt entwickeln. Früher war meine Philosophie, herauszuholen, was der Marktwert hergab, um diesen zu testen. Heute ist meine Philosophie, daß es für mich **und** für das Unternehmen stimmen muß. Da Geld im beruflichen Bereich immer eine Rolle spielt, spielt es natürlich auch in der beruflichen Klärungshilfe eine Rolle. Diese Rolle soll sich nicht hinderlich auswirken. Der Klärungshelfer sollte sich durch die Höhe des Honorars nicht unfrei oder ausgenutzt fühlen. Das Unternehmen soll sich einerseits durch die Höhe des Honorars nicht unter Zeitdruck gesetzt oder ausgenutzt fühlen und an-

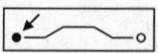

dererseits auch nicht zu Schuldgefühlen, Zusatzleistungen oder Geringschätzung verführt werden. Honorar ist tatsächlich eine Verhandlungssache. Ein tarifgenormter Fixpreis würde diesen Prozeß, der auch sehr interessant und diagnostisch wertvoll sein kann, umgehen. Wer allerdings Mühe hat, über Geld zu reden, weil er nicht akzeptiert, daß er für eine kapitalistische und profitorientierte Marktwirtschaft arbeitet, muß dieses Problem für sich lösen, sonst hat er Schwierigkeiten, in der freien Wirtschaft zu arbeiten.

Meditation

Werden Sie sich bewußt, warum Sie Klärungshelfer sind. Dürfen Sie dafür Geld verlangen? Können Sie das? Steht es Ihnen zu? Und für was genau steht Ihnen das Honorar zu, für den Erfolg, den Aufwand, das Risiko, die Belastung, die Zeit, die Ausbildung oder als Ausgleich für die Dienstleistung, das Mühegeben und das Einfühlen? Kann man Sie kaufen oder mieten? Wo genau ist der Unterschied zum Psycho-Gigolo? Korrumpiert Sie Geld? Bewirkt das Geld bei Ihnen eine Wahrheitsverpflichtung? Kann man Offenheit kaufen? Können Sie vor sich dazu stehen, daß Sie anderen Leuten gegen Geld helfen? Und können Sie vor anderen dazu stehen? Bringt Sie das in Streß? Ab welcher Honorarhöhe geraten Sie in Streß? Wieviel Geld brauchen Sie überhaupt? Welches Honorar gestehen Sie sich als richtig zu? Ab wann fühlen Sie sich von welcher Organisation ausgenutzt? (Das sieht wahrscheinlich bei einem internationalen Konzern anders aus als bei einem anthroposophischen Kindergarten.)
Welche Bedingungen (Zeit, Ort, Absagemodus) sind für Sie Arbeitsvoraussetzung? Wo ist Ihr Verhandlungsspielraum?

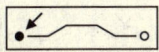

Fragen des Auftraggebers an den Klärungshelfer

Auch der Auftraggeber hat seine Kontakt-, Informations- und Testfragen an den Klärungshelfer. Es handelt sich dabei auch um ängstliche und skeptische Fragen zu Person, Vorgehen, Hintergrund und Erfahrung des Klärungshelfers.

Typische Fragen der Auftraggeber an den Klärungshelfer:
– Wie läuft denn das alles konkret ab?
– Welche Klärungsphilosophie haben Sie?
– Haben Sie Referenzen und Erfolge aufzuweisen?
– Welche Techniken und Instrumente wenden Sie konkret an?
– Haben Sie Erfahrungen mit unserer Branche?
– Was kann denn da so alles passieren?
– Was kommt denn da am Ende heraus?
– Garantieren Sie den Erfolg der Maßnahme?
– Was gefällt Ihnen an der Klärungshilfe so gut, daß das Ihr Beruf ist?
– Warum macht Ihnen das Spaß?
– Haben Sie überhaupt schon Führungserfahrung gesammelt?
– Haben Sie ausreichend Erfahrung und Fähigkeiten, um diese Aufgabe zu bewältigen?
– Wie stehen Sie zu Kapitalismus, Marktwirtschaft und Hierarchie?
– Sind Sie etwa ein heimlicher Basisdemokrat, Antikapitalist oder Anarchist?
– Glauben Sie nicht, daß Sie zu jung, alt, unerfahren etc. für diese Aufgabe sind?

Der Klärungshelfer soll sich durch diese Art der Angstabwehr des Auftraggebers nicht ins Bockshorn jagen lassen. Die erste Hälfte dieser Fragen sollte real, die zweite Hälfte psychologisch beantwortet werden, indem auf die Gefühle, die zwischen den Zeilen verstanden wurden, eingegangen wird (siehe «Real verhandeln», S. 274 f.).

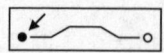

Anfänger in der Klärungshilfe haben natürlich vor allem Angst vor der zweiten Kategorie der Fragen. Der (unbewußte) Hauptzweck dieser Fragen ist auch tatsächlich, herauszufinden, wie angstresistent der Klärungshelfer ist. Wenn er sich durch die Angst anderer Personen in eigene Ängste treiben läßt, entstehen dadurch unkontrollierbare Teufelskreise, die für die Klärung hinderlich sind.

Manchmal merke ich mir diese Fragen und werfe sie während der Klärung, bei passender Gelegenheit oder in Pausen, wieder auf. Dabei spreche ich den Auftraggeber direkt darauf an und frage nach, wie es inzwischen mit seinen Bedenken steht.

Nun zu den einzelnen Fragen. Ich gebe jeweils Hintergrundinformationen und Antwortbeispiele aus meiner Praxis. Dabei kann es sich nur um Anregungen für Ihre Klärungshilfepraxis handeln. Natürlich muß jeder Klärungshelfer seinen eigenen Standpunkt in all diesen Fragen finden.

Wie läuft denn das alles konkret ab?
Diese berechtigte Frage des Auftraggebers, die natürlich auch ihren Angsthintergrund hat (der mit Kontrolle und innerer Vorbereitungshoffnung kompensiert wird), soll real, ohne Aufdeckung des gefühlsmäßigen Hintergrundes beantwortet werden. Es handelt sich hier ja nicht um Therapie, sondern um einen geschäftlichen Kontakt.

Standardantwort: «*Es gibt grob gesagt drei Teile. Einen vergangenheitsorientierten, einen gegenwartsorientierten und einen zukunftsorientierten Teil. Im vergangenheitsorientierten Teil geht es noch einmal darum, zurückzuschauen auf die alten Verletzungen. Was alles aus der Vergangenheit auf die jetzige Situation einwirkt. Was ist bei Zusammenarbeit, Beziehungen, Führung, Situationen, Geld, Aufträgen, Zielen, Zeit, Druck und Streß schiefgelaufen? Das Ziel in dieser Phase ist, zu verstehen und verstanden zu werden. Jeder soll jeden verstehen,*

weiter nichts. Die zweite Phase, die Gegenwartsphase, ist dann die Klärung der Zusammenarbeit. Oft wird Feedback gewünscht: ‹Wie wirke ich auf die anderen?› oder ‹Wenn das alles so ist, wie es sich in der ersten Phase herausgestellt hat, welche Chance habe ich noch bei der Zusammenarbeit?› Führungskräfte fragen dann oft: ‹Wer ist überhaupt bereit, die Abteilung mit mir zusammen durch dieses schwierige Leistungstal zu bringen, den Karren aus dem Dreck zu ziehen? Das möchte ich von jedem einzelnen wissen.› Auch die Mitarbeiter geben sich eventuell gegenseitig in guter und ernster Atmosphäre ein realistisches Feedback. In der Zukunftsphase geht es um Planung, Zusammenarbeitskonzepte, vor allem aber um Abmachungen, die dann im Alltag gelten sollen. Dabei habe ich die Rolle des Überprüfers und Spielverderbers, der die gute Stimmung, die mittlerweile herrscht, nicht übersprudeln läßt, sondern immer wieder nachfragt: ‹Funktioniert denn das im Alltag?›, ‹Was passiert, wenn Sie dann Urlaub haben?› usw. Ich bringe in dieser Phase die unangenehmen Rand- und Grundbedingungen des Arbeitslebens (zum Beispiel Streß und Zeitknappheit) in die Diskussion ein.»

Diese eingängige Einteilung in Vergangenheit, Gegenwart und Zukunft bzw. Verstehen, Klären und Planen klingt begründet, alltagstauglich und bekannt.

Welche Klärungsphilosophie haben Sie denn?
Diese Frage wird mir nicht oft gestellt. Wenn, dann eher von berufsnahen Auftraggebern, wie Management-Trainern, Psychologen oder Personen aus der Personal- oder Organisationsentwicklung. Die Frage läuft darauf hinaus, daß der andere sagen will: «Vergiß nicht, daß ich auch Ahnung habe!» Ich zeige dann mit inhaltlichen Fachworten («systemisch», «humanistisch»), daß ich den Fragenden als Kollegen akzeptiere. In diesem Fall ist die inhaltliche Antwort weniger wichtig als der Hintergrund der Frage und das Akzeptieren der Kollegialität.

Haben Sie Referenzen und Erfolge aufzuweisen?
Die Frage nach Referenzen dient meist der indirekten Bekämpfung der Angst des Auftraggebers und bereitet mir und anderen unnötig Arbeit. Ich antworte nur mit «Ja». Wenn der Auftraggeber weiter nachhakt, frage ich ihn, ob er damit einverstanden ist, daß ich ihn später als Referenz angebe. Bejaht er das, ist er eine Ausnahme. Die meisten Auftraggeber lehnen das ab. Ich versuche dann, einige Referenzadressen für ihn zu finden, besonders wenn ich den Eindruck habe, daß er mit jemandem sprechen möchte, der selber schon einmal in seiner Situation war. Ist er nicht einverstanden, selber als Referenz genannt zu werden, hat sich die Frage damit erübrigt.

Welche Techniken und Instrumente wenden Sie konkret an?
Das ist eine halbe Angst- und halbe Interesse-Frage. Ich nenne pauschal «Zuhören», «auf das Gehörte eingehen» und «Visualisieren». Auf keinen Fall beschreibe ich konkret das Vorgehen vom Bildmalen bis zur Schlußrunde. Oft sage ich: *«Ich verstehe mich als Vermittler und helfe denen, die etwas zu sagen haben, das zu sagen, und denen, die etwas zu hören haben, das zu hören. Ich bin geduldig und beharrlich. Ich ruhe nicht, bevor die Botschaft, die gesagt werden muß, gesagt, gehört und verstanden wurde. Am Schluß geht es mir um Transfer und Alltags-Abmachungen. Das ist kein Schönwetter-Seminar, sondern ich habe immer im Blick, daß es um die tägliche Zusammenarbeit geht, die wieder gut funktionieren soll.»*

Haben Sie Erfahrung mit unserer Branche?
Ich beantworte diese Frage wahrheitsgemäß mit «Ja» oder «Nein». Man könnte auch antworten: *«Menschen in Konflikten sind immer gleich.»* Wenn ich «nein» sagen muß, dann tue ich das und frage gleichzeitig: *«Was muß ich über Ihre Branche wissen?»*

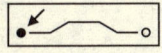

Was kann denn da so alles passieren?

Diese Frage finde ich wichtig. Es ist auch eine Angstfrage, aber sie ist nicht in das Gewand der Skepsis oder Überheblichkeit, sondern in das Gewand der Vorsicht gekleidet und fragt indirekt: «Vor was muß ich mich fürchten, auf was muß ich mich einstellen?» Das ist mir angenehm, weil es mir einen Anlaß gibt, die Führungskraft auf Belastungen vorzubereiten. Meine Antwort lautet in etwa: *«Ja, es werden Belastungen auf Sie zukommen. Ich werde zum Beispiel eine Situation organisieren, oder sie wird von selbst entstehen, in der Ihr Führungsverhalten im Zentrum der Aufmerksamkeit steht. Sie werden sich einmal anhören müssen, wie sich die Leute von Ihnen geführt fühlen. Es kann auch zum Thema werden, was Sie vielleicht zum Konflikt und dessen Eskalation beisteuern. Können Sie sich das vorstellen? Sind Sie gewillt, diese Kur durchzustehen? Ich werde Sie unterstützen und Sie nicht in die Pfanne hauen, aber ich werde auch Ihre Mitarbeiter unterstützen, daß sie sich trauen, mit der Wahrheit herauszurücken. Ist das in Ordnung so?»*

Was kommt denn da am Ende heraus?

Diese Frage sollte vom Klärungshelfer realistisch beantwortet werden. Meine Antwort: *«Nach einem anfänglichen Scherbenhaufen, der ja sowieso schon da ist, berappeln sich die Leute auf einer realistischeren Ebene. Es kommt oft eine reale Solidarität und ein Wille zur Zusammenarbeit heraus. Das kann ich allerdings nicht garantieren. Ich kann nur garantieren, daß wir zur Klarheit kommen. Ich übernehme keine Verantwortung dafür, wie diese Klarheit aussehen wird, das kann ich auch im voraus nicht wissen. Ich bin aber zuversichtlich und mache in den allermeisten Situationen gute Erfahrungen.»*

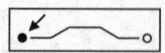

Helfen Sie mir, weil ich Sie bezahle? Sind Sie auf meiner Seite?
Ich will jederzeit die Oberhand in der Klärung haben.
Fragen aus dieser Kategorie kommen selten vor und führen zu
einer direkten Auseinandersetzung und einem Verhandeln über
die Rolle des Klärungshelfers und die der Führungskraft. Der
Klärungshelfer ist Chef des Klärungsprozesses, und die Füh-
rungskraft ist jederzeit Chef der Abteilung. Sie delegiert mir die
Klärung und kann das jederzeit zurückziehen. Damit ist die
Klärung aber unterbrochen, wenn auch nicht abgebrochen. Die
Führungskraft kann, wie jeder andere auch, jederzeit Störungen
anmelden, die dann wie alle Störungen sofort zum vorüber-
gehenden Hauptthema werden. TZI-Regel: Störungen haben
offiziell Vorrang, weil sie innerlich sowieso Vorrang haben und
Energie binden (siehe «Moderation nach TZI», S. 115 ff.).

Wie schätzen Sie denn jetzt die Situation ein, nachdem Sie das
alles von mir gehört haben?
Darauf sage ich offen, aber auf jeden Fall systemisch (ohne
Schuldzuweisung), wie ich den Konflikt einschätze. Zum Beispiel: «*Ja, sie stecken da schon in einer schwierigen Situation.*
Ich begreife jetzt, daß Sie externe Hilfe suchen. Die Eskalation
zwischen Ihren beiden Koordinatorinnen geht ja schon weit
über das Klimatische hinaus. Wieviel kostet denn das, wenn
die sich gegenseitig Daten zerstören, die mühevoll erforscht
wurden? Mich erstaunt, daß Sie nicht früher und wirkungsvol-
ler eingegriffen haben. Aber Ihr schlechtes Gewissen wegen der
Überqualifikation bzw. der Einstellung von Frau Meier unter
ihrem Niveau hat Sie gebremst und damit den Konflikt weiter
wachsen lassen. Sie haben ihr ja auch einiges versprochen, was
sich nun schwierig halten läßt, obwohl Sie ihr mit der Stelle
ursprünglich ja helfen wollten und das auch erreicht haben. Ich
könnte mir vorstellen, daß auch die mangelnde Beziehung
zum organisatorisch dazwischenstehenden Gruppenleiter noch
erschwerend dazukommt. Das gehört für mich alles zusam-

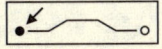

men, so daß ich nicht nur die beiden Koordinatorinnen sehen will, sondern mindestens Sie und den Gruppenleiter dazu. Der Konflikt legt die Abteilung bereits lahm. Es sind also alle betroffen. Es sollten alle teilnehmen. Ich halte die Situation für gut klärbar. Die Klärung wird aber vielleicht organisatorische oder personelle Konsequenzen nach sich ziehen. Zum Beispiel weiß ich nicht, ob Frau Meier danach noch bleiben will, kann und soll.»

Was ist denn meine Rolle bei der ganzen Sache? Was kann ich dazu tun?
Diese Frage beantworte ich ganz real (und nicht psychologisch): «*Sie können sich äußern, zuhören und Stellung nehmen. Sie können zugeben, wenn es etwas zuzugeben gibt. Sie sollten angreifen, wenn es etwas anzugreifen gibt. Ich werde Sie bei all diesen Dingen unterstützen und Ihnen helfen.*» Ich fordere die Führungskraft also auf, möglichst klar und wahr zu sein.

Bei den nun folgenden Fragen des Auftraggebers steht vor allem die Angstabwehr im Vordergrund.

Was macht Ihnen Spaß daran, beruflich Konflikte zu lösen?
Je nach Situation fällt die Antwort unterschiedlich aus. Wie weit ist das Vertrauensverhältnis bereits gediehen? Wie empfinde ich den gefühlsmäßigen Hintergrund der Frage (sarkastisch, aggressiv oder wirklich interessiert)? Wenn ich den Hintergrund der Frage positiv verstehe, erzähle ich, warum das mein Beruf ist («*Ich kann das gut und finde es sinnvoll*»), meinen persönlichen Hintergrund oder wie das alles entstanden ist. Je deutlicher ich einen aggressiven, sarkastischen oder zynischen Hintergrund heraushöre, desto intensiver frage ich nach: «*Wie meinen Sie das? Wie kommen Sie darauf? Was ist der Hintergrund Ihrer Frage?*», damit ich dann auch wirklich

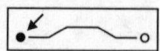

auf das antworten kann, was der Auftraggeber wissen möchte. Bekomme ich auf diese Fragen keine befriedigende Antwort, sage ich, wie ich die Frage empfinde (zum Beispiel: *«Meinen Sie, wie kann man nur so voyeuristisch sein, im Dreck von anderen Leuten herumzuwühlen, und sich daran freuen, wie die schmutzige Wäsche des anderen aufgehängt wird und es daran heruntertrieft. Meinen Sie das so?»*). Ich bleibe dabei nach Möglichkeit ruhig und gelassen, weil mich der Unterton der Eingangsfrage nicht wirklich angreift. Es ergibt sich dann ein Beziehungsgespräch darüber, wie wir zueinander stehen. Wenn mich die Art der Frage verletzt oder beleidigt, ist das ein Thema für meine eigene Supervision (siehe S. 406).

Haben Sie ausreichend Erfahrung und Fähigkeiten, um diese Aufgabe zu bewältigen?
Da kann ich einfach «ja» sagen. Früher, als Anfänger, konnte ich das nicht so ohne weiteres. Einerseits sollte der Klärungshelfer nichts vortäuschen, andererseits die tatsächliche Erfahrung und Vorbereitung nicht unter den Scheffel stellen. Sie sollten nicht herunterspielen, was Sie tatsächlich an Lebens- und Berufserfahrung haben. Dieser Erfahrung müssen Sie sich natürlich vorher bewußt werden.

Haben Sie überhaupt schon Führungserfahrung gesammelt, wenn ich schon diese Führungsfunktion an Sie delegieren soll?
Wer Führungserfahrung hat, der sage «ja». Wer keine hat, kann zum Beispiel sagen: *«So, wie Sie meinen: nein.»* Gemeint ist natürlich die Linienführung von Mitarbeitern. Natürlich hat jeder Klärungshelfer Erfahrung im Leiten von Menschen (Gruppenleitung), und das soll auch gesagt werden. Es handelt sich hier wieder um eine Skepsis-Frage, die weniger die konkrete Antwort sucht als die Verunsicherbarkeit des Klärungshelfers testet. Je mehr solcher Fragen gestellt werden, desto

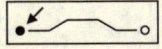

schwieriger ist die Situation tatsächlich und/oder desto größer ist die Angst der Führungskraft, sich einzulassen. Das ist das Hauptthema solcher Fragen, auf das dann auch eingegangen werden muß. Natürlich muß sich der Klärungshelfer mit Führung in hierarchischen Organisationen **intensiv** auseinandergesetzt haben, wenn er in diesem Bereich Klärungshilfe anbieten will (siehe «Ausbildung», S. 395 ff.).

Wie stehen Sie zu Kapitalismus, Marktwirtschaft und Hierarchie?
Wenn die Frage in ruhiger Art und Weise gestellt wird, antworte ich ehrlich: *«Ja, ich unterstütze Sie gerne in der Situation, in der Sie sind, nämlich in einem profitorientierten, hierarchisch organisierten Unternehmen. Ich akzeptiere dieses Umfeld.»* Oder, wenn man skeptischer ist: *«Obwohl ich diesen Organisationsformen gegenüber skeptisch bin, ist es nun einmal so.»* Je mehr diese Frage im Dienst der Angstabwehr des Auftraggebers steht, desto mehr ist wieder ein psychologisches Vorgehen oder eine Beziehungsklärung angebracht.

Sind Sie etwa ein heimlicher Basisdemokrat, Antikapitalist oder Anarchist?
Vor dieser Frage haben einige Anfänger Angst, obwohl sie mir so nie gestellt wurde. Sie hat schon eine andere Färbung als die vorherige: den Stier bei den Hörnern packen, Schalk, spielerischer Spaß an der Auseinandersetzung. Die Frage würde mir Spaß machen, wenn sie so direkt kommen würde. Antwort siehe oben oder herausfordernder: *«Wie kommen Sie darauf?»*

Glauben Sie nicht, daß Sie zu jung, alt, unerfahren etc. für diese Aufgabe sind?
Übersetzt heißt diese Frage: «Glauben Sie nicht, daß Sie irgendwie der Falsche sind?» Diese Frage kann mit der Gegen-

 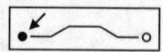

frage «Glauben Sie denn, daß ich irgendwie der Falsche bin?» zurückgegeben werden. Wenn der Klärungshelfer überzeugend sagen kann, daß er nicht glaubt, der Falsche zu sein, sollte er das auch tun. Entweder der potentielle Auftraggeber glaubt wirklich, daß der Klärungshelfer der Aufgabe nicht gewachsen ist, oder es ist ein plumper Streßtest.

Welche Ausbildung haben Sie eigentlich?
Auch das ist wieder eine Angst- und Skepsis-Frage. Mit einer Aufzählung der Ausbildungen würde nicht richtig beantwortet werden, was beantwortet werden will. Der Klärungshelfer kann es sich leichtmachen und sagen, daß er Klärungshelfer mit Klärungshilfeausbildung, Psychologe oder Betriebswirtschaftler ist, je nachdem, welchen Hintergrund er hat. Er kann aber auch das Implizite bei den Hörnern packen und fragen: «*Was wollen Sie nun genau wissen? Welches Studium ich gemacht habe? Wo ich studiert habe? Wo ich die Qualifizierung zur Klärungshilfe bekommen habe oder ob Sie wirklich Vertrauen zu mir haben können?*»

All diese Sach- und Beziehungsfragen werden kaum in einem einzigen Telefongespräch geklärt werden. Die Auftragsklärung wird mehrere Tage dauern, in denen es mehrere Telefonate oder persönliche Treffen gibt. In dieser Zeit muß auch eine innerliche Klärung über die eigene Parteilichkeit, Vorurteile, relevante Vorerfahrungen, Antipathien, Sympathien usw. stattfinden. Gespräche mit Kollegen und Partner können dabei behilflich sein. In extremen Fällen ist auch eine Vorab-Supervision angebracht.

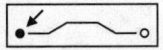

Meditation

Werden Sie sich bewußt, welche Fragen Sie am meisten fürchten, und forschen Sie nach, was Sie denn da genau in welches Bockshorn jagt. Was darf nicht herauskommen? Was müssen oder möchten Sie verheimlichen? Überprüfen Sie genau, warum das nicht herauskommen darf, ob das subjektiv oder objektiv ist und inwiefern Sie das sowieso in Ihrer normalen Arbeit beeinflußt, hindert oder vielleicht auch unterstützt.

Je klarer Ihnen dies ist, je offener Sie sein können, desto schneller findet der Auftraggeber heraus, daß Sie wirklich nicht nur theoretisch, sondern auch in Ihrem praktischen Leben für Klarheit zugänglich sind. Das hat natürlich einen positiven Einfluß auf das Vertrauen, das der Auftraggeber in Sie und die professionelle Klärung setzen kann.

Vorgespräche

Es gibt im Prinzip nur mit **einer** Person ein individuelles Vorgespräch zum Inhalt des Konflikts, mit dem Auftraggeber. Eventuell gibt es noch ein weniger ausführliches Vorgespräch mit dem Vorgesetzten des Auftraggebers.

Wenn Verweigerungs- und «Meuterei»gefahr besteht, sollte auch ein Vorgespräch mit der **gesamten** Gruppe stattfinden. Dort geht es dann aber nicht um die Inhalte des Konflikts, sondern um die Person des Klärungshelfers, sein Vorgehen, die Teilnahmebereitschaft der Betroffenen und, auf Anfrage, um die Sinnhaftigkeit der Maßnahme zum geplanten Termin. Darüber hinaus gibt es aus Zeit-, Geld- und Beeinflussungsgründen **keine individuellen Einzelvorgespräche**.

Wie bei allen guten Regeln gibt es eine **einzige Ausnahme:** Wenn eine Führungskraft die Hauptperson in der Klärung sein

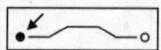

wird und die Vorwürfe nicht nur von unten, sondern auch von oben kommen werden, dann muß mit ihr ein gesondertes Vorgespräch stattfinden. Insbesondere wenn die Führungskraft der Klärungshilfe-Maßnahme gegenüber skeptisch oder ängstlich eingestellt ist. Der Betroffene ist stark in der Zange, weil er eventuell **vor** seinen Mitarbeitern von seiner Führungskraft kritisiert wird. Das kann ein starker Gesichts- und Autoritätsverlust sein. Deshalb ist es wichtig, im voraus ein gesondertes Vertrauensverhältnis zu dieser Person aufzubauen, damit sie fähig ist, die Klärung gut durchzustehen, und um ihre Schultern ein bißchen zu entlasten. Es handelt sich dabei um ein vorbereitendes Unterstützungsgespräch. Der Betreffende wird nicht zum Klärungshelfer zitiert, sondern es wird ihm von seiner Führungskraft angeboten, mit dem Klärungshelfer Kontakt aufzunehmen. Damit erfährt diese Person eine andere Behandlung als alle anderen, denen das nicht nur nicht angeboten, sondern auch nicht zugestanden wird. Natürlich wird auch dieser Vorkontakt in der Anfangsphase für alle offengelegt.

Diese Konstellation ist aber die einzige Ausnahme. Ansonsten gibt es, wie gesagt, keine individuellen Vorgespräche. Auch wenn sich alles um eine Person dreht und diese damit droht, nicht zu kommen, findet nur ein Vorgespräch mit der ganzen Gruppe statt. Bei anderen Vorgehensweisen würde die betreffende Person nur unnötigerweise hervorgehoben werden. Einzelgespräche behindern den Klärungshelfer (zum Beispiel durch das Siegel der Verschwiegenheit) in seiner Handlungsfreiheit. Er kann dann keine naiven Fragen mehr stellen, wenn er die «geheime» Antwort schon kennt.

Vortreffen mit der Gruppe

Ein solches Vortreffen mache ich nur, wenn wirklich gravierende Gründe dafür bestehen, zum Beispiel wenn starker Widerstand gegen die Klärung generell oder meine Person besteht.

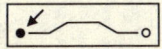

Ansonsten mute ich der Gruppe zu, sich der Klärung unvorbereitet zu stellen.

Ein derartiges Vorgespräch wird von der Führungskraft angekündigt, und es werden alle eingeladen. Der Klärungshelfer stellt sich **sachlich** und **persönlich** vor, um eine möglichst vertrauensvolle Grundlage für die Klärung zu schaffen. Als nächstes erläutert er, wie solche Klärungen allgemein ablaufen, wie es kommt, daß er hier steht (Historie), und daß es das Ziel dieser Veranstaltung ist, offene Fragen zu klären und eventuell (nach Absprache mit der Führungskraft) Bedingungen auszuhandeln. Die Vorstellung des Klärungshelfers und des Vorgehens in der Klärungshilfe sollte ca. 15 bis 20 Minuten dauern, damit die Teilnehmer Zeit haben, nachzufühlen und herauszufinden, wozu sie noch Fragen haben. Je persönlicher die Vorstellung ausfällt, desto direkter hat man es mit der Angst der Teilnehmer zu tun, je fachlicher und autoritärer der Klärungshelfer auftritt, desto eher kommt die Trotz- und Abwehrhaltung der Teilnehmer zum Vorschein. Die Stimmung entspannt sich, wenn der Klärungshelfer verständnisvoll zuhört und die Ruhe bewahrt, indem er sich nicht persönlich angegriffen und gemeint fühlt, wenn Skepsis, Mißtrauen und Aggression in der Luft liegen. Je freier er sich innerlich fühlt, den Auftrag eventuell abzugeben oder abzulehnen (ohne das explizit zu sagen), desto positiver wird die Stimmung.

Fehler und Fallstricke

Generell ist der Verstoß gegen alle diese Prinzipien und Regeln ein Fehler und wirkt sich als Falle aus, aus der man sich während des gesamten Klärungsprozesses nicht befreien kann.

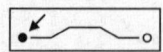

Fehler: Der Klärungshelfer nimmt von sich aus Kontakt zu potentiellen Auftraggebern auf

Auf keinen Fall lasse ich mich darauf ein, daß **ich** den obersten Betroffenen **zuerst** anrufe. Die Anfrage muß von dort kommen. Entsteht der Kontakt dadurch, daß ich anfrage, weil ich durch irgend jemanden über den Bedarf des potentiellen Auftraggebers informiert wurde, läuft die Sache schon von vornherein schief. Ich, als Klärungshelfer, will nichts. Ich halte mich nur bereit, bin Auftragshandwerker. Ohne daß der Auftraggeber will, geht es sowieso nicht. In hierarchischen Systemen muß zumindest der oberste Betroffene oder sein Vorgesetzter wollen – das reicht schon.

Ich nehme den Kontakt auch nicht von mir aus auf, wenn der potentielle Auftraggeber jemanden explizit autorisiert hat, mich um Kontaktaufnahme zu bitten. Er muß persönlich (Telefon, Fax oder schriftlich) zumindest den Versuch gemacht haben, mich direkt zu kontaktieren. **Die Kontaktaufnahme ist nicht delegierbar.** Versucht der Auftraggeber die Kontaktaufnahme und Verhandlung zu delegieren, ist das nach meiner Erfahrung ein Zeichen dafür, daß er die Klärung nicht ernst genug nimmt oder zuviel Angst davor hat. Es ist aber eine Grundvoraussetzung, daß der oberste Anwesende oder sein Chef absolut hinter der Klärung steht. Das alles gilt nur für den Erstkontakt. Spätere Telefonate und Treffen können auch vom Klärungshelfer ausgehen.

Fehler: Konfrontation des Auftraggebers für die Klärungssituation «aufbewahren»

Die Konfrontation des Auftraggebers mit meiner Wahrnehmung und dem, was ich im Kontakt mit ihm erahnen kann, muß möglichst sofort stattfinden. Ich darf mir diese Konfrontation nicht aufheben, bis die «richtige Klärungshilfe» stattfindet. Ich muß sie in dem Moment aussprechen, in dem ich sie spüre, und dann seine Antwort darauf hören. Wenn ich das nicht im Vor-

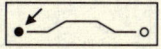

gespräch mache, sondern den Auftraggeber vor allen Leuten mit Dingen konfrontiere, die ich auch schon während der Auftragsklärung hätte ansprechen können, falle ich ihm quasi in den Rücken. Das kommt einem Verrat an unserer Beziehung gleich. Ich muß die Führungskraft zwar vor allen Leuten noch mal konfrontieren, falls es die Mitarbeiter nicht tun, aber die Führungskraft weiß dann schon, was auf sie zukommt. Diese Konfrontationen fallen einem als Klärungshelfer vielleicht schwer. Es geht viel besser, wenn der Klärungshelfer keine Existenzangst, keinen Erfolgsdruck oder andere Ängste und Zwänge hat (siehe «Supervision und Intervision», S. 405 f.). Zu meinem anfänglichen Erstaunen haben die allermeisten Führungskräfte diesen doch etwas abrupten Vertrauens- und Offenheitstest gut über- und bestanden, so daß ich gerne für sie arbeite. Das Wachsen des Vertrauens zwischen mir und dem Auftraggeber ist für mich Basis meiner Motivation.

Fallstrick: Etikettenschwindel

Etikettenschwindel liegt zum Beispiel vor, wenn der Auftraggeber einen Konflikt klären will, die Beteiligten aber zu einem Kommunikationsseminar, einer Kontaktklausur etc. einlädt. Vorsicht ist immer dann geraten, wenn die Betroffenen nicht explizit über Inhalt und Ziel der Veranstaltung informiert werden. Um dieser Falle vorzubeugen, ist es unbedingt notwendig, den Auftraggeber zu fragen, was die Betroffenen von der Maßnahme halten und ob sie informiert wurden (siehe «Fragen an den Auftraggeber», S. 54 f.). Sollte das noch nicht geschehen sein, muß es unbedingt nachgeholt werden. Fragen Sie den Auftraggeber nach seinen Gründen, und ermuntern Sie ihn, die eventuellen Widerstände im Vorfeld zu erkunden und nicht die Klärung zu gefährden. Wenn alle informiert sind, kann es durchaus sinnvoll sein, eine Konfliktklärung «Kommunikationsseminar» zu nennen, weil es immer noch Organisationskulturen gibt, in denen Konfliktklärung als Schwäche gilt.

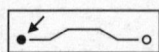

Fehler: Klärungshelfer schnappt ein oder ist beleidigt

Menschen, die in einen Konflikt verwickelt sind und dann nach Hilfe suchen müssen, haben genug mit sich selber zu tun. Sie können nicht unbedingt pfleglich mit uns Helfern umgehen. Meistens sind Spitzen und Unterstellungen nicht wirklich gegen die Person des Klärungshelfers gerichtet, sondern Ausdruck der Angst und des Unbehagens der Betroffenen. Der professionelle Klärungshelfer soll zwar empfindsam, aber nicht leicht beleidigbar sein (siehe «Ausbildung», S. 396 f.).

Meine Einstellung zur Team-Auftragsklärung

Mir persönlich ist diese erste Phase ganz lieb. Ich mache diese Abklärungen sehr gerne. Es ist jedesmal wie eine neue Geschichte, in die ich mich hineinbegebe, eine neue Chance zu einem neuen Anfang. Es kommen neue Menschen und neue schwierige Situationen, natürlich auch Verdienstmöglichkeiten auf mich zu. Ich prüfe immer sehr genau, ob derjenige, der anfragt, eine Klärung auch **wirklich** *will oder vielleicht nur oberflächlich bzw. manipulativ. Will ich diesen Auftraggeber, seine Abteilung, das Gesamtziel seiner Organisation wirklich unterstützen? Ergibt dies für die Gesellschaft einen Sinn? Für mein Leben? Habe ich Lust dazu? Will ich die Anstrengung und das Risiko auf mich nehmen, dort zu helfen? Wenn es nur ein «Geld-Job» ist, von mir immer mehr Grenzüberschreitungen verlangt werden oder ich den Kontakt von Mensch zu Mensch, zu diesem obersten Beteiligten, nicht wirklich herstellen kann, dann mache ich es nicht. Auch wenn mir irgend etwas nicht sauber erscheint, heimliche Ziele vorliegen, die nicht genannt werden dürfen (zum Beispiel unheimliche Situationen, unheimliches Produkt, unheimliche Organisation), dann nehme ich den Auftrag nicht an. Ich lehne ebenfalls ab, wenn der Auftrag auch nur in einem Teilaspekt unangenehm ist, zum Beispiel für meine Terminplanung.*

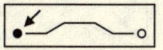

Ich bin dankbar für die Freiheit, die ich habe, einen Auftrag anzunehmen oder nicht. Wenn ich einen Auftrag nicht annehme, berate ich den Anfrager aber gerne weiter, was er denn statt dessen tun könnte. Manchmal verändert sich ein Auftrag dadurch noch einmal und wird stimmig. Vor allem genieße ich es, zu beobachten, wie sich die Beziehung in den Telefonaten mit dem Auftraggeber (oder auch mit seinem Vorgesetzten) immer wieder verändert und vertieft – wenn wir Klartext sprechen können, wenn Vertrauen da ist und wächst, obwohl wir uns noch nicht verabredet oder gesehen haben. Ich sage nie eine Klärungshilfe auf Anhieb zu, sondern lasse immer mindestens eine Nacht verstreichen und führe ein oder mehrere Gespräche mit meiner Partnerin oder Kollegen darüber. Dabei erkenne ich meine eigenen Motivationen und Hindernisse, die ich dann im nächsten Gespräch mit dem potentiellen Auftraggeber in den Kontakt einbringe. Wenn auf meine Bedenken, frechen und vielleicht ungewöhnlichen Fragen positiv und offen reagiert wird, dann hat die Klärung eine gute Chance.

So lerne ich die Führungskraft von Anfang an gut kennen. Dabei wird eine Vertrauensgrundlage geschaffen, die während der Klärung, wenn ich oder die Mitarbeiter diese Person konfrontieren, dringend notwendig ist. Es gibt manchmal Situationen, in denen nur noch die Beziehung zu mir diesen Menschen davor schützt, aus lauter persönlicher Betroffenheit in autoritäres Machtgehabe, Vergeltung, Abwehr oder Rache zu verfallen.

Ich habe zum Teil während der Klärung die Rolle des Hofnarren; ich sage Wahrheiten, die sonst kein Betroffener sagen dürfte. Ich muß prüfen, ob diese Rolle von der Führungskraft akzeptiert wird, ob meine kleinen Grenzübertretungen, Frechheiten, naiven Fragen und kindlichen Sichtweisen geschätzt oder als lästige Störungen überstanden und abgetan werden. Etwas professioneller könnte man die Auftragsklärung auch als Test bezeichnen. Ich teste den Auftraggeber auf verschiedenen

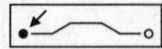

Ebenen. Natürlich testet der Auftraggeber mich auch, und es ist relativ schnell klar, ob das alles Aussicht hat oder nicht.

Ich bin von den einzelnen Aufträgen nicht abhängig, muß mich nicht kaufen lassen. Das war natürlich nicht von Anfang an so. Als Anfänger hatte ich gemischte Gefühle bei solchen Anfragen. Ich fühlte mich gebauchpinselt (Ich werde angefragt), hatte aber auch Angst vor dem Leistungs- und Erfolgsdruck (Oh, dann muß ich aber ...). Ich hatte Angst vor dem Versagen (Hilfe, Kunde droht mit Auftrag) und Existenzangst bzw. Geldgier (Wieviel darf ich verlangen?). Dabei ging es mir speziell bei der Honorarverhandlung eher um meinen Marktwert (Wieviel bin ich wert?) und nicht um diese besondere Arbeitsbeziehung (Ich und der Auftraggeber, was stimmt in dieser Situation?), was mein heutiger Ansatz ist.

Nach Abschluß der Vorbereitungen und Verhandlungen freue ich mich richtig auf die Klärungssituation. Bis heute fiebere ich allerdings auch dem Termin ein bißchen entgegen, obwohl ich weiß, daß ich mich nicht **mehr** vorbereiten kann, als ich es mit der Auftragsklärung schon getan habe. Ein paar Tage vor dem Klärungstermin rufe ich oft den Auftraggeber noch mal an, um erneut einen kurzen Kontakt zu haben. Ich möchte durch ihn auch von auffälligen Stimmungsumschwüngen oder aktuellen Situationsveränderungen erfahren.

Stimmt mit dem Auftrag irgend etwas noch nicht, bin ich vielleicht über meine Grenzen hinweg Kompromisse eingegangen, dann fühle ich mich mit der bevorstehenden Klärung sehr unwohl. Dieser Leidensdruck prägt sich mir ein und schützt mich bei den kommenden Aufträgen davor, die gleichen Fehler zu machen.

Interne Klärungshelfer

Selbständige, in einem kollegialen Netzwerk zusammenge-
schlossene oder in einer Beratungsfirma angestellte, also **externe** Klärungshelfer haben es meiner Meinung nach leichter,
in von ihnen unabhängigen Institutionen, Unternehmen oder
Abteilungen eine erfolgreiche Klärung durchzuführen. Oft haben Externe einen Bonus, weil sie als unabhängige, neutrale,
spezialisierte und eventuell teure und damit wertvolle Arbeits-
kräfte gelten.

*Ich selber bin externer Klärungshelfer. Das heißt, ich bin
selbständig, arbeite freiberuflich auf Auftrags- und Honorar-
basis. Ich werde von Fall zu Fall gerufen, wie ein Handwerker,
der ins Haus kommt. Ich bin also dem Auftraggeber gegenüber
frei, nicht von ihm abhängig. Natürlich bin ich insgesamt von
meinen Auftraggebern existentiell abhängig, aber nicht von einem einzelnen. Meine Auftragslage ist auch so verteilt, daß
kein Auftraggeber für mehr als 10 Prozent meines Einkommens
aufkommt.*

Der **interne** Klärungshelfer sieht sich hingegen einer anderen
Konstellation von Vor- und Nachteilen gegenüber. Er kennt
das Unternehmen, die Strukturen, Probleme, Stimmungen,
Strategien, Gepflogenheiten, Grenzen, Tabus, Historie und Er-
tragslage der Institution sehr viel besser als ein Externer.
Gleichzeitig hat er aber auch alle Nachteile, die es mit sich
bringen, Teil dieses Systems zu sein, und die es ihm erschweren,
sich bei der Auftragsannahme und Durchführung einer Klärung unabhängig und frei zu verhalten.

– Er ist eventuell betriebsblind, so daß er nur innerhalb der
  Grenzen des Systems denken und handeln kann.
– Ihm bekannte inoffizielle Informationen über Personen, Ab-

teilungen, Projekte, Ziele, Finanzen und Strategien können ihn hemmen, offen und ehrlich mit den Klärungsteilnehmern umzugehen.

- Interne Klärungshelfer haben bei Mißerfolgen mehr zu verlieren, und das auch noch dauerhafter. Der Erfolgsdruck ist bei internen Klärungshelfern anders als bei externen: Es steht eher die konkrete Angst vor Mißerfolg und dessen Konsequenzen im Vordergrund. (Bei Externen gründet sich der Erfolgsdruck vor allem auf der Höhe des Honorars und dem Ehrgeiz, einen guten Ruf zu bewahren oder aufzubauen.)
- Die individuelle Autoritätsproblematik verschärft sich durch die reale Abhängigkeit von den Autoritäten der Institution. Besonders wenn die Auftraggeber hierarchisch über dem Klärungshelfer stehen, verlangt es eine große Portion persönlicher Autorität und Unabhängigkeit, nicht übermäßig ängstlich, zaghaft, hypnotisierbar oder rebellisch in den Kontakt zu gehen.
- Der interne Klärungshelfer ist eventuell in eine Rollenvielfalt verflochten und verwickelt. Neben seiner Tätigkeit als Klärungshelfer nimmt er oft auch folgende Rollen wahr:
  - **Coach** einzelner Führungskräfte und Mitarbeiter, die eventuell an dem zu klärenden Konflikt beteiligt sind. Dadurch hat er automatisch eigene Erfahrungen, Urteile und Interessen im Geschäft;
  - **Kollege** im übergreifenden Sinne von Klärungsteilnehmern;
  - **Untergebener** der Auftraggeber. Er ist zwar nicht der direkt Untergebene des Auftraggebers, wird aber trotzdem im Gesamtsystem einer bestimmten Stufe zugeordnet, die der Stufe des Auftraggebers meist untergeordnet ist;
  - **Vertreter der Zentrale;**
  - **Personalreferent** und dadurch vielleicht sogar für die organisatorischen Belange (Einstellung, Gehalt, Versetzung etc.) der einzelnen Beteiligten zuständig.

Dies alles sind Verstrickungen, die es erschweren, in der Rolle des Klärungshelfers «sauber» zu arbeiten.

– Es ist für Interne schwierig, unsaubere Aufträge (die zum Beispiel heimliche Manipulationsvorstellungen des Vorgesetzten enthalten oder unrealistische Grenzen vorschreiben) abzulehnen. Interne Klärungshelfer haben im Hintergrund oft Angst vor realen, existentiellen Konsequenzen, wenn sie Fehler machen oder den Auftraggeber konfrontieren. Das ist aber manchmal notwendig, um bei der Auftragsannahme eine gute, realistische Grundlage zu schaffen. Sie haben Angst, daß sich der Auftraggeber empört an den Chef oder, noch schlimmer, an die Aufsichtsbehörden oder den Vorstand wendet. Dabei kann eventuell nicht nur der einzelne Kollege, sondern seine ganze Abteilung (zum Beispiel Personalentwicklung) in einem schlechten Licht erscheinen.

– Im Gegensatz zum externen können interne Klärungshelfer nicht immer auf eine freiheitliche und freiwillige Beziehung zum Auftraggeber aufbauen, vor deren Hintergrund Akzeptanz und Konfrontation zum Vertrauen führen können. Die Zugehörigkeit zum selben Hause ist oft ein Hindernis, ein solches (dringend notwendiges) Vertrauensverhältnis zum Auftraggeber zu entwickeln.

Um trotz all dieser Einschränkungen sinnvoll als Klärungshelfer arbeiten zu können, müssen sich Interne mit psychischen, «beziehungsmäßigen», organisatorischen und sachlichen Vorsorgemaßnahmen gegen drohende Schwierigkeiten absichern.

1. Der interne Klärungshelfer muß sich etwas mehr noch als der externe von seiner eigenen Existenzangst befreien bzw. sich ihrer klarwerden und sich mit seiner Abhängigkeit vom Unternehmen beschäftigen. Dazu gehört auch, sich reale Alternativen zu überlegen.

2. Darüber hinaus muß sich der interne Klärungshelfer auch dringlicher als der externe mit seiner Autoritätsproblematik beschäftigen.

Meditation (auch für externe Klärungshelfer)

Wie spüren Sie die Abhängigkeit von Ihrem Arbeitgeber? Ist das beruhigend oder demütigend? Oder schauen Sie darüber hinweg, und vergessen Sie sie schnell? Spüren Sie Ihre Existenzangst? Die Angst, zu verarmen und auf dem Sozialamt zu landen? Wie wirkt sich das im Kontakt mit dem Unternehmen und seinen Repräsentanten aus?

Wir wirken Autoritäten auf Sie? Schüchtern sie Sie ein? Rebellieren Sie dagegen? Haben Sie idealisierte Ansprüche an eine Autorität, wollen Sie sie vom Sockel stoßen und zerstören, wenn sie diesen Ansprüchen nicht genügt? Können Sie eine Autorität über sich akzeptieren, die in Ihrem Fach weniger kompetent ist? Sind Sie ein Fahrradfahrer: nach oben buckeln, nach unten treten? Sind Sie mehr ein «Hinten herum – vorne herum»-Typ, so daß Ihr Verhalten im Kontakt nicht dem entspricht, wie Sie sich wirklich fühlen? Mit welchen Autoritäten sind Sie in Ihrem Leben gut ausgekommen? Was war da besonders? Mit welchen haben Sie sehr schlechte Erfahrungen gemacht? Warum? Wie sind Sie selber als Autorität? Wo sind da Ihre Schattenseiten gegenüber Untergebenen? Zum Beispiel Überheblichkeit, Selbstherrlichkeit, sich kollegial fühlen und das Machtgefälle unter den Tisch fallen lassen, Barschheit, Distanz, Ungeduld, Gutsherrenart etc.?

All das sollte sich der Klärungshelfer bewußtmachen, bevor Maßnahmen geplant werden. Bewußtheit heilt, sie bewirkt, daß die richtigen Gegenmaßnahmen ergriffen werden können.

3. Der interne Klärungshelfer sollte nur arbeiten, wenn er das Gefühl hat, von allen Anwesenden in seiner Rolle und Funktion akzeptiert zu werden. Wenn das unklar ist, muß er den Mut haben, die Frage nach der Akzeptanz direkt zu stellen, ohne die Antwort innerlich als Gesamtbewertung seiner Person zu verstehen..

4. Der interne Klärungshelfer muß sich darüber klarwerden, wie er die Klärungen gestalten will und wo seine Grenzen liegen.

5. Das muß er dann offensiv mit seinen Kollegen und mit seinen Vorgesetzten absprechen und ihnen gegenüber vertreten. Insbesondere muß besprochen werden, welche Aufträge wie modifiziert und abgeändert werden können und welche Aufträge abgelehnt werden. Die eigenen Kollegen, der Chef (und eventuell der Chef des Chefs) sollten als Verbündete Rückendeckung geben können.

6. Zusätzlich müssen die Kollegen und der Chef über laufende Aufträge, Verhandlungen und insbesondere deren Schwierigkeiten und Grenzen informiert sein, so daß sie bei Reklamationen oder Gerüchten schon vorinformiert sind und entsprechend reagieren können.

7. Besonders die Phase der Auftragsannahme muß in der Abteilung in jedem einzelnen Punkt genau durchgesprochen und am besten gemeinsam geübt werden. Die Punkte, die am heikelsten sind, müssen unter Umständen sogar von einer übergeordneten Hierarchiestufe abgesegnet werden.

8. Es kann auch hilfreich sein, ein «Katastrophenszenario» vorsorglich durchzusprechen.

9. Bei konkreten Anfragen an interne Klärungshelfer sind sehr klare Abmachungen und Warnungen notwendig. Seine Fragen an den Auftraggeber sind für ihn doppelt wichtig:
   – Wollen Sie das wirklich?
   – Wollen Sie das mit mir?
   – Ich gehe folgendermaßen vor ... Im schlimmsten Falle bedeutet das für Sie ...

Es ist wichtig, daß der Auftraggeber auch wirklich begreift, um was es geht. Interne Klärungshelfer sollten bei der Auftragsklärung auch ein bißchen kleinkarierter sein. Eventuell sind auch schriftliche Abmachungen als Sicherheitsnetz sinnvoll.

10. Erfolgskontrolle, Nachbetreuung und Nachsorge sind für

interne Klärungshelfer sehr wichtig und bieten einen zusätzlichen Schutz. Auf keinen Fall sollte dieser Bereich vernachlässigt werden. Da sie näher dran sind, fällt dieser Punkt internen Klärungshelfern aber auch um einiges leichter als externen.

Durch diese Maßnahmen entstehen innere Sicherheit und ein äußeres Sicherheitsnetz aus Abmachungen, Menschen und Beziehungen.

Besonders günstig ist es, wenn die laufenden Fälle in einer internen Intervisionsgruppe mit ähnlich arbeitenden Kollegen besprochen werden können. Vier bis acht Augen sehen, besonders bei dieser Arbeit, mehr als zwei. Natürlich ersetzt das nicht eine externe Supervision, in der noch mal ganz andere Blickwinkel und Konfrontationen möglich sind.

Interne Klärungshilfe kann nur funktionieren, wenn das Klima in der eigenen Abteilung kooperativ und solidarisch ist. Es muß auch gewährleistet sein, daß nicht Einzelheiten aus einer Klärung im Betrieb bekannt werden. Kaum jemand möchte, daß das, was in seiner Abteilung nicht optimal läuft, direkt in die innerbetrieblichen Informationskanäle gelangt. Interne Klärungshelfer müssen aus diesem Grund sehr sauber und fehlerlos arbeiten und Fehler, wenn sie passieren, aktiv ausbügeln.

Ideal wäre es, wenn interne Klärungshelfer
- einer unabhängigen Stabsabteilung angehören würden;
- in ihrem Arbeitsvertrag einen externen Spielraum für freiberufliches Arbeiten in anderen Institutionen zugestanden bekämen. Das erhöht die Kompetenz enorm und unterstützt den Klärungshelfer in seiner Unabhängigkeit;
- zusammen mit Externen co-leiten. In einer solchen Konstellation ergänzen sich die Vorteile beider. Ich selber habe Co-Leitung mit Internen immer als sehr fruchtbar und ergänzend erlebt. Vorbereitung, Organisation und Nachsorge

liegen dabei in der Hand des Internen. Heikle Themen, Konfrontationen und aufdeckendes Arbeiten an betriebsbedingten Schwierigkeiten übernimmt der Externe. Es sind aber auch andere Arbeitsteilungen möglich.

Phase 1 – Anfang

Ziel

In dieser Phase geht es darum, **Kontakt** zwischen dem Klärungshelfer und den anwesenden Beteiligten herzustellen. Der Klärungshelfer und die Konfliktparteien treffen zum erstenmal aufeinander. Das Ziel der Anfangsphase ist die Vorbereitung der Anwesenden auf die nun folgende Klärungssituation, damit sie sich einlassen können. **Situations- und Rollenklärung kommt vor Konfliktklärung.** Das heißt auch, daß die **Leitungsoberhand** des Klärungshelfers etabliert wird. Der Klärungshelfer ist für die Gestaltung des Prozesses und das strukturelle Vorgehen zuständig und verantwortlich – nicht aber für die Inhalte, Resultate und Lösungen.

In der Anfangsphase werden auch **Schwierigkeiten oder Widerstände der Teilnehmer,** sich auf die Klärungssituation einzulassen, erkundet und verhandelt. Alle Hindernisse einer ruhigen, inhaltlichen Klärung sollen offengelegt und ausgeräumt werden (zum Beispiel, jemand muß zu früh gehen, jemand weiß gar nicht, um was es geht, oder ist gegen Psychologen). Nach dieser Phase sollen alle ruhig dasein und sich auf den zu besprechenden Konflikt konzentrieren können und wollen. Außerdem muß der **hindernde Teil der Wahrheit der Situation** angesprochen werden.

Für die **Situationserhellung** hat sich folgendes Prinzip als Leitfaden bewährt: *«Wie kommt es, daß ausgerechnet ich, mit ausgerechnet Ihnen, ausgerechnet jetzt zu ausgerechnet diesem Thema zusammenkomme? Was ist diesem Treffen vorausgegangen, was hat mich bewogen, diesen Auftrag anzunehmen?»*

Ein weiterer Punkt sind organisatorische Dinge, zum Beispiel Rauchen, Pausen oder Essenszeiten. Es wäre ein Fehler, diese Kleinigkeiten zu übersehen, weil die Betroffenen dann eventuell nicht mit voller Aufmerksamkeit dabeisein können. Das Ziel dieser Phase ist es ja, die Bereitschaft der Teilnahme herzustellen. Mit organisatorischen Themen wird der Klärungshelfer auch getestet, wie er auf solche Dinge eingeht und ob alle Teilnehmer so dasein dürfen, wie sie sind. Außerdem müssen Abmachungen zum Zusammensein und dessen Grenzen (Weinen, Rausrennen, Abreisen) getroffen werden. Ich schlage folgendes vor: «*Wenn Sie weinen müssen, ist das absolut in Ordnung. Von mir aus ist das nichts, weswegen man sich schämen muß, sondern ein erweiterter Ausdruck, er zeigt deutlich, wie es Ihnen geht, unter welchem Druck Sie zum Beispiel stehen. Da wir hier nicht in einem Dampfkochtopf-Seminar oder Psychomarathon sind, ist die Türe nicht geschlossen, und es steht allen jederzeit frei, hinauszugehen. Ich bin allerdings froh, wenn Sie das nur in dringenden Situationen nutzen. Wenn Sie zum Beispiel beim Weinen rausrennen, erwarte ich, daß Sie von selber wiederkommen. Wahrscheinlich warten wir drinnen auch mit der Klärung auf Sie. Wenn Sie aber das Lokal aus Protest verlassen, möchte ich, daß Sie im Türrahmen noch einen Satz dazu sagen. Falls Sie abreisen wollen, will ich, daß Sie das ankündigen und nicht einfach verschwinden. Ist das so in Ordnung für Sie?*» Daß jemand wirklich abreisen will, kommt zwar nie vor, es ist aber gut, diese Grenze gesetzt zu haben.

Je besser die Auftragsklärung gelaufen ist, desto weniger muß hier besprochen werden.

Weil sich die Anfangsgestaltung in Zweier- und Teamklärungen unterscheidet, werden sie in diesem Kapitel ab hier getrennt behandelt.

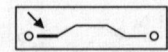

Anfangsphase bei Zweierklärungen

Rolle des Klärungshelfers

In dieser ersten (und später auch in der fünften) Phase ist der Klärungshelfer Moderator und Leiter einer Zusammenkunft von Menschen, die etwas zusammen besprechen müssen. Er ist jetzt «Chef im Ring», die Klärung wird nach seiner Fasson organisiert und durchgeführt. Die beiden Konfliktparteien haben ihn bestellt oder akzeptieren ihn zumindest (so bei «von oben» verordneter Zweierklärung). Dem Klärungshelfer darf mit der nun bevorstehenden Klärung nicht unwohl sein. Es geht jetzt noch nicht um Klärungsinterventionen, die den zu besprechenden Konflikt betreffen, sondern erst um alle Bedingungen für das nun folgende Gespräch.

Konkretes Vorgehen in der Zweierklärung

Am Beginn einer Zweierklärung steht eine kurze, informelle Begrüßung, die erste (nonverbale) **Kontaktaufnahme**. Dann nehmen alle Platz, wobei das Dreieck etabliert wird:

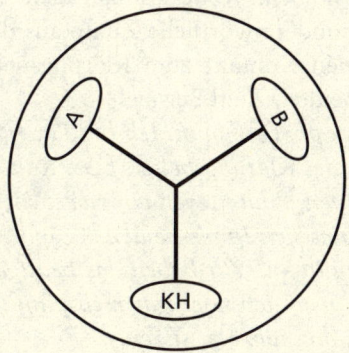

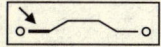

Der Sitzabstand soll zwischen allen drei Personen gleich sein (der Abstand zwischen den Konfliktparteien kann auch kleiner sein als zum Klärungshelfer). Der Klärungshelfer soll in diesem (gleichschenkligen) Dreieck gegenüber den beiden Personen sitzen.

Dann stellt sich der Klärungshelfer vor, wenn er noch nicht beiden bekannt ist (Name, Rolle und Funktion). Er zeigt schon durch die Anweisung der Sitzgelegenheiten und wenn nötig der Korrektur, daß er jetzt die **Leitungsoberhand** übernimmt. Wenn die Sitzordnung akzeptiert wurde, braucht der Klärungshelfer seine Leitungsfunktion nicht weiter zu benennen. Sträubt sich hingegen eine Partei gegen das «kleinkarierte» Vorgehen des Klärungshelfers, so kann der Klärungshelfer das ansprechen. Je stärker der Widerstand gegen seine Leitung, desto eher muß das angesprochen werden. *«Ist es für Sie in Ordnung, wenn ich die Sitzung leite, oder gibt es von Ihrer Seite dazu noch etwas zu sagen?»*

Das nächste Thema ist die **Historie**, das Zustandekommen dieses jetzigen Treffens. Hierbei ist es wichtig, daß der Klärungshelfer alles sagt, was ihm bereits bekannt ist, sonst entsteht leicht ein Eindruck von Voreingenommenheit. Die Darstellung der Historie sollte neutral sein, ohne eskalierend zu wirken. Außerdem sollte sie beim Konfliktinhalt nicht zu sehr ins Detail gehen. Insbesondere wörtliche Zitate aus der Schilderung desjenigen, der den Kontakt zum Klärungshelfer hergestellt hat, sind zu vermeiden. Zum Beispiel:

«Ich bin Christoph Thomann. Ich bin Psychologe und habe hier die Funktion des Klärungshelfers bzw. Konfliktvermittlers. Ich wurde von Ihnen, Frau Meyer, vor zwei Wochen gefragt, ob ich bereit wäre, zwischen Ihnen beiden bezüglich Ihrer Zusammenarbeit zu vermitteln. Wir haben das heutige Datum abgemacht. Inhaltlich weiß ich noch gar nicht, um was es geht. So ist es gekommen, daß wir hier sitzen.»

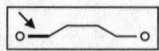

Wenn ich schon mehr über den Inhalt des Konflikts weiß, könnte das folgendermaßen klingen: «*Ich weiß, daß Sie, Frau Meyer, das Unternehmen vor fünf Jahren gegründet haben. Sie, Herr Muster, sind ein halbes Jahr später dazugestoßen. Vor einem Jahr haben Sie sich dann zu 50 Prozent eingekauft. Sie beide sind also Geschäftspartner. Ihr Verhältnis war anfänglich störungsfrei, seit einem halben Jahr gibt es aber immer wieder Schwierigkeiten bei der Zusammenarbeit. Besonders bei der Entwicklung des Produkts X wurden die Unstimmigkeiten zum Stolperstein. So weit bin ich informiert.*» Ich vermeide hier bewußt die Worte «Problem» und «Konflikt» und sage statt dessen «Schwierigkeiten», «Mißverständnisse» und ähnliches. Auch neutrale «Es»-Sätze («*Es entstanden Unstimmigkeiten*») und passive Formulierungen («*Die Zusammenarbeit wurde immer schwieriger*») sind geeignet, um die empfindliche Anfangssituation zu entschärfen.

Wenn sich der Klärungshelfer noch unsicher ist, kann er die Situation (Beginn der Klärung) noch einmal thematisieren. Zum Beispiel mit folgenden Worten: «*Ich werde die nächste Eineinhalb-Stunden-Sitzung zwischen Ihnen beiden leiten und möchte vorweg fragen, ob es noch irgendwelche Hindernisse oder Begrenzungen gibt. Haben Sie sich auch eineinhalb Stunden reserviert? Gibt es noch irgend etwas zum Organisatorischen oder zu den Bedingungen zu sagen? Haben Sie noch Fragen an mich, bevor wir anfangen?*»

Bei guter Ausgangslage ist die Minimalfrage nach der Vorstellung des Klärungshelfers: «*Gibt es noch etwas zu sagen, bevor wir beginnen?*»

An dieser Stelle kann der Klärungshelfer seinen Moderationsstil auch knapp vorstellen und einführen. Zum Beispiel: «*Ich bin weder Schiedsrichter noch Scharfrichter. Weder beurteile ich, noch spreche ich Recht. Ich vermittle zwischen Ihnen. Ich strebe die Allparteilichkeit an. Dazu muß ich Sie beide* **ganz**

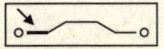

*verstehen. Zuerst werde ich dem einen exklusiv zuhören, bis ich
seine Ausgangsposition verstanden habe. Dann höre ich ebenso
ausschließlich dem anderen zu, bis ich auch ihn verstanden
habe. Erst dann gehen wir zur Diskussion und Klärung über.»*

Umgang mit Hindernissen und Bedingungen

Wenn sich nach den einleitenden Worten des Klärungshelfers
Hindernisse und Bedingungen zeigen, sollte nicht psycholo-
gisch/therapeutisch auf sie eingegangen werden, sondern real.
Also nicht den psychologischen Hintergrund aufdecken oder
die Hindernisse «wegtherapieren», sondern sie als gegebenen
Ausgangspunkt oder Grenze akzeptieren. Zum Beispiel:

«Ach, Sie sind Psychologe? Ich muß Ihnen sagen, daß Psychologen für mich ein rotes Tuch sind. Ich will auf keinen Fall,
daß Sie als Psychologe ‹Seelenpizza› aus uns machen oder wir
hier über Gefühle sprechen müssen.» Auf diesen Einwand hin
sollte demnach nicht die Angst vor Selbstoffenbarung oder
Selbstenthüllung etikettiert, ausgeleuchtet und therapiert werden. Eine reale Antwort wäre: *«Ja, daß ich Psychologe bin,
kann nicht rückgängig gemacht werden. Wenn ich in falscher
Art und Weise, zu sehr oder unverschämterweise gefühlsmäßig
statt sachlich-zwischenmenschlich interveniere, sollten Sie das
sofort sagen.»*

Solche Mini-Kontrakte kann der Klärungshelfer für alle Störungen und Bedingungen machen. Es sei denn, sie betreffen einen Kernpunkt, der sich nicht «wegkontraktieren» läßt. Im
obigen Beispiel könnt es der Klärungshelfer auch zu einer Konfrontation kommen lassen: *«Ja, natürlich soll hier über Gefühle geredet werden, darum geht es ja!»* Oder etwas weicher:
*«Wenn zuviel über Gefühle gesprochen wird, dann müssen Sie
sich melden.»* Wenn jemand sagt: «Ich bin zwar hierhergekom-
men, will aber nichts sagen», kann der Klärungshelfer auch

 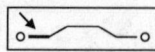

beide Wege gehen. Konfrontativ wäre: «*Ja, darum geht es ja*», weicher wäre: «*O. k., rücken Sie ein wenig zurück und hören sich einmal an, wie das aus der Sicht des anderen ist. Danke, daß Sie gekommen sind. Sie werden natürlich nicht verpflichtet, hier irgend etwas zu sagen.*»

Meiner Erfahrung nach geben die Betroffenen diese scheinbar unsinnige Bedingung auf, wenn sie sehen, wie sorgfältig und interessiert sich der Klärungshelfer der anderen Person zuwendet und ihr zuhört (siehe «Mini-Kontrakte», S. 104).

Die Anfangsphase in Zweierklärungen dauert normalerweise ca. 5 Minuten.

Anfangsphase bei Folgesitzungen

Der Klärungshelfer stellt beiden einen Blumenstrauß von Anfangsfragen zur Auswahl:

- Wie ist es Ihnen seit dem letzten Mal ergangen (innerlich und äußerlich)?
- Gibt es noch Reste von der letzten Sitzung? Einen inhaltlichen Nachtrag, den Sie noch loswerden wollten, oder ein Gefühl zum letzten Mal, das Ihnen vielleicht erst hinterher klar wurde (Ärger, Irritation)?
- Haben Sie ein Thema, eine Frage mitgebracht, die Sie heute speziell besprochen haben wollen?
- Wie ging es bei den Hausaufgaben?
- Wie geht es Ihnen heute überhaupt?

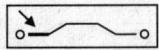

Anfangsphase bei Teamklärungen

Rolle des Klärungshelfers

Der Klärungshelfer ist während der gesamten Klärung Moderator einer Zusammenkunft von Menschen mit gemeinsamem Ziel. Das heißt, er leitet immer wieder Blitzlichter, Zusammenfassungs- und Morgenrunden an, greift Störungen auf und bespricht Organisatorisches und Strukturelles (Arbeitszeiten, Pausen, Essen etc.). Diese Moderationsrolle hat immer Vorrang vor den anderen Rollen, die der Klärungshelfer im Laufe der Klärung einnimmt.

In dieser Phase muß er die Gruppe befähigen, wirklich zusammenzuarbeiten, um die Konflikte und Beziehungen zu klären. Als Hauptmethode wird hier die Moderation von Gruppen eingesetzt. Gleichzeitig ist der Klärungshelfer auch realer Verhandlungspartner für die individuellen Bedingungen der einzelnen Teilnehmer.

Ab dieser Phase hat der Klärungshelfer für die gesamte Klärung die leitende Oberhand. Bei einer Teamklärung ist die Führungskraft der Anwesenden natürlich nach wie vor ihr Chef, er ist aber nicht Leiter dieser Zusammenkunft. Die Klärung wurde von der Führungskraft an den Klärungshelfer delegiert. Diese «Zepterübergabe» muß in der Anfangsphase deutlich stattfinden. Trotz dieser Macht- und Leitungsrolle darf der Klärungshelfer nicht vergessen, daß er keine Weisungsbefugnis und keine Ergebnisverantwortung hat. Seine Macht ist mehr eine ordnende und strukturierende, die er zum Wohle der Zusammenarbeit einsetzt. Manchmal gibt es Überschneidungen, zum Beispiel muß der Chef den Bereitschaftsdienst organisieren oder entscheiden, wenn jemand frühzeitig wegwill. Der Klärungshelfer kann den Chef dabei aber beraten, warnen und unterstützen.

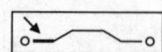

Besonders interne Klärungshelfer müssen ihre Rolle zu Beginn der Klärung allen Anwesenden aktiv erklären und klären (siehe S 86 ff.).

Konkretes Vorgehen in der Teamklärung

Der Klärungshelfer sollte vor den Teilnehmern im Raum sein, um Zeit für letzte Vorbereitungen zu haben. Unter Umständen vorhandene Tische müssen entfernt oder zur Seite geschoben werden, und der Stuhlkreis muß aufgebaut werden. Ich baue zusätzlich auch noch meine Musikanlage auf (siehe «Einsatz von Musik», S. 176 ff.). So wie in der Zweierklärung in der Anfangsphase das Dreieck, wird hier der Stuhlkreis eingeführt.

Meistens kommen die Teilnehmer nicht alle auf einmal, sondern nach und nach. Ich begrüße sie alle mit Handschlag, lasse mich aber nicht auf Smalltalk ein, sondern entferne mich wieder und mache etwas für mich, zum Beispiel bereite ich ein Flip-Chart vor.

Am Flip-Chart steht ein Ablaufplan mit Namen und Logo der Firma, Titel der Veranstaltung, meinem Namen und den allgemeinen Themen (Zusammenarbeit, Führung, Klima, Kommunikation etc.), um die Teilnehmer inhaltlich und strukturell auf die Veranstaltung einzustimmen.

Die Stimmung ist meistens äußerst gespannt, miserabel, drückend stumm oder aufgeregt hysterisch – auf alle Fälle unangenehm.

Die Führungskraft (Auftraggeber) wird wie alle anderen begrüßt und noch mal darauf hingewiesen, daß sie die offiziellen Anfangsworte übernehmen soll.

Wenn alle da sind und Platz genommen haben, beginnt die Führungskraft mit der Begrüßung und sagt in hoffentlich prägnanten Worten,
– warum wir alle hier sitzen,

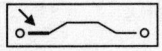

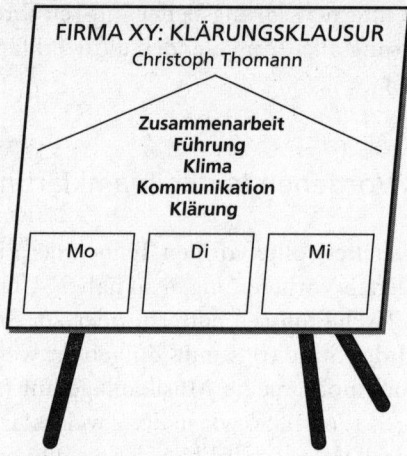

Zusammenarbeit
Führung
Klima
Kommunikation
Klärung

FIRMA XY: KLÄRUNGSKLAUSUR
Christoph Thomann

Mo   Di   Mi

– wie das alles gekommen ist,
– was das Ziel ist,
– was ihre persönliche Motivation/ihr Leidensdruck dabei ist
  und
– daß sie jetzt das «Zepter» an den Klärungshelfer übergibt.

Diese Einleitung durch die Führungskraft, in der sie eindeutig Farbe bekennen muß, ist äußerst wichtig. Es muß für alle klarwerden, daß nicht der Klärungshelfer, sondern die Führungskraft die Klärung will und angeordnet hat. Der Klärungshelfer ist nur das ausführende Organ.

Ich schweige während dieser Begrüßung, auch wenn sie nicht ideal läuft. Nicht ideal wäre eine ausufernde, verwischende oder unpassende (lustige, drohende) Wortwahl.

Nachdem ich der Führungskraft für die Einleitung gedankt habe, begrüße ich nun meinerseits alle Anwesenden, stelle mich vor und ergänze bzw. korrigiere die Aussagen der Führungskraft. Da es sich um eine hochsensible Anfangssituation handelt, ist es wichtig, bei vielleicht notwendigen Korrekturen an der Aussage der Führungskraft sehr feinfühlig vorzugehen. Ich frage zum Beispiel nach: «*Können Sie noch mal genau sagen,*

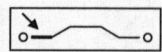

warum Sie wollten, daß wir hier zusammenkommen?», oder erinnere die Führungskraft an ihre Worte aus dem Vorklärungstelefonat: *«Sie haben mir ja damals gesagt, daß die Stimmung mies ist und Sie jetzt etwas unternehmen wollen.»*

Die Vorstellung des Klärungshelfers sollte nicht nur seine fachliche Funktion (Psychologe, Klärungshelfer, Kommunikationstrainer und Organisationsentwickler), sondern auch etwas Persönliches und Privates enthalten. Bei mir klingt das dann so: *«Ich habe es hier gut in meiner Position, weil ich nicht persönlich betroffen bin. Ich bin sozusagen aus dem Schneider, und Sie sind alle in der Situation, daß Sie betroffen sind. Wenn ich betroffen bin, empfinde ich das als äußerst unangenehm. Ich bin von Haus aus ein Streitvermeider. Obwohl ich als Konfliktprofi weiß, daß durchgestandene Konflikte Situationen verbessern, fühle ich mich jedesmal äußerst unwohl, wenn ich persönlich in einen Konflikt verwickelt bin.»* Ich erwähne auch noch kurz, wie mein Alltag real und aktuell aussieht: Arbeit, Kinder, Hobbys, was mir gerade passend erscheint. Damit zeige ich in knappen Worten, daß ich ein ganz gewöhnlicher Mensch mit Privatleben bin und auch verstehe, wie unangenehm es sein kann, in einen Konflikt verwickelt zu sein. Die Teilnehmer können mich dabei als reale Person wahrnehmen und ihre Angstprojektionen auf mich durch ein realeres Bild ersetzen. Zusätzlich gestalte ich die persönliche Vorstellung zum Teil so, daß sie einen Kontrast zu den herrschenden Normen bildet oder sogar in Unternehmen herrschende Tabus berührt. Im sozialen Bereich erzähle ich zum Beispiel von der Freude, die es mir bereitet, im Business-Bereich zu arbeiten. Im Business-Bereich betone ich eher meine Tätigkeit als Teilzeit-Hausmann oder erwähne meine eigene (Ehe-)Therapie. Durch diesen kleinen unkonventionellen Teil meiner Vorstellung signalisiere ich meine Bereitschaft, die Realität hinter den Normen so zu nehmen, wie sie ist, und Schattenseiten willkommen zu heißen.

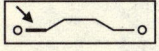

Zur Vorstellung gehören auch Rolle, Funktion, Erfahrungs-hintergrund und Ziel des Klärungshelfers, der klären, vermit-teln und Standpunkte verstehen will, damit diese dann auch von allen anderen verstanden werden können.

Als nächstes müssen die Teilnehmer erfahren, daß der Klä-rungshelfer den Konflikt bereits aus der Sicht der Führungs-kraft kennt. Gerade deshalb ist es im nächsten Schritt wichtig, die Sichtweise aller anderen Beteiligten zu verstehen.

Nun muß der Klärungshelfer den unerfreulichen Teil der Wahrheit der Situation, nämlich die Hindernisse, die aus seiner Sicht einer Klärung im Wege stehen könnten, darstellen. Dazu zählen festgelegte einengende Grenzen inhaltlicher oder struk-tureller Art, Verflechtungen des Klärungshelfers mit einer Kon-fliktpartei, Abwesenheit eines wichtigen Beteiligten etc. An diesem Punkt kann der Klärungshelfer auch kurz das Vorgehen erläutern (Vergangenheit verstehen – Gegenwart klären – Zu-kunft planen), damit alle wissen, was auf sie zukommt.

Als Hauptteil der Anfangsphase nimmt der Klärungshelfer in einer Runde zu jedem Anwesenden kurz Kontakt auf. *«Bitte sagen Sie mir kurz Ihren Namen und Ihre Funktion in der Ab-teilung. Mit welchen Gefühlen und welcher Einstellung schauen Sie auf das heutige Datum und das Ziel der heutigen Zusammenkunft? Welche Hindernisse und Bedingungen gibt es für dieses Klärungsseminar, und was ist sonst noch wich-tig?»* Der dem Klärungshelfer am nächsten Sitzende wird auf-gefordert zu beginnen.

Mini-Kontrakte

Bei Skepsis und Hindernissen, die in dieser Anfangsrunde ge-äußert werden, hört der Klärungshelfer aktiv nachfragend und wiedergebend zu. Er geht auch auf Kritik und Bedenken ein. Jemand sagt beispielsweise: «Ich will nicht, daß Sie in meinem

 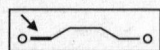

Privatleben herumstochern, das steht Ihnen nicht zu», dann frage ich nach: «*Haben Sie das schon einmal erlebt, oder ist das eine Befürchtung, weil ich Psychologe bin?*» So ergibt sich mit jedem, der Widerstände hat, ein kurzer öffentlicher Dialog. Wenn Teilnehmer konkrete Bedingungen stellen, kann der Klärungshelfer die Überwachung dieser Bedingungen an die betroffenen Teilnehmer in Form eines Mini-Kontrakts delegieren. Das dazugehörige Prinzip lautet: Jeder ist für seine Grenzen, Ängste und Bedingungen selber verantwortlich. Wenn es zum Beispiel jemand wichtig findet, daß empfindliche Leute nicht zu hart angegriffen werden, sage ich: «*Gut, daß Ihnen das ein Anliegen ist. Ich bitte Sie, übernehmen Sie die Rolle des Bodyguards, der auf den Schutz der empfindlichen Leute achtet. Sie haben ein besonderes Gespür dafür. Sie haben die Aufgabe, jederzeit einzugreifen, wenn das Ihrem Gefühl nach notwendig ist. Ich kann Ihnen nicht garantieren, daß ich dann sofort abbrechen werde, aber ich kann Ihnen garantieren, daß ich Sie anhören und Ihre Vermutung überprüfen werde.*» Diese Mini-Kontrakte haben sowohl auf die aktuelle Situation als auch auf die gesamte Klärung eine positive Wirkung. Die betreffenden Personen werden beruhigt und in ihrer Eigenverantwortung gestärkt. Etwaige Bedenken, daß man hier offen sein muß, weil es der Psychologe befiehlt oder ähnliches, werden zerstreut. Die Teilnehmer bekommen ein Gefühl dafür, daß ihre Grenzen akzeptiert werden.

Es kommt so gut wie nie vor, daß jemand dann tatsächlich etwas während der Klärung reklamiert. Daran wird deutlich, daß es sich nicht um reale Grenzen, sondern um Ängste gehandelt hat, deren Ausdruck aber wichtig war. Im Umgang mit den Widerständen macht es keinen Unterschied, ob es sich um reale Grenzen oder übereilige Angstkompensationen handelt. Beide werden akzeptiert und nicht therapiert.

Reklamiert ein Teilnehmer doch einmal etwas, bin ich dankbar für den Hinweis und überprüfe ihn sofort (Prinzip: «Stö-

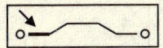

rungen haben Vorrang»). Wenn zum Beispiel die oben erwähnte Person A reklamiert, daß ich zu hart zu jemandem bin, frage ich die betroffene Person B sofort, ob sie das auch so empfindet. Wenn sie bejaht, ist das ein wirklich wichtiger Hinweis, verneint sie, war es die durchaus erlebte Angst von Person A, die hiermit an der Realität überprüft wurde.

Nach der Runde sollte der Klärungshelfer immer fragen, ob es noch **Nachträge** gibt. Es kann sein, daß die ersten in der Runde etwas überrumpelt waren und ihnen nachher noch etwas Wichtiges eingefallen ist. Außerdem entsteht dadurch eine großzügige Atmosphäre. Niemand muß immer alles im ersten Anlauf vollständig und perfekt sagen.

Kurze Plenumsdiskussionen (nicht aber Nebengespräche) zwischen den Leuten lasse ich zu. Erstaunlicherweise kommt es in dieser Phase selten vor, daß zwei Streithähne aufeinander losgehen. Wenn es doch vorkommt, unterbreche ich sofort. *«Augenblick, wir sind noch nicht bei der Klärung, sondern erst bei der Vorbereitung. Halten Sie sich noch ein bißchen zurück, gleich sind Sie dran.»* Oder: *«Ich will zuerst jeden von Ihnen verstehen, und ich will auch, daß Sie sich gegenseitig verstehen, bevor Sie diskutieren. Streiten können Sie ja im Alltag wieder, jetzt ist Klärung angesagt.»* Wenn die Eskalation gravierender ist, würde ich auf beide einzeln eingehen, um sie von mir aus zu verstehen und zu beruhigen. Vermitteln ist an dieser Stelle aber noch nicht dran.

Bei Abschluß dieser ersten Runde hat sich die Atmosphäre erfahrungsgemäß positiv verändert. Es ist eine gewisse Beruhigung eingetreten, und alle fühlen sich so wohl, wie das in dieser Situation möglich ist.

Bleibt trotz allem Ansprechen und Ausräumen ein ungutes Gefühl oder sind von seiten der Teilnehmer deutliche Signale von Restskepsis, kann die Vertrauensfrage direkt gestellt werden. *«Akzeptieren Sie mich als Klärungshelfer?»* Die Antwort

 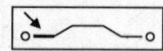

bringt ungemeine Erleichterung, wie auch immer sie ausfällt. Wird das verneint, bitte ich die Bedenkenträger oder Verweigerer, sich auszudrücken, und versuche, sie zu verstehen, ohne ihnen irgend etwas entgegenzuhalten. Danach müssen die anderen nach ihrer Sicht gefragt werden: *«Wie sehen das die anderen? Was machen wir jetzt? Und was sagen Sie als Chef dazu?»* Für mich ist damit alles offen: weitermachen, Bedingungen aushandeln oder abbrechen und abreisen, wenn der oberste Anwesende mich entläßt.

Wenn ich den Eindruck habe, daß wir jetzt beginnen können, leite ich zur nächsten Phase über.

Die oberste Bedingung in der Anfangsphase ist, daß sich der Klärungshelfer wohl fühlt, also optimal arbeitsfähig ist. Besonders in der Anfangssituation ist es für den Klärungshelfer wichtig, sehr genau auf sich selber zu achten, weil sich in ihr die Normen für die Klärung bilden.

Meditation

Welche Situationen und Bedingungen brauchen Sie, um sich wohl, sicher, arbeitsfähig und frei zu fühlen? Frei im Sinne von fähig, in Ihrem Arbeitsstil – weitgehend unabhängig von den Teilnehmern – zu leiten. Wieviel «Gegenwind» können Sie aushalten? Wieviel Akzeptanz von den Teilnehmern benötigen Sie? Wieviel Akzeptanz vom anwesenden Chef? Wie frei sind Sie, diesen Auftrag abzubrechen, wenn Ihre Bedingungen nicht eingehalten und Ihre Grundlagen torpediert werden? Wieviel «Kleinkariertheit» gestehen Sie sich bei der Einrichtung des Raums oder Durchsetzung von Pausen für Ihr Wohl zu? Was brauchen Sie, um sich als Mensch zu zeigen, der professionell einiges drauf hat und gleichzeitig persönlich nicht perfekt ist? Wieviel nicht linientreues Menschliches oder Fachliches können Sie zeigen, und was brauchen Sie dazu?

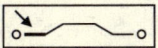

Die Dauer dieser Phase hängt von der Anzahl der Teilnehmer ab. Faustregel:
– bei fünf Personen 20 bis 30 Minuten,
– bei zehn Personen 45 Minuten,
– bei 15 bis 25 Teilnehmern eine Stunde.
Je mehr in der Runde sind, desto weniger Zeit braucht der einzelne durchschnittlich.

Bei einer Großgruppe über 30 Personen soll in der Anfangsrunde zum Beispiel nur jeder zweite oder dritte etwas sagen. Hinterher können dann noch Nachträge von allen gesammelt werden.

Fehler und Fallstricke

Fehler: Undurchsichtige Verflechtungen

Eine Verflechtung liegt vor, wenn der Klärungshelfer unabhängig von der Klärung beruflichen oder privaten Kontakt zu einer beteiligten Person hat oder hatte. Solche Verflechtungen müssen in der Anfangsphase transparent gemacht werden, sonst können sie, wenn sie erst später «rauskommen», zu einem Vertrauensproblem während der Klärung führen. Dabei ist es egal, ob dieser Kontakt direkt oder indirekt war. Auch offensichtliche Ähnlichkeiten (zum Beispiel Interessen oder Ausbildung) sollten vom Klärungshelfer angesprochen werden. Dieses offene Ansprechen ist besonders wichtig, wenn die Verflechtung den Konfliktgegenstand betrifft oder sonstwie gegen den Klärungshelfer oder eine Konfliktpartei ausgelegt werden kann.

Als Gegenmaßnahme kann der Klärungshelfer die «benachteiligte» Partei auffordern, wachsam zu sein und sich beim ersten Gefühl der Ungerechtigkeit zu melden.

 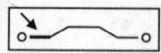

Fehler: Überredungsversuche

Jemanden zum Bleiben, zur aktiven Teilnahme, zur Offenheit oder gar zu einer konstruktiven Grundhaltung gegenüber der Klärung oder dem Klärungshelfer überreden zu wollen wäre auf alle Fälle kontraproduktiv. Durch Überredungsversuche von seiten des Klärungshelfers verschiebt sich die Motivationsverantwortung automatisch in seine Richtung. Die Motivation zur Klärung liegt **nicht** im Verantwortungsbereich des Klärungshelfers.

Fallstrick: Kontaktaufnahme, bevor alle anwesend sind (besonders bei Zweierklärung)

Kommt eine Konfliktpartei früher am Ort der Klärung an, sollte es der Klärungshelfer vermeiden, über eine kurze Begrüßung hinaus Kontakt aufzunehmen. Das trifft auch auf Scherze oder Smalltalk zu. Am einfachsten ist es, wenn ein Wartezimmer vorhanden ist. Wartet man hingegen im selben Raum, sollte sich der Klärungshelfer deutlich einer Sachbeschäftigung zuwenden (Flip-Chart malen oder Notizen machen). Gerade diese Anfangssituation verleitet die Konfliktparteien unter Umständen, die Gunst der Stunde zu nutzen und einen Koalitionsversuch mit dem Klärungshelfer zu unternehmen.

Fallstrick: «Privat» und «persönlich» werden verwechselt

Diese beiden Begriffe werden oft verwechselt. Ein Auftraggeber sagt zum Beispiel: «Ich will nicht, daß Sie den unsachlichen Teil der Zusammenarbeit behandeln, das ist privat.» Er meint damit, daß Gefühle nicht Teil der Klärung sein sollen. Oder ein Teilnehmer sagt in der Anfangsrunde: «Bei Psychologen weiß man nie, ob sie einen nicht auch über Privates ausfragen und herumbohren, welche Gefühle und Einstellungen man zur Arbeit hat. Da ist meine Grenze, das verbitte ich mir. Das ist privat und geht den Arbeitgeber und die Arbeitswelt nichts an. Gefühle sind meine Privatsache.»

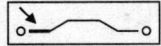

Privates geht tatsächlich die Arbeitswelt nichts an. Privat ist zum Beispiel,
– wie ich meine Freizeit verbringe,
– welche Lebensideale ich habe,
– wie meine Beziehung läuft,
– welche Religion und weltanschaulichen Prinzipien ich habe.
Die Einstellungen und Gefühle zur Arbeit und Zusammenarbeit sind hingegen nicht privat, sondern **persönlich**. Dies gilt auch für alles, was sich direkt auf die Zusammenarbeit auswirkt. Der Mensch ist eine Gesamtheit aus Gefühl und Verstand, wobei sich das eine nicht gut und dauerhaft vom anderen trennen läßt. Deshalb sind bei der Wiederherstellung der Zusammenarbeitsfähigkeit auch die Einstellungen und Gefühle zur beruflichen Situation wichtig. Dazu gehören u. a.
– die Einstellung zu Teamarbeit grundsätzlich und konkret,
– die Einstellung zu Solidarität und/oder Einzelkämpfertum,
– Gefühle, die jemand bei und nach einem Konflikt zu jemand anderem hat,
– wie sich jemand im Team fühlt,
– wie sich jemand geführt fühlt.
Dies alles spielt in der Zusammenarbeit neben den Tatsachen (Verhalten, Strukturen der Organisation etc.) eine wichtige Rolle.

Der Klärungshelfer muß darauf achten, daß die Begriffe «privat» und «persönlich» nicht verwechselt werden, und den Teilnehmern den Unterschied bei Bedarf erklären.

Es gibt immer Stimmen, die sagen, daß man sich nur zusammenreißen müsse, dann würde auch alles gut laufen, ohne über Gefühle sprechen zu müssen. Wenn es so ist, ist das ja gut. In den Fällen, in denen ein Klärungshelfer gerufen wird, hat das Zusammenreißen offensichtlich nicht geklappt. Der Weg zurück zu einer reibungslosen Zusammenarbeit geht «leider» nicht über besseres Deckeln und Abschnüren der Gefühle, sondern nur über das Aussprechen auch der unangenehmen Gefühle zur

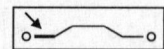

Zusammenarbeit. Die «Jauchegrube» der gemeinsamen Zusammenarbeit muß nun einmal gemeinsam ausgeschöpft werden. Jauche ist ja nicht nur stinkender Abfall, sondern ist zugleich auch Biodünger und zukünftiger Humus, hier für das Wachsen der Zusammenarbeit und der Kommunikation.

Wahrheit der Situation

Allgemein gesprochen setzt sich jede Situation aus verschiedenen Komponenten zusammen (Schulz von Thun 1998):

1. **Historie:** die Vorgeschichte, das Geflecht der Anlässe, wie es zu dieser Situation gekommen ist. Jede soziale Situation hat eine Vorgeschichte, die über die beteiligten Personen und die thematische Konstellation hinausgehen kann, die aber die jetzige Situation beeinflußt und unter Umständen negativ auf sie einwirkt.
2. **Zwischenmenschliche Konstellation:** die beteiligten Menschen, ihre Rollen, ihre Beziehungen zueinander und ihre Rollenbeziehungen.
3. **Thematische Konstellation:** das Thema, seine Aufschlüsselung in Unterthemen und deren Verknüpfung miteinander.
4. **Das Geflecht der Ziele**, die sich aus den anderen Komponenten ergeben und sich unter Umständen auch gegenseitig widersprechen, beeinflussen oder unterstützen können.

Das alles zusammen ist die **Logik** und die **Wahrheit** der sozialen Situationen. Mißachtet man einen dieser Faktoren, wird sich das über kurz oder lang rächen.

Die Wahrheit der Situation sollte zu Beginn der Klärung vom Klärungshelfer an- und ausgesprochen werden. Insbesondere die hindernden Faktoren müssen in der Einleitung **offensiv** benannt werden. Besonders oft sind dies Abhängigkeiten, Grenzen, reale Unterschiede, Sieger- und Verlierersituationen, Vorerfahrungen der Beteiligten miteinander, mit Klärungen oder mit dem Klärungshelfer und Verflechtungen, die ins Private oder Halbprivate gehen.

Es folgen einige Beispiele, wie der Klärungshelfer solche hindernden «Wahrheiten» ansprechen kann:

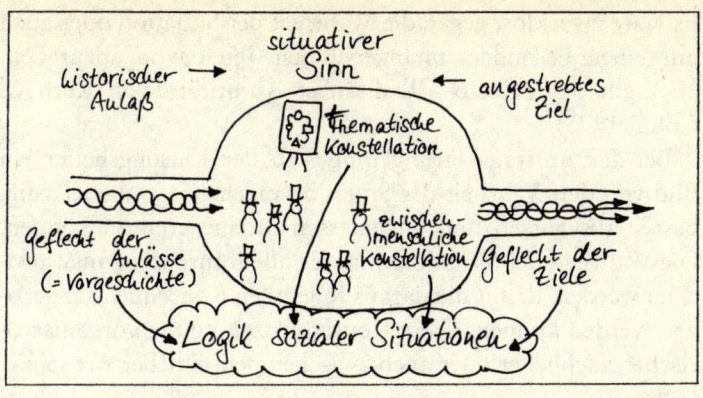

- «Ich weiß, daß Sie alle jetzt hier in Ihrer Freizeit zur Klärung eines betrieblichen Konfliktes sitzen.»
- «Obwohl Ihr Konflikt sachlich bereits letzte Woche vom Vorstand entschieden wurde – die Produktlinie Z wird eingestampft –, wollen Sie sich doch noch mal zur Klärung der ganzen Vorfälle treffen.»
- «Ich weiß, daß Sie alle gleichwertige Kollegen sind, das Patent Ihres Produkts aber allein dem Kollegen XY gehört.»
- «Ihre inhaltliche Auseinandersetzung habe ich, wie Sie ja wissen, in meinem Leben schon entschieden. Ich bevorzuge Produkt XY. Ich sage Ihnen das, damit Sie darauf achten können, ob ich parteilich werde.»
- «Ich weiß, daß Sie ein Jahr lang krank waren, Ihr Wiedereinstieg in den letzten drei Monaten keine leichte Sache war, und unser Zusammensein heute ist es noch viel weniger. Es hat sich viel verändert – zum Beispiel neue Computer –, und Sie müssen neu eingearbeitet werden, nachdem Sie schon 15 Jahre hier arbeiten. Das ist sicherlich nicht leicht.»
- «Ich weiß, daß Sie, Frau Schneider, von Ihrem Chef gezwungen wurden, jetzt hier zu sein.»

Es wäre zwecklos, gegen die Wahrheit der Situation oder auch nur einen besonders unangenehmen Teil davon anzureden. Hier gilt das Prinzip «**Realität ist Autorität**» von Ruth C. Cohn (1975).

Bei der Auftragsklärung muß sich der Klärungshelfer ein Bild von der Wahrheit der Situation machen, um die Klärung besser abschätzen und angemessen organisieren zu können. Die Wahrheit der Situation muß für alle transparent angesprochen werden, damit die daraus folgenden Konsequenzen gezogen werden können. Diese Konsequenzen können organisatorischer, fachlicher oder auch zwischenmenschlicher Art sein.

Moderation nach TZI

Der Klärungshelfer ist nicht nur Klärungsexperte, sondern auch Moderator und Leiter der Klärungssitzung. Die Themenzentrierte Interaktion (TZI) ist die Ursprungs- und Hintergrundmethode, nach der die Moderation der Zusammenkunft von Konfliktparteien organisiert, vorbereitet und geleitet wird (Ruth C. Cohn 1975).

Überall, wo Menschen mit einem gemeinsamen Ziel zusammen sind, spielen vier Faktoren eine gleich wichtige Rolle. Diese vier Faktoren sind **Es, Ich, Wir** und **Globe**. Ist einer der vier Faktoren nicht im Lot oder beeinträchtigt, gilt es ihn sofort zu berücksichtigen und die Störung möglichst aufzuheben, bevor das inhaltliche Ziel der Zusammenkunft weiterverfolgt wird.

Die Faktoren im einzelnen:
- **Es:** Ziel, das Thema der Zusammenkunft, die Sachinhalte.
- **Ich:** der einzelne. Jede Gruppe ist aus einzelnen Menschen zusammengesetzt, die sehr unterschiedlich sind. Alle Gruppen sind heterogen. Menschen unterscheiden sich nach Charakter, Art, dem Grund, warum jemand da ist, Art des Lernens, Art der Kommunikation, der Interessen etc.
- **Wir:** die Gruppe und die Gruppendynamik. Die natürliche Gruppendynamik ist klar, grausam und schwierig. Sie tendiert dazu, eine Hackordnung zwischen den Menschen zu installieren, die dem humanistischen Ideal widerspricht. Außerdem ist eine solche Hackordnung für die Arbeitsleistung und das Erreichen des Ziels einer Gruppe nicht unbedingt förderlich. Das humanistische Ideal besagt, daß alle Menschen unterschiedlich und doch gleichwertig sind. Für ein Team heißt das, daß **jeder nach seiner Art** zum Gruppen-

ergebnis beisteuern soll, damit das Ziel gut erreicht werden kann. Stichworte zu den Negativauswirkungen natürlicher Gruppendynamik sind: Anführer, Graue Eminenz, Außenseiter, Sündenbock, Schweigende Mehrheit, Anpasser, Unterdrückung von unerwünschten Merkmalen, Verfolgung und Unterdrückung von Außenseitern, Suche nach einem Außenfeind, um den Innendruck abzuschwächen. Gegen diese Probleme der natürlichen Gruppendynamik wurden Führung, Hierarchie und Aufgabendifferenzierung als Zusammenarbeitsstrukturen erfunden, die im Sinn des Ziels eine reibungslose und effiziente Zusammenarbeit ermöglichen sollen.

– Der **Globe** ist das Drum und Dran, alles, was sonst noch eine Rolle spielt und auf die Zusammenkunft der Menschen zu diesem Ziel einwirkt, zum Beispiel Zeit, Geld, Umfeld, die politische und wirtschaftliche Situation etc.

Ruth Cohn hat in der Themenzentrierten Interaktion konkrete Handlungsanweisungen formuliert, wie Menschen im Sinne des Ziels und der guten Zusammenarbeit angeleitet werden können. Ich habe von der TZI vor allem folgende Prinzipien für die Moderation übernommen.

1. Die Art der Leitung

Der Leiter stellt sich am Anfang fachlich **und** persönlich vor, sagt genau, weswegen man hier jetzt zusammenkommt, wie das Ganze gedacht ist, was Ausgangspunkt, was Hintergrund und was Ziel des Treffens ist. Er äußert sich also zur Wahrheit der Situation (siehe «Wahrheit der Situation», S. 112 f.). Der Leiter als Moderator nimmt sich selber nicht aus, er ist nicht nur Organisator der Zusammenkunft, sondern erscheint den anderen auch als Mensch und Beispiel. Er ist auch mit seiner Art und seiner Persönlichkeit sichtbar («partizipierende Leitung» heißt das in der TZI).

2. Anfangsrunde

Nach der Begrüßung durch den Leiter, seiner Vorstellung und dem Angeben des Zieles dieser Zusammenkunft regt der Leiter eine Runde an. In dieser Runde kommt jeder einmal dazu zu Wort, wer er ist, welchen Hintergrund er hat, weswegen er hier ist, wie er selber zum Ziel steht. Die dazugehörigen Gefühle sind dabei durchaus erwünscht. Das können gemischte Gefühle, Widerstände, Hoffnungen etc. sein. Das Besondere daran ist, daß nicht nur die Sache, sondern auch das Zwischenmenschliche, Klimatische und Persönliche Platz haben. Jeder äußert auch seine Gefühle zur Situation, seine Gedanken, seine persönlichen Ziele und wie er selber zu dem Thema steht. Das alles ist nicht nur zugelassen oder Beiwerk, sondern alle Faktoren sind ordentliche und legale Diskussionspunkte.

3. Störungen haben Vorrang

Diese Regel gilt auch für Nebengespräche. Wenn jemand innerlich abgelenkt ist oder grundsätzlich nicht mit dem einverstanden ist, was gerade geschieht, dann soll er diese Störung auch mitteilen. In vielen Situationen treten Menschen statt dessen innerlich den Rückzug an, schlucken ihre Störung herunter oder warten erst einmal ab. Das Mitteilen von Störungen ist zwar nicht angenehm, aber durchaus notwendig und daher erwünscht, weil die Störungen ja nun da sind und stören. Oft ist allein das An- und Aussprechen der Störung schon ein Schritt zu ihrer Beseitigung. Manchmal müssen allerdings auch Maßnahmen gegen innere oder äußere Störungen ergriffen werden, bis sich die Störung so weit aufgelöst hat, daß sich wieder alle mit voller Aufmerksamkeit dem Thema zuwenden können.

4. Selbstverantwortung (Chairman-Prinzip)

Obwohl die gesamte Zusammenkunft geleitet wird, ist doch jeder Teilnehmer für sich selber verantwortlich. Jeder ist für sich und seine Situation zuständig. Diese Verantwortung wird niemandem durch die Leitung abgenommen – im Gegenteil. Der Leiter ermuntert immer wieder zur Aussage, damit Entscheidungen nicht prinzipiell möglichst rasch gefällt werden, sondern sorgfältig und auf die Unterschiede der Beteiligten abgestimmt. Jeder ist für die Wahrnehmung und Wahrung seiner eigenen Grenze zuständig und muß sie auch zeigen und ausdrücken. Nur dann kann der Leiter sie auch berücksichtigen (siehe «Mini-Kontrakte», S. 104 ff.).

5. Visualisierung
Die Grundziele der Versammlung und der aktuellen Phase sollen möglichst immer visualisiert werden, damit jeder, der vielleicht kurzfristig abgelenkt war, leicht wieder zum Thema zurückfindet. Dadurch wird auch das Ablenkungspotential verkleinert.

6. Morgenrunde
Von Zeit zu Zeit, mindestens aber einmal am Klärungstag, soll eine Zeit vorgesehen werden, in der sich alle anwesenden Menschen über die Art ihres jetzigen Zusammenseins und die Zusammenarbeit unterhalten. Das Ziel ist dabei, zu überprüfen, ob noch alle innerlich dabei sind, ob die Klärung insgesamt in die richtige Richtung läuft, ob es vermeidbare Störungen gibt und ob die Anwesenden mit dem Leiter, seiner Moderation und den Resultaten zufrieden sind.

Um das konkrete Vorgehen zu verdeutlichen, folgen hier noch zwei «Spickzettel» für die moderative Gruppenleitung.

Spickzettel 1: Zur Leitung von metakommunikativen Runden (Morgenrunde)

(Nach Friedemann Schulz von Thun, unveröffentlichte Seminarunterlagen)

- Am Anfang: Einleitung, kleine Besinnungsanleitung;
- zuhören: **was** die Teilnehmer sagen und **wie** sie es sagen; dem Raum geben, was im Raum ist;
- eventuell mitschreiben (erklären, warum);
- Schweigen erst einmal aushalten, nicht gleich mit «Bewältigungsmoderation» reagieren;
- partizipierende Leitung: Gelegenheit zur Selbstoffenbarung nutzen: «Wie geht es **mir als Leiter** mit euch?»;
- Teilnehmer, die man innerlich «im Auge» hat (sorgenvoll, irritiert oder mir Ärger), direkt ansprechen, wenn das Gefühl anhaltend oder stark ist;
- bei allgemeinen Aussagen nachfragen («Man macht sich da so seine Gedanken» – *«Nämlich?»*);
- es geht um **Wahrheit und Klarheit**, nicht um Schönheit und Harmonie. Die Teilnehmer ermutigen, die Wahrheit der Situation auszusprechen und bei sehr positiver Stimmung auch «die andere Seite» zu äußern;
- bei Beschwerden, Unzufriedenheit und Attacken nicht allzusehr erschrecken. Selbstkundgabe und Appell hinter der Äußerung heraushören und nach dem Wunsch hinter dem Vorwurf fragen (siehe «Kommunikationsquadrat», S. 204 ff.);
- wenn unpersönlich-sachliche Analysen überwiegen, nach dem Ich-Anteil fragen: («*Wie geht es* **Ihnen** *mit dieser Situation?»*);
- Häßlichkeiten (Aggression, Kritik, Lähmung) positiv würdigen und eventuell umdeuten, ohne gegen die Wahrheit der Situation zu verstoßen (zum Beispiel als Auftauchen eines weiteren Wahrheitsaspekts);

- Selbstkundgaben speichern, später wieder abfragen («Ich habe starke Kopfschmerzen», «... finde die Gruppe zu groß ...»);
- zum Schluß die Atmosphäre beschreiben, die Sie aus der Morgenrunde herausgespürt haben.

Spickzettel 2: Das kleine Einmaleins des Leitens einer Sitzung
- Man muß sich inhaltlich und gefühlsmäßig vorbereiten und auf den Teilnehmerkreis einstellen;
- im voraus einen inhaltlichen Plan machen;
- dazu eine Strukturidee gestalten;
- den Raum vorbereiten und für Störungsfreiheit sorgen;
- die Teilnehmer im Kreis zusammensetzen;
- einen gezielten Anfang machen;
- alle begrüßen und sich selbst vorstellen;
- das Ziel der Zusammenkunft nennen;
- eine Runde anregen, in der jeder zu Wort kommt;
- die Konsequenzen aus der Runde in die Planung einbeziehen;
- die einzelnen Punkte durchführen;
- den roten Faden immer im Blick haben;
- Abweichungen zulassen, aber wieder zurückführen;
- auf die Zeit achten;
- auf die Menschen achten;
- Störungen ernst nehmen und behandeln;
- sich auch nicht von Störungen tyrannisieren lassen;
- Konflikte aufgreifen;
- mit Krisen umgehen können;
- früh genug ein Ende finden können;

- unerledigte Themen vertagen und Zuständige dafür finden;
- Feedback organisieren und Evaluation durchführen;
- Datum für das nächste Treffen vereinbaren;
- Schlußrunde;
- Abschluß;
- Verabschiedung;
- den Raum aufräumen;
- die Sitzung nachbereiten.

Co-Leitung

Es ist möglich, und für manche hilfreich, als Klärungshelfer zu zweit zu arbeiten, entweder in partnerschaftlicher Gleichstellung oder in (wechselnder) Aufgabenteilung.

Grundprinzip der Rollenaufteilung muß sein, daß jede Rolle zu dem paßt, der sie ausfüllen muß, und daß die beiden in der gewählten Konstellation zusammenarbeitsfähig sind. Am günstigsten erscheint mir eine Rollenaufteilung, die von Sitzung zu Sitzung rotiert, so daß jeweils einer im Vordergrund leitet und der andere im Hintergrund bleibt, sofort zum Einspringen bereit, wenn sich beim Leiter eine Störung der Arbeitsfähigkeit andeutet. Der Leiter kann sich beispielsweise in den Konflikt verstricken, parteilich werden, gelähmt sein und nicht mehr weiterwissen. Der Co-Leiter kommt dann von selbst oder auf Anfrage des Leiters nach vorn und unterstützt bzw. übernimmt die Leitung. All das muß vorher genau abgemacht werden, damit während der Klärung keine Konflikte zwischen den beiden Klärungshelfern entstehen. Die Aufteilung kann auch so aussehen, daß der eine für den moderativen Ablauf zuständig ist und der andere für das inhaltliche, zwischenmenschliche und gefühlsmäßige Geschehen. Möglich ist auch, daß der eine leitet, der andere Supervision macht.

Co-Leiter, die sich lange und gut kennen, können auch ohne Differenzierung der Rollen und Tätigkeiten zusammen leiten. Dabei sind beide absolut gleichberechtigt, gleich aktiv und können spontan dann eingreifen, wenn sie wollen. Am einfachsten ist das, wenn die beiden Leiter ähnlich kompetent sind, einander gerne unterstützen, sich gerne unterstützen lassen und offen zueinander sind.

Konkurrenz ist ein wichtiges und immer wiederkehrendes

Thema zwischen Co-Leitern. Es muß hinreichend geklärt sein. Günstig ist, wenn beide die gleiche Klärungskonzeption haben. Auf alle Fälle müssen sie sich aber über die Unterschiede ihrer Konzeptionen im klaren sein. Wer zusammen leiten will, muß sich gut kennen und sich auch und gerade in den **Unterschiedlichkeiten** absolut vertrauen. All diese Themen müssen vorher zwischen den Co-Leitern geklärt werden.

Phase 2 – Selbstklärung

In dieser Phase findet der inhaltliche und gefühlsmäßige Einstieg in den Konflikt statt.

Ziel

Hier geht es darum, kennenzulernen, wie alle Anwesenden das vereinbarte Konfliktthema sehen. Die Selbstklärung jedes Teilnehmers vollzieht sich dadurch, daß der Betreffende seinen Standpunkt darstellen kann und der Klärungshelfer ihm zuhört. Der Klärungshelfer ist dabei das Medium und nicht das Ziel. Er muß jeden einzelnen verstehen. Letztlich müssen natürlich alle Betroffenen begriffen haben, wie jeder Beteiligte die Sache sieht und den Konflikt erlebt. Dazu ist es überaus wichtig, daß jeder einmal die Gelegenheit erhält, seine Sicht in Ruhe darzustellen. «Jeder Mensch ist liebenswürdig, wenn er nur zu Worte kommt.»

Grundsätzlich sollen vor allem das Konkrete und die Gefühle hinter Anschuldigungen, Klagen, Enttäuschungen, Vorwürfen und Verallgemeinerungen durch Erfragen herausgefunden werden.

Worum geht es bei der Selbstklärung?

(Nach dem Kommunikationsquadrat von
Friedemann Schulz von Thun)

Sachlich (Sachseite):
- Was ist vorgefallen?
- Um was geht es (Thema)?
- Wer, wie, was, wann, wo?
- Welche Fragen wollen Sie
  klären?

Wunsch (Appellseite):
- Was soll sich ändern (Ziel)?
- Was bräuchten Sie, um ...?
- Forderungen, Wünsche,
  Idealvorstellungen?
- Was möchten Sie hier
  bewirken?
- Was hätten Sie sich ge-
  wünscht, und was wün-
  schen Sie sich jetzt?

Persönlich (Selbstkund-
gabeseite):
- Wie ging es Ihnen?
- Was dachten Sie?
- Wie haben Sie das
  empfunden?
- Und wie empfinden Sie
  das jetzt?
- Warum?

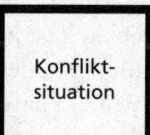

Konflikt-
situation

Zwischenmenschlich (Beziehungsseite):
- Wie fühlten Sie sich behandelt?
- Was stört Sie?
- Was halten Sie vom anderen?
- Wie ist die Beziehung / das Klima zwischen
- Ihnen konkret?
- Wie läuft die Zusammenarbeit?
- Hierarchie und Führung?

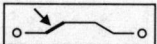

Rolle und Methoden

Der Klärungshelfer ist in der Selbstklärungsphase vor allem in der Rolle des Gesprächspartners mit systemischer Ausrichtung. Er hört zunächst einer Person zu, ist für sie da und stellt sich auf sie ein, um das gleiche danach für die anderen zu tun. Salopper ausgedrückt ist er Klagemauer, Abfallkorb oder verstehende und akzeptierende Idealmutter bzw. Idealvater. Durch diese zeitweilig ausschließliche Zuwendung zu einer Konfliktpartei wird die Grundlage für die Allparteilichkeit des Klärungshelfers gelegt. Diese Allparteilichkeit ist notwendig und charakteristisch für die Klärungshilfe, bsonders für deren Herzstück, den Dialog der Wahrheit (siehe «Phase 3», S. 141 ff.).

Die vorherrschende Methode in der Selbstklärungsphase ist das aktive Zuhören. Aber auch alles andere, was dem Verstehen einer anderen Person dient, kann hier eingesetzt werden, zum Beispiel Fragen, Überprüfung von Vermutungen, das Kommunikationsquadrat (S. 204) und die Verwandlung von Du- in Ich-Botschaften (Beispiel: Du-Botschaft: «Er grinste dann immer so ekelhaft»; Ich-Botschaft: «Sein Lachen verunsicherte/verletzte mich, und so zog ich mich dann ganz zurück»).

Sowohl in Zweier- als auch in Teamklärungen hört der Klärungshelfer aktiv zu, stellt Fragen, versucht zu verstehen und sich einzufühlen, während ein Teilnehmer erzählt. Das gilt auch, wenn das Erzählte nebensächlich, abwegig oder abartig erscheint. Also alles mit Kopf und Herz verstehen. Der Klärungshelfer sollte so lange zuhören, bis er selber das Gefühl hat: Jetzt habe ich die Person verstanden, jetzt habe ich einen Zugang zu ihr. Ich selber empfinde es jeweils so: «Aha, jetzt kann ich aus ihren Augen andere Personen anschauen.» Manchmal passiert es mir tatsächlich, daß ich den anderen verstohlen aus dem Augenwinkel anschaue und merke, daß ich bereits einen gefärbten Blick habe («Ach **so** einer ist das» oder

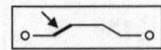

«Das hätte ich gar nicht gedacht, daß die so reagiert» oder «Meine Güte, wenn das so ist. Hätte ich gar nicht gedacht, so harmlos, wie die Person dasitzt»). Da das Rollenverständnis des Klärungshelfers nicht das eines Schiedsrichters oder Richters ist, sondern das eines allparteilichen Anwalts, macht diese kurze, zwischenzeitliche Überidentifikation in dieser Phase nichts aus. (In anderen Phasen wäre sie Anlaß zu Gegenmaßnahmen.) Als allparteilicher Anwalt und Förderer des Kontakts muß der Klärungshelfer nicht neutral bleiben, sondern soll sich im Gegenteil ganz in jede Konfliktpartei einfühlen.

Spricht ein Klient überwiegend in Appellen («Mein Mitarbeiter sollte mindestens …»), Bedürfnissen («Ich brauche einfach ein Klima, das …») oder Wünschen («Es wäre einfach schön, wenn …»), muß der Klärungshelfer diese Äußerungen in Ich- oder Beziehungsbotschaften übersetzen, die sich auf die vergangenen Vorfälle beziehen. Das kann mit konkretisierenden Fragen oder durch aktives Zuhören geschehen.

Alles, was dem Erforschen der Sichtweise und Erlebnisweise des Klienten dient, ist erlaubt und wünschenswert. Insbesondere Fragen, die durchaus auch konkret, direkt, naiv, offen, auch kindlich und «dumm» sein dürfen.

Dabei schreibe ich mir Kernpunkte und Schlüsselsätze auf oder merke sie mir. Besonders den ersten Satz schreibe ich fast immer wortwörtlich mit. Zwei bis drei Stunden später lese ich mir diese ersten Sätze noch einmal durch. Sie ergeben dann für mich ein noch tieferes Verständnis für die Situation der Beteiligten. Die übrigen Notizen lese ich mir vor Folgetreffen oder Nachsorge-Telefonaten wieder durch.

Der dreifache Blick in der Selbstklärung bezieht sich
– auf das Organisatorische und die Rollenkonstellationen der Beteiligten;
– auf die Psychologie der Beteiligten und des Beziehungsgeflechts zwischen ihnen;

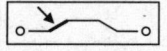

– auf den Klärungshelfer selber, seine inneren Reaktionen und Empfindungen.

Seine Reaktionen und Empfindungen sollte der Klärungshelfer allerdings nur wahrnehmen und sich merken – da er sie unter Umständen in den beiden folgenden Phasen gebrauchen kann –, nicht jedoch äußern. Das gleiche gilt auch für Bewertungen des Gesagten und Kommentare zu Fakten und Fehlern. Auch die persönlichen Meinungen und Erfahrungen des Klärungshelfers zum Thema gehören nicht in diese Phase (siehe «Aktives Zuhören», S. 267 ff.).

Beim aktiven Zuhören spricht der Klärungshelfer immer wieder die Gefühlsebene an, läßt die Vorfälle konkretisieren und faßt am Schluß (kurz) zusammen. Das Zusammenfassen ist wichtig, um die Beziehung zur Konfliktpartei zu verstärken und um jegliche Unsicherheit beim Klärungshelfer (insbesondere bei «Anfängern») aufzudecken und ausräumbar zu machen. Der Konfliktteilnehmer sagt beim aktiven Zuhören in der Regel sofort, wenn er sich nicht richtig verstanden fühlt. Es wäre fatal, wenn der Klärungshelfer ihn schon am Anfang nicht richtig versteht und das dann so stehenläßt. Auf keinen Fall aufgeben. Auch wenn er sagt: «Nein, so nicht» oder: «Nein, so auch nicht», ruhig noch mal nachfragen: *«Dann habe ich Sie noch nicht verstanden. Sagen Sie es noch mal.»* **Lassen Sie nichts durch, was Sie noch nicht verstanden haben.**

Konkretes Vorgehen in der Zweierklärung

Zunächst erklärt der Klärungshelfer den Teilnehmern, was in der nächsten Phase passiert.

Für die **Zweierklärung** heißt das: *«Ich möchte Ihre individuellen Sichtweisen kennenlernen und verstehen. Daher möchte*

ich zuerst dem einen von Ihnen ausführlich zuhören, wie er es sieht, und dann dem anderen genauso ausführlich. Der zweite sollte dann möglichst nicht antworten oder reagieren, sondern mir von Grund auf seine Sicht der Dinge schildern, damit ich auch ihn von A bis Z verstehen kann. Derjenige, der gerade nicht dran ist, hat schweigend zuzuhören und allenfalls Verständnisfragen zu stellen.»

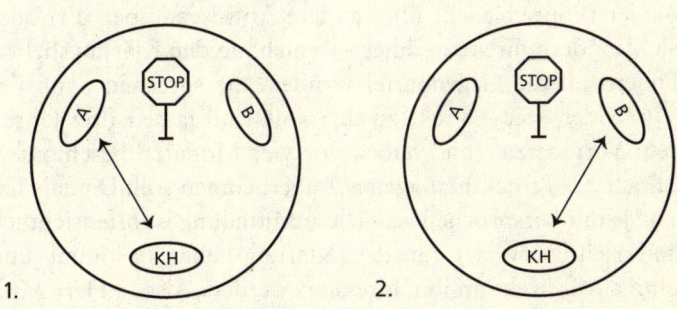

Wer fängt an? Meist derjenige, der den Kontakt zum Klärungshelfer hergestellt oder die Klärung beim Konfliktpartner angeregt hat. Das ist oft auch der «Psychonähere», derjenige, der Konflikte eher anspricht und daran glaubt, daß man mit Hilfe eines dritten, neutralen Vermittlers wieder zusammenfindet. Auch hat er größeren Leidensdruck oder ein größeres Interesse an einer (wieder) guten Zusammenarbeit, einem guten Klima, besserer Beziehung oder gesteigerter Effizienz.

In der Zweierklärung fragen die Leute oft, **wo** sie anfangen sollen, damit, wie es jetzt ist, oder «bei Adam und Eva». Meiner Erfahrung nach spielt es gar keine Rolle, was ich antworte, sie machen es sowieso so, wie sie können. Das ist auch gut so.

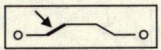

Als Anregung zur Selbstklärung haben sich folgende Startfragen bewährt:

– *«Um was geht es?»*
– *«Welche Punkte wollen Sie klären?»*
– *«Wie sieht die Sache aus Ihrer Sicht aus?»*

Die Selbstklärung findet also als direktes Gespräch zwischen Klärungshelfer und jeweils einer Konfliktpartei statt. Das geschieht meistens automatisch so. Es gibt auch immer wieder Leute, die sich – in kommunikationspsychologisch geschulter Manier («Sprich nicht über andere Anwesende per ‹Er› oder ‹Sie›, sondern direkt zu ihnen») – nicht an den Klärungshelfer, sondern an die Gegenpartei wenden. Sie sprechen dann per «Du» oder «Sie» direkt zu ihr: «Sie sind ja seit drei Jahren mein Vorgesetzter und haben vor vier Monaten beschlossen, daß ich das Projektmanagement übernehmen soll. Damals haben Sie mir versprochen…» Diese Mitteilung ist offensichtlich (und richtigerweise) für den Klärungshelfer bestimmt und sollte auch direkt an ihn adressiert werden. Also: «Herr Müller-Lüdenscheid ist seit drei Jahren mein Vorgesetzter und hat vor vier Monaten beschlossen, daß ich das Projektmanagement übernehmen soll. Er hat mir damals versprochen…»

Das aktive Zuhören ist besonders dafür geeignet, das Gespräch direkt zwischen dem Klienten und dem Klärungshelfer stattfinden zu lassen.

Am Schluß der Selbstklärungen kann der Klärungshelfer jeweils noch einmal fragen, was die Konfliktpartei genau bewirken, ändern und klären möchte.

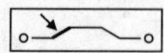

Konkretes Vorgehen in der Teamklärung

In Teamklärungen fordere ich die Teilnehmer auf, zur Selbstklärung ein Bild zu malen. Die Anleitung dazu lautet in etwa folgendermaßen: «*Als erstes geht es mir darum, jeden einzelnen von Ihnen zu verstehen, seine Sichtweise und seinen Standpunkt, seine Handlungsweisen und seine Gefühlslage nachvollziehen zu können. Nehmen Sie daher bitte jeder ein großes Blatt Papier. Ziehen Sie sich für 15 bis 20 Minuten alleine zurück. Nehmen Sie keinen Kontakt zu den anderen auf. Kapseln Sie sich so gut wie möglich ab, und setzen Sie sich dem Streß des leeren Blattes aus. Malen Sie ein Bild, das Ihre Sichtweise deutlich zeigt. Setzen Sie damit nachher andere ins Bild. Für Sie selber ist das nur ein großer Spickzettel, während Sie mir dann vor allen erklären und erzählen, wie das Ganze aus Ihrer Sicht aussieht. Wie hat es sich entwickelt, welche Gefühle, Verhaltensweisen, Situationen, Strukturen, Organisationselemente, Ziele usw. haben eine Rolle gespielt? Das Bild sollte möglichst keine Worte enthalten. Verwenden Sie statt dessen Symbole, wie etwa Blitze, Gewitterwolken, Sonne, Wegweiser, Verkehrsschilder und Farben, Formen und Strichmännchen, alles, was Sie wollen. Natürlich können Sie nicht gut malen, vielleicht haben Sie Zeichnen schon in der Schule gehaßt. Es ist nicht wichtig, daß Ihr Bild schön, originell, lustig oder interessant wird. Es ist ja letztlich nur ein Spickzettel für Sie und eine Konzentrationshilfe für die anderen Beteiligten. Es geht darum, daß Sie verstanden werden. Malen Sie also ein Bild in Einzelarbeit mit dem Titel: ‹Meine Sicht der Dinge, der Entwicklungen, der Verletzungen, der Knackpunkte in der Kommunikation und Zusammenarbeit.› Seien Sie dabei so offen, wie Sie können. Überfordern Sie sich aber nicht mit der Offenheit. Malen Sie so, wie es im Moment für Sie angebracht ist. Bringen Sie das Bild in 20 Minuten zurück, und dann werden wir in den nächsten*

Stunden jedes der Bilder anschauen – zwei bis zehn Minuten lang – und hören, was Sie dazu zu sagen haben. Es gibt keine Kommentare, keine Interpretationen, höchstens Verständnisfragen. Das Ziel ist: Ich will Sie verstehen, damit Sie von den anderen Beteiligten verstanden werden. Wenn ich Sie verstehe als ‹Dümmster› und Langsamster, dann werden Sie auch von allen anderen verstanden.»

In dieser Instruktion stecken mehrere wichtige Prinzipien (Renner 1995).

– Jeder Teilnehmer wird durch die Aussicht auf Verständnis beruhigt, fühlt sich wichtig und ernst genommen.
– Die Ermutigung zur Subjektivität wirkt dem Gruppen- oder Machthaberdruck entgegen.
– Durch das Wort «Spickzettel» und die Formulierung «andere ins Bild setzen» wird dieses ungewöhnliche Vorgehen plausibel.
– Die Erlaubnis, etwas verschweigen zu dürfen, betont noch mal das Respektieren der Grenzen und vergrößert das Gefühl der Eigenverantwortung und Mitbestimmung.

Vorstellung der Bilder

Nach dem Malen und meist auch einer kleinen Pause versammeln sich die Teilnehmer wieder in der Runde und legen ihre mitgebrachten Zeichnungen zusammengerollt neben ihren Stuhl. Der Klärungshelfer bittet einen Teilnehmer, sein Bild vorzustellen und es für alle sichtbar so vor sich auf den Boden zu legen, wie es beim Malen lag. Für diejenigen, die im Kreis gegenüber sitzen, steht das Bild also auf dem Kopf, sie müssen den Hals etwas verrenken. Das macht nichts, weil das Bild ja, wie angekündigt, ein Spickzettel für die während des Malens gefundenen Gefühle und Abläufe ist. Außerdem rücken die Teilnehmer oft im Stuhlkreis zusammen, um besser sehen zu

 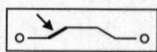

können. Das alles ergibt eine ruhige, konzentrierte und verständnisvolle Atmosphäre.

Es gibt zwei Prinzipien für die Reihenfolge der Bildvorstellung, die sich miteinander kombinieren lassen.

1. hierarchisch Niedere vor hierarchisch Höheren.
2. die Neueren vor den Älteren. Das hat nichts mit Lebensalter zu tun, sondern mit dem Teamalter. Wie lange ist jemand schon in der Zusammenarbeit, in der Abteilung, in der Firma, besonders in der Gruppe, die jetzt hier zur Debatte steht?

Dahinter steht das Prinzip, daß diejenigen, die **weniger Macht** haben und somit vielleicht von den anderen eher beeinflußt werden könnten, zuerst drankommen. Die offizielle Begründung für die Teilnehmer lautet ähnlich: «*Normalerweise haben die Neuen zu schweigen, weil sie noch den unverstellten, von den Tabus und Machtstrukturen unbeeinflußteren Blick auf die Abteilung haben. Jetzt suchen wir die Wahrheit, und deshalb kommen gerade die zuerst dran.*»

Wenn es eine Person gibt, die von vielen als «das Problem» angesehen wird, versuche ich auch darauf zu achten, daß sie nicht zuerst (besonders wenn sie trotzig ist) oder zuletzt drankommt. Nicht als erste, weil zuerst eine Anklage von anderen geäußert werden muß, damit ihre Selbstklärung angeregt wird und der Situation entspricht. Nicht als letzte, weil dann der emotionale Druck, sich zu verteidigen, für den Betroffenen zu groß wird, um sich noch auf die Selbstklärung zu konzentrieren.

Während ein Teilnehmer sein Bild zeigt, läuft die Interaktion zu 90 Prozent zwischen mir und ihm. Ich höre zu und versuche zu verstehen, er erzählt, und alle anderen hören sich das schweigend an. Die Anfangsinstruktion dazu lautet: «*Nacheinander wird nun jeder einzelne sein Bild zeigen, und ich werde dazu Fragen stellen, bis ich es verstanden habe. Wenn Sie dann noch selber Verständnisfragen haben, können Sie diese*

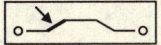

stellen. Keine verpackten und versteckten Vorwürfe, Ratschläge oder andere Korrekturen. Das Ziel dieser Phase ist nur, daß jeder einzelne von allen anderen aus seiner subjektiven Sicht heraus verstanden wird, und nicht die Diskussion der angesprochenen Punkte. Dialog und Auseinandersetzung kommen nachher.»

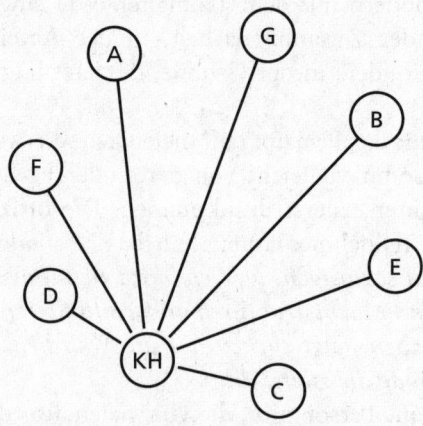

Der Klärungshelfer soll die Bilder oder Teile davon auf keinen Fall interpretieren, wohl aber sehr genau nachfragen:

– *«Ist das Zufall, daß diese Person kein Gesicht hat?»*
– *«Bedeutet es etwas, daß dieser Stolperstein eine andere Farbe hat als die anderen?»*
– *«Heißt es etwas, daß zu diesem Menschen keine gezeichnete Linie besteht?»*
– *«Ist dieses Strichmännchen eigentlich eine konkrete Person oder nur ein Symbol für irgendeinen Mitarbeiter?»*

Wird diese Phase der Vorstellung der Bilder durch eine Kaffee- oder gar Mittagspause unterbrochen, bitte ich die Teilnehmer, während der Pause nicht über die gesehenen Bilder und deren Inhalte zu sprechen, besonders aber Sticheleien, Witze und Verhöhnungen gänzlich seinzulassen. Diese einzigartige Pau-

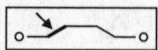

seneinschränkung gilt wirklich nur für diese eine Situation und wird immer ohne Probleme eingehalten.

Nach der Vorstellung der Bilder folgt in Teamklärungen auf alle Fälle eine Pause. Nicht nur zur Erholung des Klärungshelfers, sondern auch damit er Zeit hat, sich innerlich und äußerlich auf die Diagnose des Ist-Zustands vorzubereiten. Diese Pause dokumentiert außerdem den Abschluß des ersten großen Abschnitts der Klärung, nämlich das **Verstehen** (die anderen beiden Abschnitte sind **Klären** und **Planen**).

Dauer der Selbstklärung pro Person

Ich nenne den Teilnehmern immer eine kürzere Zeit, als ich einplane, damit sie möglichst schnell zum Punkt kommen. Das gilt sowohl für das Malen als auch für das Zuhören. Für die **Teamklärung** veranschlage ich 10 bis 30 Minuten pro Person, nenne aber nur zwei bis zehn Minuten. In einer **Zweierklärung** veranschlage ich selber 10 bis 20 Minuten pro Person, sage aber nur fünf Minuten.

Sonderfall Großgruppe

Wenn eine Gruppe aus mehr als 25 bis 30 Personen besteht, müssen Interessengruppen aus Teilnehmern, die ähnlich empfinden, ähnliche Ziele oder Interessen haben, gebildet werden. Diese Gruppen können – müssen aber nicht – mit den strukturellen Untergruppen der Organisation deckungsgleich sein.

Jede Gruppe malt dann ein Bild, dabei kann entweder jeder einen Stift haben und malen, oder die Gruppe bestimmt in einem internen Gruppendialog jemanden, der dann nach Grup-

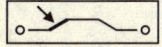

peninstruktion malt. Ein Sprecher jeder Gruppe präsentiert im Anschluß daran das Untergruppenbild in der Großgruppe.

Diagnose des Ist-Zustands bei Teamklärungen

Selten liegt der Fall vor, daß es für alle Beteiligten um nur ein Thema geht. Wenn das aber der Fall ist, kann sofort nach der Selbstklärungsphase mit dem Dialog über dieses Thema begonnen werden.

In allen anderen Fällen (das sind 90 Prozent) muß zuerst herausgefunden werden, über welche Themen, mit welcher Priorität, in welcher Reihenfolge gesprochen werden soll. Diese Zwischenphase wird **Diagnose des Ist-Zustands** genannt.

Die Diagnose des Ist-Zustands wird von dem Klärungshelfer eingeleitet, indem er auf einem Flip-Chart oder an einer Wandtafel alle anwesenden Personen als Kreise in einen großen Kreis malt und zwischen diese Personen mit Strichen und Blitzen die Beziehungsthemen so einzeichnet, **wie sie von den Teilnehmern selber genannt wurden**. Ich zeichne dabei nur die klärenswerten Themen ein. Wenn A sagt, daß er mit B sehr gut auskommt, notiere ich das nicht. Es sei denn, das wirkt im Sinne von Cliquenbildung belastend auf andere.

So entsteht ein Bild der gesamten zu besprechenden Themen. In dem Bild werden nicht nur Beziehungsthemen, sondern auch Sachthemen (die ich darunter schreibe) und persönliche Themen einzelner Teilnehmer (die ich in Stichworten bei der Person notiere) festgehalten. Ich frage dann, ob die Teilnehmer dieser Diagnose und Tagesordnungsliste zustimmen oder ob es noch Korrekturen und Ergänzungen gibt.

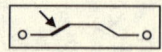

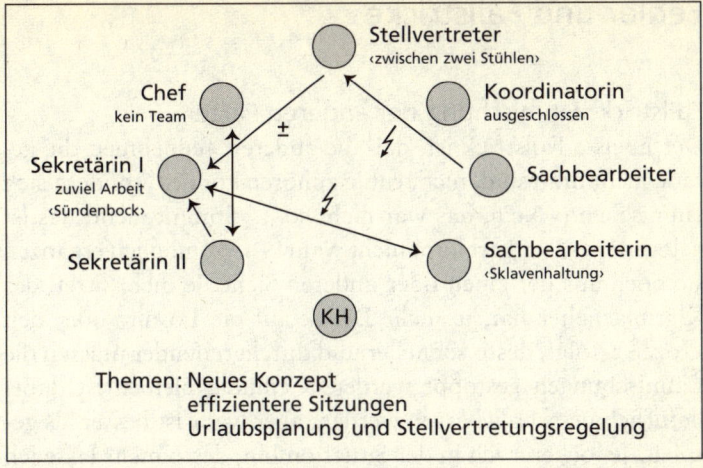

Themen: Neues Konzept
         effizientere Sitzungen
         Urlaubsplanung und Stellvertretungsregelung

Für die Reihenfolge der Besprechung dieser Probleme, Themen, Beziehungen, Belastungen und Vorfälle gelten folgende Prinzipien:

– Akutes vor Chronischem,
– hierarchisch Höheres vor hierarchisch Tieferem (die Treppe wischt man von oben),
– Persönliches und Zwischenmenschliches vor Sachlichem,
– Einzelklärungen (zwischen einzelnen Personen) vor Gruppenklärungen (auch Klärungen zwischen Gruppen),
– je größer die Beeinträchtigung der Zusammenarbeit, desto eher muß das Thema behandelt werden.

Diese Prinzipien für die Reihenfolge widersprechen sich vielleicht im konkreten Fall. Das macht aber nichts, weil die Teilnehmer meist ein klares Prioritätsgefühl haben und der Klärungshelfer dieses auch abfragen kann. Als Faustregel gilt: **Immer mit dem schlimmsten, unangenehmsten oder schwierigsten Störungspunkt anfangen.** Letztlich bestimmt aber der Klärungshelfer, welches Thema zuerst drankommt, die Teilnehmer beraten ihn dabei.

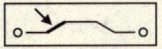

Fehler und Fallstricke

Fallstrick: Einmischung der anderen Partei

Der übelste Fallstrick ist, daß die anderen Teilnehmer, die gerade nicht dran sind, nicht ruhig zuhören können, sondern sich einmischen («Nein, das war nicht so», «Stimmt nicht, das ist gelogen!», «Ist überhaupt nicht wahr!»). Womöglich ergänzen sie noch aus der einen oder anderen Sicht. Je mehr Streß der Klärungshelfer hat, je mehr Druck auf die Lösung oder den Prozeß erfolgt, desto schneller und durchgreifender müssen die Einmischungen gestoppt werden. Geduldig bleiben ist dabei natürlich besser als barsch werden, aber wahr ist besser als gespielt. Je lockerer ich in der Situation bin, desto mehr lasse ich das «Hineinreden» der anderen zu, um noch zusätzliche Diagnose-Hinweise zur jetzigen Situation, zur Kommunikation miteinander und zur grundsätzlichen Beziehung zu erhalten. Als ich Anfänger war, hätte mich diese Zusatzinformation aber nur durcheinandergebracht. Die Intervention, die solche Einwürfe stoppt, ist ganz einfach:

– «Augenblick bitte, Sie sind noch nicht dran»,
– «Sie sind nicht mehr dran, Sie sind nachher wieder dran» oder
– «Schweigen Sie bitte, hören Sie zu. Jetzt geht es nur um den anderen, um seine Sichtweise, rein subjektiv. Ob das jetzt gelogen ist aus Ihrer Sicht oder nicht, spielt im Augenblick keine Rolle, aber merken Sie es sich.»

Wenn er dann immer noch nicht schweigen kann, gebe ich ihm Block und Stift in die Hand mit der Instruktion, alles aufzuschreiben, was er sagen wollte. Oft wird dann in großen, heftigen, starken Buchstaben geschrieben, was hinterher doch nicht mehr so von Belang ist, weil es ja um das Aushalten der Gefühle (zum Beispiel Hilflosigkeit, Ungerechtigkeit) ging.

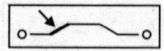

Fehler: Recht geben

Es geht darum, zu verstehen, und nicht darum, einverstanden zu sein. Konkret heißt das «*Ach so*» und nicht «Ja», eher «*Ich verstehe*» und nicht «Ja, natürlich» – nicht das billigen, was getan wurde, sondern verstehen wollen, was, wie und warum es getan wurde. In dem Sinn auch nicht recht geben und Recht sprechen, nicht verstärken oder abschwächen, sondern **nur verstehen**.

Fehler: Zu früh aufgeben

Lassen Sie sich nicht entmutigen, wenn Sie nicht auf Anhieb verstehen. Es gibt manchmal Personen oder Situationen, die sind sehr komplex und schwierig, gerade für Anfänger in der Klärungshilfe. Lassen Sie sich in dieser Phase auf keinen Fall hetzen. Täuschen Sie nicht Verständnis vor, das Sie nicht haben, weil Verstehen die Arbeitsgrundlage für den restlichen Prozeß ist.

Fallstrick: Lösung

Es kann vorkommen, daß die Klienten durch die Atmosphäre des Zuhörens so angeregt sind, daß sie miteinander verhandeln wollen, bevor der Klärungshelfer alles verstanden hat. In dieser Phase sollten Sie keinen Dialog zulassen! Wenn die Beteiligten schon auf dem richtigen Weg gewesen wären, hätten sie es allein klären können. Anscheinend war das nicht der Fall, sonst säßen sie ja jetzt nicht hier. Deshalb müssen sie erst mal zuhören.

Fallstrick: Private Neugier

Wenn Sie weiterführende Fragen stellen, dann unterscheiden Sie bei sich, ob das jetzt Ihre private Neugier ist (weil Sie eine ähnliche Situation erlebt haben, nie erleben möchten etc.) oder ob die Frage der Konfliktklärung dienlich ist. Wenn es nur Ihr privates Hobby ist, dann lassen Sie die Fragen möglichst weg.

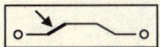

Läßt sich die Neugier nicht verscheuchen, dann etikettieren Sie die Frage zumindest richtig («Ich habe noch eine neugierige Frage, die wahrscheinlich nicht direkt zur Klärung beiträgt»).

Fallstrick: Es wird nur auf die Gegenseite reagiert

Es kann vorkommen, daß ein Teilnehmer seine Erstaussage darauf beschränkt, auf das zu reagieren, was die Gegenpartei vorher gesagt hat. In diesem Fall ist es wichtig, denjenigen, der gerade dran ist, darauf hinzuweisen, daß ich als Klärungshelfer auch und vor allem wissen möchte, was **er unabhängig** von den Darstellungen der Gegenpartei zu sagen hat. Wenn irgend möglich, sollten direkte Reaktionen auf vorhergegangene Selbstklärungsbeiträge vermieden werden. Eventuell hilft auch der Hinweis, daß in der nächsten Phase gerade **diese** Reaktionen im Vordergrund stehen werden.

Wenn sich eine direkte Reaktion gar nicht unterdrücken läßt, sollte sie mindestens als Ich-Botschaft umformuliert werden.

Fehler: Sich hypnotisieren lassen

Ganz in der Schilderung der Selbstklärung einer Person aufzugehen und ohne innere Distanz zu ihr nur in der Einfühlung zu versinken ist zuviel des Guten.

Phase 3 – Dialog der Wahrheit

Ziel

Nachdem es in der vorangegangenen Selbstklärungsphase darum ging, die individuelle Wahrheit oder Sichtweise zu ergründen, geht es jetzt darum, die verschiedenen, sich widersprechenden Wahrheiten miteinander in Kontakt zu bringen. Hier findet nun endlich ein direkter Austausch zwischen den verfeindeten und zerstrittenen Konfliktparteien statt. Anfangs ist das natürlich ein unangenehmer Dialog, eine Art verlangsamt geführter, ritueller Streit. **Die Themen aus der Selbstklärung werden hier nacheinander im Dialog angesprochen.** In der nächsten Phase («Erklärungen und Lösungen», S. 191 ff.) werden sie dann wie ein Puzzle zu einem Gesamtbild zusammengesetzt.

Die Phase heißt «Dialog der Wahrheit», weil die (oft schlimme) Wahrheit erforscht wird und herauskommt. Es ist eine Wahrheitssuche, ein Hingehen zum wahren, schlimmen Punkt. Das Ziel ist die Klarheit der Gefühle und Beziehungen; Klarheit über das Wie, Wieso und Warum. Durch klare Kommunikation wird es möglich, schwierige Inhalte so zu besprechen, daß daraus ein positives Erlebnis entsteht. Darüber hinaus erfahren die Teilnehmer praktisch nebenher, wie sie einen Gesprächsfaden, der ja immer mal abreißen kann, auch im Alltag neu knüpfen und die Kommunikation verbessern können. Das Ziel ist nicht, Harmonie herzustellen oder Lösungen zu finden. Harmonie und Lösungen entstehen oft nebenbei, sind sozusagen ein Abfallprodukt, werden aber im Dialog der Wahrheit nicht direkt angestrebt. Der Klärungshelfer hat die in der Selbstklärungsphase notierten Schlüsselsätze, Gefühle und Kernthemen im Auge und bringt diese ein, wenn sie nicht von den Betroffenen selber genannt werden.

Diese Phase ist emotional sowohl für den Klärungshelfer als auch für die Beteiligten der Höhepunkt der Klärung. Deshalb stellt sie auch im Ablaufschema die höchste Ebene dar.

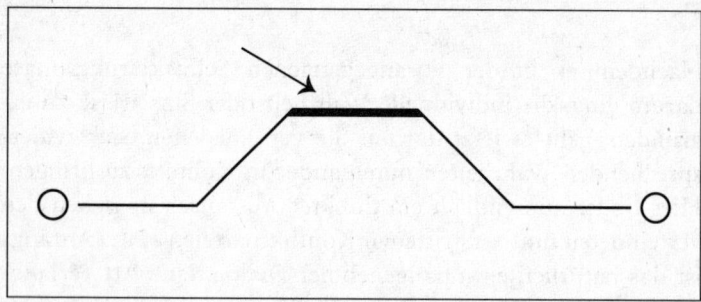

Rolle des Klärungshelfers

Der Klärungshelfer ist Zeremonienmeister dieses rituellen Vorgangs. Hier endlich ist er auch wirklich Klärer, Vermittler, Übersetzer, Unterstützer, interpersoneller Wahrheitssucher und Transporteur von schwierig zu sagenden und/oder schwierig zu hörenden Dingen. Er dient als Notbrücke zwischen den beiden Parteien, bis sie endlich selber in direkten Kontakt treten, der klärend und dann auch heilend ist. Natürlich bleibt er auch Moderator des Gruppenprozesses.

Konkretes Vorgehen bei Zweierklärungen

Besteht eine Vielzahl von Konfliktthemen, gibt es mehrere Möglichkeiten, den Einstieg in die Dialogphase zu gestalten. Der Klärungshelfer wählt ein Thema aus, formuliert die pauschale Überleitung, oder eine Konfliktpartei wählt ein Thema aus. Es spielt keine große Rolle, bei welchem Konfliktpunkt man in den Dialog einsteigt. Ohnehin hängen alle Punkte wie Knoten in einem Netz zusammen, das in trübem Wasser ausgelegt ist. Egal, an welchem Knoten die Klärung ansetzt, es kommen nacheinander alle an die Oberfläche.

Möglichkeit 1: Klärungshelfer wählt Thema aus

Nachdem der Klärungshelfer die Selbstklärung der zweiten Konfliktperson zusammengefaßt hat, greift er mehr oder weniger willkürlich einen Punkt, natürlich möglichst einen belastenden und zentralen, heraus und wiederholt ihn, aktiv zuhörend für den einen (zum Beispiel: *«Sie fühlen sich von Ihrem Kollegen bewußt hinters Licht geführt, damit Sie sich nicht mehr rechtzeitig für die Stelle melden konnten»*). Dann fragt er den anderen: *«Wie reagieren Sie darauf? Was sagen Sie dazu?»*

Dieser Kernpunkt sollte keine interpretative Zusammenfassung enthalten (zum Beispiel: «Der Grundkonflikt hier scheint zu sein, daß Sie immer der Gebende und Sie immer der Nehmende sind»). Vielmehr soll ein konkretes Thema aufgenommen werden, das von einer Konfliktpartei direkt geäußert wurde, zum Beispiel wie sie die andere Konfliktpartei sieht, wie sie die Beziehung, das Klima, die Situation erlebt oder verstanden hat. Das dürfen ruhig auch Projektionen oder Unterstellungen sein. Auf alle Fälle sollten die Formulierungen etwas vom «Brei» benennen und nicht um den «Brei» herumschleichen. Gehen Sie mit dem ersten Thema ruhig möglichst mitten in den «Brei»!

Möglichkeit 2: Pauschale Überleitung

Die Dialogphase geht nahtlos aus der Selbstklärungsphase des zweiten Klienten über, indem der Klärungshelfer am Schluß die Gegenpartei pauschal fragt: *«Wie reagieren Sie darauf? Was sagen Sie dazu?»*, ohne noch einmal ein spezielles Thema herauszupicken.

Möglichkeit 3: Eine Konfliktpartei wählt Thema aus

Der Klärungshelfer fragt eine Konfliktpartei (nicht beide, sonst gibt es wieder erneut Streit darüber), was für sie das wichtigste oder verletzendste Ereignis oder Gefühl ist. Zu diesem wird dann die Gegenpartei um Stellungnahme gebeten.

Anfangs geht es oft weniger um Gefühle als um Taten, Tatsachen und Situationen, meist in anschuldigenden Formulierungen wie: «Du hast nie ...»; «Immer tust du ...»; «Sie haben einfach etwas gegen mich» etc. Erst durch das Doppeln und den fortschreitenden Dialog weitet sich der Austausch auf tiefere Themen aus.

Doppeln

Untrennbar zu der Frage *«Wie reagieren Sie darauf?»* gehören die Antwort der zweiten Konfliktpartei und vor allem der nächste methodische Schritt des Klärungshelfers, das Doppeln dieser Antwort. Eine ausführliche Beschreibung des Doppelns befindet sich im Kapitel «Handwerkszeug» (s. S. 267 ff.).

Der Klärungshelfer unterbricht den Dialog, läßt also die Person A nicht auf die Reaktion von Person B antworten, sondern fragt Person B: *«Darf ich mal neben Sie treten und etwas für Sie sagen, und Sie sagen dann, ob das so stimmt?»* – doppelt sie also. Das Gedoppelte läßt er sich von Person B bestätigen und fordert Person B, wenn nötig, auf, das Gedoppelte mit eigenen Worten zu korrigieren und zu ergänzen. Danach kehrt der Klärungshelfer auf seinen Platz zurück, wendet sich an Person A und lädt diese ein, auf das Gehörte zu reagieren: «*Wie reagieren Sie darauf? Was sagen Sie dazu?*» Manchmal muß auch gefragt werden: «*Glauben Sie das?*»

Es ist wichtig, daß A nicht auf das Gedoppelte reagiert, bevor B es abgesegnet bzw. bestätigt hat. Sollte es doch einmal vorkommen, daß sich A zu früh zu Wort meldet, dann muß er sofort gestoppt werden: «*Stop, das waren alles nur meine Worte, jetzt wollen wir mal schauen, ob das überhaupt zutrifft.*»

Das Doppeln sollte möglichst gleichmäßig auf alle Konfliktparteien verteilt sein, sowohl im quantitativen als auch im qualitativen Bereich. Damit kein Ungleichgewicht entsteht, gilt die Faustregel: Höchstens zweimal hintereinander die gleiche Person doppeln, bevor man sich wieder der Gegenpartei zuwendet.

Graphisch stellt sich der gedoppelte Dialog in folgender Weise dar:

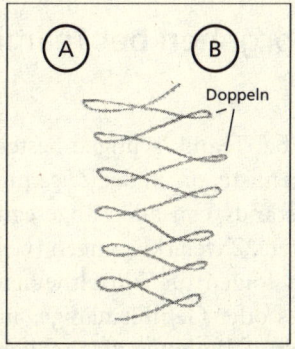

Das Bild zeigt einen kontinuierlichen Gesprächsfaden, der in geschwungener Form vom einen zum anderen und wieder zurück verläuft. Dabei wird das Gesagte jeweils vom Klärungshelfer gedoppelt. Das Doppeln unterstützt die Konfliktparteien

darin, das Gesagte nach innen zu nehmen, zu kosten, zu verdauen und wirklich Wahres zurückzugeben. Diese Unterstützung der «Innenschau» kann von den Beteiligten nach und nach selber übernommen werden.

So geht das dann hin und her, und das Thema wird immer klarer. Beachte: **Nicht unbedingt schön, nur klar.** Wenn es doch einmal schön wird, ist das ein begrüßenswerter Sonderfall. Normalerweise wird **klar**, daß die ganze Sache **unschön** ist. Manchmal entsteht auch ein Im-Kreis-Drehen, das Thema bleibt **unklar.** Auch das ist eine Form von Klarheit. Alle drei Ausgänge sind gleichberechtigt, fühlen sich aber natürlich sehr unterschiedlich an. In Extremfällen kann sogar eine Verschlimmerung der Situation entstehen. Das bedeutet, daß der Konflikt noch nicht auf seinem Höhepunkt war und nun heiß wird (siehe «Konfliktentwicklung», S. 26 ff.).

Konkretes Vorgehen bei Teamklärungen

Die Dialogphase bei Teamklärungen besteht aus der Abarbeitung der Prioritätenliste, die in der Zusammenfassung der Diagnose des Ist-Zustands von allen abgesegnet wurde. Am Anfang stehen meistens Zweierklärungen (vielleicht auch Dreierklärungen), dann folgen die Einzelthemen und Gruppenthemen (Klimatisches oder Gefühlsmäßiges in der Zusammenarbeit), und zum Schluß kommen die sachlichen und organisatorischen Aspekte der Zusammenarbeit.

Wenn (wie fast immer) Personen mehrerer Hierarchiestufen anwesend sind, spielt allermeistens auch die Führungssituation eine wichtige Rolle. Führungsfeedback und Führungsmetakommunikation sind dann Teil der Klärungshilfe (siehe «Me-

 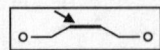

takommunikativer Führungsstil», S. 241 ff.). Die Führungskraft muß vorher bei der Auftragsklärung (S. 42 ff.) extra auf
diese Situation vorbereitet werden.

Die anfänglichen Zweier-, Einzel- und Gruppenklärungen
beziehen sich auf die **Vergangenheit** und deren Aufarbeitung.
Es folgt eine Phase, in der die **gegenwärtige** Zusammenarbeit
und Führung, meist in Feedbackrunden, thematisiert wird.
Wie stellt sich die Zusammenarbeit dar, nachdem wir jetzt all
das über die Vergangenheit erfahren haben? Die konkrete Planung, somit die Zukunft, gehört nicht mehr in die Dialogphase, sondern hat ihren Platz in Phase 4.

Die Dialogphase in der Teamklärung besteht zunächst aus
vielen hintereinandergeschalteten Beziehungs-, Einzel-, Grup-
pen- und Themenklärungen. Sie laufen alle nach dem Prinzip
des verlangsamten Streitdialogs ab, unterstützt durch Doppeln, so wie dies für die Zweierklärung beschrieben wurde.
Dazwischen stehen keine Erklärungen zu den gerade gelaufe-
nen Klärungen. Wenn allerdings für einen Teilnehmer die Lösungslosigkeit zur Störung wird, so daß er sich nicht mehr an
den folgenden Klärungen beteiligen kann, wird unter Umständen eine Ausnahme gemacht (Prinzip: Störungen haben Vorrang) und für kurze Zeit in Phase 4 übergegangen.

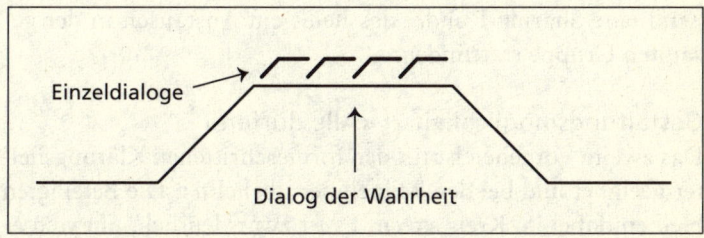

Da mehr Personen anwesend sind als in einer Zweierklärung,
erhöht sich natürlich die Komplexität des Geschehens, besonders wenn man jeweils immer alle zu Wort kommen läßt.

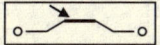

Gestaltungsmöglichkeit 1: Fish-Bowl

Es gibt zwei Möglichkeiten, die einzelnen Klärungen zu gestalten. Für Anfänger ist das Fish-Bowl-Verfahren am ehesten geeignet. Dabei setzt sich der Klärungshelfer mit den beteiligten Personen ein bißchen weiter in die Mitte des tischlosen Kreises, um deutlich zu zeigen, daß er jetzt nur mit ihnen spricht:

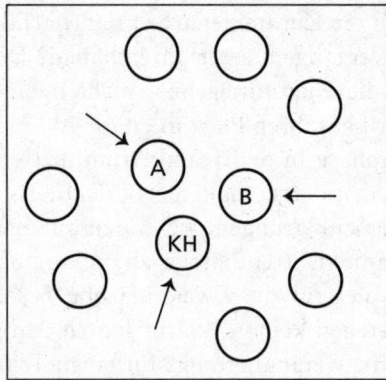

Es handelt sich dabei um eine Exklusivklärung, in deren Verlauf nur die unmittelbar Beteiligten (die Streitparteien und der Klärungshelfer) reden dürfen. Die anderen haben still zu sein. Wenn dieses Vorgehen gewählt wird, muß natürlich anschließend eine Sharing-Runde, das heißt ein Austausch in der gesamten Gruppe stattfinden.

Gestaltungsmöglichkeit 2: «Alle dürfen»

Das zweite Vorgehen ist für den fortgeschrittenen Klärungshelfer geeignet und bei den Teilnehmern beliebter. Die Beteiligten bleiben dabei im Kreis sitzen. Es ist zwar deutlich, um wen es gerade geht, aber es können alle etwas dazu sagen. Der Klärungshelfer wechselt seinen Sitzplatz so, daß er sich dabei in der Runde ungefähr zwischen die beiden am Konflikt beteiligten Personen setzt:

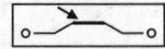

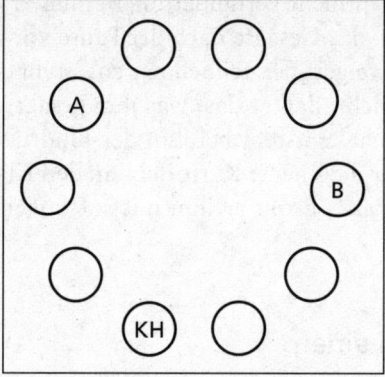

Als Einstieg in das aktuelle Thema ist es jeweils notwendig, jeden Beteiligten ein kurzes Statement geben zu lassen, bevor es dann in den Austausch von Äußerungen, Reaktionen, Gefühlen und Ansichten geht, die möglichst alle einzeln gedoppelt werden. Es beginnt derjenige, der das Thema aufgebracht hat, oder derjenige mit dem größten Leidensdruck. Meiner Erfahrung nach beteiligen sich die anderen nur, wenn sie wirklich etwas substantiell Wichtiges zu sagen haben, auch wenn das auf den ersten Blick nicht immer erkennbar ist. Es lohnt sich, diesen scheinbar nebensächlichen Abschweifungen oder gar unzusammenhängend erscheinenden Beiträgen Beachtung zu schenken.

Zwischen den einzelnen Klärungen liegt immer eine Pause. Die Teilnehmer können aufstehen, sich bewegen, etwas trinken. Der Raum wird gelüftet, und der Klärungshelfer kann passende Pausenmusik anstellen. In diesen Pausen droht die Gefahr, daß Teilnehmer versuchen, kurz etwas beim Klärungshelfer loszuwerden, was sie vorher nicht in der Öffentlichkeit gesagt haben. Es gibt zwei Faustregeln für diese Situation.

1. **Pausenabstinenz-Regel:** In der Pause soll der Klärungshelfer nicht mit einzelnen Teilnehmern über die Inhalte der Sitzung sprechen.

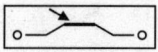

2. Wenn es sich nicht verhindern ließ, muß er den Teilnehmer auffordern, das Gesagte nach der Pause vor allen zu wiederholen. Verweigert der Teilnehmer das, stellt der Klärungshelfer in Aussicht, daß er das, was ihm gesagt wurde, von sich aus anspricht. Entsteht bei ihm der Eindruck, daß der Teilnehmer nur die «heiße Kartoffel» an den Klärungshelfer delegieren wollte, droht er ihm mit sofortigem Vergessen des Gehörten.

Alle gegen einen

Oft beschäftigen sich die ersten zwei bis vier Klärungen in einem Teamklärungsprozeß mit **einer** Person, die dadurch unter Umständen überstrapaziert wird. Sie ist der Sündenbock oder der «identifizierte Patient», wie es in der Familientherapie heißt. Meistens handelt es sich dabei um eine Mischung aus tatsächlichem «Hemmschuh» und stellvertretendem Träger von allgemeinem Unmut.

Sollte eine Person in extremem Maß die gesamte Unzufriedenheit und Kritik auf sich ziehen, dann setze ich mich als Klärungshelfer direkt neben sie und gebe dazu folgende Erklärung ab: *«Es kommt jetzt viel auf Sie zu, Unangenehmes, das Sie sich anhören müssen, weil es ja sowieso da ist. Ich setze mich mal neben Sie, um Sie dabei zu unterstützen.»* Damit schaffe ich einen Ausgleich in Alle-gegen-einen-Situationen. Diese Extra-Unterstützung sollte vom Klärungshelfer für alle transparent gemacht werden, damit die anderen keine Beißhemmung entwickeln und damit sich kein Patient-Therapeut-Kontakt etabliert. Der Klärungshelfer muß zu dieser Person möglichst guten Kontakt haben. «Identifizierte Patienten» oder Sündenböcke stehen besonders im beruflichen Bereich unter dem enormen Druck, zu bestehen, sich zu verteidigen, die Fassung nicht zu verlieren und gute Miene zum bösen Spiel zu machen. Das Ziel des Klärungs-

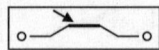

helfers ist dabei, daß sich die Person möglichst nicht verteidigt, sondern die ganze Abwehr fahren läßt, um sich anzuhören, womit sie (zu Recht oder zu Unrecht) in den Augen der anderen in Verbindung gebracht wird. Oft frage ich auch: «*Geht es noch, können Sie noch?*» Wenn das Zuhören nicht mehr geht, kommt der erste Schlag der Verteidigung. So ein Hin und Her läuft dann oft über längere Zeit und wird immer von Doppeln begleitet, bis Klarheit und ein offener Dialog entstehen.

Die psychologischen und gruppendynamischen Hintergründe von «Stellvertreter-Exekutionen», «Sündenbock-Denken» und «identifizierten Patienten» erzähle ich der Gruppe vorher nicht. In seltenen Fällen wird das hinterher (in Phase 4) zum Thema. Meistens löst sich die Situation aber ohne Erklärungen auf. Es wird klar, daß das «schwierige» Gruppenmitglied nur die Spitze des Eisbergs ist, die von den anderen über Wasser gehalten wird, damit sie selber nicht sichtbar werden. Wenn die Klärungen zu einer größeren Verhärtung des Angeschossenen führen, weil das alles zuviel und zu unverdaulich wird, ist es manchmal nötig, die Regel der Pausenabstinenz zu brechen. Der Klärungshelfer kann dann in der Pause eine Situation schaffen, abgeschirmt von den anderen, in der Schutz vor der Gruppe besteht. Da höre ich dann verstehend zu oder frage: «*Wie lange halten Sie das noch aus?*» Meistens bricht die Abwehr des Betroffenen dann zusammen, leider nur in der Zweiersituation statt in der Gruppe. Ein Zusammenbruch in der Gruppe würde sofort die ganze Situation verändern, weil das Verletzliche, Menschliche und Einsichtige an dem «Angeschossenen» für alle sichtbar wird. Aber auch so kommt der Betroffene meist in deutlich anderer Stimmung, weich oder zermürbt, zurück, was die anderen wiederum versöhnlicher stimmt. Die Klärung nimmt dann auf einem intensiveren Niveau (siehe «Der Mensch – ein Schichtenwesen», S. 166 ff.), einen menschlicheren, verständnisvolleren und realistischeren Fortgang.

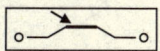

Im Lauf der Abarbeitung der Themenliste wird der «gelbe Sumpf» (gelb: Beziehungsaspekt nach dem Kommunikationsquadrat) der Zusammenarbeit immer weiter trockengelegt. Dabei kommen natürlich Mißverständnisse, aber auch Unverträglichkeiten untereinander, gegensätzliche Interessen, Macht, Rache, Ressentiments, alte Verletzungen, Ehrgeiz, Konkurrenz und andere Schattenthemen an den Tag. All diese «bösen» und unstatthaften Gefühle müssen natürlich vom Klärungshelfer akzeptiert werden. Es ist gut, wenn diese Gefühle sichtbar sind, weil sie dann nicht mehr zerstörerisch aus dem verborgenen heraus wirken.

Eine große Gefahr in der Dialogphase ist es, nach Lösungen zu schielen, also die Lösungslosigkeit nicht auszuhalten. Die Dialogphase dient der Wahrheitssuche, der Erforschung der Realität, nicht der unmittelbaren Suche nach einem Ausweg oder nach der Veränderung der Realität. Das Aushalten der Lösungslosigkeit macht eine spätere realistische Lösung erst möglich.

Bricht jemand in **Tränen** aus, dann ist dies kein Fehler, sondern nur ein Anzeichen, daß ein Gefühl deutlich gezeigt werden muß oder darf. Nach einer angemessen kurzen «Betroffenheitspause» (5 bis 15 Sekunden) läuft die Klärung normal weiter. Man kann auch mit Tränen weiter sprechen und hören. Tränen haben in den allermeisten Fällen zur Folge, daß die Klärung auf einer emotional tieferen Ebene weitergeht. Rennt der Betroffene aber aus dem Raum, bleiben die anderen bedrückt zurück. Der Klärungshelfer hilft, diese Gefühle nicht abzuwehren, sondern auszuhalten. Wenn die Ruhe gelingt, wartet man meistens ab, bis der Betroffene wieder hereinkommt. Ist das nach vier Minuten nicht der Fall, mache ich eine offizielle Pause. Manchmal ergeben sich davor noch wertvolle Diskussionen über das Klima und den Umgang miteinander im Team. Ich renne nie hinterher und suche den Betroffenen, auch nicht in der Pause, erlaube aber anderen Teilnehmern, das zu tun.

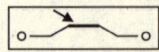

Explosionen, Wutausbrüche, Beleidigungen, Beschimpfungen und **Aggressionen** kommen vor und dürfen dies auch, solange sie nicht in Handgreiflichkeiten übergehen. Diese würde ich sofort mit einem energischen «Halt» oder einem körperlichen Dazwischengehen abbrechen und fragen: *«Was ist jetzt los, was bringt Sie so in Wallung?»* und dann aktiv zuhören. Allerdings passiert dies nur sehr selten. Gewöhnliche (verbale) Explosionen hingegen stoppe ich nicht und bekämpfe sie auch innerlich nicht. Ich schaue dem Explodierenden in die Augen und lasse mich auf sein Gefühl ein. Gleichzeitig fühle ich, wie es ist, wenn man diese Explosion erlebt. Ich warte, bis die Explosion abebbt. Nach einer ähnlichen Pause wie bei Tränen geht es normal weiter mit aktivem Zuhören, Doppeln oder dem, was gerade dran ist.

Ist jemand **sprachlos**, versuche ich herauszufinden, ob es Verwirrung, Überforderung oder Verweigerung ist. Kontakt ist an diesem Punkt manchmal eine Gratwanderung zwischen In-Ruhe-lassen und Bedrängen.

Wird jemand einer **Lüge** überführt, sollte dies nicht als Verstoß gegen die Moral oder als Sünde behandelt werden. Es muß nun mit Verständnis herausgefunden werden, wie der «Lügner» dazu kommt. Ist es berechtigte Angst vor Folgen oder Feigheit, Boshaftigkeit, Fahrlässigkeit, Rache etc.? Diese Gründe helfen wiederum die innere und äußere Situation des «Lügners» zu begreifen und zu klären.

Hat der Klärungshelfer bei Dialogäußerungen selber ein **ungutes Gefühl**, so muß er dem nachgehen und gegebenenfalls den Dialog stoppen. Große und kleine Koalitionen, bei denen eine Hand die andere wäscht, Machtspiele, Bagatellisierungen, Umpolungen von negativen Gefühlen und andere Ränkespiele der Falschheit dürfen nicht ungeklärt toleriert werden. Sie sind direkt, aber ruhig und sanft anzusprechen und auszuhebeln. Zum Beispiel im Falle einer «unheiligen» Koalition: *«Warum sagen Sie das jetzt?»* Nach einer mich nicht überzeugenden

Antwort setze ich nach: «*Ich habe die böse Phantasie, Sie sagen das jetzt nur als Dank für die Unterstützung, die Sie vorher von ihm erfahren haben. Eigentlich haben Sie noch andere Meinungen auf Lager, zum Beispiel ... Ist das so?*»

Weil in Teamklärungen sehr viel zu tun, zu bedenken und zu beachten ist, kann es erleichternd und hilfreich sein, wenn der Klärungshelfer dabei nicht alleine ist. In der Arbeit zu zweit kann man sich gut abwechseln oder unterstützen. Dabei ist immer wichtig, daß zumindest für die Klärungshelfer selber klar ist, wer wann die Oberhand oder Federführung hat (siehe «Co-Leitung», S. 122 f.).

Sonderfall Verweigerung

Es kommt selten vor, daß sich eine Konfliktpartei der Klärung doch plötzlich noch verweigert. Vorher wurden zwar in mehreren Wellen (Phase 0, 1 und 2) alle auftauchenden Widerstände behandelt, aber trotzdem können Teilnehmer in der konkreten Situation den Dialog verweigern. Das klingt dann in etwa so:

- «Nein, ich möchte das nicht, ich habe dazu nichts mehr zu sagen. Das ist für mich vorbei und gestorben.»
- «Ich fühle ihm gegenüber weder Sympathie noch Antipathie. Ich fühle neutral.»
- «Wir können das Thema jetzt lassen. Ich bin höflich zu ihm, grüße ihn, und mehr muß ja nicht sein.»

Um zu unterscheiden, ob diese Sätze wahr sind oder Anzeichen für einen kalten, ungelösten Konflikt, frage ich jeweils noch ein bißchen nach. Wenn der Betroffene sich dann verhärtet, statt weich und gelassen zu bleiben, ist das ein Anzeichen für einen kalten Konflikt. Ich packe den Stier dann bei den Hörnern und frage: «*Verweigern Sie das Gespräch darüber?*» Meistens kommt dann ein «Nein». Wenn aber ein «Ja» kommt, der Be-

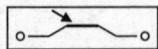

troffene also das Gespräch verweigert, bitte ich ihn um Erlaubnis, daß wenigstens die Gegenpartei ihr Problem darlegen darf. *«Gut, Sie haben kein Problem mehr. Aber der andere hat eines. Darf er darüber sprechen?»* Diese Erlaubnis wird dann immer «gern» gegeben: «Bitte, bitte, nur zu!» Die Selbstklärung der Gegenpartei hat dann zur Folge, daß der «Verweigerer» nun auch seine Seite darstellen und verstanden werden will. So wird ein gefrorener Konflikt aufgetaut und damit behandelbar (siehe «Konfliktentwicklung», S. 26 ff.).

Manchmal fragen Teilnehmer: «Kann ich schnell mal in mein Büro gehen, ich bin ja von der nächsten Klärung nicht direkt betroffen?» oder: «Kann ich nicht gehen? Es ist mir unangenehm, hier Voyeur zu sein.» Die Antwort auf derartige Fragen ist: **«Es sollen immer alle anwesend sein, auch wenn sie nicht direkt betroffen sind.»** Die Situation der schlechten Gefühle, des schlechten Klimas und der schlechten Zusammenarbeit betrifft sowieso alle: Deshalb sollen auch alle bei der Klärung dabeisein. Außerdem geht es bei den konkreten Klärungen nur vordergründig um die Lösungen der jeweiligen Knoten. Viel wichtiger ist die Hintergrundarbeit, das Lernen von Konfliktbewältigung und Konfliktkommunikation, die den Anwesenden hinterher im Alltag zur Verfügung stehen sollte. Deshalb lasse ich niemanden rausgehen oder sich absetzen.

Sogar Einzelthemen gehen das gesamte Team etwas an, sonst würden sie gar nicht erst in einer Teamklärung auftauchen. Einzelthemen sind immer Gruppenthemen. Zum Beispiel das Thema «Ich fühle mich ausgeschlossen» oder «Ich fühle mich als Stellvertreter des Chefs zwischen zwei Stühlen» betreffen offensichtlich die Beziehungsstrukturen im gesamten Team. Auch das Thema «Zuviel Arbeit» oder «Ich bin zuwenig qualifiziert für meine Tätigkeit» müssen in Anwesenheit aller besprochen werden, weil es Auswirkungen auf die Zusammenarbeit aller hat.

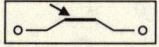

Dauer der einzelnen Klärungen

Faustregel mit Ausnahmen: Die erste Klärung dauert erfahrungsgemäß ungefähr eine bis eineinhalb Stunden, die zweite eine Dreiviertelstunde bis eine Stunde, die dritte eine halbe bis eine Dreiviertelstunde. Wenn es gut läuft, wird mit fortschreitender Themenabarbeitung immer weniger Zeit pro Klärung nötig. Läuft es nicht gut, wird keine Klärung erreicht oder bringt die Klärung Ungutes hervor (zum Beispiel morsche Grundlagen der Beziehung oder der Zusammenarbeit), nimmt die Zeit der Bearbeitung nicht unbedingt ab, sondern bleibt gleich oder wird sogar länger.

Die Dialogphase beansprucht in der Teamklärung – wie auch in der Zweierklärung – den Großteil der Gesamtzeit.

Nachdem alle zwischenmenschlichen und persönlichen Themen der Vergangenheit behandelt wurden (immer noch ohne Lösung), entsteht oft eine Stimmung von ruhiger Realitätsbetrachtung («Aha, das ist also unser Scherbenhaufen»). Daraus entsteht meistens der Wunsch, die Zusammenarbeit aufgrund der neuen realistischen Sichtweise anzuschauen. Die Mitarbeiter fragen sich zum Beispiel:
– Was denkt Ihr denn jetzt von mir?
– Habe ich bei euch noch eine Chance?
– Haltet ihr mich noch für kompetent?
Die Führungskraft hat oft auch noch die Fragen:
– Akzeptiert jeder von euch mich als Führungskraft?
– Wer von euch ist bereit, die Karre mit mir aus dem Dreck zu ziehen?
Die Frage der Führungskraft nach ihrer Akzeptanz kommt nur auf, wenn ihre Führung oder Führungsfähigkeit vorher berechtigterweise stark ins Kreuzfeuer geraten war.

Aus all diesen Fragen entstehen oft Feedbackrunden, die sich durch hohe Realitätsgerechtigkeit, Ehrlichkeit, Kritik **und**

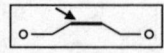

Wertschätzung auszeichnen. Der Klärungshelfer hat dabei nicht viel zu tun, außer der moderativen Gesprächsleitung. Im Hintergrund überwacht er natürlich aufkeimende Konfliktreste und das allgemeine Ehrlichkeitsniveau.

An dieser Stelle, oder auch vor dem Feedback, kommt die **Vergangenheitsbetrachtung** der Sachthemen (zum Beispiel ineffiziente Sitzungen, Konfliktpotential bei der Urlaubsplanung, keine wasserdichte Stellvertretungsregelung, Unzufriedenheit mit dem Konzept etc.). Vorherrschend bei der Bearbeitung der Sachthemen ist auch die Erforschung der unguten Vergangenheit. Die Lösungslosigkeit muß hier weniger streng aufrechterhalten werden. Trotzdem gilt es, nicht zu rasch auf Lösungen zu zielen. Das Vorgehen bei Sachthemen unterscheidet sich nicht wesentlich von dem bei zwischenmenschlichen Themen, das heißt, es wird auch hier gedoppelt.

Sonderfall Großgruppe

Bei maximal 30 Personen kann man noch so vorgehen, wie oben beschrieben (Klärung jeder mit jedem). Bei mehr als 30 Personen ist ein individuelles Vorgehen nicht mehr durchführbar. Statt dessen muß mit einem Reduktionsverfahren gearbeitet werden. Wie schon beim Bildermalen (Phase 2) müssen Interessengruppen gefunden werden, die unter Umständen, aber nicht unbedingt mit den organisatorischen Gruppen identisch sind. Diese Gruppen wählen jeweils einen Gruppensprecher. Wenn es um Thematisches geht, können zum Beispiel folgende vier Gruppen gebildet werden:
– die, die für eine Position sind,
– die, die gegen eine Position sind,

- die, die dazwischen sind,
- die, die nichts damit zu tun haben wollen oder gegen alles sind,
- einzelne Satelliten, die eine andere Position haben.

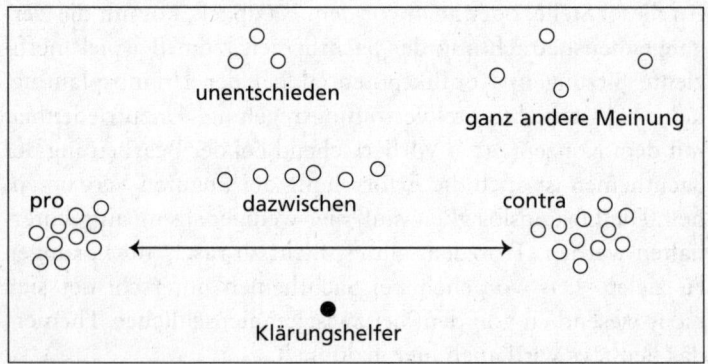

Die Klärung geht dann weiter, als wären diese Gruppen jeweils eine Person, die allerdings aus verschiedenen Mündern spricht. Eher werden die Beziehungen zwischen den Parteien als zwischen den Individuen angeschaut.

Der Klärungshelfer wird dabei ein bißchen zum Dompteur und Choreograph. Er muß wahre Menschenmassen verschieben, bis sie am richtigen Ort sind, um die Positionen deutlich zu machen. Dabei muß er jedesmal sorgfältig nachfragen, ob die Positionierung so auch für alle stimmt. Es ist immer ein Spektakel, wenn alle Teilnehmer aufstehen und ihren Platz neu definieren. Trotzdem lohnen sich die ganze Bewegung und der Aufwand sehr, weil dadurch vieles deutlich wird. Wenn individuelle Animositäten, Konflikte oder Probleme hervorkommen, werden diese natürlich auch individuell bearbeitet. Das geschieht entweder als Exkurs während der Großgruppenklärung oder hinterher, je nach Dringlichkeit und Hinderlichkeit für den weiteren Klärungsprozeß.

Wie lang soll die Dialogphase sein, und wie wird sie beendet?

Im Idealfall dauert die Dialogphase so lange, bis alles klar ist. Diese Zeitfreiheit ist aber nicht immer gegeben. Meist ist die Dialogphase zeitlich begrenzt.

Bei einer **Zweierklärung** mit Sitzungslänge von 90 Minuten fallen etwas 20 bis 50 Minuten in die Dialogphase. Spätens 10 bis 15 Minuten vor Schluß muß die Dialogphase beendet werden. Im idealen Fall ist danach mindestens etwas (oder sogar alles) klar geworden. Die Konfliktparteien werden durch den Dialog enorm beruhigt, das Klima in der Sitzung wird meist versöhnlich. Wenn aber das, was hinter dem Nebel hervorkommt, nicht gut ist (zum Beispiel organisatorisch zementiertes Unrecht), kann die Stimmung resignativ oder depressiv werden. Das kommt jedoch deutlich seltener vor.

Der Dialog der Wahrheit muß nicht organisch aufhören: So plötzlich, wie er angefangen hat, kann er auch vom Klärungshelfer abgebrochen werden. Der Klärungshelfer leitet dann einfach in die nächste Phase über: «*Ich möchte jetzt mal unterbrechen und sagen, was ich von außen beobachte*» (Überleitung in Phase 4).

In der **Teamklärung** sollen alle zwischenmenschlichen Dialogthemen möglichst abgehandelt und abgeschlossen sein, bevor man zu Sachthemen und Planungsaufgaben übergeht. Im Notfall muß für die nichtbehandelten zwischenmenschlichen Themen zumindest eine geeignete Verabredung über Zeit und Ort getroffen werden. Teams halbgeklärt wieder an die Arbeit zu entlassen ist nicht nur für den Klärungshelfer unbefriedigend, sondern auch ungünstig für die mittelfristige Zusammenarbeit des betroffenen Teams. Halb aufgerissene, nicht gelöste Kon-

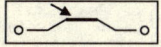

flikte potenzieren sich, wenn die Beteiligten im Alltag ihrem normalen Konfliktverhalten überlassen werden. Die gründliche Auftragsklärung und die Beratung des Auftraggebers ist wichtig, damit der Zeitaufwand für die Klärung richtig abgeschätzt werden kann.

Fehler und Fallstricke in der Dialogphase

Fehler: Zuerst die «leichten» Themen
Es mag eine (allerdings falsche) Überlegung sein, erst einmal mit einem «leichten» Thema anzufangen, um dabei mit der Methode und mit der Gruppe warm zu werden. Das kann fatale Folgen haben, weil es entweder nichts bringt und damit die Klärungsmotivation senkt oder den Hauptkonflikt unkontrolliert als Nebenkriegsschauplatz explodieren läßt.

Fallstrick: Parteilichkeit
Parteilichkeit hat immer etwas mit dem Klärungshelfer zu tun, nie mit den Konfliktparteien oder der Sachlage. Parteilichkeit muß nicht ausgemerzt werden, sondern zur Allparteilichkeit entwickelt werden. Nicht nur der Anfänger, aber der besonders, wird automatisch für eine Konfliktposition mehr Sympathie und Verständnis aufbringen können als für die andere. Das ist noch kein Fehler, wenn methodische Gegenmaßnahmen ergriffen werden. Eine Gegenmaßnahme ist es, zum Beispiel häufiger die Position zu doppeln, die man weniger versteht, oder noch einmal in die Selbstklärungsphase zurückzugehen und dieser Person aktiv zuzuhören sowie genauer nachzufragen.

Als Gegenmaßnahmen akuter Not kann der Klärungshelfer auch auf einem Sonderteil des Notizblocks seinen Gefühlen schriftlich freien Lauf lassen («So ein überheblicher Gockel»

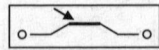

etc.). Wenn gar nichts mehr geht, die Parteilichkeit nicht ausgemerzt werden kann, kann man auch offensiv dazu stehen: *«Ihre Position verstehe ich ganz gut, sie ist mir intuitiv klar, würde ich sofort auch im Leben einnehmen, und bei Ihnen* (zum anderen, den man nicht richtig versteht) *ist mir einfach unklar und unangenehm, vor allem aber unklar, was bei Ihnen abläuft. Ich verstehe Sie einfach nicht voll.»* Das ist aber wirklich eine Notmaßnahme, die nur bei völliger Blockierung des Klärungshelfers in Frage kommt. Nach einer solchen Äußerung muß sich der Klärungshelfer natürlich um Verständnis für die betroffene Konfliktpartei bemühen.

Grundsätzliche Maßnahmen gegen Parteilichkeit sind Intervision und Supervision (S. 405 f.). Dabei wird die eigene Parteilichkeit besprochen und auf die eigenen lebensgeschichtlichen Hintergründe hin untersucht. Es geht darum, den Eigenanteil an der Parteilichkeit zu finden.

Meditation

Wo sind Sie parteilich, bei welchen Themen und bei welchen Menschen? Warum eigentlich? Was ist es genau, das Sie gegen jemanden aufbringt oder allergisch macht? Was hat das mit Ihnen selber zu tun? Was ist es genau, das Sie für jemanden einnimmt? Bei was für Menschen liegen Ihre Sympathien? Ist es Begeisterung, Bewunderung, Verklärung oder Verliebtheit? Ziehen Sie in Erwägung, daß der Sympathische Sie mit seiner Kontaktmasche einfängt, vielleicht Ihrem Narzißmus schmeichelt und Sie geschickt auf seine Seite zieht. An wen erinnern Sie die Beteiligten? Welche offenen Rechnungen bestehen da noch? Wo sind Sie selber bedürftig, unbefriedigt (zum Beispiel verstanden, beachtet zu werden)? Warum können oder wollen Sie etwas gar nicht verstehen? Was genau blockiert Ihre Einfühlung? Was hindert Sie zu empfinden: «Ich wäre genau gleich wie die schreckliche Partei X, wenn ich in ihrer Situation wäre»?

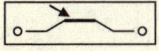

Das alles hat mit Ihnen selber zu tun. Es lohnt sich, es anzuschauen. Nach anfänglichem Erschrecken kann daraus eine Selbstentdeckungsfreude werden.

Fallstrick: Die Angst des Klärungshelfers vor der Wahrheit

Wenn der Klärungshelfer unabgegrenzt einfühlend und/oder zuwenig distanziert ist, fühlt er sich natürlich auch schnell selber schuldig oder peinlich berührt. Das kann dazu führen, daß er hilft, die Wahrheit auf seine persönliche Art zu verdecken, zu verdrängen, zu beschönigen oder auf andere Weise abzuwehren. Uns allen wurde als Kinder beigebracht, «nicht mit nackten Fingern auf angezogene Menschen zu zeigen». Kinder sehen die heiklen Punkte noch klar und zeigen darauf oder fragen danach: «Warum hat der Mann so einen dicken Hals?», «Die Frau spricht so laut!» Diese Direktheit geht verloren oder wurde uns abgewöhnt. Als Klärungshelfer muß man die kindliche Unbefangenheit und Direktheit wiederbeleben, gepaart mit Verständnis und Taktgefühl. Davor stehen aber Hindernisse aus Scham und Schuld. Scham empfindet man als Peinlichkeit. Der Klärungshelfer schämt sich für jemand anderen. Schuld empfindet man als Schuldgefühl. In der Ausbildung zum Klärungshelfer spielt die Entdeckung der individuellen Mechanismen der Wahrheitsverdrängung und Verleugnung eine wichtige Rolle. Hat man sich diese Hemmschuhe nicht bewußtgemacht, so gelangt man auch bei perfekter Anwendung der Techniken auf einen Holzweg.

Fehler: Nach Lösungen schielen

Der Klärungshelfer muß die Lösungslosigkeit und die damit verbundene Hilflosigkeit und Ausweglosigkeit aushalten können. In all diesen Dialogen geht es immer noch um die Suche nach Wahrheit und nicht um die nach Lösungen. Diese Lösungslosigkeit ist für den Klärungshelfer schwer auszuhalten,

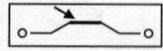

weil er vielleicht auch seinem eigenen Erfolgs-, Lösungs- und Prestigedruck unterliegt. Aber auch die Teilnehmer haben es nicht leicht, die Lösungslosigkeit zu ertragen, zumal sie darin wahrscheinlich eher ungeübt sind. Der Klärungshelfer wird also von zwei Seiten unter Lösungsdruck gesetzt, einmal von innen und dann noch von außen, von den Teilnehmern, die in einer Flucht nach vorn möglichst schnell durch dieses Feuer der Unklarheit, der Probleme, der Konflikte hindurchwollen, um wieder (zu schnell) bei den fachlich/sachlichen Lösungen zu sein.

Fehler: Schönreden

Harmonielosigkeit muß ausgehalten werden. Der Dialog der Wahrheit ist nicht dazu da, Harmonie herzustellen. Es wäre ein schlimmer Fehler, Harmonie **als Ziel** zu setzen. Harmonie ist ein Abfallprodukt von Wahrheit und kein Zielwert; nimmt man sie als Zielwert, verfehlt man sie.

Fallstrick: Dialog wird zum Schlagabtausch

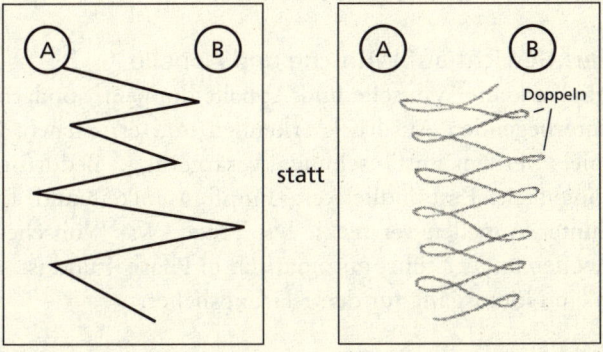

statt

Wenn der Klärungshelfer beim Dialog der Wahrheit, der ja ein verlangsamter und vertiefter Streitdialog sein soll, die Oberhand verliert, geht der Austausch unter Umständen in einen

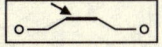

normalen Streit über, der leicht eskalieren kann. Der Klärungshelfer kommt nicht mehr dazwischen. Beschuldigungen und
empörte Antworten jagen einander. Der Klärungshelfer ist ab-
gemeldet. In diesem Fall muß der Klärungshelfer «STOP» sagen und darauf bestehen (auch erklären), daß seine Verlangsamung des Dialogs einen Sinn hat. Durch Doppeln oder Zusammenfassen der letzten Äußerungen wird der **verlangsamte** Dialog weitergeführt und **vertieft**. Rasch, oberflächlich und unter
der Gürtellinie können die Beteiligten alleine streiten, dazu
brauchen sie keinen Klärungshelfer.

Fallstrick: Hektik oder therapeutische «Heiligkeit» bei Tränen

Bricht ein Teilnehmer in Tränen aus, ist es nicht nötig, daß der
Klärungshelfer sich entschuldigt oder tröstet und durch Umar-
mungen sein Mitgefühl ausdrückt. Es genügt schon, daß die
anderen Teilnehmer ihr Unwohlsein in hektisches Suchen nach
Taschentüchern stecken. Der Klärungshelfer sollte ruhig bleiben, schauen (auch wörtlich), wie es dem Weinenden geht und
was mit den Tränen ausgedrückt wird.

Fehler: Gewicht auf Wünsche und Appelle

Möglichst keine Wünsche und Appelle doppeln, sondern den
dahinterliegenden Ausdruck erkennen und erforschen. Zum
Beispiel werden Enttäuschung, Verärgerung, Bedürftigkeit,
Abhängigkeit, Empfindlichkeit, Empfindsamkeit und Trauer
oft hinter Appellen versteckt. Die Frage: Was wünschen Sie
sich voneinander? führt automatisch in Phase 4 und ist somit
auch ein Notausgang für den Klärungshelfer.

Fallstrick: Krankheiten thematisieren

Leider ist es arbeitsrechtlich verboten, mit einem Arbeitnehmer
über seine Krankheiten und deren mögliche Ursachen zu reden. Grundsätzlich ist das ein sinnvoller Persönlichkeitsschutz

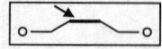

der Mitarbeiter im Arbeitszusammenhang. In der Klärung ist er aber eine Barriere bei der Erforschung von Gründen und Auswirkungen des schlechten Klimas. Bringt ein Betroffener das Thema selber ein, muß er allerdings nicht gestoppt werden. Sinnvoll ist dann der Hinweis: «*Sie müssen hier nicht darüber reden, dürfen aber. Wir dürfen das arbeitsrechtlich nicht, es sei denn, wir erhalten Ihre Erlaubnis dazu.*»

Fehler: Die Gegenpartei des Chefs nicht doppeln

Natürlich muß bei einer Auseinandersetzung zwischen Chef und Mitarbeiter auch der Mitarbeiter gedoppelt werden. Gerade das Aussprechen einer Gegenposition zum Chef schafft Vertrauen in die Klärung. Das erste Doppeln gegen den Chef ist oft ein Modellbeispiel der offenen Kommunikation in der Hierarchie.

Fallstrick: Teilnehmer sind zu kooperativ

Wenn die Teilnehmer die Konfliktklärung als eine Situation mißverstehen, in der sofortiges Nachgeben erwünscht ist, um zu einer Lösung zu kommen, darf der Klärungshelfer diesem vorschnellen Frieden nicht auf den Leim gehen. Er muß die Konfliktparteien zunächst darin bestärken, ihre wahre, auch unkooperative Einstellung zu zeigen und zu erforschen. Wahrheit heilt.

Der Mensch – ein Schichtenwesen
Das Kern-Schalen-Modell
nach Samuel Widmer (1989)

Das Effiziente und zugleich auch Schwierige an der Klärungshilfe ist die Verbindung von Kognitivem, Strukturellem und Organisatorischem mit Menschlichem, Zwischenmenschlichem und Gefühlen. Beide Seiten müssen ihren Stellenwert erhalten. In der Dialogphase spielen die Gefühle eine vorrangige Rolle. Mit welchen Gefühlen kann ein Klärungshelfer im Verlaufe der Klärung konfrontiert werden, und wie sind diese Gefühle einzuordnen?

Das Kern-Schalen-Modell ist eine nützliche Theorie, um in der Dialogphase bei Gefühlen, ihrem Ausbruch, ihrem Zurückhalten und den Folgen davon die Orientierung zu behalten. Dieses Modell sieht den Menschen als Schichtenwesen und geht davon aus, daß sich diese Schichten im Lauf der individuellen Entwicklung bilden.

Um das Modell zu verdeutlichen, fange ich bei der Geburt an. Wenn wir als Mensch geboren werden, ist vor allen Dingen Energie da. Da sind keine Gefühle, so wie wir sie kennen. Diese Lebensenergie/Lebenskraft, wird in anderen Zusammenhängen zum Beispiel Chi, Prana oder Orgon genannt. Der Mensch ist ein reiner, empfindlicher, lustvoller, verwundbarer Kern; ein Individuum. Da wir gesellschaftliche Wesen sind, die ohne das Strahlen und die Wärme unserer Mutter und die Akzeptanz durch unsere Umwelt nicht leben können, legen sich verschiedene Schutzschichten um unseren Energiekern herum, sobald wir mit Ungeduld, Enge und Ablehnung der Welt in näheren Kontakt kommen (müssen).

In der ersten Schutzschicht, die sich um den Kern legt, ist das unendliche Weh dieses Aufeinanderprallens, die primären Gefühle, gespeichert. Das sind zum Beispiel existentielle Grundgefühle von Ausgeliefert-Sein, Unverstanden-Sein, Blöße, Entbehrung und Schmerz. Diese Gefühle werden vom Säugling durch Weinen ausgedrückt. Wenn dieser Ausdruck von der Umgebung als Signal richtig verstanden wird und der ursprüngliche Zustand wiederhergestellt wurde, ist das Kind wieder im Kern und wird ruhig. Nicht immer wird der Ausdruck dieser Gefühle verstanden und akzeptiert. Manchmal wird er abgelehnt, als lästig empfunden und bekämpft, vielleicht weil die Erwachsenen diese Schicht selber abwehren müssen, nicht akzeptieren können und als zu beängstigend «deckeln».

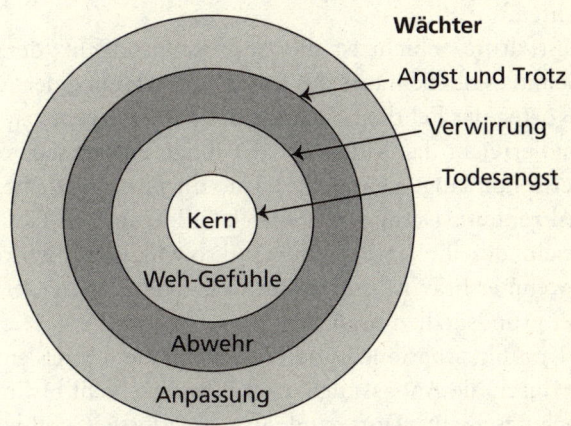

Das Kind muß im Lauf seines Heranwachsens, nach ein paar Jahren, eine zweite Schicht bilden, die die Schicht der Weh-Gefühle umgibt und diese schützt. Diese zweite Schicht besteht aus den sekundären Gefühlen der Abwehr. Hier sind harte Gefühle gespeichert: Aggression, Überheblichkeit, Falschheit, Berechnung, Mißtrauen, Rache und Vergeltung. Wird der Ausdruck dieser Gefühle, der dann eher Verhärtung der Muskeln, Dreinschlagen, Beschimpfung etc. ist, verstanden, dann kann das Kind zum Weinen und den Weh-Gefühlen und von dort dann wieder in den Kern finden. Leider werden auch diese Signale oft falsch verstanden, nicht als panische Suche nach Liebe, sondern als etwas Ungezogenes und Böses, das bekämpft und gebrochen werden muß. Diese Aggressionen sind für Eltern auch schwer auszuhalten. Findet das Kind aber nicht mit Hilfe der Eltern wieder über die Weh-Gefühle in den Kern zurück, werden die Abwehrgefühle verstärkt und zementiert.

Mit der Zeit lernt das Kind, daß es aus der Abwehrschicht heraus nicht zu dem kommt, was es braucht, nämlich Liebe, Anerkennung, Geborgenheit, Verständnis und Unterstützung. Daher bildet sich eine weitere Schicht um die bisherigen Schichten.

Diese dritte Schicht ist die Anpassungsschicht (der Schutz des Schutzes des Schutzes des Kerns), die Tarnung der Abwehr. Auf Kosten der Echtheit (sozusagen über die eigene psychische Leiche) erreicht das Kind oder der junge Erwachsene endlich, was er schon lange gebraucht hätte: die grundsätzliche, allseitige Akzeptanz. Damit kauft er sich leider auch die Gefühlstatsache ein, daß ihn letztlich niemand so will, wie er wirklich ist. Nur wenn er brav ist und leistet, was man erwartet, erhält er, was er grundsätzlich braucht.

In Konfliktsituationen und bei psychischem Streß entstehen Risse durch die Anpassungs- und Abwehrschicht bis in die erste Schutzschicht. Dort sind alte, unerlöste Gefühle eingeschlossen, die nun aktiviert werden.

In der Klärungshilfe haben wir es mit fertigen Menschen zu tun, die um ihre Wesenskerne all diese Schichten angelegt haben und deren Schutzschichten mehr oder weniger geschlossen sind. Durch eine spezielle Lebenssituation – den Konflikt – sind sie nun gezwungen, die Risse in ihren Schutzschichten, die bis in die Weh-Schicht gehen können, wahrzunehmen.

Der Klärungshelfer geht also in der Dialogphase den Gefühlen von außen nach innen auf den Grund. Auf diesem Weg ins

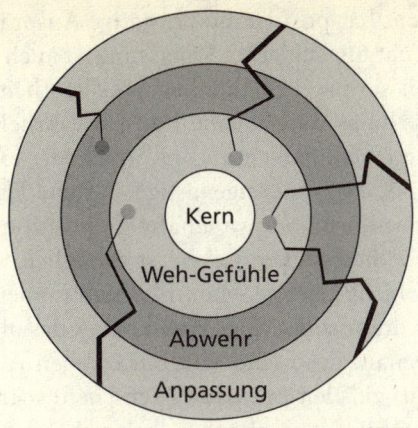

Kern

Weh-Gefühle

Abwehr

Anpassung

Innere haben wir es zuerst mit der Anpassungsschicht zu tun.
Gegen die Angst vor Einsamkeit wurde über die Leiche des
wahren Ich ein «falsches Selbst» aufgebaut. Dieses «falsche
Selbst» ist dem wirklichen Wesen des Menschen oft sehr ähnlich, nur eben nicht lebendig, sondern garantiert funktionie-
rend. Es gleicht eher einem Roboter oder einer Fassade: zuverlässig, praktisch, alles im Griff usw.

Wenn das Wesen eines Menschen, also der Kern, ein paradie-
sischer Garten ist mit den unterschiedlichsten Pflanzen, Bü-
schen, Blumen, Früchten, Tieren usw., dann ist die erste
Schutzschicht eine Mauer um diesen Garten herum. Die zweite
Schutzschicht, die Abwehr (der Schutz des Schutzes) wären
dann einbetonierte Glassplitter und Stacheldraht oben auf der
Mauer. Die Anpassungsschicht entspricht der Tarnung der
Mauer durch fotorealistisches Aufmalen des paradiesischen
Gartens, der sich hinter der Mauer befindet, so daß ein flüch-
tiger Betrachter meinen könnte, schon den Garten selbst zu
sehen. Er sieht aber nur ein Bild, es bewegt sich nichts. Es funktioniert, ist aber unwahr, unecht und oberflächlich im wörtlichen Sinne.

Diese Schicht hat positive und negative Ausprägungen. Anpassung ist nicht nur schlecht. Anpassung ist auch gut und notwendig, wenn sie mit Lebendigkeit und Echtheit gepaart ist. Wenn sie allerdings mit Gehabe und Unwahrheit gepaart ist und gegen die Abhängigkeit angeht, in der wir existentiell als Menschen sind, zeigt sie eigenartige Blüten: Ehrgeiz, Neid, Prahlen, Opportunismus, zwanghafte Opposition.

Im normalen beruflichen Leben ist eigentlich vor allem die Anpassungsschicht gefragt. Man muß funktionieren, womöglich noch gut drauf sein, Mensch sein, aber das alles problemlos. Die Stellenanzeigen sind voll mit solchen Anforderungsprofilen. Man will den positiven Menschen: teamfähig, kontaktfähig, kreativ, loyal, flexibel, belastbar, zuverlässig etc. Wenn nun aber ein Arbeitskonflikt tiefer geht, wird plötzlich in diesen «problemlosen» Menschen und ihrer «problemlosen» Zusammenarbeit die Verengung und Verhärtung sichtbar. Jeder Mensch hat seine individuelle Art und Weise, mit der er die inneren Konflikte, Ängste und Verletzungen abwehrt. In tieferen Konflikten (und nur bei solchen wird eine Klärungshilfe angefordert) gehen die Risse mit Sicherheit über die verhärtete Schicht hinaus in die weiche Schicht der Weh-Gefühle wie Hilflosigkeit, Betrogen-Sein, Gebrochen-Sein, Enttäuscht-Sein, Einsamkeit, Trauer, Verzweiflung. Diese Risse stellen für den betroffenen Menschen eine Bedrohung dar, besonders dann, wenn sie in beruflichen Zusammenhängen auftauchen. Die Betroffenen haben Angst, den Boden unter den Füßen zu verlieren, in Tränen auszubrechen und dadurch das Gesicht und die Fasson zu verlieren. Aus diesem Angstgemisch wird ein Gebräu, das sehr explosiv ist. Jeder will, auch auf Kosten der anderen, seine eigene Schutzhaut retten.

Beim Doppeln gilt es nun, diesem Riß durch die verschiedenen Schichten nachzugehen. Das Doppeln muß dem Riß im sonst perfekten Schutz-Abwehr-System einerseits folgen, andererseits ist das aber auch gefährlich, wenn es nicht mit Verständnis, Akzeptanz, Unterstützung, also mit Liebe, geschieht. Ähnlich wie der Zahnarzt, der den kariösen Teil des Zahns ausbohren muß und dabei Gefahr läuft, den Nerv zu treffen. Menschen sind nur dann bereit, sich so zu zeigen, wie sie sind, wenn sie ein grundsätzliches Gefühl der Akzeptanz haben. Meiner Ansicht nach lassen sich tiefe Konflikte im beruflichen Bereich nicht reparieren oder heilen (auch wenn die Lösung letztlich auf der Sachebene liegt), ohne zumindest ein wenig in dieses Reservoir gespeicherter Verletzungen hineinzugehen. Das soll nicht der Therapie dienen (Therapie ist nicht die Aufgabe der Klärungshilfe), aber es soll die Menschen, die in diesen Verletzungen gefangen sind, dort loslösen und abholen. Sonst kann der Konflikt nicht wirklich aufgelöst werden. Er schlummert dann selbst unter einer korrekten sachlichen Lösung weiter.

Die Grabenkriege, die Angriffs- und Abwehrkriege finden alle aus diesen Schichten heraus statt. Sie sind auf sachlicher Ebene nicht lösbar, weil der Hund nicht wirklich dort begraben liegt. Die Energie ziehen sie aus den tieferen Schichten. Dieser Widerspruch, einerseits nicht Therapie machen zu wollen und zu dürfen und die Beteiligten andererseits trotzdem da abholen zu wollen, wo sie nun mal gefangen sind, ist schwer zu lösen und geschieht durch das Doppeln.

Eine Zusatzschwierigkeit ergibt sich noch für den Klärungshelfer, der ja von außen (Anpassungsschicht, Abwehrschicht, Schutzschicht) zum Kern der Person vordringen muß: Diese Schichten folgen nicht einfach aufeinander, sondern haben jeweils einen Wächter zwischen sich. Will man nun tiefer zum Kern vordringen, sei es durch Doppeln, sei es im Lebensweg oder gezwungen durch Schicksal, Krankheit, Krisen oder eben Konflikte, hat man es als erstes mit dem Wächter der Abwehrschicht zu tun, nämlich Angst und Trotz (bzw. Stolz). An diesem Wächter kommt man beim Tiefergehen nicht ungestraft vorbei. Man muß sich zuerst mit ihm beschäftigen, ihn kennenlernen und akzeptieren. Dann wird der Wächter zum Body-guard, der einen auf der weiteren Suche nach dem Kern begleitet. Aus Trotz werden dann Mut, Wille zur Ehrlichkeit und Nein-Fähigkeit, und aus Angst werden Sorgfalt und Vorsicht.

Diese Fähigkeiten begleiten uns in den Bereich der Abwehr, der sekundären Gefühle. Dort haben wir es mit den harten, negativen psychischen Tatsachen zu tun: Haß, Eifersucht, Bosheit, Verachtung, Mißtrauen, Aggression, Gier, Geiz, Ressentiment, Hinterhältigkeit, Falschheit, Berechnung, Herrschsucht, Überheblichkeit. Es gibt diese Gefühle auch in verkleideter Form, in der das Harte und Machtvolle nicht mehr so sichtbar werden, das sind dann Feigheit, Weinerlichkeit, Verweigerung, Selbstmitleid, Schleimigkeit. Es ist nicht so, daß ein einziger Mensch jedes dieser Gefühle hat, sondern jeder hat eine Handvoll bis ein Dutzend davon. Ist man in diesen Gefühlen gefangen, fühlt man sich einsam, allein, hat zugleich aber die Grundhaltung: «Ich brauche niemanden, und mir steht ein Recht zu. Das kämpfe ich durch, sonst bleibe ich allein.» In diesem Gefühlsbereich ist man kämpferisch darauf aus, die Eskalation in Konflikten, auch wenn sie nach unten geht, verbissen («ohne Angst vor Verlusten») weiterzutreiben. Wenn sich ein Konflikt nicht mit Sachdebatten und Argumenten lösen läßt, wird man persönlich; bedroht, demaskiert andere und kann unter Umständen bis zur Totalvernichtung gehen. Dies geschieht auch, wenn offensichtlich wird, daß man selber in die Eskalation verwickelt ist, da man sowieso alleine ist und im Negativen steckt.

Muß man nun tiefer gehen, gezwungen durch Schicksal, durch Krisen und Konflikte, oder will man in der selbstgewählten Suche nach dem eigenen Kern in der Therapie oder Selbsterfahrung tiefer gehen, dann kommt man zur nächsten Schicht. Vor dieser Schicht steht wieder ein Wächter, die Verwirrung. Entwirrt man die Verwirrung durch Theorien, kommt man wieder zurück in die Anpassungsschicht und nicht zum Kern.

Das ist auch der Grund dafür, daß im Verlaufe einer Klärungs-hilfe zuerst gedoppelt und wenn überhaupt erst später anhand von Theorien und Modellen erklärt wird, was passiert ist. Hält man nämlich der Verwirrung stand, wird auch sie ein Body-guard. Wenn man den Kopf loslassen kann, entstehen daraus Klarheit und Vertrauen.

In der nächsten Schicht kommt man zu den äußerst schmerz-haften primären Gefühlen, den Weh-Gefühlen. Zu ihnen gehö-ren alle nicht bewältigten Schmerzen der Vergangenheit, be-sonders aus der frühkindlichen Zeit. Ohnmacht, Einsamkeit, Verzweiflung, Hilflosigkeit, Schmerz, ausgeliefert, unverstan-den und zu kurz gekommen sein, Enttäuschung, Trostlosigkeit, Blöße, Ratlosigkeit, Bedürftigkeit, Scham, Entbehrung, Hei-matlosigkeit, Zerrissenheit, zerstört, zerbrochen, ausgelacht, betrogen, verlassen, gekränkt und abgewiesen sein. Diese Ge-fühle sind absolut privater Natur. Sie gehen weit über den be-ruflichen Kontext hinaus, werden aber trotzdem durch den be-ruflichen Konflikt gereizt und aktiviert. Man **muß** sich damit beschäftigen, ob man will oder nicht, weil sie sowieso wirken. Damit beschäftigen heißt für die Klärungshilfe vor allem, sie beim Doppeln zu etikettieren (zum Beispiel «Das kränkt mich», «Ich fühle mich ausgelacht», «Ich fühle mich Ihnen ausgeliefert», «Das enttäuscht mich maßlos» etc.). Ganz ent-scheidend ist, daß es nun, nachdem die Gefühle genannt wur-den, **nichts mehr zu tun, zu klären oder wegzumoderieren gibt**. Es geht auch nicht darum, den anderen dabei zu unterstützen, sich dafür zu entschuldigen, daß er diese Gefühle ausgelöst hat. Den größten Dienst, den ein Klärungshelfer einer Konfliktpar-tei in dieser Situation erweisen kann, ist es, ihr zu helfen, diese Gefühle (kurz, 10 bis 60 Sekunden, weil wir nicht in der Psy-chotherapie sind) auszuhalten. Das bedeutet, sie beim Doppeln (in Phase 3) aufzuzeigen und dann zu schweigen und im Schweigen zu akzeptieren, daß das so ist – diese Gefühle damit als menschliche Grundtatsache anzunehmen. Das Aushalten dieser Gefühle kann durch den Einsatz von Musik unterstützt werden. Dieser Moment, in dem eine Konfliktpartei bewußt in dieser Schicht ist, verändert das Klima grundsätzlich. Meistens dauert es nur noch Minuten, bis die Gegenpartei auch freiwillig in diese Schicht (bei sich) eintritt. Es entsteht eine nachdenkliche, akzeptierende, manchmal fast feierliche, sehr angenehme Stimmung, die nun Ausgangspunkt für Psychotherapie sein könnte, es aber hier nicht sein darf und soll. Dazu bräuchte man einen anderen Rahmen und Auftrag, beides ist nicht vorhanden. Oft ist in diesen Situationen dann der erste direkte Augenkontakt zwischen den Streitparteien freiwillig möglich. Das ist ein Anzeichen dafür, daß beide sich erkannt haben, über die Gartenmauer in den richtigen Garten hineingesehen haben, und nun einfacher die sachlichen Konflikte auch tatsächlich sachlich lösen können. Natürlich geschieht dies dann wieder aus der Anpassungsschicht heraus, aber in ihrem positiven Aspekt.

In der Psychotherapie oder in der selbstgewählten Eigenentwicklung kann man hier noch eine Stufe tiefer in den Kern gehen. Vorher kommt allerdings noch ein sehr mächtiger Wächter, der den Kern vor unerlaubtem und unbedachtem Zutritt schützt. Dieser Wächter ist die Todesangst, die Vernichtungsbedrohung, das Gefühl, das nicht überstehen zu können. Auch dieser Wächter wandelt sich zum Bodyguard, der einem zum Durchbruch in den Kern, das Wesen, die Liebe verhilft: Dort ist nie nichts. Wenn ich meine, ins Nichts zu fallen, falle ich in ein Netz von All-Geborgenheit. Der Kern ist dann offen, fühlend, individuell, nicht so sehr von Denken, Gefühlen, Begriffen geprägt und schwierig auszudrücken. Die Mystiker nennen es Liebe oder reine Wahrnehmung, die Körpertherapeuten Energiefluß. Die folgenden Begriffe können vielleicht andeuten, was damit gemeint ist: Hingabe, Geborgenheit, Einsicht, Dankbarkeit, Geduld, Feinfühligkeit, Zuneigung, Anteilnahme, Ruhe, Mut, Zeitlosigkeit, Großzügigkeit, Freude,

Nachsicht, Mitgefühl, Angenommensein, Freiheit, Demut, Einfachheit. Ich selber habe es als Kraft, Zuversicht, Vertrauen, Sorgfalt und Fürsorge erlebt.

Einsatz von Musik

Der Einsatz von Musik in der Klärungshilfe ist absolut nicht
zwingend, sie kann aber Auflockerung und Aufweichung fördern oder auch Konfrontation, Kampfgeist und Aggression
herauslocken. Ich gebrauche die Musik vor allem bei Teamklärungen. Der Einsatz reicht von Pausenmusik (minimale
Wirkung) bis zur gezielten Anwendung bei gefühlsmäßigen
Höhe- oder Tiefpunkten während der Sitzungen (maximale
Wirkung).

Musik in den Pausen

Der Einsatz von Musik in den Pausen bewirkt eine leichte Auflockerung, eine Entdramatisierung und Entspannung der Situation. Dabei ist es wichtig, daß das erste Stück der Musik ungefähr die Stimmung vor der Pause ausdrückt. Es wäre falsch,
bei schlechter Stimmung ein lustiges Stück zur Auflockerung
einzusetzen.

Um die vertiefende Wirkung etwas zu verstärken, rufe ich
zuweilen bereits wieder zur Sitzung, während die Musik noch
läuft, setze mich selber ruhig hin und erwarte das nonverbal
auch von den Teilnehmern. Meistens setzen die sich dann auch
ruhig hin und warten, bis die Sitzung beginnt. Unterstützend
wirkt hierbei ruhige und vertiefende Musik. Dieses ruhige
Warten der Teilnehmer hat eine angenehme Wirkung auf das
allgemeine Klima der folgenden Sitzung.

Musik zur Bewegung

Eine andere Möglichkeit ist, Musik zur Bewegung einzusetzen.
Die Teilnehmer sollen sich frei im Raum bewegen, tanzen oder
sich beim Bewegen gegenseitig kopieren. Meistens ist beim er-

stenmal eine verhaltene, unsichere oder peinliche Stimmung in der Gruppe. Um sie abzumildern und zu umgehen, kann man die Instruktion geben, sich mit geschlossenen Augen zu bewegen. Auch Bewegungsanleitung (Ausschütteln etc.) kann vom Tanzschul-Streß wegführen. Wenn die Teilnehmer die Bewegungseinlagen erst einmal akzeptiert haben, bewirken diese eine geistig-psychische Auflockerung und Freisetzung von Kraftreserven. In der 4. Phase der Klärung kann Bewegung auch zur «Entfixierung» von Standpunkten eingesetzt werden.

Musik zum Aushalten

Musik zum Aushalten ist der heikelste und zugleich wirkungsvollste Einsatz von Musik während einer Klärung. Wenn sich am Ende der Dialogphase keine Beruhigung einstellt, sondern sich die Klärung im Kreise dreht oder festgebissen hat, kann man Musik einsetzen und das folgendermaßen ankündigen: *«Ich möchte hier mal eine kurze Pause machen, aber nicht eine Rauch- oder Kaffeepause, sondern eine Musik- und Stillepause. Ich werde in den nächsten 3 Minuten und 50 Sekunden eine Musik abspielen, und Sie ruhen sich einfach mal ein bißchen aus. Bewegen Sie sich möglichst nicht. Nachher machen wir hier weiter.»* In diesen Situationen spiele ich Musik, die berührt und dabei hilft, die Abwehr loszulassen. Dazu eignen sich Titel, in denen Themen vorkommen wie sich nicht verstanden fühlen, manchmal geht alles schief, alles zum Weinen finden oder verletzt sein. Hinterher frage ich die Konfliktparteien nacheinander: *«Wo sind wir stehengeblieben, und was ist Ihre jetzige Zwischenbilanz?»* Wenn mir vorher durch Doppeln kein Durchbruch gelungen ist, so gelingt es meistens an dieser Stelle. Die Teilnehmer sind nach der Musik weicher, akzeptierender und lassen sich tiefer ein.

Eine Sitzung mit Musik zu unterbrechen bedingt auch, daß man vorher alles andere versucht hat (Doppeln, aktiv Zuhören und andere Vertiefungs- und Vermittlungstechniken). Der Einsatz von Musik darf **nicht anstelle oder vor** der verbalen und gefühlsmäßigen Bearbeitung der Themen stehen, sondern sollte begleitend sein.

Für das stille, bewegungs- und regungslose Anhören von Musik gibt es auch noch eine spezielle längere Anleitung:

«*Das ist keine Entspannungsmusik, sondern ein privater Wahrheitstest. Wie geht es mir wirklich? Was beschäftigt mich eigentlich, jetzt, hier und grundsätzlich? Es ist eine Musik, die provoziert, die stören will, wenn es etwas zum Stören, Reizen und Aufscheuchen gibt. Sie provoziert vielleicht durch ihren Kitsch, durch die Quere, Lautstärke oder auch Bravheit. Das macht alles nichts. Achten Sie mal nur darauf, ob es Ihnen gelingt, wirklich zu hören, ohne Ihre Widerstände, Vorbehalte, Einordnungen, Beschränkungen, Vermutungen. Können Sie die Musik als Geräusche durch sich hindurchlassen, als wären Sie selber eine Röhre? Auf der einen Seite kommt die Musik hinein, auf der anderen fließt sie wieder heraus. Ist da ein mehr oder weniger grobmaschiges Sieb drinnen, das vieles abfängt, nicht hindurchläßt und dann weh tut? Schauen Sie einmal genau hin, was es mit Ihnen zu tun hat. Wenn Sie wollen, können Sie auch einen Autoritätskonflikt mit mir daraus machen, daß ich schuld bin, oder einen schlechten Geschmack habe, oder sonst irgend etwas, aber das hilft Ihnen auch nicht weiter. Probieren Sie einmal, ganz zu hören und die Gedanken Gedanken sein zu lassen und die Probleme Probleme sein zu lassen, stehen zu lassen, ziehen zu lassen. Auch die Worte brauchen Sie nicht zu übersetzen und nicht zu verstehen. Wenn sonst Geräusche von außen kommen, lassen Sie sie genauso durch sich hindurch. Sie können nichts falsch machen, außer Sie bewegen sich. Seien Sie also ganz ruhig, liegen (bzw. sitzen) Sie ganz ruhig. Hören Sie alles, und lassen Sie es durch sich hindurch gehen.*»

Begründung für die Anleitung: Musik kann Gefühle auslösen, besonders wenn diese schon «greifbar» im Raum sind. Das Bewegungsverbot verhindert Übersprungshandlungen (zum Beispiel sich am Kopf zu kratzen, husten etc.). Bewegung ist jedesmal ein muskuläres Abführen von Energie, die man nicht halten kann. Gefühle auszuhalten bewirkt zugleich deren Bewußtwerden, Vertiefen und dann «Verdampfen» (siehe «Der Mensch – ein Schichtenwesen», S. 166 f.).

Auswahl von Musik

Die Auswahl der Musik ist ein schwieriges Kapitel, das den Rahmen dieses Buches sprengt. Im Prinzip ist jede Musikart geeignet, besonders natürlich besinnliche, sinnliche, ruhige, vielleicht gewaltig monumentale, sicher aber einfache, schlichte, direkte und natürliche Musik. Als Spezialfall ist auch Musik geeignet, die Sehnsucht, Aggressionen, Brutalität ausdrückt. Ich nehme Musik aus den Bereichen Pop, Rock, Klassik, Schlager, Ethno (afrikanisch, südamerikanisch, australisch, asiatisch) oder Filmmusik. Ich setze fast nur Musik mit Gesang ein, auch sehr gerne A-Capella-Stücke. Sehr gut geeignet ist auch Musik, deren Worte man kaum versteht. In seltenen Fällen ist aber auch ein Text geeignet, der eindeutige Aussagen zu den bestehenden Themen, Gefühlen und Vorgängen in der Klärung enthält, vielleicht sogar in der Muttersprache der anwesenden Personen.

Führung, Hierarchiespielregeln und Konferenzen

Über Führung, Führungsstile, Führungsverhalten, Führungs-verantwortung und Führungsaufgaben wurde schon dermaßen viel gesagt und geschrieben, daß ich mich hier auf das Grund-sätzliche beschränken kann. Jeder Klärungshelfer muß seine ei-genen Prinzipien und Werte herausfinden.

Das Führungsfeld, das hinter dem metakommunikativen Füh-rungsstil (S. 241 ff.) steht, ist ein durch vier Faktoren beeinfluß-tes Verhalten: Führungsverhalten sollte wesensgemäß, situati-onsgerecht, wertegesteuert und metakommunikativ sein.

1. Wesensgemäß heißt identitätsgerecht. Die Führung soll zur Führungskraft passen, die sie anwendet (siehe «Menschen sind verschieden», S. 219 ff.).
2. Führung soll system- und situationsgerecht sein. Systemge-recht heißt, sie soll zur Organisation, den Abläufen, dem Produkt, den geführten Menschen passen. Situationsgerecht bedeutet, daß die Führung in ruhigen Zeiten, Krisenzeiten oder Visionszeiten jeweils anders ausfällt, sich also an den jeweiligen Anforderungen der Situation orientiert.
3. Führung kann sich an unterschiedlichen **Werten** orientieren: Profit für das Aktienkapital, Anpassung, Selbstverwirkli-chung, von Menschen für Menschen, Dienen, Macht etc. Diese Werte spielen in der Klärungshilfe als Konflikthinter-grund oft eine zentrale Rolle.
4. Metakommunikativ: Die Führungskraft sollte ihre Führung immer wieder einmal überprüfen, besonders dann, wenn et-was nicht mehr reibungslos läuft, grundsätzlich jedoch min-destens einmal im Jahr, auch ohne konkreten Anlaß (siehe «Metakommunikativer Führungsstil», S. 241 ff.).

Führung hat nichts mit Unterdrückung oder Machtausübung gegen unten zu tun. Führung ist eine Organisationsform, in der die Führungskraft sowohl Diener und Koordinator der Zusammenarbeit aller Mitarbeiter als auch für das längerfristige Existieren der Arbeit und Zusammenarbeit zuständig und verantwortlich ist.

Die häufigsten Führungsfehler, die mir begegnet sind, sind folgende:

1. Schonen

Die Führungskraft will den Mitarbeiter nicht mit der vollen Wahrheit (zum Beispiel Minderleistung, Team- oder Konfliktunfähigkeit) konfrontieren. Das Argument der Schonung ist nur vordergründig zutreffend. In den allermeisten Fällen geht es in Wirklichkeit um die Führungskraft selber, die sich nicht in die Nesseln setzen will oder Angst vor der Reaktion des Mitarbeiters hat. Sie schont also nicht den Mitarbeiter, sondern in erster Linie sich selber.

2. Unklare Strukturen

Immer wieder tragen auch unklare Führungsstrukturen zu Konflikten bei. Es kommt nicht nur vor, daß zwei Führungskräfte für einen Mitarbeiter zuständig sind, sondern auch, daß die Abgrenzung zwischen zwei Aufgabengebieten unklar ist. In einigen Fällen ist überhaupt nicht klar, wer wen führt.

3. Verletzung der Hierarchiespielregeln

Es kommt relativ häufig vor, daß Verletzungen von Hierarchiespielregeln Ursache für die erschwerte Zusammenarbeit sind.

4. Unergiebige Konferenzen

Auch der Ablauf von Konferenzen trägt oft zur Verschärfung bestehender Konflikte bei.

Die beiden zuletzt genannten Themen werden im folgenden noch mal ausführlicher behandelt.

Hierarchiespielregeln

Durch Beachtung der Hierarchiespielregeln können einige typische Konflikte und Schwierigkeiten vermieden werden.

1. Hierarchiestufen sollten sowohl in der Kommunikation von oben nach unten als auch von unten nach oben **nie übersprungen werden**, die dazwischenliegende Hierarchiestufe sollte einbezogen werden. Sie sollte mindestens vorher und nachher ausführlich von oben informiert werden. Wird diese Regel nicht eingehalten, bedeutet das eine Schwächung der Führungsfähigkeit für die übersprungene Hierarchiestufe.

2. Insbesondere der hierarchiegerechte Umgang mit Konflikten birgt einige Fallen. Im folgenden sind zunächst die Regeln für Konflikte auf kollegialer Ebene und daran anschließend die Regeln für Hierarchieebenen übergreifende Konflikte aufgeführt.

Umgang mit kollegialen Konflikten

Konflikt zwischen Mitarbeiter 12 und Mitarbeiter 13:

Wenn Mitarbeiter 12 und Mitarbeiter 13 einen Konflikt miteinander haben, den sie nicht allein klären können, haben beide die Möglichkeit, ihren Vorgesetzten (Gruppenleiter 1) über den Konflikt zu informieren. Dieser ist dann für die Lösung des Konflikts zuständig. Das bedeutet, daß er die Klärung selber in die Hand nehmen oder sonstwie dafür sorgen muß, daß dies geschieht. Der Gruppenleiter kann die Klärung auch

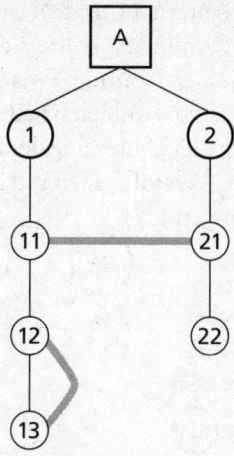

delegieren, **ist aber nach wie vor zuständig** und sollte sich über den Verlauf der Konfliktklärung informieren.

Konflikt zwischen den Mitarbeitern 11 und 21:
Die Konfliktparteien haben unterschiedliche Gruppenleiter (GL 1 und GL 2) und den gleichen Abteilungsleiter (A). Wenn Mitarbeiter 11 und Mitarbeiter 21 den Konflikt nicht selber lösen oder regeln können, kann jeder von ihnen zu seinem eigenen Gruppenleiter gehen und diesen über den Konflikt informieren. Der Gruppenleiter muß dann zum Gruppenleiter der anderen Konfliktpartei Kontakt aufnehmen. Gruppenleiter 1 und Gruppenleiter 2 sind nun gemeinsam für die Lösung des Konflikts zwischen ihren Mitarbeitern zuständig. Läßt sich der Konflikt nicht auf der Ebene der Gruppenleiter lösen, weil er sich bis dorthin ausdehnt oder dort schon bestanden hat, dann ist Abteilungsleiter A für die Vermittlung zwischen Gruppenleiter 1 und Gruppenleiter 2 zuständig. Nach erfolgter Klärung zwischen den Gruppenleitern 1 und 2 kann sich der Abteilungsleiter mit allen vieren (GL 1, GL 2, MA 11 und MA 21) zusammensetzen oder die weitere Bearbeitung des Konflikts

zwischen den Mitarbeitern 11 und 21 an die beiden Gruppenleiter zurückgeben. Zumindest sollte sich der Abteilungsleiter
berichten lassen, wie der Konflikt zwischen 11 und 21 ausgegangen ist und ob die Zusammenarbeit nun funktioniert. Auf
keinen Fall darf sich der Abteilungsleiter nur mit 11 und 21
treffen. Das wäre ein Verstoß gegen die Regel 1 (Keine Hierarchieebenen überspringen.)

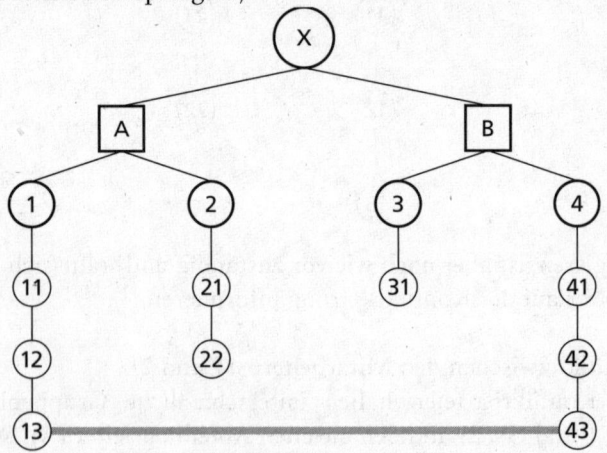

Konflikt zwischen Mitarbeiter 13 und Mitarbeiter 43:
Zunächst sind die Gruppenleiter 1 und 4 zuständig. Ist auf der
Ebene der Gruppenleiter keine Einigung möglich, werden die
Abteilungsleiter A und B in die Klärung einbezogen. Dies ge-
schieht nach dem Prinzip: Wenn auf einer Hierarchiestufe
keine Einigung erzielt werden kann, wird die nächste Hierar-
chiestufe einbezogen, bis die Sache geklärt ist oder es auf einer
Hierarchiestufe nur noch einen Zuständigen gibt. In diesem
Fall wäre das der Hauptabteilungsleiter X.

Umgang mit hierarchischen Konflikten

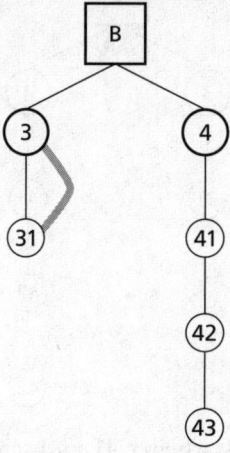

Konflikt zwischen Mitarbeiter 31 und seinem Gruppenleiter 3:
Kann dieser Konflikt nicht im direkten Kontakt zwischen den
beiden geklärt werden, ist Mitarbeiter 31 berechtigt, zu Abteilungsleiter B zu gehen und den Konflikt dort zu melden (natürlich kann sich auch Gruppenleiter 3 an seinen Abteilungsleiter B wenden). Abteilungsleiter B sollte dann schnellstmög-
lich den Gruppenleiter 3 informieren und ein Gespräch zu
dritt (Abteilungsleiter B, Gruppenleiter 3 und Mitarbeiter 31)
ansetzen. Meistens wird von den Zuständigen allerdings die
Einzelgesprächsvariante bevorzugt. Ich rate in dieser Situation
grundsätzlich von Einzelgesprächen ab, da Einzelgespräche
sehr zeitaufwendig und wenig effektiv sind. Sie führen meistens entweder zu einer Unterdrückungshierarchie (wenn
Gruppenleiter 3 im Einzelgespräch recht erhält) oder zu einer
Führungsschwächung (wenn Mitarbeiter 31 im Einzelgespräch
recht erhält). Nehmen alle drei an dem Gespräch teil, besteht
eher die Chance, einander zu verstehen, den Konflikt zu klären.

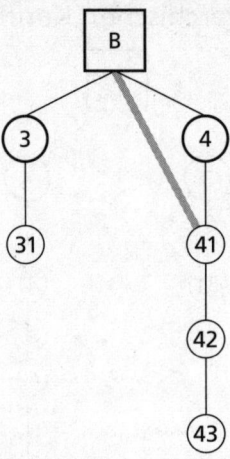

Konflikt zwischen Mitarbeiter 41 und seinem Abteilungsleiter B:

Taucht ein Konflikt auf, der eine Führungsebene überspringt, dann stimmt schon irgend etwas nicht. Diese beiden sollten gar keinen Konflikt haben können. Sie können sich zwar gegenseitig nicht mögen oder nicht gut miteinander zurechtkommen, sollten aber eigentlich gar nicht direkt miteinander zu tun haben. Wenn es jetzt aber schiefgelaufen ist und der Konflikt da ist, kann Mitarbeiter 41 zunächst zu seinem Gruppenleiter 4 gehen und diesem den sachlichen Aspekt des Konflikts mitteilen. Wenn GL 4 mit Mitarbeiter 41 einer Meinung ist, muß er diese dann dem Abteilungsleiter B, seinem Chef, gegenüber vertreten.

Kommt es in einer **Projektgruppe**, in der sie sozusagen in kollegialer Art und Weise zusammenarbeiten, zu einem Konflikt zwischen diesen beiden, ist der Projektleiter für die Klärung des Konfliktes zuständig.

Konflikte in Projektgruppen: Entstehen in Projektgruppen, in denen Menschen mit unterschiedlichen Hierarchiegraden und aus unterschiedlichen Abteilungen miteinander arbeiten, Konflikte, dann ist der Projektleiter für die Klärung dieses Konfliktes zuständig. Projektgruppen oder andere hierarchiegemischte Zusammenarbeitsformen heben die Hierarchiespielregeln zwischen den Beteiligten auf. Die Hierarchie innerhalb der Projektgruppe «sticht» die äußere Hierarchie.

Es folgen zwei Beispiele für Regel 1, in denen Konfliktpotential durch Überspringen von Hierarchiestufen entsteht.

Es kommt relativ häufig vor, daß sich Menschen, die eine oder mehrere Hierarchieebenen aufgestiegen sind, schlecht von ihrem alten Arbeitsplatz, wo sie vielleicht lange sehr kompetent waren, verabschieden können. Sie neigen dazu, bis zu drei Hierarchiestufen hinunter immer mal wieder kleine Ausflüge in die gute alte Zeit zu machen. Sie pflegen oft ein inniges Verhältnis zu ihrem Nachfolger auf dem alten Arbeitsplatz, der jetzt ihre ehemalige Arbeit macht. Diese Kontakte kann man ihnen zwar nicht verbieten, sie haben aber Konsequenzen. Durch engen Kontakt über mehrere Hierarchiestufen hinweg werden die dazwischenliegenden Hierarchiestufen in ihrer Führungsaufgabe geschwächt. Um diese Schwächung zu vermeiden, sollte der «Aufsteiger» die betroffenen Hierarchiestufen über den Kontakt informieren und im Gespräch mit ihnen bleiben, wie sich sein Kontakt nach unten auf ihre Führungssituation auswirkt. In diesen Gesprächen ist es wichtig, auch auf die feinen Zwischentöne zu hören und genau nachzufragen.

Mitarbeiter 42 und Abteilungsleiter B verstehen sich gut. Sie spielen schon seit Jahrzehnten zusammen Tennis. Früher waren sie Kollegen. B ist dann zum Abteilungsleiter aufgestiegen, sein ehemaliger Kollege 42 nicht. MA 42 geht immer wieder auch mit fachlichen Angelegenheiten zu Abteilungsleiter B, damit schaltet MA 42 seinen direkten Vorgesetzten, Gruppenleiter 4, aus. Es ist ein Hierarchiefehler von Abteilungsleiter B, dies zu-

zulassen. AL B muß MA 42 in fachlichen Angelegenheiten entweder abweisen oder Gruppenleiter 4 einbeziehen. MA 42 muß lernen, mit fachlichen Angelegenheiten zu seinem Gruppenleiter (GL 4) zu gehen.

Konferenzablauf

Meetings, Arbeitsbesprechungen, Abteilungstreffen, Sitzungen, Kollegen- und Mitarbeiterrunden sind ein sehr wichtiges Instrument der Information und Zusammenarbeit. Zudem sind diese Treffen für Entscheidungsfindungsprozesse unabdingbar. Neben den allgemeinen üblichen Richtlinien zur Leitung solcher Zusammenkünfte möchte ich ein paar Punkte besonders hervorheben.

1. *Leitung*
Solche Austauschrunden sollen **immer** geleitet sein. Generell gilt, daß ab fünf Personen eine Leitung notwendig und vorher wünschenswert ist. Der Leiter ist für den thematisch und zwischenmenschlich sinnvollen Ablauf der Sitzung verantwortlich. Die Leitungsfunktion kann rotieren oder stabil sein. Eine Leitung durch die Führungskraft ist ungünstig, weil diese schon mit Sachthemen, Informationsverbreitung, Entscheidungen etc. ausgelastet ist. Statt dessen kann zum Beispiel der Stellvertreter oder die Vertrauensperson die Leitung der Sitzung übernehmen.

Delegiert die Führungskraft die Leitung der Sitzung, so ist der benannte Leiter in der Rolle eines Moderators. Die Führungskraft ist noch immer Chef in ihrem Bereich, tritt also nicht die mit ihrer Position verknüpfte Macht und Autorität ab. Der Moderator/Leiter gibt der Sitzung Rahmen und Ablauf, eröffnet Themenbesprechungen, steuert, hält den roten Faden in der Hand, begleitet die Diskussion und nimmt sich inhaltlich eher zurück. Sollte der Moderator/Leiter bei einem Thema selbst sehr involviert sein, gibt er die Leitung für diesen Tagesordnungspunkt kurzfristig ab. Die Führungskraft und jeder andere Teilnehmer dürfen jederzeit eventuelle Störungen mit der Leitung ansprechen.

2. Tagesordnungspunkte
Die Tagesordnungspunkte müssen zu Beginn der Sitzung benannt werden. Bandwurmsitzungen mit immer neuen, überraschenden Themen sind ungünstig. Ideal ist es, wenn die Tagesordnungspunkte schon **vor** der Sitzung mitgeteilt werden, damit sich jeder optimal vorbereiten kann.

3. Anfangsrunde
Jede Sitzung sollte eine Anfangsrunde haben, die aus Befindlichkeiten, Gefühlen, Störungen, «Großwetterlage» usw. zusammengesetzt ist («Ich-Runde»). «Ich sitze hier ... gestimmt/gelaunt und bin arbeitsfähig/halb krank ...» So eine Anfangsrunde muß nicht lange dauern. Die Dauer der Anfangsrunde hängt von der Frequenz der Treffen ab. Wenn man sich monatlich trifft, ist natürlich mehr zu sagen als bei wöchentlichen Treffen.

4. Schlußrunde
Sitzungen würden einen ganz anderen Verlauf nehmen, wenn konsequent Schlußrunden gemacht würden. Inhalt der Schlußrunde ist Feedback über die Sitzung an den Sitzungsleiter und die Teilnehmer. Die Beiträge sollten sehr kurz sein und dürfen nicht beantwortet werden (antiinteraktionell). Es sollte sich um ein «Schluß-Blitzlicht» handeln. Jeder sagt noch mal, wie es ihm jetzt gerade geht, was er gut und was er schlecht fand.

5. Entscheidungen

Es klingt revolutionär, ist aber machbar und günstig, daß bei Entscheidungen, die per Abstimmung gefällt werden, die unterlegene Minderheit im nachhinein eine Veto-Möglichkeit hat. Bei Anwendung dieses Vetorechts besteht die Verpflichtung, bis zur nächsten Sitzung schriftlich das Thema neu aufzurollen. Dieses Thema muß dann in der Sitzung erneut mit oberster Priorität diskutiert werden. Das Vetorecht kann nur in Anspruch genommen werden, wenn die Führungskraft nicht aus Dringlichkeitsgründen die Entscheidungsgewalt und die Verantwortung für die Entscheidung übernehmen muß.

Phase 4 – Erklärungen und Lösungen

Im Gegensatz zu den vorherigen Phasen ist das Vorgehen hier bei Zweier- und Teamklärung fast identisch. Aus diesem Grund werden die beiden Settings bis auf den Transfer am Ende gemeinsam beschrieben.

Ziel

Mit der Phase 4 schlagen wir ein vollkommen neues Kapitel auf. Bisher ging es immer tiefer in die gefühlsmäßigen und zwischenmenschlichen Zusammenhänge, in das Erkennen, wie sich die Ereignisse und Gefühle aufgeschaukelt haben. Jetzt wird die Vernunft mit den Gefühlen in Einklang gebracht, um dann sehr konkret und alltagspraktisch zu Lösungen zu kommen. Dieses Vorgehen ist ungewöhnlich, weil meist versucht wird, die Gefühle der Vernunft anzupassen.

Das Ziel dieser Phase ist es, den Konfliktparteien dabei zu helfen, das, was vorher emotional aufgewühlt und oft unabgeschlossen war, durch Erklärungen und den Blick von außen zu beruhigen. Die Beruhigung bildet die Grundlage für das Akezptieren des So-Seins, dessen, was nun mal ist. Danach erst werden inhaltliche Lösungen und Transferansätze gesucht. Diese Beruhigung und Akzeptanz ist wichtig, damit die Betroffenen überhaupt zur aussichtsreichen Lösungssuche übergehen können. Grundsätzlich sollte man nicht in diese Phase des Erklärens und Lösens eintreten, bevor nicht die Gefühle klargeworden sind und ausgedrückt wurden, also im Dialog der

Wahrheit ihren Raum hatten. **Eine Erklärung ist kein Ersatz für Fühlen, selber Erkennen und Bewußtmachen.**

Phase 4 besteht aus zwei aufeinander aufbauenden Schritten:

1. Erklären,
2. Lösungen finden und Transfer.

Rolle des Klärungshelfers

Der Klärungshelfer ist im ersten Teil dieser Phase Hauptakteur. Dabei ist er aber nicht mehr Klärer, sondern Erklärer und systemischer Kommunikationstrainer geworden. Im zweiten Teil dieser Phase ist er dann Moderator der Diskussion zur Lösungssuche. Dabei übernimmt er zusätzlich den Part des Zweiflers und klopft so die Lösungen und Abmachungen nach ihrer Alltags- und Streßtauglichkeit ab.

Konkretes Vorgehen

Das Ende der Dialogphase kann sehr unterschiedlich aussehen:
– abgeschlossen oder (aus Zeitgründen) unabgeschlossen,
– klar oder unklar,
– gut oder schlecht.
All diese Endpunkte der Dialogphase sind normal, sind aber mit sehr unterschiedlichen Gefühlen verbunden. Am schönsten ist es natürlich, wenn sich die Konfliktparteien gegenseitig verstanden haben, sich akzeptieren und das Klima ruhig geworden ist. Sie blicken sich gegenseitig in die Augen und

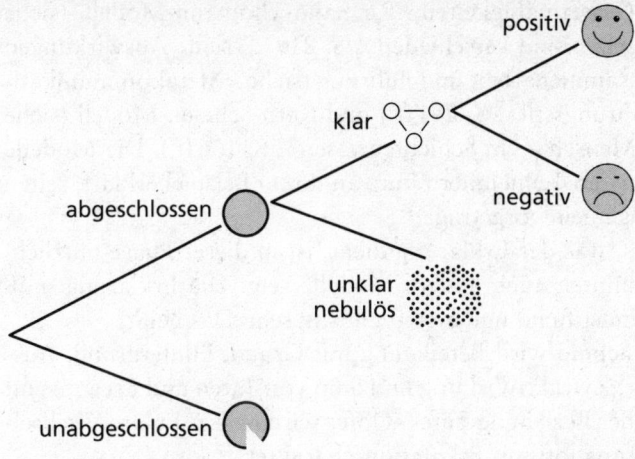

positiv

klar

negativ

abgeschlossen

unklar
nebulös

unabgeschlossen

nicken innerlich in der Haltung «Aha, so ist das alles gekom-men». Es gibt aber andere, ebenso normale Abschlüsse der Dialogphase, die zwar klar, aber unschön und belastend sind. Auch dabei können die Teilnehmer ruhig und nachdenklich sein, wenn der Streit ein merkliches Ende genommen hat. Manchmal muß die Dialogphase aus irgendwelchen (meist zeitlichen) Gründen abgebrochen werden, obwohl es noch hoch herging. Dann sind die Konfliktparteien noch aufge-wühlt und unbefriedigt.

Der Klärungshelfer macht nun einen deutlichen Schnitt (egal wie die Dialogphase ausgegangen ist) und schlägt eine meta-kommunikative Sprache an. Zum Beispiel: «*Ich möchte Ihnen einmal sagen, wie ich das von außen sehe.*» Er begibt sich nun zu-sammen mit den Konfliktparteien auf eine höhere Stufe und schaut von dort auf das Tummelfeld der entfesselten Gefühle, das Schlachtfeld des Konflikts hinab. Er beschreibt, was er dort als Gesamtbild sieht und wie er das deutet. Diese **Systemklärung** kann anhand verschiedener Erklärungsmodelle und systemi-scher Theorien geschehen. Stichworte dazu sind: Teufelskreise (siehe «Systemischer Blickwinkel», S. 214 ff.), zwischenmensch-

liche Gesetzmäßigkeiten, Riemann-Thomann-Modell (siehe «Menschen sind verschieden», S. 219 f.), seine Auswirkungen auf Zusammenarbeit und Führung (siehe «Metakommunikativer Führungsstil», S. 241 ff.) und Kern-Schalen-Modell (siehe «Der Mensch – ein Schichtenwesen», S. 166 ff.). Die Modelle werden den Teilnehmern kurz an ihrem Beispiel erklärt, selten nur allgemein vorgetragen.

Alles, was der Erklärung dient, ist in dieser Phase nützlich. Das könnten auch andere Modelle sein. Die Erklärung muß aber sinnstiftend und systemgünstig sein. Das heißt,

– aus Schuld wird Beteiligung mit Grund, Hintergrund, Auslöser, Zweck, Wirkung und Sinn von Taten und Ereignissen;
– aus der Beziehung Täter–Opfer wird eine zirkuläre Wechselwirkung, oft mit Eskalationscharakter.

Jeder Klärungshelfer muß sich seine eigenen Erklärungsmodelle für Konflikte, Kommunikationsunfälle und heftige negative Gefühle suchen. **Diese muß er auch wirklich für sein Leben und seine eigenen Konflikte als gültig erachten.** Nur dann können die Konfliktparteien die Erklärungen annehmen und glauben oder sich damit auseinandersetzen, um ihre eigene Theorie zu finden.

Meditation

Werden Sie sich bewußt, welche «unprofessionellen», privaten Erklärungstheorien Sie für alltägliche Konflikte in Ihrem Leben anwenden. Und zwar im ersten Moment und dann auch beim späteren Nachdenken darüber. Sind das die gleichen? Warum sind sie unterschiedlich? Haben Sie andere Theorien, wenn Sie selbst betroffen sind, als dann, wenn Sie einen Konflikt von außen betrachten? Welche von beiden ist systemisch tauglicher? Warum eigentlich? Spricht Ihnen der systemische Blickwinkel aus Kopf, Herz und Bauch, oder verstehen Sie ihn nur? Wer hat Ihnen einmal wirklich überzeugend etwas über Ihre Verstrickung oder allgemein über einen Konflikt er-

 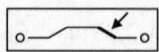

zählt? Was war das? Warum war das so glaubhaft? Für welche Situationen fehlt Ihnen noch eine überzeugende Erklärung?

Für die verschiedenen Formen der Zusammenarbeit (Hierarchie, Projektteam, kollegiale Zusammenarbeit) existieren unterschiedliche (implizite) Spielregeln, deren Verletzung sich in Konflikten niederschlägt. Die Erklärung dieser Spielregeln sollte spätestens und gründsätzlich in Phase 4 erfolgen (tatsächlich werden sie meist kurz im «Dialog der Wahrheit» erklärt, wenn ein Verstoß gegen sie sichtbar wurde). Zusätzlich ist es hier auch angebracht, die spezifische Unternehmenskultur mit ihren Werten und Normen und deren Auswirkungen auf die Anwendung der Regeln zu diskutieren. (Ist es so sinnvoll? Wollen wir es so lassen? Welche Vor- und Nachteile hat das?)

Lösungen und Transfer

Im zweiten Teil der Abschlußphase geht es dann um den Transfer in den Alltag. Hier werden auch die noch verbliebenen Sachthemen abschließend behandelt und Grundsatzdiskussionen geführt. Die Lösungen, die hier entstehen, sind individuell, auf diese Menschen in dieser Situation und mit diesem Ziel maßgeschneidert. Der Blick wird auf das Konkrete und Alltägliche, auf Arbeitsabläufe und organisatorische Maßnahmen gerichtet. Es werden Abmachungen und Verabredungen getroffen und unter Umständen auch «Hausaufgaben» vereinbart. Das Vorgehen für den Transfer unterscheidet sich je nach Setting:

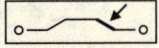

- Handelt es sich um einen kontinuierlichen Klärungsprozeß (meist Zweierklärungen) über mehrere kürzere Termine, dann geht es vor allem um **Erforschungs- und Veränderungshausaufgaben**.
- Handelt es sich aber um eine einmalige Kompaktmaßnahme über mindestens einen Tag (meistens Teamklärungen), dann besteht dieser Teil eher aus **Abmachungen und Vereinbarungen**, also **Lösungen**.

Lösungen und Transfer bei Teamklärungen

Die hier getroffenen Abmachungen und Vereinbarungen betreffen sowohl alltägliche Zusammenarbeit, Effizienz, Organisation und Ablauf der Arbeit als auch **immer** das Klima, die Führung, die gemeinsamen Besprechungen und Konferenzen und die Konfliktprophylaxe. Da in dieser Phase oft durch die Erleichterung über eine durchgestandene Klärung eine idealisierte Verkennung der Kräfte oder eine Euphorie entsteht, ist der Klärungshelfer nun Advocatus Diaboli und Spielverderber. Er muß die allzu großen Hoffnungen und Veränderungswünsche dämpfen. Er sollte mit einer kühlen «Realitätsdusche» überprüfen, ob das Geplante dem Streß im Alltag standhält.

Es ist beeindruckend, wie Konfliktparteien, die noch vor kurzer Zeit alles gegeneinander unternommen hätten, jetzt plötzlich wieder (vielleicht sogar zum erstenmal) realistisch und kooperativ miteinander umgehen.

Bei Teamklärungen gibt es neben dem allgemein üblichen Brainstorming die «**Marktplatz**-Methode», die ich meistens verwende. Dabei kann jeder mit jedem vor allen über alles verhandeln. Zunächst wird eine schriftliche Sammlung von Vereinbarungswünschen auf «Metaplan-Karten» festgehalten, auf denen jeweils Absender, Adressat und der Wunsch stehen müssen. Die Karten werden in stiller Einzelarbeit oder in Klein-

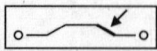

gruppen (max. 3 Personen) in 10 bis 15 Minuten geschrieben. Im Anschluß liest jeder seine Karte vor und legt sie in der Runde auf seinen «Marktstand» vor die eigenen Füße, so daß jeder alles lesen kann. Zum Beispiel:

- Herr Meier wünscht sich von allen, daß sie sich zusammen überlegen, wer für die Papierlieferung am Freitagnachmittag zuständig ist.
- Der Chef wünscht sich von seiner Sekretärin, daß sie keine englischen Rechtschreibfehler mehr macht. Er schlägt ihr entweder einen Englischkurs vor oder ein Computerprogramm, das die Fehler findet.
- Der Produktionsleiter wünscht sich vom Eigentümer, daß dieser nicht spontan den Mitarbeitern der Produktion direkte Anweisungen gibt, sondern diese dem Produktionsleiter mitteilt.
- Frau Huber möchte (Antrag an den Chef), daß die Abteilungssitzungen nicht mehr monatlich, sondern vierzehntäglich stattfinden und besser geleitet werden.

Diese verschiedenen Wünsche müssen dann einzeln vor und mit der ganzen Gruppe verhandelt werden. Man kommt jedesmal zu einer Verabredung oder Abmachung, die von den anderen Teilnehmern und dem Klärungshelfer auf ihre Realisierbarkeit und Überschneidungen mit anderen Abmachungen überprüft werden muß. Wenn wirklich alles Wichtige vorher geklärt wurde, dauern diese Verhandlungen meist nicht lange. In kurzer Zeit können viele Abmachungen und Verabredungen getroffen werden.

Lösungen und Transfer bei Zweierklärungen

Wie in der Teamklärung spielen auch in der Zweierklärung Abmachungen und Verabredungen eine wichtige Rolle. Zusätzlich gibt es aber durch die Folgetreffen die Möglichkeit,

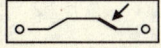

«Hausaufgaben» zu verteilen. Mit diesen «Hausaufgaben» kann das in der Sitzung Besprochene mit der Alltagsrealität enger verzahnt werden. Es gibt grundsätzlich zwei Sorten von «Hausaufgaben».

1. Erforschungsaufgaben: Ein wichtiger Problempunkt eines immer wiederkehrenden Prozesses (zum Beispiel ein Schlüsselgefühl oder ein Fehlverhalten) wird weder verboten noch geahndet, sondern zur weiteren Beobachtung verschrieben. Diese paradoxe Intervention wirkt sich auf alle Fälle günstig aus. Entweder verschwindet das störende Element, oder es wird von beiden gründlich erforscht. Wenn ein Problempunkt einer Zweierklärung zum Beispiel ist, daß die eine Konfliktpartei, Herr Keller, seinen Kollegen, Herrn Schulz, immer unterbricht, wäre die Erforschungshausaufgabe für Herrn Keller: «*Verändern Sie Ihr Verhalten bitte bis zur nächsten Klärungssitzung nicht, sondern unterbrechen Sie Herrn Schulz ungefähr gleich häufig. Während Sie das tun, beobachten Sie bitte genau, warum Sie das jetzt tun müssen. Nach dem Gespräch notieren Sie sich die Gründe in Stichworten. Diese Stichworte bringen Sie bitte zur nächsten Sitzung mit. Sind Sie mit dieser ‹Hausaufgabe› einverstanden? Darf Herr Schulz Ihnen nach jedem Gespräch sagen, wie oft Sie ungefähr unterbrochen haben und daß Sie das jetzt erforschen und notieren sollen? Oder ist das zuviel Provokation?*»

   Ein weiterer Effekt solcher Hausaufgaben ist, daß dem «Fehlverhalten» durch das explizite Verordnen die Schärfe und die Spitze genommen werden. Die Gegenpartei lernt das schwierige Verhalten einmal auszuhalten, ohne in die Eskalation einzusteigen.

2. *Veränderungsaufgaben:* Veränderungsaufgaben gebe ich äußerst selten. In unserem Beispiel wäre eine Veränderungshausaufgabe für Herrn Keller: «*Versuchen Sie, Herrn Schulz überhaupt nicht mehr zu unterbrechen. Für jedesmal, wo Sie*

 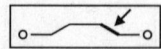

ihn nicht unterbrechen, machen Sie als persönliche Erfolgs-
kontrolle einen Strich. Akzeptieren Sie die ‹Hausaufgabe›
und auch, daß Herr Schulz Sie mit dem Stichwort ‹Hausauf-
gabe› daran erinnern darf, wenn Sie ihn doch einmal unter-
brechen?»

Das Störungsverhalten wird direkt durch das Zielverhalten
ersetzt. Diese Art der Hausaufgabe ist nur in sehr wenigen
Situationen sinnvoll, weil sie in den meisten Fällen eine
Überforderung darstellt. Das Verhalten kann gar nicht so
plötzlich geändert werden, und die Hausaufgabe führt nur
zu einem Mißerfolgserlebnis.

Dauer der Phase 4

In einer **Zweierklärung** über mehrere Sitzungen folgt Phase 4
in jeder Sitzung dem «Dialog der Wahrheit» und dauert mindestens 10 Minuten.

In der **Teamklärung** dauert die Phase 4 ein Viertel bis ein
Fünftel der Gesamtzeit. Geht die Klärung zum Beispiel über
drei Tage, dann nimmt Phase 4 einen halben bis ganzen Tag ein,
bei Klärungen über nur einen Tag etwa eineinhalb Stunden.

Wie sich die Phase der Erklärungen
für mich verändert hat

Gerade bei dieser Phase haben für mich im Lauf der Zeit große
Veränderungen stattgefunden. Früher habe ich sehr viel kogni-
tiv erklärt, zum Beispiel warum in der vorherigen Phase Empö-

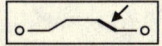

rendes, Unakzeptables oder Unerhörtes herausgekommen ist und gehört werden mußte. Ich war früher viel kognitiver, und die Konfliktparteien haben das geschätzt, weil es mir selber auch Sicherheit gegeben hat. Es war insgesamt meine Art, das Unerklärliche zu erklären, das menschlich Inkompatible überhaupt zu verdauen und zu akzeptieren. Daraus ist dann die Riemann-Thomann-Thorie entstanden. Erklären von Gefühlen bewirkt zwar immerhin eine Akzeptanz, aber auch wieder eine neue Art von Abwehr, nämlich über Gedanken und Verstand. Das Aushalten von «unaushaltbaren» Gefühlen hingegen bewirkt eine direkte Heilung.

Heute ist mir wichtiger, schon in Phase 3 durch Doppeln darauf hinzuarbeiten, möglichst rasch auf die zentralen Gefühle (Weh-Gefühle, siehe «Der Mensch – ein Schichtenwesen», S. 166 ff.) beim einzelnen Menschen zu kommen und ihn dort möglichst lange – ohne Erklärungen – zu halten und zu begleiten. Das bewirkt eine ganz andere Ausgangslage für Phase 4. Dort erkläre ich dann, wenn es etwas zu erklären gibt, dies meistens mit dem «Kern-Schalen-Modell» oder spiele statt dessen Musik. Ich spiele nicht irgendeine Musik und lasse sie auch nicht einfach nur ablaufen, sondern mute den Teilnehmern zu, speziell ausgewählte Musik ruhig und meditativ zu hören (siehe «Einsatz von Musik», S. 176 f.). Das zentriert sie, läßt sie bewußt werden und merken, wie aufgewühlt sie sind oder wo sie eingeschnappt oder verhärtet sind, also welche Gefühle sie aushalten müssen. Der Einsatz von Theorien und Erklärungen hilft, die Kräfte der Verdrängung, Verneinung und Verkennung zu bändigen, also gegen das «Deckeln» ein bißchen dauerhafter anzugehen. Bestimmt gibt es darüber hinaus noch andere Wege. Wichtig ist es, den Betroffenen zu ermöglichen, etwas aus dem Konflikt zu lernen und das selbständig Gelernte und ihre Erfahrungen in den Alltag ihrer Zusammenarbeit zu integrieren.

Früher hatte das Erklären in Phase 4 für mich eine größere

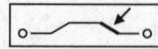

Wichtigkeit als heute. Natürlich helfen Sachkommentare und Erklärungen heute noch genauso wie früher. Ihr Einsatz liegt im individuellen Ermessen des Klärungshelfers oder reagiert auf den Hilferuf der Betroffenen. Ich habe mich einfach in eine andere Richtung entwickelt.

Fehler und Fallstricke

Fehler: Einseitige Schuldzuweisung in der Erklärung
Natürlich darf die Schuld für einen Konflikt gemäß der Systemtheorie nicht überwiegend oder allein einer Konfliktpartei gegeben werden. Selbst dann nicht, wenn beide Konfliktparteien damit einverstanden sind. Es haben immer beide einen Anteil am Konflikt (meistens ungefähr 50:50). Das ist nicht die objektive Wahrheit, sondern eine günstige Hypothese. Sie bewirkt, daß beide bereiter sind, ihren Teil an Selbstverantwortung zu übernehmen. Das ermöglicht beiden, ihren jeweiligen Teil der Situation positiv zu verändern und weniger in der **Reaktion des Opferdaseins** zu verharren. Aus Ansprüchen werden Wünsche, und aus Vorwürfen werden Abmachungen für die Zukunft. Das gleiche gilt für Etikettierungen von Verhalten und Empfinden als krankhaft oder bösartig.

Fehler: Anfang einer Eskalation benennen
Eskalationen haben keinen feststellbaren Anfang (Watzlawick 1969). Findet man trotzdem einen, kann auch der wieder als Auswirkung einer Wahrnehmung oder Phantasie gesehen werden, die ihrerseits wieder einen Grund hat, etc. Es geht wie gesagt nicht um Schuld- und Anfangssuche, sondern um Bewußtwerden der psychischen und zwischenmenschlichen Aufschaukelungsmechanismen.

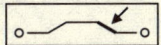

Fallstrick: Ideale, aber unrealistische Lösungen

Oft schlagen Teilnehmer «fromme Wünsche» und «Neujahrs-vorsätze» als Lösungen vor. «Wir müssen alle nur viel offener und toleranter miteinander umgehen, dann kommt das nicht wieder vor» oder «Ab jetzt mache ich alles ganz anders». Die Hälfte der Abmachungswünsche und Vorschläge sind oft solche frommen Wünsche. Die Aufgabe des Klärungshelfers ist es hier, die Betroffenen herauszufordern, **konkreter** und **realisti-scher** zu werden, damit aus vagen Hoffnungen hilfreiche Strukturen werden.

Fehler: Klärungshelfer weiß/hat richtige Lösung

Der Klärungshelfer braucht seine Lösungsideen zwar nicht zu verheimlichen, muß sie aber loslassen, nachdem er sie geäußert hat. Grundsätzlich sollte er sie erst gegen Ende der Lösungssuche bescheiden und selbstrelativierend äußern. *«Ich habe da auch noch eine Idee, wahrscheinlich ist es nichts, aber ich will es mal gesagt haben.»* Diese Selbstverkleinerung verhindert, daß die Betroffenen die Lösung aus Autoritätsgläubigkeit wider besseres Wissen annehmen.

Fehler: Beim Erklären Überzeugung mit Wahrheit verwechseln

Je tiefer ein Konflikt geht, desto mehr kommt man beim Erklären in den Bereich des Spekulierens. Der Klärungshelfer soll seine Fachautorität nicht mißbrauchen, indem er seine Überzeugungen als **die** Wahrheit hinstellt. Es reichen kleine Halbsätze, um das alles zu relativieren und den Teilnehmern die Freiheit zu lassen, es anzunehmen oder abzulehnen.

Fehler: Bagatellisieren

Bagatellisierende Äußerungen des Klärungshelfers wie «Das ist nicht so schlimm, das kann vorkommen» oder «Das war wohl ein einmaliger Ausrutscher, das wird bestimmt nie wieder pas-

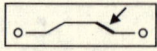

sieren» mögen gut gemeint sein, versperren aber die Erkenntnis der feinen oder im Hintergrund liegenden entscheidenden Weichenstellungen. Genau diese Weichenstellungen müssen aber ans Licht geholt werden, damit sie zwischenmenschlich oder strukturell geändert werden können.

Fehler: Engelszungen

Natürlich wird kein Klärungshelfer folgendes sagen: «Sie müssen sich einfach mehr Mühe geben. Wenn Sie das auch wirklich wollen, dann wird das auch klappen. Wo ein Wille ist, da ist auch ein Weg. Der Mensch ist nicht nur ein Gewohnheitstier, sondern hat auch einen festen Willen, der auf ein Ziel gerichtet werden kann.» Diese Karikatur macht eine Gefahr deutlich, die oft auch schleichender daherkommt. Mit solchen und ähnlichen Äußerungen werden die psychischen, zwischenmenschlichen und strukturellen Realitäten und Hindernisse zum Zweck der Zielerreichung übergangen. Statt erklärt wird weggepredigt. Lösungen, die sich in der Zukunft durchsetzen und bewähren, müssen die Hindernisse einbeziehen.

Das Kommunikationsquadrat

In der beruflichen Zusammenarbeit spielt die Kommunikation eine entscheidende Rolle. Sie zeigt nicht nur an, ob Effizienz, Verständnis, Wohlergehen etc. vorhanden sind, sondern kann dies auch bewirken, unterstützen oder verhindern. Friedemann Schulz von Thun (1981) hat die psychologisch wichtigen und brisanten Aspekte der zwischenmenschlichen Kommunikation in einem Vier-Seiten-Modell zusammengefaßt: Immer wenn sich zwei (und mehr) Menschen begegnen, nämlich Sender und Empfänger, geht etwas hin und her – die Nachricht. Diese kann es, seelisch gesehen, in sich haben. Die vier psychologisch relevanten Seiten des Nachrichtenquadrats sind die Sachseite, die Selbstkundgabeseite, die Beziehungsseite und die Appellseite.

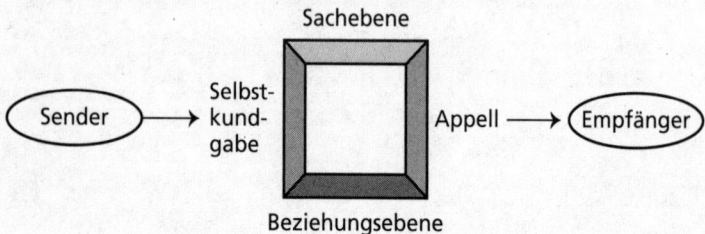

Meistens ist nur eine Seite explizit (zum Beispiel der Appell oder der Sachaspekt), die anderen Ebenen sind aber immer implizit in der Nachricht enthalten und werden vom Empfänger auch aufgenommen.

Sachseite

In (fast) jeder Nachricht steckt eine Sachinformation. Das Ziel der Sachebene ist der verständliche und sachliche Informationsaustausch. Gerade im betrieblichen und beruflichen Bereich spielt dies eine riesige Rolle. In Konflikten hat der Sachaspekt oft **auslösenden** Charakter. Konflikte haben meistens als sachliche Basis einen Verteilungs-, Interessen- oder Methodenstreit. Wenn ein Konflikt aber erst mal da ist, kann er auf der Sachebene allein nicht mehr gelöst werden. Störungen auf der Sachebene zeigen sich als Unsachlichkeit und Schwerverständlichkeit. Je mehr nun jemand versucht, sachlich zu flikken, zu erklären, zu argumentieren oder recht zu behalten, je mehr er versucht, die Gefühle, Situationsbedingungen oder Beziehungen auszuklammern, desto stärker wird der Konflikt. Es kommt zu einer Scheinsachlichkeit, und die verdrängten Gefühle, schwierigen Situationen und Beziehungen wirken sich in der Kommunikation zwischen den Zeilen negativ aus. **Wird der nichtsachliche Teil aus der Kommunikation verbannt, dann wirkt er unkontrollierbar aus dem Untergrund.** Er äußert sich zum Beispiel anfangs in kleinen Spitzen, abwertenden Gesten oder Mißtrauensmimik und kann sich bis zum Extrem steigern (siehe «Konfliktentwicklung», S. 26 ff.).

Selbstkundgabeseite

Immer wenn jemand etwas von sich gibt, gibt er auch etwas von **sich** kund oder preis. Das heißt, daß in jeder Nachricht eine Selbstkundgabe des Senders über sich selber steckt, ob er will oder nicht. Sie zeigt sich (automatisch) und wird sichtbar, kann aber auch aktiv gestaltet werden.

Auch wenn jemand nur auf der Sachebene spricht, kommt er als Mensch zum Vorschein.

Im betrieblichen Alltag ist diese Selbstkundgabeseite fast immer zwischen den Zeilen versteckt, weil es verpönt ist, über sich selber direkt etwas auszusagen. Trotzdem ist sie für den

Sender von großem Interesse. Wir versuchen alle, den Teil von uns, den wir sowieso zeigen müssen, möglichst positiv zu gestalten. Jeder hat seine eigene Masche und stellt sich als kompetent, locker, teamfähig, familiär, korrekt etc. dar. Im Nacken sitzt aber die große Angstfrage: Wie werde ich **tatsächlich** als Person, als Mensch von meinen Mitarbeitern, Kollegen und Vorgesetzten wahrgenommen und eingeschätzt. Was denken die wirklich über mich? Die Selbstoffenbarungsangst, die Angst davor, ungewollt zuviel von sich zu zeigen, ist in Konflikten besonders präsent, weil die Betroffenen persönlich stark unter Druck stehen. Einerseits haben sie den großen Wunsch, verstanden zu werden, andererseits haben sie große Angst, sich zu zeigen, weil sie nicht wissen, was geschieht, wenn die Kollegen wirklich in sie hineinsehen könnten. Sie haben zum Beispiel Angst, als machtgierig, rechthaberisch, duckmäuserisch usw. entlarvt zu werden.

Gerade in Konflikten und **besonders in der Klärungshilfe spielt diese Selbstkundgabeseite eine entscheidende Rolle.** Sie ist tatsächlich eine Schlüsselgröße zur Lösung von Konflikten auf der gefühlsmäßigen Ebene und wird vor allem durch die Methode des Doppelns gestaltet.

Beziehungsseite

Ich kann nicht jemanden ansprechen, ohne gleichzeitig zu erkennen zu geben, wie ich zu ihm stehe und was ich von ihm halte. Entsprechend fühlt sich der Empfänger als Mensch in bestimmter Weise von mir behandelt und eingeschätzt. In jeder Nachricht (auch wenn sie noch so «sachlich» ist) steckt auch die folgende Botschaft des Senders an den Empfänger: «So sehe ich dich. So stehe ich zu dir. Das halte ich von dir.» Der Empfänger kann das zumindest aus Tonfall und Mimik entnehmen. Die meisten Menschen haben ein sehr empfindliches Gespür dafür, wie sie behandelt werden, ob sie geachtet oder gedemütigt, angegriffen oder anerkannt, bedrängt, belehrt, bloßgestellt, unterschätzt etc. werden. Während sich der sachliche Aspekt der Nachricht an den Verstand richtet, geht die Beziehungsbotschaft (auch und gerade wenn sie implizit ist) mehr oder weniger direkt ins Herz oder fährt in die Eingeweide und wirkt dort. Der Verstand kann aber nicht richtig funktionieren, wenn Herz und Bauch sich nicht wohl befinden. Wenn beispielsweise etwas sachlich Wichtiges, Gutes, Interessantes und Kooperatives in einem beziehungsmäßig niederträchtigen Tonfall gesagt wird, kann die sachliche Nachricht nicht richtig aufgenommen werden, weil die implizit gesendete Beziehungsbotschaft Vorrang hat. Die Beziehungsseite einer Kommunikation ist sehr störanfällig. Im betrieblichen Alltag gibt es durch Druck, Streß, Hierarchie und Macht viele Faktoren, die den Beziehungstonfall leicht zum Entgleiten bringen können. Diese impliziten Beziehungsbotschaften spürt der Empfänger sofort. Innerlich fragt er sich dann: «Wie spricht denn der mit mir? Was meint der eigentlich, wen er vor sich hat?»

Beziehung vor Sache ist eine Grundregel in der Kommunikation, die zwar jeder Verkäufer kennt, die aber in der Hitze des Konflikts rasch vergessen wird. Es kommt dann zu endlosen Sachdebatten, bei denen sich die Beziehung schwelend verschlimmert. Ein wesentlicher Ansatzpunkt der Klärungshilfe ist, daß sie die sachlichen Konfliktlösungsversuche stoppt, die Sachlösung aufschiebt und erst einmal die Beziehungsebene **aufdeckt, klärt** und dadurch **beruhigt**. Der Austausch und die Auseinandersetzung über die Beziehungsebene sind eine unabdingbare Voraussetzung für die **Wiederherstellung einer sachlichen Arbeitsgrundlage**. Die Sache und Sachlösung erhalten dadurch erst wieder eine Chance. Das Gespräch über die Beziehungsebene und das Klima der Zusammenarbeit ist ein Teil der Metakommunikation (Kommunikation über Kommunikation).

Appellseite

Man kann sich nicht ausdrücken, ohne dadurch Einfluß zu nehmen. Wenn die Appellseite explizit ist, werden klare und offene Aufforderungen, Befehle und Wünsche geäußert. Oft ist die Appellseite aber implizit zwischen den Zeilen versteckt. Der Sender will indirekt Einfluß auf seinen Zuhörer ausüben, ohne zu seinen Appellen stehen zu müssen.

Gerade in hierarchischen Situationen scheint zunächst das Wünschen, Befehlen und Anordnen einfach zu sein, dem ist aber nicht so. Viele Vorgesetzte scheuen sich, direkt zu befehlen oder etwas anzuordnen, obwohl das ihre Aufgabe ist. Oft werden die Mitarbeiter «geschont», auch wenn sie sich wünschen, genau zu wissen, was von ihnen verlangt wird. Statt einen Wunsch direkt zu äußern, wird er verschlüsselt. Der Empfänger muß geradezu das Gras wachsen hören, um noch mitzubekommen, was der Sender eigentlich will. Warum ist es manchmal schwierig, direkte Appelle zu senden? Viele Menschen haben Angst vor Ablehnung und wollen erst mal testen, was noch zumutbar ist. Sie haben Angst vor der Selbstoffenbarung, die mit direkten Appellen verbunden ist, oder wissen gar nicht so genau, was sie eigentlich wollen.

Da in der Alltagskommunikation meistens nur eine Seite explizit ausgesprochen wird und die anderen drei Seiten implizit mitgesendet werden, gibt es viele Anlässe für Mißverständnisse. An diesen Mißverständnissen können sich dann Konflikte entzünden. Dazu kommt noch, daß die gesendete (gemeinte) Nachricht keineswegs mit der empfangenen (und verstandenen) Nachricht identisch sein muß. Der Empfänger hat oft (besonders in Konflikten) **keine** ungetrübte, reine Wahrnehmung. Er muß aus der breiten Palette von expliziten und impliziten Botschaften auswählen, auf welche von ihnen er innerlich und dann auch äußerlich reagieren will. Das alles geschieht im Bruchteil von Sekunden.

- Er muß die **Sachseite** der Nachricht wahrnehmen, verstehen und auf Unklarheiten und Unsachlichkeiten abklopfen. (Um was geht es? Welche Informationen habe ich verstanden? Welche nicht?)
- Die **Selbstkundgabeseite** muß er aufnehmen, empfinden und nachvollziehen können. (Wie geht es diesem Menschen, der zu mir spricht?)
- Von der **Beziehungsseite** ist der Empfänger als Mensch direkt betroffen. (Wie werde ich behandelt? Was denkt der andere von mir? Wie empfinde ich das?)
- Bei der **Appellseite** muß der Empfänger herausfinden, was der andere von ihm will. (Was wird von mir gewünscht? Was soll ich denken, fühlen und tun?)

Der Empfänger hat die **freie Auswahl**, aus dieser bunten Mischung der Sendernachricht herauszuholen, was drinsteckt. Zusätzlich kann er auch etwas völlig anderes verstehen, als der Sender gemeint hat. Dazu kommt leider auch noch, daß der Empfänger nicht objektiv zuhört, sondern selber, je nach Lebenserfahrung, eine bestimmte Seite beim Empfangen von Nachrichten bevorzugt. Es gibt eine ganze Reihe solcher Spezialisierungen, die meistens unbewußt sind.

«Sach-Ohr»

Einige Menschen schalten beim Zuhören im Alltag, besonders aber in Streßsituationen, auf die Sachebene. Es kommen nur noch Zahlen, Daten und Fakten durch. Gefühle und persönliche Betroffenheiten existieren nicht mehr. Empfänger mit besonders aktivem Sach-Ohr reagieren mit Richtigstellungen, Sachfragen, Informationen und Argumentationen. In Konflikten ist das besonders verhängnisvoll, weil das eigentliche Problem oft nicht sachlich ist, sondern (erst mal) persönlich oder zwischenmenschlich. In den meisten Fällen stehen zumindest die Gefühle oder die Beziehung der Sachlösung im Weg. Diese Situation ist ein sehr geeigneter Ausgangspunkt für komplementäre Eskalationen: Der eine wird immer ruhiger und sachlicher, und der andere wird immer gefühlsmäßiger, hysterischer und explosiver oder sarkastisch, bissig und zynisch.

«Selbstkundgabe-Ohr»

Empfänger mit einem überentwickelten «Selbstkundgabe-Ohr» hören fast ausschließlich die Ich-Botschaften des Senders. Die Grundhaltung des Empfängers ist dabei entweder «einfühlsam» oder «entlarvend-diagnostizierend». Die einfühlsame Variante, auch «Psychologen-Ohr» genannt, ist zum Beispiel beim aktiven Zuhören oder in Beratungsgesprächen angebracht, immer dann, wenn es wirklich nur um den Sender und sein «Inneres» geht. Bei der diagnostizierend-entlarvenden Variante, die oft im Konflikt zum Vorschein kommt, wird der Sender ungefragt interpretiert und zusätzlich negativ bewertet. Seine wirklichen und vermeintlichen Ich-Botschaften stehen plötzlich im Mittelpunkt der Kommunikation. Die Sache und die Person des Empfängers treten in den Hintergrund. Dessen Betroffenheit und Miturheberschaft werden nicht angesprochen. Dadurch wird eine Beziehung «von oben nach unten» installiert, bei der sich der Empfänger anmaßt, von oben über den Sender (unten), dessen Wesen, Verhalten und Empfinden etwas auszusagen. Der Sender kann sich abstrampeln wie er will, er verheddert sich immer mehr in den Diagnosen, die der andere schon gestellt hat, und bestätigt diese dadurch (zum Beispiel empfindlich, verdächtig, nicht belastungsfähig, nicht teamfähig, nicht konfliktfähig).

«Beziehungs-Ohr»

Menschen mit negativ spezialisiertem Beziehungs-Ohr stellen bei allem, was der Sender sagt, mißtrauisch die innere Frage: «Was hat das mit mir zu tun? Was sagt das über mich? Was denkt der andere wirklich über mich?» Dementsprechend oft hören sie Anschuldigungen, Bewertungen und Kritik – auch da, wo es gar nicht so gemeint ist. Ihre äußere Reaktion ist entweder entschuldigend und selbstanklagend oder anschuldigend und aggressiv ablehnend. Dem überspezialisierten Beziehungs-Ohr kann man sich nicht gut entziehen. In Betrieben und Institutionen, in denen es sehr verbreitet ist, entwickelt sich ein extrem höflicher und vorsichtiger Kommunikationsstil. Jeder weiß, daß die anderen empfindlich sind, ständig auf der Kritiklauer liegen und Weltmeister im Unterschieben von nicht gemeinten bösen Beziehungsbotschaften sind. Spontanes Verhalten ist kaum noch möglich. Lachen wird zum Auslachen. Anschauen wird zum Mustern. Nicht anschauen wird zu ignorieren.

Wie bei allen einseitigen Empfangsgewohnheiten ist der Sender dem überspezialisierten Beziehungs-Ohr eines Empfängers völlig ausgeliefert. Wenn sich der Empfänger darauf versteift hat, überspezialisiert empfindlich zuzuhören, dann blieben eigentlich dem Sender nur zwei Reaktionsmöglichkeiten – Ohrfeige oder Flucht –, die ihm jedoch im beruflichen Alltag beide verwehrt sind.

In der Klärungshilfe ist die Offenheit und Direktheit, mit der beim «Dialog der Wahrheit» und dem damit verbundenen Doppeln über Dinge gesprochen wird, ein Hieb durch diesen gordischen Knoten. Nach einer Schrecksekunde wirkt sich die Direktheit enorm befreiend aus.

«Appell-Ohr»

Menschen mit einem sehr hellhörigen Appell-Ohr versuchen, es allen recht zu machen, ständig die Wünsche der Mitmenschen von deren Augen abzulesen und ihnen in der Erfüllung der Wünsche zuvorzukommen. Diese Empfänger reagieren wie Automaten und versuchen, es dem Sender 120prozentig recht zu machen. Oft drückt sich das in unsteter, zielloser Hektik aus. Anfangs mag diese Überspezialisierung des Appell-Ohres für sein Gegenüber angenehm sein, weil einem endlich jemand zuhört und auch beherzigt bzw. ausführt, was man sich (im Geheimen) wünscht. Mit der Zeit merkt man aber, daß dieses oberflächliche, direkte Erfüllen und der Aktionismus ohne eigenes Mitdenken und ohne Substanz sind. Ein geschäftlicher partnerschaftlicher Kontakt ist nicht möglich, da man kein eigenständiges Individuum vor sich hat.

Angesichts all dieser Spezialisierungen, die bei Hektik, Streß oder in Konflikten zu Überspezialisierungen werden können, kann eine harmlose Bemerkung auf der jeweiligen Goldwaage zu Mißstimmungen, Aufschaukeln und Konflikten führen.

Der Satz: «Ihr Kollege Müller hat das immer sehr schnell hinbekommen», kann bei unterschiedlich spezialisierten Empfängern zu sehr unterschiedlichen Reaktionen führen. Um genau zu wissen, wie der Satz gemeint ist, müßten wir natürlich die Situation und die Beziehung zwischen den beiden kennen, den Tonfall hören und dem Sender ins Gesicht sehen können. Auch wenn der Ton äußerlich sachlich und ruhig bleibt, wissen wir noch nicht, was innerlich geschieht. Trotzdem folgen nun ein paar mögliche Reaktionen von Empfängern, die sich jeweils auf ein bestimmtes Ohr spezialisiert haben:

- Reaktion eines Empfängers mit Spezialisierung auf den **Sachaspekt**: Wie schnell hat er das denn erledigt? Welche Hilfen hat er zur Verfügung gehabt? Nach welcher Methode hat er das gemacht? Welche Instruktionen und welches Ziel waren dabei wichtig?
- Reaktion eines Empfängers mit Spezialisierung auf die **Selbstkundgabe** des Senders: Ist diese Angelegenheit Ihnen sehr eilig? Was ist denn heute mit Ihnen los? Sind Sie damit unzufrieden?
- Die Reaktion eines Empfängers mit Spezialisierung auf die **Beziehungskraft**: «Dann soll er das doch machen», oder «Ja, Entschuldigung. Es tut mir leid, daß ich so langsam bin. Ich werde mir Mühe geben.»

– Reaktion eines Empfängers mit Spezialisierung auf dem **Appell-Ohr**: «Soll ich mich mehr beeilen? Ich bin gleich fertig» oder «Ich mache das dann heute abend nach Dienstschluß zu Ende».

Der systemische Blickwinkel
Theorie des Teufelskreises

Für Konfliktklärung und Konfliktlösung ist es günstig, wenn der Klärungshelfer keinen monokausalen oder moralischen Blick auf den Konflikt und seine Entwicklung hat, sondern einen systemischen. Der Blickwinkel des Klärungshelfers überträgt sich im Lauf der Klärung auch auf die Konfliktparteien und ihre Sicht. Er erleichtert die ohnehin viel zu schwere Last, die auf ihre Schultern drückt, um einiges. Sie fühlen sich verstanden und sind dadurch fähig, den Konflikt zu lösen, die Gefühle loszulassen und sich wieder dem Sachlichen zuzuwenden. Wie jede Theorie, ist auch die Systemtheorie keine Tatsache, sondern eine für bestimmte Ziele günstige Beschreibung und Verknüpfung von Ereignissen. Schwierigkeiten werden erst dann zum Konflikt, wenn ihre Lösung zum eigentlichen Problem wird und dadurch die ursprünglichen Schwierigkeiten zusätzlich belastet und sie unlösbar macht. Einfacher ausgedrückt: Lassen sich Probleme nicht lösen, sondern verschärfen sie sich, ist wahrscheinlich ein Teufelskreis im Gange. Mit dem Bild des Teufelskreises sind Instrumente zur wirkungsvollen Veränderung verknüpft. Ein Teufelskreis hat mindestens vier Stationen, und es sind zwei Parteien daran beteiligt. Person A tut etwas, was auf Person B eine negative Wirkung hat. Person B empfindet das, was Person A getan hat, als unangenehm und unternimmt etwas dagegen. Person B handelt also, was nun wiederum von Person A situationsverschärfend empfunden wird und diese in ihrer ursprünglichen Handlung verstärkt und bestätigt. Damit ist der Teufelskreis geschlossen.

Beispiel: Herr Kramer und Frau Schneider teilen sich ein Büro. Herr Kramer möchte die Zusammenarbeit mit Frau Schneider etwas intensivieren. Frau Schneider grenzt sich ein

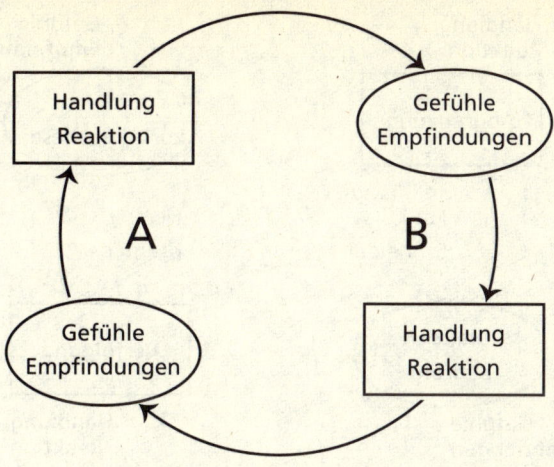

bißchen ab, weil sie das für ihre konzentrierte Arbeit im Moment gerade braucht. Das empfindet Herr Kramer als Rückzug oder deutet es als sanfte Aufforderung nach vermehrtem Kontakt. Herr Kramer geht also zu Frau Schneider hin und durchbricht ihren Rückzug. Frau Schneider empfindet das als Aufdrängen und reagiert darauf mit verstärktem Rückzug, sie schottet sich aktiv ab. Herr Kramer fühlt sich durch diesen erneuten Rückzug von Frau Schneider innerlich bedroht und zu noch deutlicheren aktiven Versuchen aufgefordert, diese Barriere zu durchbrechen. Frau Schneider wiederum empfindet das als unverschämt und bedrohlich. Sie sieht Herrn Kramers Verhalten als Beweis dafür, daß sie nicht in Ruhe gelassen wird und nicht konzentriert arbeiten kann. Sie beginnt nun diese Verfolgungsaktionen aktiv abzuschütteln, indem sie zum Beispiel falsche Fährten legt. Das ist nun für Herrn Kramer ein Zeichen dafür, daß er abgelehnt wird oder daß es Frau Schneider wahrscheinlich schlechtgeht und er ihr helfen sollte ...

Wenn sich die Situation bis zur Explosion aufgeschaukelt

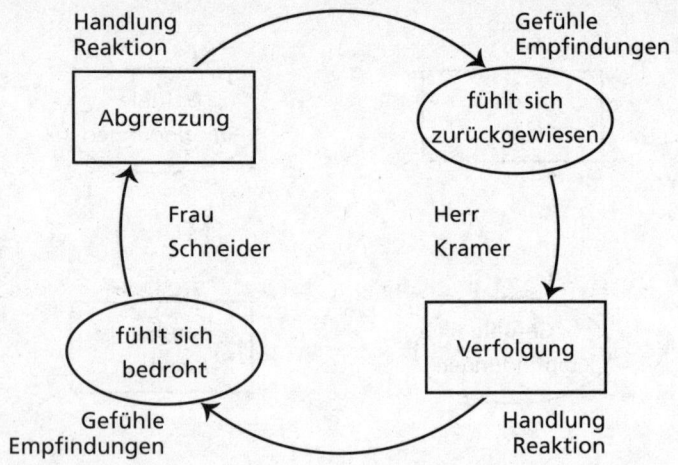

hat, werfen sich beide Konfliktparteien gegenseitig die Taten vor («Sie verfolgen mich», «Sie ziehen sich zurück»).

In der Klärungshilfe wird nun vor allem der Hintergrund dieser Handlungen und Beschuldigungen aufgedeckt: die Empfindungen, die zu den vorwurfsberechtigten Taten geführt haben. Daraus gibt sich wieder eine erste Kontaktmöglichkeit vom Innenleben der Person A zum Innenleben der Person B. In der Vergangenheitsbetrachtung kann dann die ursprüngliche Schwierigkeit identifiziert werden: Herr Kramer will Kontakt, und Frau Schneider möchte in Ruhe konzentriert arbeiten.

Auch die Lösungsversuche der beiden, die ja alles nur verschlimmert haben, werden identifiziert. Alles wird als Ablauf und als gegenseitige Aufschaukelung dargestellt (systemische Betrachtungsweise) und nicht als Anfangs- und Schuldsuche. Die systemische Betrachtungsweise macht aus Schuldgefühlen und geäußerten Schuldzuweisungen eine jeweils hälftige **Beteiligung beider** am Konflikt. Aus dem Streit darum, wer angefangen hat, wird eine Betrachtung der gegenseitigen Aufschaukelungen. Der Konflikt wird dadurch behandelbar.

Es gibt einige Standard-Teufelskreise, darunter:
- Aggression-Opfer-Teufelskreis,
- Mißtrauen-Verschlossenheit-Teufelskreis,
- Kontrolle-Flucht-Teufelskreis.

Ist man erst in einem Teufelskreis gefangen, bestätigt sich laufend der böse Verdacht, der einen quasi zu Gegenmaßnahmen (mehr vom selben) auffordert, was die Situation weiter verschlimmert.

Zu jedem Teufelskreis existiert auch sein Gegenteil, ein «Engelskreis». Damit ist die Aufschaukelung zu einer immer wünschenswerteren, angenehmeren und effizienteren Zusammenarbeit und Beziehung gemeint. Voraussetzung für das Zustandekommen eines Engelskreises sind erhebliche inner- und zwischenmenschliche Fähigkeiten. Auf der zwischenmenschlichen Ebene muß möglichst vollständig kommuniziert werden (siehe «Das Kommunikationsquadrat», S. 204 ff.). Innerlich müssen Unsicherheit, Einsamkeit und andere schwierige Gefühle ausgehalten werden können, damit der innere Automatismus der Abwehr gestoppt wird. Diese sogenannten negativen Empfindungen werden dann nicht mehr dem Konfliktpartner angelastet (der sie auslöst), sondern bei sich selber ausgehalten und auch erforscht. Für Gefühle ist jeder selber zuständig: Ich habe meine Gefühle, die werden zwar vom anderen ausgelöst, aber es sind meine Gefühle, die durch meinen Lebens- und Erfahrungshintergrund so schwierig und unangenehm sind.

In den Hilfsaggregaten sind die Erfahrungen des einzelnen mit ähnlichen Situationen gespeichert. Sie versorgen den Teufelskreis mit zusätzlicher Energie. Die Hilfsaggregate sind das, was einen davon abhält, ruhig, gelassen und sachlich auf den Konfliktpartner zu reagieren. Sie sind auch identisch mit den Gefühlen der Weh- und Abwehr-Schicht des Kernschalen-Modells (S. 166 f.).

Bei Klärungshilfen im beruflichen Bereich ist es nicht ange-

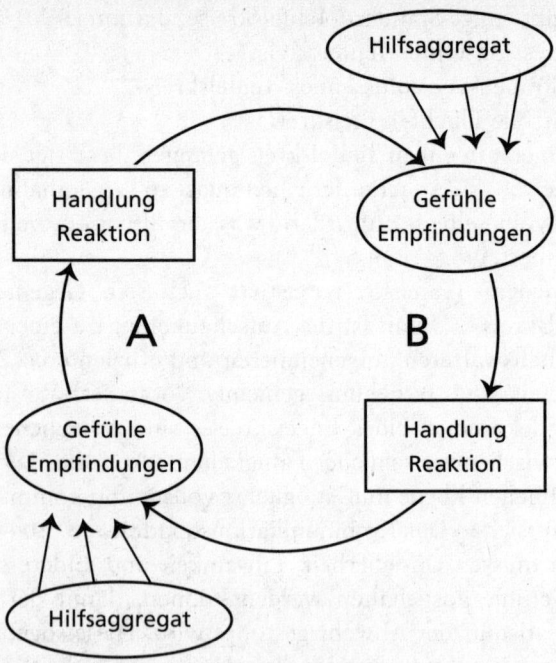

bracht, diese Hilfsaggregate zu erforschen, nur sie zu benennen, weil die Erforschung weit in den persönlichen Bereich, die eigene Geschichte, vor allem die Kindheit hineingehen würde.

Menschen sind verschieden

Das Riemann-Thomann-Modell in der Arbeitswelt

Daß Menschen verschieden sind, ist eine Platitüde, jeder weiß es. Trotzdem ist man immer wieder davon überrascht, wenn einem in die Quere kommt, daß jemand nicht so reagiert, wie man es erwartet. Der andere erscheint einem dann oft unerklärlich, andersartig, komisch, vielleicht sogar ein bißchen abartig. In Konflikten wird daraus dann vielleicht ein «bösartig», im schlimmsten Fall ein «krankhaft». Doch schon im normalen, zwischenmenschlichen Geschehen ist es oft so: Was dem einen guttut, ist für den anderen unerträglich, vielleicht sogar eine Provokation, da man den anderen oft nach der eigenen «Gebrauchsanweisung» behandelt. Manchmal ist das passend, manchmal erträglich und manchmal auch absolut falsch und für den anderen schwer erträglich.

Im allgemeinen lassen sich nach Riemann (1975) vier verschiedene menschliche Grundausrichtungen beobachten. Jeder kennt alle von sich selber, aber im zwischenmenschlichen Geschehen werden oft nur ein oder zwei aktiviert, die dann sichtbar werden. Im folgenden werden sie «in Reinkultur» beschrieben.

Die vier Grundstrebungen

Die Nähestrebung
Für Menschen mit einer ausgeprägten Nähestrebung sind folgende Dinge wichtig: Nähe zu anderen Menschen, Vertrauen, Bindung, Zuneigung, Sympathie, positive Gefühle ausdrücken, Mitmenschlichkeit, Geborgenheit, Zärtlichkeit, menschliche Wärme und Zuneigung. Sie können sich fast unbegrenzt einlassen, brauchen oft Bestätigung, suchen Harmonie, sind bescheiden, haben Mitgefühl und Mitleid, sind selbstlos bis zur Selbstaufgabe, haben eine Sehnsucht, zu lieben und geliebt zu werden, haben soziale Interessen, suchen den vertrauten Nahkontakt, können sich selbst vergessen und sich leicht mit anderen identifizieren.

Diese Menschen sind kontaktfähig, teambereit, ausgleichend, verständnisvoll und akzeptierend. Sie laufen aber Gefahr, abhängig sein zu wollen, da sie nicht alleine sein können. Oft sind sie auch konfliktscheu, aggressionsgehemmt und haben eine Opfermentalität.

Die Distanzstrebung
Für Menschen mit einer ausgeprägten Distanzstrebung ist das Gegenteil dessen, was «Nähe-Menschen» wollen, besonders wichtig: Abgrenzung, Eigenständigkeit, Unverwechselbarkeit, Unterschied, Individualität, Freiheit, Unabhängigkeit, Autonomie, Intellekt (nicht Gefühlsausdruck), klare Erkenntnis und Unbeeinflußbarkeit. Sie scheinen überhaupt niemanden zu brauchen, suchen Abstand, lassen sich nur begrenzt gefühlsmäßig ein, versachlichen oft Zwischenmenschliches und Gefühle, erscheinen vielleicht eher kühl und vernunftbetont.

Nicht daß ihnen die Nähe, die Bindung und die Harmonie nicht auch wichtig wären, aber nicht an erster Stelle. Sie können und mögen sich erst einlassen, wenn die Abgrenzung, die

Distanz, der Rückzug, die Freiheit und ihre Individualität gewährt, ja garantiert sind. Oft müssen sie aber erst einmal um Distanz, Abgrenzung und gegen Verpflichtungen in Beziehungen kämpfen.

Distanz-Menschen sind insgesamt eigenständig, intellektuell, entscheidungsfähig, konfliktfähig, sachlich / fachlich ausgerichtet, sie können «nein» sagen, sind aber auch kontaktscheu, bindungsängstlich und unbeholfen in Nahkontakten und im emotionalen Bereich. Sie wollen auf niemanden angewiesen sein, wollen und können nicht Hilfe holen.

Die Dauerstrebung

Für Menschen mit einer ausgeprägten Dauerstrebung sind folgende Werte von größter Wichtigkeit: Dauer, Zuverlässigkeit, Pünktlichkeit, Sparsamkeit, Wille, Verantwortung, Pflicht, Zucht, Beherrschung, Verläßlichkeit, Planung, Vorsicht, Voraussicht, Konzept, Kontrolle, Ziel, Gesetz, System, Langfristigkeit, Endgültigkeit, Kontinuität, Unausweichbarkeit, Notwendigkeit, Einschränkung, Festlegung, Konsequenz, Verbindlichkeit, Treue, Beachtung von Zeit und Geld, Festhalten, in den Griff kriegen, Grundsätze, Regeln, Denken, Analysieren und Stabilität. Diese Werte sind wichtig, bevor alles andere zum Zuge kommt.

Dauer-Menschen sind verläßlich, systematisch, ordentlich, gründlich, haben ein Organisationstalent, sie sind prinzipientreu, aber auch etwas unflexibel, langweilig, pedantisch, starr und manchmal auch im negativen Sinn kontrollierend.

Die Wechselstrebung

Für Menschen mit einer ausgeprägten Wechselstrebung steht an erster Stelle der Wechsel, die Abwechslung, das Wagnis, das Abenteuer, den Rahmen sprengen, den Augenblick erleben, Leidenschaft, Reiz, Rausch, Charme, Suggestion, Gelegenheit, Genuß, Phantasie, Temperament, Kreativität, Spontaneität,

Flexibilität, Risiko, Improvisation, Ideenreichtum, Unverbindlichkeit, Dramatik, Begehren, Begeisterung und Wandel. Diese Menschen sind neugierig, leben gerne, fließen, wünschen, suchen. Alles ist relativ, wichtig ist das Jetzt, nicht wie bei anderen die Planung oder die Kontrolle; auch Freiwilligkeit ist wichtig. Sie können sich auch entziehen, ausweichen, überraschen. Sie denken eher in Assoziationen und Sprüngen.

Die Wechsel-Menschen sind kreativ, einfallsreich, spontan, bunt, unterhaltsam, charmant und haben ein Improvisationstalent. Sie sind aber auch unzuverlässig, unpünktlich, unordentlich, chaotisch, unsystematisch, flüchten anstatt standzuhalten. Zum Teil sind sie auch theatralisch, geschwätzig und egozentrisch.

Optisch lassen sich diese vier Grundstrebungen den Endpunkten eines Koordinatenkreuzes zuordnen.

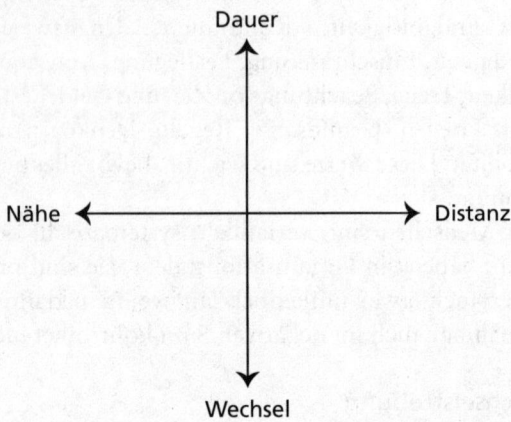

Die Nähestrebung steht der Distanzstrebung gegenüber. Sie sind die beiden Pole der Waagerechten im Kreuz. Das ist die Raumachse. Die Senkrechte, mit den beiden Extremen Dauer und Wechsel, ist die Zeitachse. Raum und Zeit also als grund-

legende Kriterien, in denen sich Menschen im Umgang miteinander (Beziehungen, Zusammenarbeit, Konflikte, Freizeitver-
halten usw.) unterscheiden.

Diese vier Grundstrebungen treffen nicht ausschließlich auf
einen Menschen zu, sondern jeder ist ein Gemisch aus allen
vier Strebungen. Er mag vielleicht von einem Pol (Nähe) 80
Prozent haben, vom gegenüberliegenden Pol (Distanz) bleiben
dann nicht automatisch 20 Prozent über, sondern es können
auch zum Beispiel 5, 30 oder 85 Prozent sein. In der anderen
Dimension, mit den Polen Dauer und Wechsel, kann er von der
Dauerstrebung grundsätzlich in seinem Leben beispielsweise
50 Prozent haben und von der Wechselstrebung zum Beispiel
90 Prozent. Aus diesen Prozentangaben ergibt sich dann das
ungefähre Heimatgebiet in dem so entstandenen Verhaltens-
und Empfindungskreuz. Dieses **Heimatgebiet** hat dann auch
eine Mitte, die jeweils in einem der vier Quadranten liegt und
den **Persönlichkeitsschwerpunkt** anzeigt.

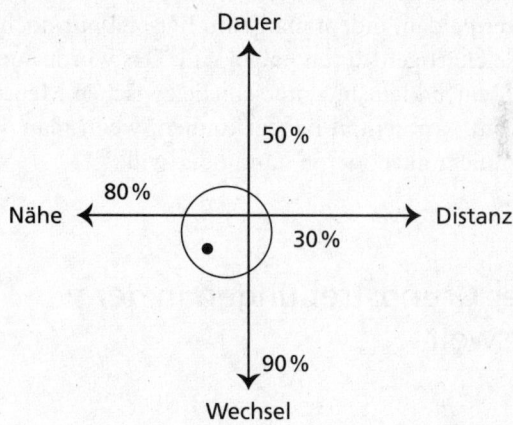

Akzeptanz statt Diagnostik

Es ist schwierig, sich selber genau zuzuordnen, weil man sich in unterschiedlichen Situationen verschieden erlebt und somit alle Tendenzen irgendwie kennt. Es ist nicht einmal wichtig, sich selber oder andere genau zuordnen zu können. Es geht vielmehr darum, diese vier Tendenzen als gleichwertig, gleich akzeptabel und gleich legitim zu bewerten, obwohl sie nicht in jeder Situation gleich erwünscht und gleich angebracht sind.

Ein beliebtes Mißverständnis im Miteinandersein, besonders natürlich in Konflikten, ist, daß man sich selber innen als Schichtentorte aus vier Tendenzen erlebt, bei anderen Menschen hingegen, von denen man nur die oberste und allenfalls noch die zweitoberste Schicht kennt, annimmt, daß alles durchgängig so sei.

Im zwischenmenschlichen Kontakt geht es mehr darum, **mit den Unterschieden umgehen zu lernen**, als sie zu verkleinern oder zu vermeiden, indem man zum Beispiel nur noch mit ungefähr Gleichartigen zu tun haben will. Das würde auch nichts nützen, da auch kleinste Unterschiede zwischen Menschen ein großes Konfliktpotential haben können, wenn man Verschiedenheiten nicht akzeptieren kann oder will.

Die vier Grundstrebungen in der Arbeitswelt

Bisher klang alles mehr nach privaten Gefühlen und Dingen, die eher für Freizeit, Freundeswelt und Partnerbeziehung gelten. Die Unterschiedlichkeit von Menschen wirkt sich aber auch in der Arbeitswelt, in der Zusammenarbeit und besonders in Führungssituationen aus. Führen heißt ja: Ein Mensch führt einen oder mehrere andere Menschen. Das ist ein psychologisches und zwischenmenschliches Geschehen mit fachlich/sachlichen Inhalten und Zielen.

In der beruflichen Zusammenarbeit spielen die vier Strebungen, man nennt sie auch die «Chemie der Zusammenarbeit», eine wichtige, allgemein anerkannte Schlüsselrolle («Never change a winning team»). In der fachlich/sachlichen Zusammenarbeit wirkt sich das Gefühlsmäßige, zwischen den Zeilen Stehende, aber direkt Spürbare, Ausstrahlende, die Tonart («Wie man in den Wald hineinruft ...»), auch in den unterschiedlichen Tendenzen unterschiedlich aus.

Die offiziellen Werte der Arbeitswelt sind im Dauer-Distanz-Quadranten zu Hause: Zuverlässigkeit, Pünktlichkeit, persönliche Distanz, Sicherheit und Ordnung, Genauigkeit, Kontinuität und Seriösität. Diese Dinge spielen in der fachlichen Arbeit die Hauptrolle: Es geht ja schließlich um die Sache. Trotzdem sind auch die anderen Grundstrebungen bei der Zielerreichung wichtig und in der Arbeitswelt unerläßlich.

Entsprechend diesen vier Tendenzen haben Menschen einen unterschiedlichen Kommunikationsstil (Schulz von Thun 1989), sie haben einen unterschiedlichen Arbeits- und Organisationsstil, unterschiedliche Sachorientierung und Werthaltungen, gehen mit Zeit und Geld jeweils auf eigene Weise um, gestalten ihre Arbeit anders, delegieren anders und nehmen Weisungen und Aufträge unterschiedlich entgegen. Das gleiche gilt für die Motivation, die Leitung einer Sitzung und die Teilnahme daran sowie für die Reaktionen in Streßsituationen und Konflikten. Diese Strebungen bewirken folglich auch verschiedene Beziehungsmuster, sowohl in der Chef-Position als auch aus der Mitarbeiter-Position heraus.

Die Nähe-Tendenz in der Arbeitswelt

Für den Nähe-Menschen gilt im beruflichen Kontext, daß ihm ein gutes Klima grundlegend wichtig ist, daß er es sich mit niemandem verderben will. So hat er zum Beispiel in seinem Zimmer immer einen Stuhl frei, sorgt bei Geschäftsgesprächen für Kaffee, um eine Atmosphäre zu schaffen, die es allen ermöglichen soll, offener zu sein und als Mensch zur Ruhe zu kommen. Er versucht erst einmal persönlichen Kontakt zum anderen aufzubauen, nach dem Prinzip: Kontakt kommt vor Kooperation. Teamsitzungen, Teamentscheidungen und Teamlösungen sind ihm wichtig. Es fällt ihm kein Zacken aus der Krone, wenn er einmal um Rat fragen muß. Im Gegenteil, das gibt wieder Kontakt.

In Sitzungen hat er kaum eigene Prioritäten, sondern geht eher reaktiv, gefühlsmäßig und situativ vor. Er weiß oft gar nicht selber, was er will. Es geht ihm mehr um die Vermittlung zwischen den Interessen und Standpunkten anderer. Harmonie ist ihm viel wert, im Extremfall opfert er schon mal seine Interessen dafür.

Nähe-Menschen lassen sich bei der Arbeit gerne unterbrechen und suchen auch Kontakt zu anderen (zum Beispiel auf dem Gang), wenn niemand zu ihnen kommt. Wenn der andere auch ein Nähe-Mensch ist, genießt er das, handelt es sich eher um einen Distanz-Menschen, so ist ihm das lästig. Trotz alledem ist für den Nähe-Menschen in der Arbeitsgestaltung die Effektivität wichtig (das heißt, daß man das Richtige, Sinnvolle, was allen Menschen hilft, tut), wenn die «Chemie» hinlänglich stimmt. Bei psychischer Belastung und zwischenmenschlichem Streß kann er weniger leisten, weil ihn das rasch mitnimmt und blockiert.

Die Distanz-Tendenz in der Arbeitswelt

Dem Distanz-Menschen wäre ein harmonisches Arbeitsklima auch wichtig, aber er ist nicht darauf angewiesen, weil er sich für die Arbeit sowieso am liebsten zurückzieht und die Hoffnung auf echte Harmonie schon längst begraben hat. Scheinharmonie hingegen und oberflächliches Nettsein sind ihm ein Greuel, obwohl er es vielleicht mitspielen kann, wenn es sein muß.

Bei seinem Arbeitsplatz hat er typischerweise keinen Stuhl frei, oder es gibt einen extra Besprechungstisch, möglichst getrennt von seinem Schreibtisch. Er verteilt gerne Papierstapel um sich herum, so daß für niemanden sonst Platz ist. Er hat eine individuelle Ordnung (mit Dauer-Tendenz eine systematische Hochordnung, mit Wechsel-Tendenz eine chaotische Ordnung) und weiß immer (aber nur er), wo er was findet.

Er arbeitet am liebsten allein. Wenn Zusammenarbeit notwendig ist, versucht er die Arbeit so aufzuteilen, daß jeder seinen Teil wieder allein machen kann und auch selber verantworten muß; das lehrt ihn die Erfahrung. Wie er überhaupt aus schlechten Erfahrungen rasch lernt und ein entsprechend unrühmliches Bild von Menschen hat, nach dem Prinzip: Das Schlechte ist die Wahrheit, alles andere ist Schminke.

Wenn er nicht weiterkommt, holt er nicht gerne Rat oder Hilfe bei anderen, sondern vermeidet diese Situationen möglichst und versucht sich selber zu helfen. Er denkt nach, analysiert und schaut, wie es anderswo oder vorher gemacht wurde.

Er kann gut nein sagen und sagt Sitzungen ab, wenn es ihm zuviel wird. Er hat Sitzungen nicht gerne und empfindet sie als langweiliges und unnötiges Geschwätz. Wenn ihm alles zuviel wird, öffnet er auch Post nicht mehr und sagt sich, daß er alles, was wichtig ist, sowieso erfahren wird. Manchmal tut er Dinge auch einfach nicht. Er hat gerne individuelle Arbeitszeiten und arbeitet auch samstags und nachts, damit er seine Ruhe hat. Bei psychischer Belastung und zwischenmenschlichem Streß schottet er sich äußerlich ab, um sich dann innerlich erst einmal frei zu machen.

Die Dauer-Tendenz in der Arbeitswelt

Die Dauer-Tendenz ist die Heimat des Zeitmanagements. Der Dauer-Mensch hat seine Termine, Fristen und den Aufwand, den er dafür braucht, ständig im Blick und im Griff. Er kommt selten zu spät, weil er lieber etwas unvollständig abbricht (im Gegensatz zum Distanz-Menschen, der lieber etwas zu Ende macht). Ein gutes Arbeitsklima ist für ihn die logische Konsequenz eines geordneten und ordentlich eingehaltenen Miteinanders: Hierarchie, Kompetenzabgrenzungen, Verantwortungsbereiche, Zuständigkeiten und ihre Stellvertretung, transparente Entscheidungsabläufe, Dienstwege und klare Notfall- und Konfliktregeln.

Der Dauer-Mensch kann gut aufräumen und erwartet das auch von anderen. Ordnung muß sein und «ist die halbe Miete». Er hat ein ausgeklügeltes und vollständiges Ablagesystem. Er mag Listen und Planungen und beherrscht die moderne Kommunikationstechnologie. Am liebsten hat er alles schriftlich, schwarz auf weiß, kontrollierbar und beweisbar. Gegenseitige Kontrolle empfindet er als selbstverständlich und nicht als Übergriff. Entsprechend belehrt er andere auch gerne, um ihnen, wie er meint, zu helfen. Bei Streß und Schwierigkeiten analysiert er die Situation und sucht nach Ursachen, Schuld, Verantwortlichen und Konsequenzen.

Die Wechsel-Tendenz in der Arbeitswelt.

Dem Wechsel-Menschen ist ein problemlos-heiteres, oberflächliches, spaßig-peppiges und untragisches Arbeitsklima wichtig, damit er kreativ sein oder Routinearbeiten ertragen kann.

Er liebt einen unkonventionellen Arbeitsplatz oder muß ihn sich so einrichten (mit provokativen Postern, Sprüchen, unkonventionellen Accessoires), «bloß nicht spießig». Er ist eher chaotisch und findet nichts an seinem Platz wieder. Das findet er aber nicht tragisch. Er erfindet dann halt neu, was er gerade sucht, und bagatellisiert das Verlieren und Verschleppen. Er vergißt Termine und macht dies mit Charme wieder gut. Er bietet tolle Entschuldigungsgeschichten. Spontane Entscheidungen und Entschlüsse sind ihm am liebsten (auch wenn sie von anderen kommen), da kann er sich mit voller Begeisterung hineingeben. Für Betroffene sind das dann oft Entscheidungen im «Hüftschußverfahren». Rat und Hilfe von anderen braucht er nicht, weil er selber nur so sprüht vor Ideen. Anreißen fällt ihm leicht, etwas durchziehen und abschließen hingegen schwer. Der Wechsel-Mensch ist innovations- und zukunftsorientiert. Sein Terminkalender ist unvollständig, oder er besitzt mehrere unkoordinierte Terminkalender. Er schreibt ungern, möchte alles mündlich oder per Telefon erledigen. Er gibt auch ohne formale Berechtigungen unangenehme Arbeiten mit charmanten Worten ab, bevorzugt an Nähe-Menschen, die brauchen die persönliche und gefühlsmäßige Bestätigung, seine Nähe und spontane Vertraulichkeit.

Für die Wechsel-Menschen ist es in der Zeitgestaltung wichtig, abwarten zu können, auf den richtigen Zeitpunkt, wo alles dann leicht und von selber richtig geschieht. Damit sind natürlich auch Pausen verbunden, die dann als Faulheit ausgelegt werden. Folglich werden Fristen und Termine selten eingehalten, trotz mehrmaligen Versprechungen. Wie der ‹Nähe-Mensch› hat er auch aktive und passive Arbeitsunterbrechungen gerne. Bei Belastung, Streß und Druck kann er erst richtig wegschaffen und leisten.

Mitarbeiter sind verschieden

Für die verschiedenen Typen fühlt sich die Rolle des untergebenen Mitarbeiters auch sehr unterschiedlich an, und sie füllen diese Rolle entsprechend unterschiedlich aus. Speziell die Punkte der Abhängigkeit, der Unterordnung und des Gehorsams werden im folgenden beleuchtet.

Der Nähe-Mitarbeiter

Die Abhängigkeitssituation als Mitarbeiter ist für den Nähe-Menschen schön. Jemand ist für ihn zuständig. Er hat seinen Platz und wird gebraucht. Daß er sich als Gegenleistung dem Willen der Führungskraft unterordnen muß, fällt ihm nicht schwer, da er sowieso Mühe hat, seinen eigenen Willen in sich zu finden. Er weiß kaum selber, was er will. Die hierarchische Situation gibt ihm zudem eine Garantie, daß er nicht alleine gelassen wird. Gerne und leicht identifiziert er sich mit dem Chef und seinen Zielen. Zur Firma steht er wie zu einer nährenden Mutter.

Beim Entgegennehmen von Weisungen fühlt sich der Nähe-Mensch angenehm wahrgenommen und bestätigt, wichtig und ernst genommen, auch wenn es nur um Sachinhalte geht. Dies gibt ihm die Garantie, daß er wirklich gebraucht wird.

Unzufriedenheiten mit der Führung teilt der Nähe-Mensch seinem Chef nicht mit. Das muß der ihm schon selber aus den Augen lesen können. Selbst auf ausdrückliche Frage hin ist es schwierig, die innere Wahrheit herauszubekommen, da sie ihm oft gefühlsmäßig diffus und kaum begründbar erscheint. Erst nach eingehendem Gespräch eines Nähe-Menschen mit einem Vertrauten, Nichtbetroffenen oder Gleichgesinnten findet er für sich allmählich heraus, was, wie und warum. Der nächste Schritt, dem Vorgesetzten das auch zu sagen, scheint unmöglich, wird vertagt und vergessen, weil der Nähe-Mensch ja bereits von jemandem verstanden wurde. Der Chef macht natürlich dann die gleichen «Fehler» weiter, was dem Nähe-Menschen eine zusätzliche Bestätigung ist, daß es ja sowieso nichts nützen würde, etwas zu sagen. Zudem hat er Angst vor klimatischen Konsequenzen, subtiler Rache, Einschüchterung und Beeinträchtigung der Beziehung, auf die er angewiesen ist. Wohlwollen, Zutrauen und Unterstützung von seiten des Chefs versucht er sich mit Bravheit und Verschlucken von negativen Gefühlen zu sichern. Nur bei gutem Klima, wenn er sich integriert, gemocht und gefühlsmäßig verstanden fühlt, kann er sein volles Leistungspotential entfalten.

Rolle: Teamentwickler, Moderator, Vermittler, Ausgleicher, Beziehungs- und Personalmanagement.

Der Distanz-Mitarbeiter

Für die Distanz-Tendenz im Menschen ist es ein Greuel und eine existentielle Zumutung, abhängig zu sein. Nur ungern ordnet sich ein Distanz-Mitarbeiter in einer Hierarchie ein oder fügt sich ihr unauffällig. Wenn es schon sein muß, braucht er eine Extrawurst (rechte Hand, Stabsstelle, graue Eminenz), aus der heraus er fast unsichtbar dabeisein kann, eingreifen kann, ohne in der Masse zu verschwinden. Dem Gehorsam weiß er sich auf seine eigene Weise zu entziehen. Wenn er zum Beispiel in eine Sitzung muß, flüchtet er sich in Gedanken oder beschäftigt sich mit anderem, wenn die Besprechung ihn nicht direkt betrifft. Trotzdem kann er sich mit den Zielen und Inhalten seiner Organisation identifizieren, wenn diese ihm hinlänglich akzeptabel erscheinen.

Für den Distanz-Menschen ist es eher lästig, wenn ihm jemand Arbeit übergibt. Er fragt sich dann: Muß ich das tun, habe ich Zeit, will ich das, ist das überhaupt in meiner Arbeitsplatzbeschreibung, meinem Kompetenz- und Arbeitsbereich drin? Er ist gut im Abwimmeln von Aufträgen, die ihm nicht sinnvoll erscheinen. Wenn er doch einmal einen Auftrag annehmen muß, setzt er Bedingungen (Termin und Vorgehen) und kritisiert irgendwas daran. So wahrt er sich vor sich selbst seine Würde und schafft sich einen gewissen unantastbaren Respekt der anderen. Letztlich kapituliert er aber vor der Einsicht in die grundsätzliche Abhängigkeit im Mitarbeiterstatus, sucht eine Chefposition oder will selbständig werden. Dabei unterstützt ihn sein Ehrgeiz.

Unzufriedenheiten mit der Behandlung durch die Führungskraft stauen sich bei dem Distanz-Mitarbeiter entweder gar nicht an, er zeigt sie verbal und vor allem nonverbal sofort, oder er flüchtet sich in die Emigration des Zynismus, Sarkasmus und der Resignation. Im ersten Fall gilt er als schwieriger Mitarbeiter, als «Besprechungsterrorist» oder hochempfindliche «Stachelmimose». Im zweiten Fall merkt der Chef nichts, oder schreibt den Zustand einem anderen Phänomen zu (uninteressiert; Altlast; innere Kündigung; bloß sauer, weil er nicht Chef ist; unsozial). Tatsächlich ist es für eine Führungskraft schwierig, in die tiefen und verschlossenen Innenwelten eines Distanz-Mitarbeiters mit reichhaltiger Gefühlspalette und sensibler Wahrnehmung Einblick zu haben oder auch nur eine Ahnung davon zu bekommen, wenn er nicht selber die Distanzstrebung in sich kennt. Bei einem wirklich offenen Klima, wenn er nicht vereinnahmt wird und seine kritische Art nicht nur toleriert, sondern (so, wie es gedacht ist) als konstruktiver Beitrag gesehen wird, läßt er sich gut integrieren und leistet auch im Teamverband Hervorragendes. Er wird fachlich äußerst kooperativ, wenn er nicht muß.

Rolle: Fachautorität, Kritiker, Nörgler, Einzelkämpfer.

Der Dauer-Mitarbeiter
Die Abhängigkeit in der Mitarbeiterposition ist für den Dauer-Mitarbeiter nichts Ehrenrühriges, sondern Selbstverständlichkeit. Es gibt immer ein Oben und ein Unten. «Das sieht man schon in der Naturordnung.»

Bei Aufträgen und Anweisungen von oben ist er gerne bereit, sie anzunehmen und sich damit zu beschäftigen. Dann überlegt er sich sachlich, ob das überhaupt der richtige Auftrag ist. Er möchte genau verstehen, in welchem Zusammenhang der Auftrag steht, welchen Sinn er im großen und ganzen macht. Prompt, termingerecht und korrekt erfüllt er seine Aufgabe. Mit dem Unternehmen identifiziert er sich total.

Ist der Dauer-Mitarbeiter mit dem Führungsstil seines Vorgesetzten nicht zufrieden, sammelt er erst mal Beweise und Belege für Begebenheiten, Vorkommnisse und Fehler, damit er auch objektiv begründete Argumente hat. Aber selbst dann wartet er noch längere Zeit, um herauszufinden, ob es sich tatsächlich um eine Tendenz mit Verschlimmerungscharakter handelt oder ob er die ganze Sache in die Schublade legen soll – nicht in den Papierkorb. Das ist kein Freispruch, sondern eine Entlassung mit Verdacht. Wenn die Situation für ihn unaushaltbar geworden ist, ergreift er im günstigen Fall eine mündliche oder noch lieber eine schriftliche Initiative auf dem Dienstweg, um dem Chef oder dessen Chef seine Bedenken mitzuteilen. Was er damit auslöst, erstaunt ihn oft selbst, weil er doch bloß gehört werden wollte. Im ungünstigen Fall hingegen sägt er direkt am Stuhl des Vorgesetzten oder veranstaltet eine geschickt eingefädelte Palastrevolution. Sein Machtinstinkt hilft ihm dabei auf fatale Weise, seinem Chef bleibende Verletzungen zuzufügen. Er gilt dann als diabolisch, berechnend, hinterhältig und gefährlich.

Es muß nicht so weit kommen. Wenn er sich verstanden fühlt und durch seine genaue und vorsichtige Art nicht als Spießer, Bremse und Angsthase gilt, leistet er nicht nur Hervorragendes, sondern trägt auch zu einem ruhigen Klima bei.

Rolle: Organisator, Kontrollierer, Controller, Planer.

Der Wechsel-Mitarbeiter

Der Wechsel-Mitarbeiter schaut einfach darüber hinweg, daß er untergeordnet und abhängig ist. Mit Führungskräften ist er gern per du und reagiert sehr empfindlich auf ausgespielte Macht, die ihm den Kern der Situation in aller Deutlichkeit vor Augen führt. Grundsätzlich ist es ihm lästig, einen Auftrag zu bekommen, und er versucht ihn dann sofort so umzuformulieren, daß er ihm paßt und daß er einen Eigenanteil darin findet. Manchmal sagt er das, oder er macht einfach sein Eigenes daraus oder läßt es ganz. Wenn die Corporate Identity seiner Firma locker, flockig, heiter (In-Produkte und fashionable Dienstleistungen) ist, identifiziert er sich leicht, gerne und öffentlich mit seiner Firma. Gilt sie hingegen als spießig und traditionell, nimmt er ebenso öffentlich davon Abstand, identifiziert sich aber trotzdem (heimlich) mit dieser ungeliebten Schattenseite.

Unzufriedenheit mit der Führung erzählt der Wechsel-Mitarbeiter jedem, der es hören oder nicht hören will. Er muß sich freisprechen, dramatisiert seine Kritik oder zieht sie ins Lustige bzw. Lächerliche. Dabei geht es ihm eher darum, daß er Dampf abläßt («unmöglich!», «zum Kotzen!», «empörend», «dilettantisch» ...), als daß er intrigieren will oder sich gar eine tatsächliche Veränderung erhofft. So kann ihn auch schwer etwas tief treffen, weil er sich über den Dingen stehend empfindet. Auch hier hat es die Führungskraft schwer und braucht viel wirkliches Interesse, den wahren Kern der Sache im empfindlichen Innenleben dieses Mitarbeiters zu finden und ein ernsthaftes Gespräch zu führen.

Wenn er sich gesehen und gehört fühlt, seine Kreativität und die Auflockerung seiner Beiträge gewürdigt werden, leistet er Enormes, durchaus auch im traditionellen Sinn (sauber, ordentlich und korrekt).

Rolle: Innovator, Zukunftsplaner, Veränderungsmanager.

Führungskräfte sind verschieden

Auch an den Führungskräften gehen diese vier Grundtendenzen nicht spurlos vorbei. Sie haben Auswirkungen auf die Gestaltung der Führungsrolle mit all ihren Anforderungen: Ziele erreichen, Aufträge erteilen, delegieren, Sitzungen leiten, Organisation und Struktur, Motivation und Förderung der Mitarbeiter, Umgang mit Konflikten zwischen Mitarbeitern, Entwicklung von Teams und Umgang mit Finanzen, Terminen, Hierarchien und verschiedensten Umfeldern.

Die Nähe-Führungskraft

Wenn ein Nähe-Mensch Führungskraft ist, dann empfindet er die eher als Last für sich und als Zumutung für die anderen. Er befiehlt sehr ungern («steht mir nicht zu»), und da er es doch tun muß, möchte er im Gespräch sanft, in Watte verpackt, seine Mitarbeiter entdecken lassen, was zu tun ist. Wenn die endlich einmal wissen wollen, was er von ihnen konkret will, wie und bis wann, fällt es ihm äußerst schwer, Klartext zu reden.

Er delegiert auch nicht gern, sondern macht vieles wohl oder übel selber. Nicht, weil er alles am besten kann, sondern weil er den anderen nicht zur Last fallen möchte. Er weiß gut, wie es ist, etwas zusätzlich delegiert zu bekommen, weil ihm als Mitarbeiter immer viel delegiert wurde. Er konnte damals schon nichts ablehnen und nur schwer nein sagen. Daher macht er Überstunden, die er dann zu Hause ableistet (er nimmt die Arbeit mit), damit er bei seinen Lieben ist.

Sitzungen und Besprechungen sind ihm angenehm, und er leitet sie mit großem Gehör für seine Mitarbeiter, tendenziell lange und ausufernd.

Organisatorisches und Strukturelles akzeptiert er, wendet es aber unter Entschuldigungen und zu Ausnahmen bereit an.

Hauptsächlich motiviert er durch fachliches und persönliches Loben der Leistungen oder auch nur der Bemühungen seiner Mitarbeiter. Kritik auszusprechen ist ihm unangenehm, dazu lacht er und bagatellisiert es selber. Seine Mitarbeiter fördert er intern und extern in ihrem eigenen Interesse und zu ihrem eigenen Wohlergehen, nicht prinzipiell zum Nutzen der Firma oder der Abteilung.

Bei Konflikten zwischen seinen Mitarbeitern leidet er unter der Streitatmosphäre. Zum Teil kreidet er sich die Disharmonie selber an. Er fühlt sich hilflos, möchte vermitteln und es allen recht machen. Er übernimmt selber Teillasten, um zur Lösung beizutragen. Die Entwicklung des Teams ist ihm ein wichtiges Anliegen.

Finanzen, Termine und Hierarchie sind für ihn ein notwendiges Übel. Gegen oben schweigt er, akzeptiert oder druckst herum, um seinen Chef nicht zu verärgern. Wenn seine Leute aber unmenschlichem Druck ausgesetzt sind, kann er sich für sie auch ins Zeug legen wie eine Löwenmutter.

Mit seinem Umfeld pflegt er gerne einen informellen Kontakt. Aus Naivität, was Machtverhältnisse angeht, kann er sich dabei die Finger verbrennen (Vorstand, Presse, Konkurrenz Image), obwohl er loyal zum Unternehmen steht.

Die Distanz-Führungskraft

Als Führungskraft will der Distanzler erst einmal ein eigenes Büro. Nicht etwa, um zu bluffen, sondern damit er die Tür schließen kann, um endlich in Ruhe zu arbeiten. Am Anfang braucht er geraume Zeit, um zu begreifen, daß er es jetzt in erster Linie mit Menschen und nicht mehr mit Sachen und Fachthemen zu tun hat, was ihm viel näher liegt. Aufträge erteilen läuft bei ihm direkt, offen und sachlich ab, was auf viele einen kollegialen Eindruck macht. So ist es auch gemeint, solange der andere sich tatsächlich wie ein Fachkollege benimmt.

Er delegiert nicht gern, weil es doch niemand so gut macht

wie er. Für den Distanz-Chef ist in der Arbeitsgestaltung Effizienz wichtig, das heißt, daß man das, was man tut, richtig tut.

Sitzungen beruft er selten ein, in großen Abständen und mit möglichst kurzer Dauer. Entsprechend sachlich und im Telegrammstil führt er sie auch. Empfindungen oder gar Gefühle definiert er als privat und verlangt das gleiche von seinen Mitarbeitern, was ihm selbstverständlich ist: eine scharfe Trennung zwischen Arbeit und Zuhause. Er verwechselt dabei die Begriffe «persönlich» und «privat». Die persönliche Einstellung, Empfindungen und Gefühle bei der Arbeit sind nichts Privates, wenn sie spürbare Auswirkungen auf Kommunikation, Kooperation und Effektivität haben. Diese Tatsache ist ihm fremd oder lästig.

Organisatorisches und Strukturelles tüftelt er wie ein einsamer Schachspieler aus, bevor er es dann als (einsamen) Entschluß mitteilt. Motivation der Mitarbeiter ist ihm ein Fremdwort, weil er genauso motivierte Mitarbeiter erwartet, wie er selbst einer ist. Zur Motivation setzt er Ziele und Termine. Daß etwas gut läuft, ist selbstverständlich. Kritik kommt sachlich, keine Kritik heißt Lob. Seine Mitarbeiter fördert er nur sachlich und fachlich (Persönlichkeitsentwicklung ist für ihn etwas Privates und geht die Firma nichts an).

Von Konflikten zwischen seinen Mitarbeitern will er nicht betroffen sein, damit will er nichts zu tun haben. «Die sind erwachsen und vernünftig genug, um es unter sich zu regeln.» Teamentwicklung ist ihm peinlich, und er glaubt nicht an ihre Möglichkeiten.

Finanzüberlegungen, Profitzwänge und Kontakte mit dem Umfeld sind ihm eher lästig, insbesondere wenn sie nach Selbstzweck riechen.

Gegen die obere Hierarchie kann er sich scharf und hart für seine Mitarbeiter ins Zeug legen.

Die Dauer-Führungskraft

Als Führungskraft kann der Dauer-Mensch sehr gut Aufträge und Befehle erteilen. Er macht es gern, findet es normal, notwendig und sinnvoll. Dabei läuft er Gefahr, daß die Befehlsausgabe einen herrschaftsrituellen Unterton erhält. Er kann auch gut delegieren und macht dies sehr genau. Er sagt nicht nur, was zu tun ist, sondern auch wie, und gibt weniger Handlungsspielraum als andere.

Die Dauer-Führungskraft ist ein wahrer Sitzungskünstler: gut vorbereitet, rechtzeitig angesagt und detailliert ausgeschrieben führt er geduldig, konsequent und mit Lust an der Leitungsfunktion durch die Besprechung. Er verliert den roten Faden nicht und hat die Uhr im Auge. Wenn es um Entscheidungen und Konsequenzen geht, zögert und zaudert er allerdings. Da will er sich doch vorher absichern und bittet sich dazu Zeit aus.

Organisatorisches und Strukturelles liegt ihm, und er kann konsequent und systematisch von der Planung bis zur Endkontrolle alles überblicken.

Zur Motivation seiner Mitarbeiter stellt er eine Belohnung in Aussicht, hilft beim Durchhalten oder drückt sie wie Zitronen aus. Er fördert seine Mitarbeiter sehr sorgsam, fast pädagogisch, aber nur, wenn es dem Gesamten nützt, «uns auch etwas bringt». Die persönlichen Motivationen, den Egoismus der Mitarbeiter und die Interessen der eigenen Abteilung weiß er dabei gut unter einen Hut zu bringen.

Konflikte zwischen seinen Mitarbeitern regen ihn auf, da sie nichts nützen und «unangebracht» sind. So etwas sollte gar nicht vorkommen. Es beleidigt sein Organisationstalent, fordert ihn dann aber doch zu Untersuchungen heraus. Er nimmt sich die Leute zur Brust und geht der Sache auf den Grund, sucht und findet die Ursache und die Schuldigen. Er trifft Gegenmaßnahmen. Gefühle sind für ihn zwar verständlich, gelten bei ihm aber nicht als Handlungsentschuldigung.

Teamentwicklung findet er vor allem für Regelungen von Unklarheiten und zum Treffen von zusätzlichen Abmachungen gut. Finanzen und Termine sind sein Heimatgebiet. Klar, offen und ehrlich strukturiert, plant und kontrolliert er die Sachen. Er hat alles und alle im Griff. Wer kontrolliert ihn? (Nur der Controller darf, weil es seine Aufgabe ist.)

Kontakte mit dem Umfeld sind ihm eine angenehme, ehrenhafte Aufgabe, die mit Prestige verbunden ist. Dies genießt er, würde es aber ungern zugeben.

Wechsel-Führungskraft

Als Führungskraft steht der Wechsel-Mensch in einem Dilemma: Einerseits hat er viele Wünsche und Projektideen und freut sich auch, daß er in der Position ist, sie umzusetzen. Andererseits will er aber nicht als autoritärer Befehlshaber und Ausnutzer seiner Machtposition dastehen. Es gibt mehrere Wege und Maschen, wie er diese Ambivalenz umsetzt.

Er delegiert zwischen Tür und Angel nach dem Motto «Ich möchte am liebsten …, mach wie du willst, aber es muß gemacht werden. Leg es mir hin, wenn du soweit bist.» Er überprüft dann aber nicht, ob eine Arbeit gemacht wurde.

Er erzeugt gerne ein locker-kollegiales Klima, in dem offizielle Sitzungen kaum Platz haben. Regelmäßige Treffen, womöglich noch mit Tagesordnungen, findet er kleinkariert. Wenn schon, dann nach Bedarf, informell, im Stehen, bei einem Glas Cola oder Sekt, auf einem Spaziergang oder bei einem Business-Lunch. Er genießt dabei die größere Beachtung und Sonderbehandlung, die er durch die Führungsposition erlangt hat, und sonnt sich in der Macht, die er nur als zusätzliche Wirkungsmöglichkeit empfindet. Er hat wenig Gespür für die heftigen Auswirkungen seiner Art auf Andersdenkende und -fühlende (Verwirrung, Mißtrauen, Schaden an der Sache etc.).

Organisatorisches und Strukturelles ist beileibe nicht sein Heimatgebiet, was er aber nicht als Manko empfindet.

Er motiviert seine Mitarbeiter durch Mitreißen und Begeistern. Er kann leger und großzügig sein (ausufernde Pausen, Anstiftung zu Mauscheleien und Schludrigkeiten, dabei mitmachen, gestatten und übersehen), solange das Resultat und vor allem das Klima einigermaßen stimmen. Sonst hingegen treibt er an und flüchtet dann, weil er nicht gern in den Augen der anderen als Autoritätsperson dasteht.

Er fördert seine Mitarbeiter großzügig, gestattet viele Wunscherfüllungen («Ja, ja, machen Sie das nur, wenn es Ihnen Spaß macht»). Konflikte zwischen seinen Mitarbeitern hat er nicht gern, weil sie ein Einbruch der verdrängten Wahrheit in die oberflächlich lustige Zusammenarbeitsatmosphäre sind. Am liebsten delegiert er das Durchstehen des Konflikts und seine Lösung oder schwatzt ihn mit Engelszungen weg.

Der Wechsel-Chef kann gut Fehler zugeben und ist ein Antiperfektionist. Er wirkt in der Rolle der Führungskraft nicht sehr routiniert, auch wenn er sie schon Jahre innehat. Damit erhält er sich die Menschlichkeit und die Zuneigung vieler seiner Mitarbeiter.

Teamentwicklung ist bei ihm vor allem mit Freizeitaktivitäten, Abteilungsfesten, Ausflügen, Familientreffen und Incentive-Maßnahmen verbunden. Jubel, Trubel, Spaß.

Mit Finanzen und Terminen transparent und genau umzugehen fällt ihm schwer. Auch das delegiert er möglichst. Macht er es selber, so wird verschoben, vergessen, gerade noch hingedreht. Damit erreicht er oft tatsächlich einiges, obwohl Zeit und Geld dann nicht korrekt stimmen. Meist kommt er mit einem blauen Auge davon, da es gerade noch irgendwie gegangen ist. Wenn nicht, dann: «Sorry, nobody is perfect!»

Die Korrekturen und Beeinflussungen von oben versucht er immun durchzustehen. Im Umgang mit dem näheren und vor allem weiteren Umfeld seiner Arbeit tut er so, als seien ihm Kontakt, Einfluß und Repräsentation lästig, in Wirklichkeit genießt er es.

Metakommunikativer Führungsstil

Der «ideale» Führungsstil

Entsprechend den Unterschieden im Verhalten und Vorgehen von Führungspersonen kann man auch Führungsstile in die vier Felder des Modells einteilen.

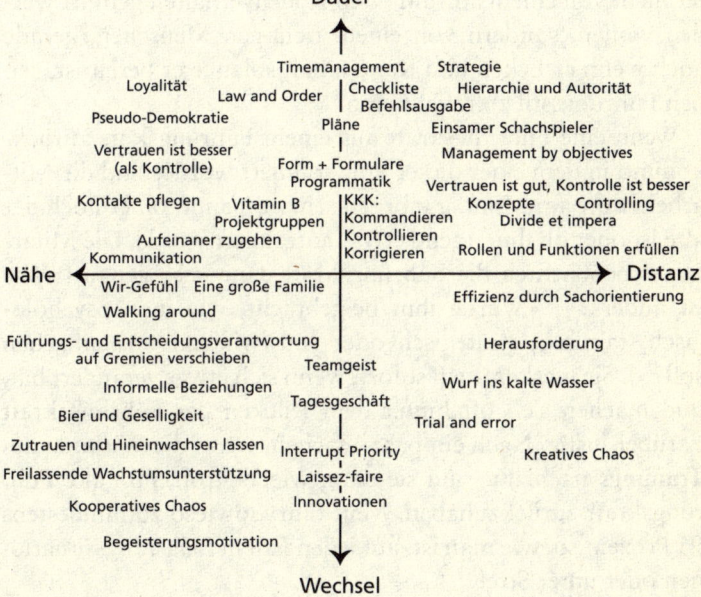

Führungstheorien
Management by ...

Diese vielen Führungstheorien (es gibt noch viel mehr) haben alle etwas für sich. Sie wurden zum Teil in Büchern und sonstigen programmatischen Werken als die einzig richtigen hingestellt. Wie man sieht, ist dies gar nicht möglich, da jede nur einen Teil des Ganzen darstellt. Jeder Führungsstil ist immer für die Mitarbeiter goldrichtig, die dort ihr Heimatgebiet haben. Für die Mitarbeiter, die in den zwei jeweils daneben liegenden Quadranten zu Hause sind, ist der Führungsstil akzeptabel. Für die Mitarbeiter, die aus dem gegenüberliegenden Quadranten kommen, ist der Führungsstil nicht richtig bzw. schlecht und im schlimmsten Fall katastrophal.

Führungsstile und Managementtheorien können – mit anderen Worten – nie absolut richtig sein, sie brauchen immer mindestens das Korrektiv der Gegenseite. Führungsstile können nicht trainiert werden und sollten das auch nicht, weil die Mitarbeiter nicht von einem antrainierten Rollenverhalten geführt werden wollen, sondern von einem richtigen Menschen, gerade auch wenn er Ecken und Kanten hat, solange er bereit ist, seinen Führungsstil zu reflektieren.

Wenn eine Führungskraft aus einem Führungskurs zurückkommt, in dem einer dieser Stile trainiert wurde, sind die Mitarbeiter oft am Montag morgen sehr gespannt, ob er noch der alte ist oder ob ihm irgend etwas antrainiert wurde. Die Mitarbeiter beobachten die Führungskraft dann sehr genau («Was ist anders?», «Wurde ihm beigebracht, wie man psychologisch, taktisch, strategisch oder sonstwie mit uns umgehen soll?»). Sie merken auch sofort, wenn sich etwas verändert hat, und machen sich oft hinter dem Rücken der Führungskraft darüber lustig. Nach ein paar Wochen, wenn die Wirkung des Trainings nachläßt, sind sie dann wieder froh, ihre alte Führungskraft zurückzuhaben. Man führt sowieso zu mindestens 95 Prozent so, wie man ist, auf jeden Fall in Belastungssituationen oder unter Streß.

Daher beginnt die Menschenführung bei jedem selbst. Die Führungskraft muß sich selber auch führen, muß dieses Instrument der Führung, sich selbst also, kennenlernen, pfleglich behandeln und auch in seinen Fähigkeiten erweitern. Alles folgt dem Prinzip «Willst du eine gute Führungskraft sein, so schau erst in dich selbst hinein» (Schulz von Thun 1989).

Den idealen Führungsstil kann man nicht trainieren. Statt dessen muß man bei sich selber den persönlichen Führungsstil entdecken, der auch wirklich zu einem paßt. Wenn ich meinen persönlichen Führungsstil entdeckt habe, ist das noch nicht das Ende der Entwicklung, sondern erst der Anfang. Im nächsten Schritt muß ich schauen, was geschieht, wenn mein Führungsstil auf meine Mitarbeiter trifft. Man kann nicht voraussagen, was dann passiert, weil ja auch die Mitarbeiter sehr unterschiedlich sind.

Der metakommunikative Führungsstil

Wenn es nun so ist, daß Menschen unterschiedlich sind, folglich auch Mitarbeiter, folglich auch Chefs, folglich auch ihre Art zu führen unterschiedlich ist und auch Mitarbeiter unterschiedlich geführt werden wollen, bleibt kein idealer Führungsstil übrig, der für alle Mitarbeiter gleich gut ist. Man fällt aus den Wolken des Management-Ideal-Himmels. Es bleibt nur noch die Realität:

«Ich als Vorgesetzter führe so, wie es zu mir paßt, wie es mich gut dünkt, wie es aus meiner Warte aussieht.

Sie alle, die Mitarbeiter, reagieren mal so, wie es zu ihnen paßt, wie es für sie stimmt, wie es aus ihrer Warte aussieht.

Ob das zusammenpaßt und wie das zusammenpaßt, wissen wir noch nicht. Das müssen wir zusammen herausfinden. Ich muß meinen Führungsstil, der auch für euch Mitarbeiter, zu unserer Situation und unseren Zielen paßt, gemäß meiner Art entwickeln. Darüber müssen wir uns auch austauschen, zusammen darüber reden, einander zuhören und gemeinsam Lösungen für die Unterschiede, Differenzen und konflikthaften Punkte herausfinden. Führung soll ja unsere Zusammenarbeit in jeder Hinsicht erleichtern.»

Das heißt nicht, daß jetzt die Basisdemokratie ausgerufen wird, wo jeder mitbestimmt. Es handelt sich nach wie vor (allermeistens) um hierarchische Situationen, Orientierung am Ziel und sachlich-fachliches Vorgehen. Aber die Art und Weise des Umgangs zwischen Führungskraft und Gruppe wird zum Inhalt des metakommunikativen Gesprächs gemacht. Die Führungskraft muß sich der Gruppe der Mitarbeiter (nicht jedem einzeln) mit den folgenden Fragen stellen:

- Wie fühlt ihr euch von mir geführt?
- Was ist daran gut, was ist daran schlecht?
- Auf was reagiert ihr allergisch?
- Wie wirkt sich meine Art zu führen auf die Zielerreichung und die Kooperation aus?

Auf den ersten Blick ist dies eine Feedback-Situation, auf den zweiten Blick ist es ein Gruppenaustausch über Stimmungen, Situationen, Vorgehen im Groben und Feinen, eben den Führungsalltag. Dies sollte mindestens einmal im Jahr geschehen, besser aber öfter.

Dieser Austausch ist weder ein jüngstes Gericht noch wird die Führungskraft angeklagt. Sie ist nur verpflichtet, sich anzuhören, was sie mit ihrer Art und Weise zwangsläufig bei ihren Mitarbeitern auslöst. Ob sie etwas ändern will oder ob sie etwas ändern kann, liegt nach wie vor in ihrer Macht und in ihrem Entscheidungsbereich. Sie ist nur verpflichtet und (schon aus reinem Egoismus) gut beraten, sich anzuhören, **was** sie bewirkt. Wenn sie will und wenn sie es noch vermag, kann sie am nächsten Tag zur gewohnten Tagesordnung übergehen und al-

les so wie vorher auch (für einen Teil der Mitmenschen falsch)
machen. Tatsächlich zeigt ein solches Gespräch aber automatisch positive Auswirkungen.

Das metakommunikative Führungsgespräch

Wie soll diese Metakommunikation initiiert werden? Wie ist
sie durchzuführen und durchzustehen, wie abzuschließen und
auszuwerten?

Initiierung/Einführung
Wenn eine Führungskraft den Weg des metakommunikativen
Führungsstils gehen will, muß sie zuerst folgende Vorüberle-
gungen anstellen:
– Wann will ich die Metakommunikation ansetzen?
– Wie will ich sie ankündigen?
– Wieviel Zeit will ich realistischerweise dafür einplanen?
Das metakommunikative Gespräch über die Führungssitua-
tion wird nicht spontan vom Stapel gelassen, sondern gezielt in
die Wege geleitet, geplant, angekündigt und strukturiert durch-
geführt.

Wieviel Zeit?
Je mehr Zeit seit dem letzten solchen Gespräch verstrichen ist,
desto mehr Zeit sollte eingeplant werden. Faustregel: pro beteiligte Person ca. 15 Minuten plus 30 Minuten extra.

Wer nimmt teil?
Alle direkt von der Führungskraft Geführten sollten teilnehmen. Auch wenn die Mitarbeiter jeweils einzeln geführt werden,
sollten sie für dieses Gespräch in einer Gruppe zusammengefaßt
werden. Dies hat den Vorteil, daß auch Kleinigkeiten, leise
Töne, Bedenken, aber auch Zufriedenheit deutlicher heraus-

kommen können. Die Mitarbeiter können sich dadurch sowohl gegenseitig unterstützen als auch relativieren. Einzeläußerungen können ein Gegengewicht bekommen. Dadurch werden Einseitigkeiten vermieden.

Die Hierarchiestufen sollten möglichst nicht gemischt werden. Die Führungskraft sollte sich genau überlegen, wen sie **direkt** führt, und nur diese Personen sollten anwesend sein.

Wo findet das Gespräch statt?

Das Gespräch sollte nicht im Büro des Chefs stattfinden, sondern in einem neutralen Besprechungsraum. Wichtig ist, daß die Sitzung nicht durch Telefonate oder gar durch andere Personen gestört wird. Sie kann auch außerhalb, zum Beispiel im Nebenraum eines Restaurants, Hotels oder in einem Tagungshaus stattfinden.

Wie sollte die Ankündigung aussehen?

Auf alle Fälle sollte das Gespräch angekündigt werden. Nicht nur Termin und Ort, sondern auch der Inhalt, das Thema, und sogar Fragen sollten in der Ankündigung genannt werden. Wichtig ist auch eine Begründung: warum überhaupt, warum jetzt und warum so? Bei dieser Begründung kommt die Führungskraft nicht darum herum, auch persönlich etwas dazu zu sagen. Die Ankündigung kann schriftlich oder mündlich stattfinden.

Diese Ankündigung aktiviert vielleicht auch Ängste, Mißtrauen und Vorsicht bei den Mitarbeitern («Ist das jetzt ein neuer Trick?», «Ist das eine neue Manipulation?», «Handelt es sich um ein geheimes Assessment-Center?»). Die Führungskraft sollte diese Ängste schon in der Einladung mit knappen, klaren Worten entkräften.

Auf keinen Fall sollte dieses Gespräch im Zusammenhang mit Beurteilungsgesprächen, Karriereauswahl und anderen Förderungsmöglichkeiten stehen. Die Führungskraft muß glaubhaft versichern können, daß es um **eine Maßnahme zur Verbesserung der gemeinsamen Zusammenarbeit in der hierarchischen Situation** geht, daß sie bereit ist, zuzuhören und auch dazuzulernen, was ihren Führungsstil angeht.

Wer wird leiten?

Es gibt folgende Möglichkeiten:
– Die Führungskraft leitet selber (schwierige Doppelrolle, deshalb nicht so günstig),
– ein möglichst neutraler Mitarbeiter leitet;
– ein Kollege leitet;
– ein interner oder externer Moderator leitet.

Für die Leitung geeignete Mitarbeiter sind zum Beispiel:
– ältere Mitarbeiter,
– jemand, der das Vertrauen aller besitzt,
– Mitarbeiter, die in Gesprächsleitung ausgebildet sind, oder
– die Mitarbeitervertretung (Vertrauensperson).

Anleitung zur Durchführung (für die Führungskraft)

Innere Vorbereitung auf die Metakommunikation

Halten Sie sich vor Augen, daß es sich nicht um das jüngste Gericht handelt, auch daß Sie kein Angeklagter sind, sondern daß Sie freiwillig aus eigenen Stücken und im eigenen Interesse die Wirkung Ihrer Führung erkunden wollen. Dabei spielen negative Punkte genauso eine Rolle wie positive; Gefühle, Beziehung und Klima genauso wie Führungstechniken und Sachlich-Fachliches.

Wenn Sie Metakommunikation zum erstenmal ein- und durchführen, wird dieser Austausch für Sie ungewohnter und vielleicht angstbesetzter sein, als wenn Sie darin schon Übung und Erfahrung haben.

Wenn Ihnen mulmig ist und Sie Ängste haben, schauen Sie genau hin: Was genau ist Ihre Angst? Daß Sie demontiert werden, daß Sie rot werden, in Tränen ausbrechen könnten, daß Sie scheu sind, daß ein Gemetzel, eine Meuterei losgehen könnte, daß Sie die Autorität verlieren könnten? Oder daß Sie nicht die Wahrheit erfahren, mit Oberflächlichkeiten abgespeist werden, den Kontakt nicht finden, als eitler Komplimente-Fischer oder als die Unsicherheit in Person hingestellt werden?

In dieser Selbsterforschung gilt das Grundprinzip: Das sind **Ihre** Gefühle, die mit **Ihnen** etwas zu tun haben, die Ihnen auch im Alltag Energie blockieren und Kraft saugen. Wahrheit befreit! Wenn Sie wirklich die innere Erforschungshaltung haben, kann Ihnen wenig passieren.

Ich habe als externer Moderator in extremen Konfliktsituationen schon einige Tränen, rote Köpfe und ähnliche «Zusammenbrüche» (wie das fälschlicherweise im Arbeitsalltag beschrieben wird) erlebt, übrigens sowohl bei weiblichen als auch bei männlichen Führungskräften. Bei keinem wurde das ausgenutzt oder hinterher vorgeworfen. Alle sind sie zwar nachdenklich, aber gestärkt aus der Metakommunikation hervorgegangen, obwohl zum Teil zwischenmenschliche Extremsituationen entstanden.

Sie können also mit Ruhe, Geduld und vor allem mit dem Interesse des Wissen-Wollens, des Wahrheitsforschers, wach und auch ein bißchen aufgeregt auf die Situation hinschauen. Für nicht aushaltbare Ängste können Sie sich auch eine innere «Durchhalte-Notfall-Apotheke» zusammenstellen, zum Beispiel erst einmal aufschreiben, dreimal leer schlucken oder zum Fenster hinausschauen, im ungünstigsten Fall auch eine kleine (Rauch-)Pause anberaumen, um das Gesagte sacken zu lassen.

Durchführung der Führungsmetakommunikation

Begrüßen Sie die Runde kurz und persönlich, und begründen Sie noch einmal, warum jetzt alle hier sind. Was ist der Grund, der Hintergrund, die Historie, was Anlaß, Ziel und Dauer dieser Team- oder Abteilungsklausur (manchmal auch Klimakonferenz, Kotzrunde oder Jahresrunde genannt)? Oder konkret ausgedrückt: *«Warum habe ausgerechnet ich, ausgerechnet jetzt, ausgerechnet hier, ausgerechnet Sie alle, zu ausgerechnet diesem Thema zusammengerufen?»*

Anschließend können, aber Sie müssen nicht vielleicht zu einer kleinen Anfangsrunde auffordern, in der jeder noch mal sagen soll, mit welcher Einstellung und mit welchen Gefühlen und Ängsten er oder sie jetzt hier sitzt:

Dann stellen Sie eine Startfrage, zum Beispiel: *«Wie fühlen Sie sich von mir geführt, gefördert und unterstützt?»* Noch besser ist ein ganzer Blumenstrauß von verschiedensten konkreten Fragen. Die müssen dann nicht alle einzeln beantwortet werden, sondern umreißen und konkretisieren das Themenfeld. *«Wie empfinden Sie das Klima und die Stimmungen, die von mir ausgehen? Wie geht es Ihnen mit den Sitzungen, die ich anberaume und leite? Wie sind Sie mit dem Sachertrag und meinen Entscheidungen, meiner Strategie und Organisation zufrieden? Und wie geht es Ihnen überhaupt mit mir und der Zusammenarbeit in unserem Team. Was gefällt Ihnen daran, was stört Sie dabei, auf was reagieren Sie allergisch? An was haben Sie Freude? Wo sind Sie irritiert, erstaunt, überfordert? Wann wurden Sie vielleicht auch zuwenig wahrgenommen, falsch eingeschätzt oder ungerecht behandelt?»* Das wäre ein möglicher Fragenstrauß oder Startimpuls mit einem Schrotschuß.

Anschließend ist es wichtig, daß nicht gleich jemand herausplatzt, sondern Sie noch sagen, wie Sie sich die Erforschung dieser Fragen vorgestellt haben, zum Beispiel: *«Es soll sich jeder mal fünf Minuten zurückziehen und sich Notizen machen»*, oder: *«Es soll jeder mal seine drei wichtigsten positiven und drei wichtigsten negativen Punkte auf je eine Karteikarte schreiben, die wir in fünf Minuten zusammen anschauen werden*», oder (eher bei größeren Gruppen): «*Setzen Sie sich jeweils zu zweit zusammen, und sprechen Sie über diese Fragen, das Wichtigste daraus führen Sie dann nachher vor allen im Plenum aus.*»

Nach der Einführung, dem Startimpuls und der Besinnung auf das Thema «Führung und Klima» kommt nun der Hauptteil: eine **Runde**, in der jeder (aber auch wirklich jeder) Mitarbeiter drankommt oder (nötigenfalls) aufgefordert wird, seine Sicht der Dinge rein subjektiv und persönlich darzustellen.

Sie müssen dabei auch zwischenzeitliches Schweigen eine Zeitlang (ca. 30 Sekunden) aushalten können und nicht gleich überspringend, überspielend oder bewältigend intervenieren. Wenn dann gesprochen wird, hören Sie zu, seien Sie ganz Ohr, und versuchen Sie möglichst die Sache aus dem Blickwinkel des Mitarbeiters heraus zu verstehen. Wenn Sie sich angegriffen fühlen, unsachlich oder ungerecht dargestellt sehen, **rechtfertigen Sie sich nicht**, sondern sagen Sie allenfalls: «*Ach, so sieht es von Ihnen her aus, von mir her sieht es ganz anders aus, aber das ist jetzt nicht das Thema.*» Sie dürfen auch mitschreiben, erklären Sie aber unbedingt, warum und auch wozu nicht (Personalakte). Wenn Sie etwas nicht ganz verstanden haben, fragen Sie nach oder noch besser: **Wiederholen Sie in eigenen Worten, was Sie verstanden haben.** Lassen Sie sich Beispiele geben. Bei diffusen Aussagen wie zum Beispiel «Man fragt sich manchmal schon vieles» oder «Da kommen gemischte Gefühle auf» erbitten Sie Konkretisierung. Manchmal genügt ein «*Nämlich?*» oder ein fragendes «*Zum Beispiel?*».

Lassen Sie anfangs, bevor nicht alle dran waren, wenig bis **keine Diskussion** zu. Ermuntern Sie die Mitarbeiter ruhig, die gleichen Punkte, die schon von anderen kamen, noch mal in eigenen Worten zu sagen, wenn diese auch für sie zutreffen.

Greifen Sie wenig ein, höchstens strukturierend: wer jetzt

dran ist oder daß nur einer zur Zeit reden soll. Am besten schweigen Sie die meiste Zeit und hören zu, weil es um die Erfahrungen der **Mitarbeiter** geht. Das Ziel war ja, daß die interpersonelle Situation offen zutage tritt. Das reinigt die Atmosphäre. Wahrheit befreit und leitet einen (manchmal etwas schmerzhaften) Heilungsprozeß ein!

Wenn Konflikte zwischen Mitarbeitern hochkommen, **stoppen Sie eine Eskalation** mit der Bemerkung, daß es hier nur darum geht, jeden aus seiner Sicht heraus zu **verstehen**. Die Konflikte müssen nicht unterdrückt, sollen aber in diesem Rahmen auch nicht behandelt und gelöst werden. Das mag dann in einem nächsten Schritt angebracht sein.

Wenn jemand nichts sagen will, hören Sie seine Gründe an, vielleicht haben die auch etwas mit Führung und Klima zu tun. Manchmal befreit auch hier das Verstehen der Blockade.

Kommen Unzufriedenheit, Demotivation, Angriffe oder sonstige negative Dinge hoch, seien Sie **dankbar für die Ehrlichkeit**. Wenn zu sehr auf Ihnen herumgehackt wird und Ihnen alle Schuld und Kritik zugeschoben wird, können Sie gelegentlich auch danach fragen, was denn Ihre tatsächlichen oder vermeintlichen Fehler bei den Mitarbeitern **innerlich** bewirken («*Wie wirkt sich das für Sie innerlich aus, wenn ich so bin?*»). Das Gespräch nimmt dann einen anderen, ausgeglicheneren Verlauf, weil die Mitarbeiter wieder mehr von sich sprechen.

Wenn **restlos** alle dran waren, gibt es verschiedene Möglichkeiten: Sie können objektiv zusammenfassen (die Punkte, Themen und Probleme) oder subjektiv (was hat mich am meisten betroffen gemacht, verletzt, zum Nachdenken angeregt oder gefreut). Daraus kann eine Diskussion über einzelne, wichtige Punkte entstehen. Solange diese Diskussion einigermaßen ruhig verläuft, ist das in Ordnung. Sollte die Diskussion eskalieren, dann brechen Sie sie ab und kommen zum Abschluß. Machen Sie keine Versprechungen oder äußern Vorsätze, gehen Sie keine Konzessionen ein. Dafür ist hier nicht der richtige Platz.

Erst mal sollte alles überschlafen werden. Sie **können** ein Folgetreffen in Aussicht stellen oder es gleich abmachen.

Sie können einfach dankend abschließen oder besser vorher noch eine kurze **Auswertungsrunde** anregen: Jeder soll noch mal der Reihe nach sagen, wie er die Sitzung erlebt hat und was ihm wichtig war, auch ob es zum Vorgehen noch etwas zu sagen oder reklamieren gibt.

Die psycho-logische Konsequenz einer gelungenen Metakommunikation über die Führung wäre eine anschließende Metakommunikation über die **Zusammenarbeit:** Wie arbeiten die Mitarbeiter untereinander zusammen, unabhängig von Ihrer Führung? Das ist aber ein Thema unter dem Titel: «Metakommunikation in Arbeitsgruppen».

Nachbereitung

Meistens braucht nichts gemacht zu werden, weil ein solches Gespräch mittelfristig automatisch seine fruchtbare Wirkung entfaltet. Schon allein die Grundsituation, daß die Mitarbeiter so viel Zeit in das Thema investiert haben und die Führungskraft einmal aus ihrer einsamen Rolle herausgekommen ist und zum Thema wurde, wirkt sich gut aus.

Fehler und Fallstricke

Es gibt auch Gefahren, die je nach Grundstrebung der Führungskraft unterschiedlich ausfallen.

Die **Nähe-Führungskraft** möchte es gerne sofort gutmachen, damit alle mit ihr zufrieden sind. Das ist eine Gefahr, weil sie damit sich selbst und ihre eigene Mitte verliert und nur noch nach den anderen handelt.

Die **Distanz-Führungskraft** kann sich das sicherlich alles gut anhören. Sie ist auch froh, wenn viel Negatives kommt, weil negativ für sie gleichbedeutend mit wahr ist. Sie leidet selbst unter anderen Menschen und kann sich gar nicht vorstellen, daß ihre Mitarbeiter mit ihr zufrieden sein könnten. Sie wird mißtrauisch, wenn jemand alles gut findet, so wie es ist. So viel Positives, wie der Nähe-Mensch hören möchte, so viel Negatives möchte die Distanz-Führungskraft hören. Die Gefahr ist dabei, daß die positiven Beiträge unter den Tisch fallen oder als Feigheit der Mitarbeiter abgetan werden.

Die **Dauer-Führungskraft** ist sofort bestrebt, zu allen Vorwürfen eine Erklärung und rationale Begründung abzugeben. Sie erklärt alle Differenzen logisch aus Situationen und Strukturen heraus und nicht aus dem Inneren des Menschen. Die Gefahr ist dabei, daß die Mitarbeiter nicht das Gefühl haben, verstanden worden zu sein, weil alles wegerklärt wird.

Die **Wechsel-Führungskraft** wird sich dieser Situation genauso ungern stellen wie die Nähe-Führungskraft. Sie läuft Gefahr, die Situation mit einem Betriebsfest oder Ausflug zu verbinden. Sie wird nicht so sehr in die Tiefe fragen, sondern sich eher oberflächlich nach groben Verstößen erkundigen und zufrieden sein, wenn einzelne kleine «Alibi-Beschwerden» vorgetragen werden. «Das war's dann wohl, oder ist noch irgendwas? Sonst können wir zum gemütlichen Teil übergehen.» Die Gefahr ist dabei, daß die wirklich wichtigen Themen, die etwas mehr Ruhe, Ernsthaftigkeit und ein feines Gespür der Führungskraft brauchen, nicht auf den Tisch kommen.

Phase 5 – Abschluß

Ziel

Nachdem in Phase 4 die inhaltliche Klärung des Konflikts mit dem Transfer ihren Abschluß gefunden hat, geht es nun in Phase 5 darum, die **Klärungssituation** abzuschließen. Die Abschlußphase entspricht in etwa der Anfangsphase, in der der Moderator den Rahmen gesetzt, die Anwesenden begrüßt und über ihre Einstellung und Vorbehalte zur Klärung befragt hat. Es geht nun darum, noch einmal eine **Metakommunikation über die Klärung** einzuleiten. Dazu gehört in erster Linie das Feedback an den Klärungshelfer. Oft geben sich die Konfliktparteien auch gegenseitig noch Feedback über die Zusammenarbeit im Klärungsprozeß, wenn das innerlich gerade anliegt.

Die Abschlußphase umfaßt Metakommunikation über die Klärung, Feedback zur Klärung, Reste, weitere Termine und den Abschied.

Rolle des Klärungshelfers

Der Klärungshelfer ist in dieser Phase Moderator einer abzuschließenden Zusammenkunft von Menschen. Zugleich geht es auch um Feedback zu seiner Arbeit. Beim Entgegennehmen des Feedback sollten Zuhören und Bestätigen im Vordergrund stehen. Das mag vielleicht dem angegriffenen Anfänger schwierig erscheinen, der seine ganze Energie in das Verstehen der Kon-

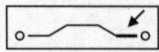

fliktparteien gelegt hat und nun noch mal anhören muß, wie die Teilnehmer das alles fanden. Trotzdem ist es wichtig, sowohl bei positivem als auch bei negativem Feedback nur zuzuhören und zu verstehen, was die Teilnehmer meinen.

Konkretes Vorgehen

Die Abschlußphase ist wichtig, wird aber leicht vergessen. Sie sollte keine einseitige Dankbarkeits- und Lobesrunde werden. Ich ermuntere immer dazu, gerade das Negative, Ungeklärte, Parteiliche, die Störungen gerade auch mit mir anzusprechen. Einerseits lerne ich daraus, und andererseits dient das der Pflege meines Rufs, wenn die Teilnehmer Störungen direkt bei mir ansprechen können.

Einleitung der Abschlußrunde für Zweierklärungen
Kurzversion: *«Bevor wir ganz aufhören, möchte ich noch fragen, ob es noch etwas zu dieser Sitzung zu sagen gibt. Wurde jemand verletzt oder nicht verstanden? War ich parteiisch, nicht neutral? Wurde jemand schockiert?»*

Normalversion: *«Wie wollen wir verbleiben? Gibt es etwas abzumachen, oder ist die Klärung abgeschlossen? Wollen Sie gleich einen neuen Termin? Oder möchten Sie sich das überlegen und dann wieder anrufen? Was gibt es überhaupt noch zu der vergangenen Sitzung zu sagen?»*

Einleitung der Abschlußrunde für Teamklärungen
«In der Abschlußrunde, die wir jetzt gleich machen, möge sich jeder und jede dazu äußern, was es zu dieser Klärungsmaßnahme noch zu sagen gibt. Was würden Sie mir in mein ‹Stammbuch› schreiben? Was habe ich zu lernen? Wo habe ich

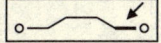

Sie nicht verstanden oder gar verletzt? Wo war ich nicht neutral? Was gibt es den anderen oder dem Chef noch zu sagen, und welche Reste sind noch da?

In seinem eigenen Beitrag am Schluß der Runde sollte der Klärungshelfer, nach einem persönlichen Teil, auch noch vor Euphorie und übertriebenen Hoffnungen warnen: *«Und machen Sie sich keine Illusionen. Der eine Meter Fortschritt in der Kommunikation und Zusammenarbeit wird im Alltag wieder schrumpfen, vielleicht bis auf einen Millimeter. Der bleibt dann aber. Und: Sie haben erlebt und wissen, daß man sich in Streß und Krisenzeiten, bei Mißverständnissen und Konflikten wieder finden kann. Das ist das Wesentliche. Das haben Sie hier mit dem Komfort einer externen Hilfe erreicht. Sie können das aber auch selber bewirken. Jeder muß sich dann allerdings selber doppeln, das heißt sich vollständiger ausdrücken, nicht nur die sachlich-fachliche Seite nennen. Die am Konflikt nicht Beteiligten müssen ein bißchen moderieren, so daß jeder zu Wort kommt und verstanden wird. Also: Rückschläge wird es garantiert geben.»*

Nach der Abschlußrunde muß der Klärungshelfer den Abschied nach seiner Art gestalten. Ich begnüge mich meist mit: *«Danke für den Auftrag. Ich wünsche Ihnen eine gute Heimreise. Das war es von mir aus!»* Und übergebe den Stab wieder dem Chef. Dieser sagt dann meistens auch noch einmal formale Dankesworte und nennt organisatorische Einzelheiten. Nachdem die Runde aufgehoben wurde, verabschiede ich mich von jedem mit Handschlag.

Dauer

Für diese letzte Phase müssen pro Person etwa zwei Minuten geplant werden. Das heißt für eine Zweierklärung fünf Minuten und für eine Teamklärung entsprechend mehr.

 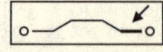

Fehler und Fallstricke

Fallstrick: Inhaltliche Diskussionen

In der Abschlußphase sollen keine inhaltlichen Diskussionen mehr über den Konflikt oder das Vorgehen stattfinden – der Klärungshelfer soll nur noch zuhören und danken.

Sollten sich in dieser Runde, was fast nie vorkommt, die Klärungsteilnehmer zusammenrotten und die negativen Punkte dem Klärungshelfer zuschieben, dann hat er auch **dafür** zu danken. Der Klärungshelfer kann dann fragen, ob alle das so sehen, und auch sagen, daß er das selber nicht so sieht. Er sollte aber auf keinen Fall eine Auseinandersetzung darüber beginnen. Auch in diesem Fall muß die Klärungssitzung termingerecht abgeschlossen werden.

Fehler: Die Suggestion «Alles ist gut»

Auf keinen Fall sollte sich der Klärungshelfer zu Äußerungen wie der folgenden hinreißen lassen: «Nach dem, wie das hier gelaufen ist, wird es jetzt ein Kinderspiel sein, im Alltag den guten Kontakt und die Zusammenarbeit aufrechtzuerhalten. Sie müssen sich einfach verstehen und positiv unterstützen, dann läuft das. Das haben Sie ja jetzt gesehen.»

Es fällt wahrscheinlich nicht immer leicht, in der Schlußeuphorie miesepetrige Warnungen zu verbreiten, ist aber unbedingt notwendig. Die Teilnehmer neigen sonst dazu, beim kleinsten Rückfall aus Enttäuschung jegliche Metakommunikation aufzugeben, weil es ja doch nichts nützt.

Nach der Klärungssitzung

Wenn alle Teilnehmer den Raum verlassen haben, ich beim Zusammenräumen bin und mich dann langsam selber auf den Weg mache, beschäftigt mich die Klärung natürlich noch einige Zeit. Ich bin meist zufrieden und dankbar, daß es wieder mal geklappt hat, und verweile in Gedanken besonders bei teilweise schwierigen oder unbefriedigenden Punkten. Diese unbefriedigenden Punkte beschäftigen mich meistens noch zwei bis drei Tage. Unter Umständen notiere ich mir auch die wichtigen offenen Punkte, bespreche sie noch mit anderen (Partnerin, Kollegen) und bringe sie in meine Supervisions- oder Intervisionsgruppe ein.

Wenn mir in der Schlußrunde irgend etwas vorgeworfen wurde, frage ich mich, ob ich mir das selber auch vorwerfe, und wenn das nicht so ist, wie es kommt, daß diese Menschen mich so empfunden haben (zum Beispiel rechthaberisch, überheblich, distanziert), was ich dazu beigetragen habe. Die folgenden Spiegelgesetze mögen dabei helfen.

Die Weisheit des Spiegels

1. Spiegelgesetz
Alles, was mich am anderen stört, ärgert, aufregt, in Wut geraten läßt und was ich anders haben will, habe ich selbst in mir.

2. Spiegelgesetz
Alles, was der andere an mir kritisiert, bekämpft und verändern will und was mich verletzt, betrifft mich – dies ist in mir noch nicht erlöst.

3. Spiegelgesetz

Alles, was der andere an mir kritisiert und mir vorwirft, anders haben will oder bekämpft, was mich aber nicht berührt, ist sein eigenes Bild, sein eigener Charakter, seine eigene Unzulänglichkeit, die er auf mich projiziert.

4. Spiegelgesetz

Alles, was mir am anderen gefällt, was ich an ihm liebe, bin ich selbst, habe ich selbst in mir und liebe dies im anderen. Ich erkenne mich selbst im anderen – wir sind in diesen Punkten eins.

Da ich oft fünf bis sechs Stunden fahren muß, bis ich dann endlich zu Hause bin, kommt später eine zweite Phase, wo ich ganz Abstand nehme von der Klärung, nur noch dasitze, zum Beispiel im Zug oder im Flugzeug, und gar nichts tue, am liebsten Musik höre oder etwas Oberflächliches lese und Magazine mit bunten Bildern anschaue.

Phase 6 – Nachsorge

Damit die Klärungshilfe keine punktuelle Maßnahme bleibt, sondern die Fortschritte im Klima und der Zusammenarbeit auch wirklich im Alltag überleben (leider nicht hundertprozentig, sondern in einem kleineren, dafür dauerhaft realistischeren Maß), sind verschiedene Maßnahmen notwendig. Die meisten dieser Maßnahmen werden schon in den Phasen 4 und 5 der Klärung behandelt, zum Beispiel Transfer, Abmachungen und Verabredungen über Zusammenarbeit, Besprechungen und Organisation. Um diesen Abmachungen und Maßnahmen eine bessere Überlebensperspektive zu gewähren, kommt oft der Wunsch aus dem Kreis der Teilnehmer nach einem Folgetreffen. Diesem Wunsch komme ich gern nach. Er ist nicht nur ein erfreuliches Zeichen für die gelungene Arbeit, sondern auch für die Einsicht in ihre Notwendigkeit. In der Regel wird das Folgetreffen ein halbes bis ein Jahr nach der Akut-Maßnahme angesetzt. In seltenen Fällen, in denen bei der Klärung wichtige Punkte offengeblieben sind, vergehen auch nur drei bis fünf Monate bis zum Folgetreffen.

Wird kein solches Folgetreffen vereinbart, erbitte ich von mir aus die Erlaubnis, mich in drei bis sechs Monaten beim obersten Hierarchen und auch bei seinen Mitarbeitern zu melden, um nachzufragen, welchen Gang der Dinge das Ganze genommen hat. Damit signalisiere ich, daß mir das weitere «Schicksal» der besprochenen Punkte der Zusammenarbeit, der Führung, der Effizienz und des Klimas nicht gleichgültig ist, sondern daß ich langfristigere Ziele als die reine Aufräumarbeit verfolge: die Fähigkeit zur Aufarbeitung aller jeweils aktuell wichtigen Punkte durch die Abteilung selber.

 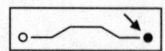

Folgetreffen (Follow-up)

Für ein Folgetreffen trifft sich die ganze Abteilung, die schon bei der Klärung dabei war, ein halbes bis ein Jahr nach der Klärung wieder. Meistens findet das Folgetreffen am Arbeitsort, in internen Schulungs- oder Weiterbildungsräumen statt. Es dauert in der Regel einen Tag. Sind allerdings noch wichtige Punkte, die bei der Klärung aufgeschoben wurden, auf der Tagesordnung, dann veranschlage ich zwei Tage. Das Klima auf solchen Folgetreffen gleicht einer nostalgischen Veteranenzusammenkunft. Alle freuen sich, von den Fortschritten in ihrer Zusammenarbeit zu berichten. Auch ich freue mich natürlich über die Erfolge, bin aber zugleich professionell-skeptisch darauf bedacht, daß diese bleiben. Das Treffen soll nicht nur aus dem Bericht der Fortschritte bestehen, sondern möglichst ebenso gewichtig wie die Klärung werden. Leider gelingt das nicht immer.

Ich weise ausdrücklich darauf hin, daß der Prozeß der selbständigen Bewährung im Alltag nicht zu Ende ist, sondern daß er im Gegenteil nun erst richtig beginnt, ohne Perspektive auf ein weiteres Treffen. Die Abteilung muß nach dem Folgetreffen alles selber klären und kann das nun auch. Sogar die Überprüfung können sie selber machen, wenn sie sich konsequent an die Regeln für Besprechungen halten und die Besprechungen auch tatsächlich mit metakommunikativem Teil durchführen (siehe «Metakommunikativer Führungsstil», S. 241 ff.).

Konkretes Vorgehen bei Folgetreffen

Das konkrete Vorgehen für Folgetreffen lehnt sich an das Vorgehen bei Klärungen an.

Kurz vor einem Follow-up rufe ich die Führungskraft an und

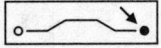

frage sie, wie die Stimmung ist, ob es aktuelle Vorfälle gibt, wie die «Rückfallquote» ist und ob es wichtige Veränderungen oder neue Themen gibt.

Das Treffen beginnt mit einer Runde, in der jeder sagt,

- wie es ihm jetzt gerade geht,
- wie die Zwischenzeit für ihn war,
- welche Punkte noch neu besprochen, revidiert, geändert etc. werden müssen,
- **was nicht funktioniert hat und**
- **was schlechter geworden ist.**

Auf die letzten beiden Punkte lege ich besonderen Wert.

Aus dieser Runde heraus ergibt sich zwischenmenschlicher Kontakt, und ich bekomme ein Gefühl für den Grad der Offenheit und das metakommunikative Klima in der Abteilung. Inhaltlich ergibt sich natürlich auch eine Liste mit Tagesordnungspunkten für dieses Treffen.

Es kommt nie vor, daß die Teilnehmer nur berichten, daß alles ganz toll ist. Wenn das der Fall ist, werden Folgetreffen meist abgesagt. Die Möglichkeit der Absage stelle ich schon beim Vereinbaren des Folgetreffens in Aussicht. Ich behalte mir für den Fall einer Absage allerdings vor, noch ein bis zwei Überprüfungstelefonate mit anderen Teilnehmern zu führen, um herauszufinden, ob wirklich alle ehemaligen Konfliktparteien auf das Folgetreffen verzichten wollen.

Es gibt gute und es gibt qualitativ neue Folgetreffen. Bei qualitativ neuen Folgetreffen werden auf einem tieferen Niveau Konflikte (die meist aus menschlichen Unterschieden entstehen) mit hoher Ernsthaftigkeit und Seriosität besprochen. Es ist ein gutes Zeichen für die Klimaverbesserung, daß jetzt weniger offensichtliche Konflikte besprochen werden können. Meist können und müssen diese Konflikte nicht mehr gelöst werden. Sie müssen nur noch gesehen, akzeptiert und verstanden werden.

 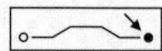

Manchmal wünschen sich die Teilnehmer auf dem Folgetreffen, etwas über den theoretischen und psychologischen Hintergrund von Konflikten, Konfliktklärung, Führung, Unterschieden zwischen Menschen etc. zu hören. Wenn keine akuten Punkte anstehen, die besprochen werden müssen, komme ich diesem Anliegen gerne nach.

Oft haben sich in der Zwischenzeit auch organisatorische Veränderungen, zum Beispiel Neustrukturierungen, Zusammenführung von Abteilungen, Reorganisationen oder Fusionen ergeben. Diese neuen Situationen und Aufgaben sind dann auch Thema des Folgetreffens. Wenn neue Mitarbeiter bei dem Folgetreffen sind (es reicht einer), muß man deren Situation auch in die Planung einbeziehen. Der Klärungshelfer kann dazu zum Beispiel nach der Anfangsrunde einen kurzen Vortrag über seine Klärungs- und Konflikttheorie halten. Wichtig ist, daß das zur Abteilung und zum Tag paßt. Mein Standard-Kurzvortrag besteht aus «Unterschiede zwischen Menschen», «Entstehung von Konflikten in der Zusammenarbeit» und «Metakommunikation» (20 bis 30 Minuten). Das Ziel ist vor allem, daß die Neuen die Gelegenheit haben, den Klärungshelfer zu beobachten und kennenzulernen.

Haben sich Abmachungen aus der Klärung als undurchführbar oder undurchgeführt erwiesen, untersuche ich ganz genau, warum sie nicht durchgeführt wurden. Das geschieht nicht moralisch («Warum hast du dich nicht an das gehalten, was wir abgemacht haben?»), sondern eher psychologisch («*Was war denn da genau, daß das nicht durchgeführt wurde?*»). Durch das Aufspüren des psychischen «Hemmers» kann eine neue Abmachung getroffen werden, die diesen Hemmer dann einbezieht.

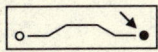

Am Ende des Folgetreffens steht eine Abschlußrunde, in der ich darum bitte, besonders die unbefriedigenden, negativen, enttäuschenden und offenen Punkte deutlich zu nennen.

Fehler und Fallstricke bei Folgetreffen

Fallstrick: Auf den Lorbeeren ausruhen

Es ist wichtig, ständig ein skeptisch waches Auge für die «Abfälle der Abfallbeseitigung» zu haben. Die Klärungshilfe war die Abfallbeseitigung und hat – wie alles – ihrerseits wieder Schattenseiten (Abfälle). Klärung ist nie vollständig, sondern oft nur exemplarisch, und es fällt etwas zwischen den Maschinen hindurch, das dann im Folgetreffen aufgegriffen werden kann.

Fehler: Schonhaltung

Der Klärungshelfer sollte auch im Folgetreffen keine Schonhaltung einnehmen, aus der Sorge, daß noch etwas «Schlimmes» herauskommt. Die Teilnehmer können schon etwas aushalten, sie haben schon eine Klärung erlebt. Man kann jetzt auch mal etwas direkter und zügiger an die wunden Punkte herangehen. Ich nenne in einem Folgetreffen durchaus auch von mir aus wunde Punkte, die ich aus der Klärung schon kenne, und frage direkt nach, zum Beispiel: *«Wie geht es denn jetzt mit den 2 Mio., die Sie jährlich sparen müssen?»*, *«Wie geht es mit dem Führungsstil vom Chef, der immer wieder in diesen rabiaten Ton verfällt?»*; *«Wie geht es mit dem Wissenstand von Frau Y über Computerdinge?»*; *«Was passiert jetzt, wenn freitags um 15.00 Uhr das Papier angeliefert wird?»*

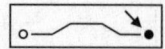

Fehler: Ungenügende Vorbereitung

Es wäre ein Fehler, unvorbereitet zu einem Folgetreffen zu gehen. Der Klärungshelfer sollte die Situation der Abteilung und der Klärung wieder vor Augen haben, damit er gleich voll einsteigen kann. Hier kommen die Notizen aus den Phasen 2 und 4 zum Einsatz.

Fehler: Schuldzuweisung

Wenn etwas nicht funktioniert hat, sollte der Klärungshelfer das nicht (innerlich) auf die Teilnehmer oder sich selbst schieben. Es spielt keine Rolle, wer schuldig ist, sondern wie es kommt, daß es nicht funktioniert hat. Diese Erforschung muß sorgfältig und gründlich sein.

Nachsorge per Telefon

Wird kein Nachfolgetreffen ausgemacht oder wird ein vereinbartes Nachfolgetreffen abgesagt, melde ich mich ca. sechs Monate nach der Klärung bei der obersten damals anwesenden Führungskraft, um einen Termin für ein Nachsorge-Telefonat zu vereinbaren. Meistens schlägt die Führungskraft vor, das doch gleich zu besprechen. Ich frage zunächst ganz allgemein, wie es denn geht, wie sich alles entwickelt hat. Dann erkundige ich mich, wie es mit den verschiedenen Punkten, die damals schwierig und belastend waren, jetzt läuft, ob alles funktioniert. Wenn ich ein Bild des augenblicklichen Standes habe, berate ich die Führungskraft, was in den «Restfällen» getan werden könnte. Ich berate meistens in Richtung Selbsthilfe. Höchst selten ergibt sich eine Wiederanknüpfung an die Klärung. Zu einem späteren Zeitpunkt nehme ich wieder Kontakt auf und überprüfe, was aus den Restfällen geworden ist.

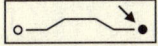

Meistens ändert sich in einer Zeit von ein bis drei Jahren so viel an der Zusammensetzung von Aufgaben und Personen, daß die gesamte Situation in einer Abteilung neu ist. Ich verliere die «Fälle» dann mit der Zeit aus den Augen. Sie begegnen mir dann manchmal später als neue Aufträge, wenn zum Beispiel aus einem damaligen Mitarbeiter eine Führungskraft wurde.

Fehler und Fallstricke bei Nachsorge-Telefonaten

Fallstrick: Unreflektierte Schuldgefühle

Man sollte sich vor dem Telefonat klarmachen, ob man ein schlechtes Gefühl hat (schlechtes Gewissen, Schuldgefühle etc.), damit man dann auch auf die Wahrheit vorbereitet ist, wenn sie tatsächlich eintreffen sollte. Es geht nicht darum, sich zu entschuldigen, sondern nur darum, wahrzunehmen und zu erforschen, was der andere denkt und fühlt und was mein Anteil daran ist. Das Prinzip dahinter ist: Wenn Sie mir sagen, was Sie Schlechtes von mir denken, dann müssen Sie es nicht tausend anderen Menschen sagen. Außerdem kann ich daraus lernen. Auch wenn es nicht die objektive Wahrheit ist, ist es doch wichtig zu wissen, wie mein Gegenüber über meine Art der Arbeit denkt und was meine Arbeit bei den Betroffenen auslöst.

Handwerkszeug

Aktives Zuhören

Das aktive Zuhören als Basishandwerkszeug für viele beraterische Tätigkeiten wurde ausführlich von Rogers (1977), Tausch (1979), Gordon (1972) und vielen anderen beschrieben. Es wird manchmal auch «Spiegeln» oder «empathisches Zuhören» genannt. Es handelt sich dabei nicht um eine Lösungs- oder Analysemethode, sondern um eine Methode zur Bestandsaufnahme und Erforschung von Gedanken und Gefühlen. Der Klärungshelfer fühlt sich in die Gefühls- und Gedankenwelt des anderen ein. Die grundlegende Technik ist folgende: Der Klärungshelfer wiederholt in eigenen Worten und zusammenfassend, was die Konfliktpartei gesagt und vor allem **gemeint** hat. Ziel ist es, daß diese sich nicht nur gehört, sondern vor allem verstanden fühlt. Das ist besonders dann der Fall, wenn der Klärungshelfer die Gefühle, die zwischen den Zeilen deutlich geworden sind, benennt. Es folgt ein Beispiel:

Führungskraft: «Ich habe die Position des stellvertretenden Direktors seit einem halben Jahr. Ich bin Quereinsteiger. Ich wurde gefragt, ob ich das machen würde. Ich wußte damals allerdings noch nicht, daß sich Herr A., mein jetziger Mitarbeiter, auf diese Stelle beworben hatte. Und ich wußte bis vor kurzem nicht, daß ihm diese Stelle wohl mündlich zugesagt wurde und er extra deswegen einen Ortswechsel auf sich genommen hat. Als ich das dann erfahren habe, habe ich meine Stelle beim Direktor zur Verfügung gestellt, damit dieser Mitarbeiter, der sowohl an Erfahrung als auch an Jahren älter ist, noch zu seinem Recht kommen kann. Das wurde aber abgelehnt.

Klärungshelfer: Sie haben sich nicht vorgedrängelt, um die Stelle zu bekommen, Sie wurden gefragt. Als Sie dann aber erfahren haben, daß Ihr Mitarbeiter sich subjektiv berechtigte Hoffnungen auf die Stelle gemacht hatte und sich betrogen vorkommen muß, fühlten Sie sich trotzdem irgendwie schuldig. Sie haben dann Ihre Stelle angeboten, um Ihr Gewissen zu erleichtern.

Aktives Zuhören regt den Klienten an weiterzusprechen und führt zu einer Selbstklärung und zu einer Vertiefung.

Im obigen Beispiel wäre die Selbstklärung: «Ach so, ich habe Schuldgefühle, stimmt das eigentlich? Ja, genau. War mir gar nicht bewußt.»

Der Weg in die Tiefe führt vom Kopf, der mit Strukturen, Vorgängen, Abläufen, System- und Situationskomponenten angefüllt ist, in den Gefühlsbereich von Herz und «Bauch».

Durch aktives Zuhören stellt sich auch eine Temporegulierung des Gesprächs ein.

- Jemand, der übersprudelt und sich oft wiederholt, wird durch aktives Zuhören gebremst und kann zum Punkt kommen.
- Jemand, der nur zäh und stockend spricht, wird allmählich fließender.
- Jemand, der allgemein und theoretisch spricht, kann die konkreten Details und vor allem auch Gefühle zeigen.

Auf der zwischenmenschlichen Ebene fühlt sich die Konfliktpartei vom Klärungshelfer verstanden. Außerdem klärt sich automatisch auch, an welchen Punkten der Klärungshelfer etwas nicht ganz oder mißverstanden hat.

Vorgehen

Aktives Zuhören geschieht in drei Stufen. Auf der untersten Stufe wird eine Beziehung zwischen Klient und Klärungshelfer hergestellt. Die zweite Stufe ist die Wiedergabe der Inhalte und die dritte das Benennen der damit verbundenen Gefühle.

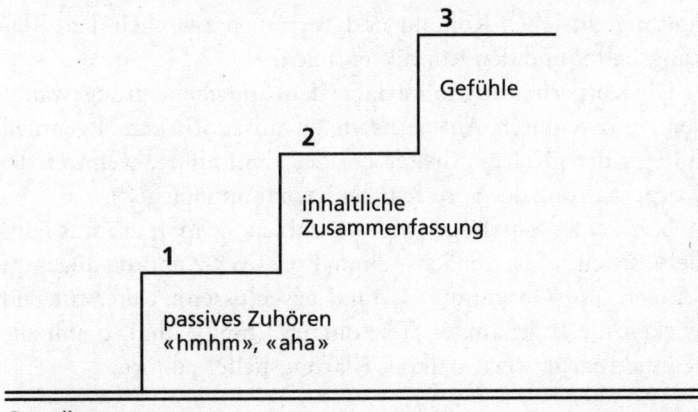

1. Stufe: Kontakt

Grundlage des aktiven Zuhörens ist eine echte Einfühlung und Akzeptanz. Zentral ist dabei die innere Einstellung des Klärungshelfers, auf Empfang zu gehen, die eigenen Befindlichkeiten hintanzustellen und mit Ruhe und Präsenz in den Kontakt einzutreten. Die humanistische Grundeinstellung dahinter ist wohlwollende Einfühlung und der Wille zu akzeptieren, was auch immer kommt. Das bedeutet nicht, es gutzuheißen, sondern nur, es zu verstehen. **Verstehen heißt nicht, einverstanden zu sein.** Als Vorbedingung muß der Klärungshelfer seine eigenen Erlebnisse, Gefühle, Erfahrungen und Schwierigkeiten mit dem aktuellen Thema sozusagen in ein Einmachglas mit Deckel packen. Jetzt spielt nur dieser eine Teilnehmer mit **seinen**

Gefühlen, Erlebnissen und Erfahrungen eine Rolle. Es ist egal, ob ich als Klärungshelfer etwas Ähnliches erlebt und (erfolgreich) durchgestanden habe, ob ich vielleicht sogar meine, eine Patentlösung für solche Fälle habe. **Das aktive Zuhören ist ein Begleiten.** Einen Schritt hinter dem Sprechenden gehen, statt ihn zu führen, zu schieben oder zu ziehen. Es bewirkt ein Kennenlernen seiner Innenwelt. Durch diese interessierte Grundhaltung entstehen Kontakt und Vertrauen zwischen dem Klärungshelfer und den Konfliktparteien.

Die Körperhaltung sollte dabei dem Sprechenden zugewandt sein, um dadurch Aufmerksamkeit auszudrücken. Eventuell hilft es dem Klärungshelfer bei der Einfühlung, wenn er die Körperhaltung des Sprechenden nachahmt (spiegelt).

Nach einer Startfrage (wie: «Erzählen Sie mal, um was handelt es sich?») ist zunächst einmal passives Zuhören angesagt (Augen und Ohren auf – Mund geschlossen). Unterstützend wirken die sogenannten Telefonlaute (hmm, aha), damit die Konfliktpartei weiß, daß der Klärungshelfer zuhört.

2. Stufe: Inhalte wiederholen und zusammenfassen
Der Klärungshelfer wiederholt nun mit eigenen Worten sinngemäß, was er verstanden hat. Besonders die Schlüsselbegriffe sollten enthalten sein. Es ist wichtig, daß der Klärungshelfer die Aussage in eigenen Worten formuliert, damit seine Äußerung nicht zu einem papageienhaften Nachplappern verkommt. Der Klärungshelfer muß dabei nicht unbedingt **alles** wiederholen, sondern eher eine inhaltliche Zusammenfassung der Essenz des Gesagten wiedergeben. Er sollte auf den Punkt bringen, was der andere gemeint hat.

3. Stufe: Ansprechen der Gefühlsebene
Diese Stufe folgt nach der zweiten oder ist mit dieser verwoben. Die Gefühlsebene dient der Vertiefung. Der Tonfall ist dabei vermutend, anbietend und fragend. Wenn die Konfliktpar-

tei verbal oder nonverbal verneint oder auch nur zögert, muß die angebotene Äußerung sofort zurückgenommen werden. Wichtig ist **nicht das Treffen** des Gefühlszustandes, obwohl das natürlich wünschenswert ist, **sondern das Ansprechen der Gefühlsebene**. Es macht nichts, wenn die Konfliktpartei auf die Vermutung des Klärungshelfers «Und das macht Ihnen angst?» antwortet: «Nein, das macht mich wütend.»

Ist der Kontakt bereits gut, kann man sogar noch einen Schritt weitergehen und die Gefühle **drastifizieren** oder sogar **extrapolieren**. Dazu werden neue Empfindungen feinfühlig und vermutend unterstellt. Der Klient wird auf Ideen gebracht, die er vorher gar nicht hatte, auf Gefühlszustände aufmerksam gemacht, die er sich vorher gar nicht zugestanden hätte.

Beim aktiven Zuhören sind drei Dinge verboten und ein Anzeichen dafür, daß man jetzt den Bereich des aktiven Zuhörens verläßt.

1. «**Ich**». Der Klärungshelfer sagt gar nichts über sich, außer «Ich verstehe», «Ich vermute» oder «Ich sehe/höre». Ansonsten ist das Wort «Ich» ein Anzeichen dafür, daß der Klärungshelfer innerlich wieder bei sich ist und nicht mehr beim Klienten.

2. «**Aber**». Das Wort «Aber» zeigt an, daß der Klärungshelfer als Zuhörer selber wieder hervorkommt und die Einfühlung verlassen hat. «Aber» ist ein Spaltwort und dient der Konfrontation, nicht der Einfühlung.

3. **Appelle**. Der Klärungshelfer sollte beim aktiven Zuhören keine Appelle senden («Sie sollten jetzt doch …», «Man müßte doch …»). Damit würde er den Bereich des Begleitens verlassen und die Führung übernehmen.

Der Klärungshelfer muß beim aktiven Zuhören verstärkt **Lösungslosigkeit** aushalten können. Die Situation und die Ausgangslage des Konflikts werden ausführlich erkundet. Das alles dient der Vorbereitung der Lösungsfindung. Es wäre ein

Fehler, schon während des aktiven Zuhörens Lösungen ins Gespräch einzubringen. **Das Aushalten von Lösungslosigkeit ist eine wichtige Fähigkeit des Klärungshelfers,** weil von Phase 0 (Auftragsklärung) bis zum Ende von Phase 3 (Dialog der Wahrheit) nicht nach Lösungen gesucht wird.

In welchen Phasen der Klärung kommt das aktive Zuhören zum Einsatz?

– In der **Auftragsklärung** (Phase 0) hört der Klärungshelfer aktiv zu, um überhaupt herauszufinden, um was es geht und was das Problem ist. Neben dem aktiven Zuhören werden hier aber vor allem normale Fragen gestellt.

– In der **Anfangsphase** (Phase 1) wird aktives Zuhören bei der Erkundung von Widerständen einzelner Teilnehmer eingesetzt.

– Der Haupteinsatzort des aktiven Zuhörens ist in der **Selbstklärung** der einzelnen Beteiligten (Phase 2). Zur Unterstützung der vollständigen Aussage (sachlich und gefühlsmäßig), zur seelischen Vertiefung und zur Beruhigung von aufgeregten und unsicheren Teilnehmern.

– In Ausnahmefällen wird das aktive Zuhören auch in der **Dialogphase** (Phase 3) eingesetzt, um die Eigenanteile der Beteiligten zu klären. In der Regel geschieht das aber durch Doppeln.

Fehler und Fallstricke

Fehler: Eigene Erfahrungen einbringen

Aktives Zuhören ist nichts, was man aus einem Buch lernen kann. Wenn man es zum erstenmal übt, merkt jeder schnell, wie schwer es fällt, sich all jenes zu verkneifen, was doch aus der eigenen Situation geeignet erscheint, das Gespräch und die Problemlösung in die richtigen Bahnen zu lenken (Ich habe ja auch Lebenserfahrung, habe selber ähnliches erlebt, und dabei ging es mir …, und ich habe … als günstig in so einer Situation erlebt). All das gehört nicht zum aktiven Zuhören.

Fallstrick: Anpassungs-Ja

Eine sehr harmoniebedürftige Konfliktpartei kann eventuell so gerührt sein, daß sich jemand bemüht, sie zu verstehen, daß sie zuviel von dem Angebotenen schluckt und bejaht. Bei genauerem Hinsehen merkt man aber deutlich, ob das «Ja» von Herzen kommt oder ein «Anpassungs-Ja» ist. «Jaaa, so könnte man das auch sagen» ist kein «Ja». Als «Ja» gilt nur ein «Ja, genau» oder ein deutliches Nicken. Wird der Kopf hingegen seitlich gewiegt, heißt das «Nur zum Teil richtig». Bei zögerlicher Zustimmung muß der Klärungshelfer immer nachhaken: *«Nein, dann stimmt es noch nicht ganz – wie denn dann?»*

Beraten

Beraten ist eine Mischung aus Zuhören und Rat geben. Es wird etwas empfohlen, was aber nicht zwingend ist, sondern vom Ratsuchenden gern angenommen wird, weil es genau auf seine äußere und innere Situation zugeschnitten ist.

Am Anfang jeder Beratung steht das ausführliche Zuhören, um die innere und äußere Situation des Ratsuchenden zu verstehen. Es geht um ein Hineindenken in die Konstellation und in den Standpunkt des Ratsuchenden. Auch über individuelle Vorlieben und Hindernisse des Ratsuchenden muß sich der Beratende ein Bild machen («Was hindert ihn daran, die Standardlösung XY zu verfolgen?»). Zur Beratung gehört auch ein Hineindenken in die anderen Beteiligten, um dann mit Sach- und Fachkenntnis die angemessenste Lösung für **diesen** Ratsuchenden zu finden. Der Rat ist dann maßgeschneidert auf den konkreten Fall, die beteiligten Personen und die spezielle Situation.

Der Klärungshelfer blickt beim Beraten einerseits systemisch und organisationsbezogen auf die Situation und gleichzeitig einfühlend auf den Ratsuchenden:

– Was ist für die beteiligten Menschen und für den Auftraggeber das beste und wirkungsvollste Mittel?
– Was nützt der Organisation mit diesem Ziel in dieser Konfliktsituation am meisten?

In der Klärungshilfe spielt Beratung vor allem in der **Auftragsklärung** (Phase 0) eine wesentliche Rolle. Hier muß für den und mit dem Auftraggeber herausgefunden werden, ob eine Konfliktklärungshilfe die richtige Maßnahme für ihn und seine konkrete Situation ist. Das Ergebnis der Beratung kann auch sein, daß andere Maßnahmen geeigneter sind (zum Beispiel Coaching der Führungskraft).

Danach wird Beraten erst wieder in Phase 4, «Erklärungen und Lösungen», wichtig. Hier berät der Klärungshelfer die Beteiligten bei der sachlich-fachlichen und organisatorischen Umsetzung von Lösungen. Dabei schaut er besonders auf die Alltagstauglichkeit der vorgeschlagenen Lösungen, ob sie realistisch sind oder Schönwetterdenken entspringen. Im Streß des Alltags und der dort vorliegenden Mehrfachbelastungen ist vieles nicht möglich, was sich zunächst gut anhört.

Real verhandeln

Real verhandeln heißt die Grenzen, Bedenken und Ängste der Konfliktparteien als gegebene Realität zu akzeptieren. Das gilt auch für «überflüssige» oder situativ unangebrachte Gefühle,

Angstreaktionen oder Projektionen. Das reale Verhandeln setzt sich dadurch vom psychotherapeutischen Behandeln ab. Zum Beispiel werden in Phase 0 die Vorbehalte des Auftraggebers behandelt, als wären sie eine definitive Grenze. Später lösen sie sich dann meistens durch das wachsende Vertrauen auf.

Beim realen Verhandeln sollen allerdings die Grenzen des Klärungshelfers nicht überschritten werden. Auch die Klärungshilfe hat (sehr weite) Grenzen. Der Klärungshelfer kann zum Beispiel vor einer Klärung sogar akzeptieren, daß eine Konfliktpartei zwar kommen, aber nichts sagen will (S. 63).

Nicht akzeptiert werden kann
- die Abwesenheit einer Konfliktpartei,
- eine Konfliktpartei, die Gefühle der anderen Partei nicht hören will,
- eine Konfliktpartei, die nur Lösungen suchen möchte, ohne auf die Entstehung und Ausprägung des Konflikts einzugehen, ihn also nicht erforschen will.

Oft wirkt das reale Verhandeln paradox. Das Akzeptieren der Grenzen erweitert diese. Im Lauf der Klärung wird allmählich alles besprechbar, alle Gefühle können ausgedrückt und angeschaut, die Hintergründe aufgezeigt werden, und das gegenseitige Verständnis wird so wirklich möglich. Auf diesem Fundament ist dann eine sachliche Lösungssuche realistisch.

Real verhandeln gehört vor allem in die Anfangsphase (Phase 1), zum Erstkontakt mit den Teilnehmern. Besonders bei Teilnehmern, die nicht freiwillig, sondern gezwungen, irgendwie gedrängt oder ambivalent zur Klärung erscheinen. Auch bei der Kontaktaufnahme mit dem Auftraggeber (Phase 0) kommt reales Verhandeln zur Anwendung.

Doppeln

Das Doppeln ist in der Klärungshilfe und insbesondere in ihrem Kernstück, dem Dialog der Wahrheit (Phase 3), **die** Technik schlechthin. Die einzelnen Schritte:

1. Der Klärungshelfer sagt zu einer Konfliktpartei: *«Darf ich mal neben Sie treten und an Ihrer Stelle etwas zu Person X sagen, und Sie sagen dann, ob das stimmt?»* Diese Frage muß **unbedingt** vom eigenen Stuhl aus erfolgen!

2. Nach der Erlaubnis der Konfliktpartei steht der Klärungshelfer auf, tritt neben sie, geht ein bißchen in die Hocke und spricht in Ich-Du(Sie)-Form aus der Sicht der Konfliktpartei zum Konfliktpartner.

3. Eventuell nach jedem Satz und auf alle Fälle am Schluß des Doppelns fragt der Klärungshelfer die gedoppelte Konfliktpartei: «Stimmt das so?», «Ist das richtig?» («Ist das absolut richtig?»). Wenn der Gedoppelte mit einem überzeugenden «Ja» antwortet, kann die Aussage so stehengelassen werden. Kommt aber ein «Nein» oder zögert die gedoppelte Konfliktpartei, muß der Klärungshelfer sie zur Korrektur oder Verbesserung auffordern. Das gilt auch, wenn das «Ja» nicht richtig überzeugend klingt.

4. Nach dem Doppeln kehrt der Klärungshelfer auf seinen Platz zurück und fragt **erst von dort aus** den angesprochenen Konfliktgegner: «Wie reagieren Sie darauf? Was sagen Sie dazu?»

Mit dem 4. Schritt führt das Doppeln automatisch zum Dialog. Der Gesprächsfaden geht dann weiter hin und her, es wird ein verlangsamter Streitdialog geführt, der sorgfältig vertiefend vom Klärungshelfer unterstützt wird.

Ein Beispiel

Die Sekretärinnen Frau Hansen und Frau Stetter nehmen an einer Klärung teil.

Frau Hansen: Frau Stetter hat mir seit einem dreiviertel Jahr versprochen, mich in das neue System einzuführen. Das alte beherrsche ich nämlich schon gut, das ist ja auch nicht so schwierig. Sie hat leider so viel zu tun mit dem wichtigen Projekt X. Die Termine, die wir zusammen abgemacht haben, mußte sie dann immer wieder kurzfristig absagen. Manchmal hatte sie sie sogar vergessen. Frau Stetter hat viel Wichtigeres zu tun. Ich verstehe das schon gut. Wenn aber die Kollegin Peters am Telefon einen Wutausbruch hat, läßt sie sofort alles stehen und rennt zu ihr hin. Verstehen Sie, ich will mich ja nicht beklagen, aber leider kann ich mir das nicht selber beibringen. Ich habe auch Arbeit bis über beide Ohren.

KH: Kann ich mal neben Sie treten und an Ihrer Stelle etwas zu Frau Stetter sagen? Sie sagen dann, ob das stimmt?

Frau Hansen: Ja.

KH *(steht von seinem Platz auf und geht neben Frau Hansen in die Hocke)*: Frau Stetter, ich fühle mich von Ihnen im Stich gelassen. Anscheinend bin ich für Sie nicht wichtig genug, daß Sie sich die Zeit nehmen, mir das neue System beizubringen. Ich verstehe ja jeden einzelnen Fall, in dem Sie mir abgesagt haben, aber aufs Ganze gesehen merke ich doch, daß ich immer zu kurz komme. Anscheinend muß man mit Ihnen anders umgehen, Klartext sprechen, vielleicht explodieren oder Sie mal anschreien, sonst passiert nichts. – Stimmt das?

Wie doppeln?

Das Doppeln ist ein Übersetzen zwischen den Streitparteien und damit ein Vermitteln. Es ist ein Transportieren von schwierigen Inhalten in einer Form, die der Angesprochene versteht und die der Sprechende gleichzeitig noch als die seinige erkennt. Wenn der Sender (der Gedoppelte) in Sprache X spricht und der Angesprochene nur Sprache Y versteht, dann muß der Doppler das in X Gesagte in Y wiederholen. Die verschiedenen Kommunikationsstile (Sprache X und Y) sind bei Schulz von Thun (1989) und Virginia Satir (1990) sehr gut und ausführlich beschrieben. Das Doppeln ist erst einmal ein Transportunternehmen bzw. ein Dolmetscherdienst.

Mit dem Doppeln gelingt die Quadratur des Kreises:
– Die Konfliktpartei, die gerade gedoppelt wird, erfährt maximale Erleichterung ihrer negativen Gefühle.
– Die Gegenpartei wird durch die Sprache des Dopplers, die möglichst wenig Widerstand provoziert, in die Lage versetzt, die andere Konfliktpartei **und** den eigenen Anteil am Konflikt zu verstehen und zu akzeptieren.

Vertiefung

Dadurch, daß Doppeln das ursprüngliche Tempo aus dem Streitdialog herausnimmt, verlangsamt es diesen und vertieft ihn gleichzeitig gefühlsmäßig. Aus einem unsorgfältigen, gehetzten, bedrohlichen Angriffs- und Verteidigungsdialog, in dem sich keiner mehr verstanden fühlt, wird durch Doppeln ein langsamer, sorgfältiger, durch das Doppeln immer wieder unterbrochener, vertiefender und verständnisvoller Dialog. Die Vertiefung geschieht zum einen durch die Verlangsamung, durch die die Konfliktparteien mehr zu sich finden, in sich selber nachfühlen und besser zuhören. Andererseits trägt auch die Gefühlsanreicherung oder «Gefühlsnachlieferung» zur Vertiefung des Austausches bei. Der Doppler spricht das Gefühl aus, daß der Gedoppelte empfindet oder das durch Verdrängung um ihn herum zu spüren ist.

Doppeln ist trotz der Verlangsamung und Vertiefung auch ein Abkürzungsweg zum direkten Kontakt.

Vervollständigung

Doppeln ist eine Vervollständigung der Kommunikation. Der Klärungshelfer reichert das von den Konfliktparteien Gesagte mit folgenden Elementen an:
- zwischen den Zeilen Gespürtes,
- Kommunikationsebenen, die vernachlässigt werden (S. 204 f.),
- Aussagen, um die sich jemand drückt, die aber geäußert werden müssen.

Klärung

Doppeln trägt zur Klärung bei. Durch die Entwirrung von Ich – Du, Jetzt – Damals, Grund, Anlaß, Hintergrund, Ziel und Nebenwirkungen von Taten und Situationen, die vom Doppler unterschieden und auseinandergenommen werden, klärt sich die Beziehung zwischen den Betroffenen allmählich.

Entgiftung

In der Klärungshilfe trägt Doppeln auch zur Entgiftung der Kommunikation zwischen den Konfliktparteien bei. Unterschwellige Aggression, Enttäuschung oder Angstabwehr werden explizit ausgesprochen und richtig etikettiert. Sie wirken dadurch nicht mehr unterschwellig vergiftend auf die Kommunikation. Drohungen, Sarkasmus, Aggression, Ironie, Ultimaten, Rache, Trotz, Verachtung, Mißtrauen, Verweigerung und ähnliche Gefühle aus der Abwehrschicht der Konfliktparteien (siehe «Der Mensch – ein Schichtenwesen», S. 166 ff.) dürfen zunächst sein. Mit der Zeit werden sie überflüssig, weil das Gefühl dahinter (das Weh-Gefühl) ebenso ausgesprochen wird.

Entrümpeln

Nebensächlichkeiten, oberflächliche Entschuldigungen, Zögern oder nicht zur Sache gehörende Anekdoten werden beim Doppeln weggelassen oder übersetzt. Das, was gedoppelt wird, sollte dann Hand und Fuß haben, klar, knapp, verständlich und sinnvoll sein und direkt zum Konfliktpartner gesagt werden.

Dialogisieren

Doppeln führt die Kommunikation in einen Dialog, in dem aufeinander Bezug genommen und reagiert wird. Die Beziehung, die Zusammenarbeit und die dazugehörigen Gefühle werden ausgesprochen, und es wird gegenseitig Feedback gegeben. Das muß nicht unbedingt harmonisch verlaufen. Durch Doppeln kann auch klarwerden, daß die Konfliktpartner nicht miteinander können und wollen. In jedem Fall kommt es aber zu einer Kontaktaufnahme.

Was doppeln?

Handwerkliches Doppeln

Wie beim aktiven Zuhören kann erst einmal alles gedoppelt werden, was sachlich/inhaltlich **in den Zeilen steht**, und dann das, was psychisch oder zwischenmenschlich **zwischen den Zeilen steht**. Dieses Verfahren nenne ich handwerkliches Doppeln. Wenn es dem Klärungshelfer an Inspiration oder Einfühlung mangelt, kann er mit handwerklichem Doppeln beginnen. Er setzt bei den offensichtlichen, objektiven und schon gesagten Inhalten an und tastet sich allmählich an tiefere und verborgenere Gefühle heran. Nach jeder Aussage kann er innehalten und fragen, ob es noch so stimmt. Dadurch erntet er viele Jas und kann mutiger und psychologisch verwegener werden.

Doppeln ist eine therapeutische Kunst, die weit über das Wiederholen und Zusammenfassen gehörter Inhalte hinausgehen kann.

Einfühlendes/vertiefendes Doppeln

Das Gedoppelte kann durch Einfühlung und gleichzeitige Diagnose angereichert werden. Dabei kann das Riemann-Thomann-Modell (siehe «Menschen sind verschieden», S. 219 ff.) erste Anhaltspunkte bieten. Eine Stufe tiefer geht die Anreicherung nach dem Kern-Schalen-Modell (siehe «Der Mensch – ein Schichtenwesen», S. 166 ff.). Dabei werden die **abgewehrten** Gefühle der «Weh-Schicht» gedoppelt, die hinter den **abwehrenden** Gefühlen liegen. So sitzt zum Beispiel hinter Gier vielleicht die Angst, zu kurz zu kommen, hinter der Überheblichkeit steht ein starkes Bedürfnis nach Wertschätzung und Achtung, hinter Zynismus eventuell Einsamkeit, hinter Mißtrauen ... usw.

Natürlich sind solche Dopplerbeiträge nur mit äußerster Sorgfalt, Liebe, Einfühlung und Vorsicht zu machen. Sie sind immer als Angebot zu formulieren, weil das Doppeln die Abwehr umgeht (Ich-Sprache). Man kann zwar nicht wirklich etwas in jemanden «hineindoppeln», es gibt aber Menschen, die weniger abgegrenzt sind und sich einer Erwartungshaltung oder Überzeugung des Dopplers nicht so gut entziehen können. Aus diesem Grund gilt beim Doppeln **immer** das Prinzip, wenn auf die Frage, ob das stimmt, nicht sofort und spontan ein «Ja» kommt, bedeutet das «Nein»!

Doppeln nach der Konstellationspsychologie

Zu vielen Lebenssituationen gehören bestimmte Gefühle, die unabhängig von dem Menschen, der gerade in dieser Situation steckt, mit ihr verknüpft sind. Ein Beispiel: Ein alter kompetenter Hase bewirbt sich auf die nächsthöhere Stelle, die dann ein Grünschnabel bekommt. Beim Doppeln können hier Ich-Botschaften konstruiert werden, die für diese Situation typische Gefühle ansprechen:

Alter Hase (*gedoppelt*): Ich fühle mich undankbar übergangen und sehe nicht ein, warum mir die Stelle nicht zugesprochen wurde. Bin ich nicht kompetent genug? Bin ich zu alt? Hat man mir sonst etwas vorzuwerfen? Das möchte ich dann aber wissen. Wenn ich den Grund für die Ablehnung nicht kenne, habe ich mehr Mühe, mit meinem neuen Chef, Herrn Grünschnabel, zurechtzukommen. Obwohl er nichts dafür kann, wird es für mich schwierig sein, positiv mit ihm zu kooperieren.

Grünschnabel (*gedoppelt*): Ich sehe mich keiner Verfehlung schuldig. Ich habe mich offiziell und rechtmäßig auf die Stelle beworben und habe mich gefreut, daß ich sie bekommen habe. Ich fühle mich aber trotzdem jetzt irgendwie schuldig, als hätte ich Ihnen die Stelle aktiv und hinterhältig weggeschnappt. Herr Alter Hase, ich bin Ihnen gegenüber vorsichtig und habe Angst, daß Sie mir nachtragen werden, daß ich auf «Ihrer» Stelle sitze.

Projektionen zurückholen

Je heftiger jemand mit Du-Botschaften auf den Konfliktpartner reagiert, desto wahrscheinlicher ist es, daß es sich um eine Projektion handelt. Eine Projektion ist etwas, was der Projizierende bei sich selber nicht sieht (abwehrt, unterdrückt) und dafür beim anderen um so stärker bekämpft (siehe «Die Weisheit des Spiegels», S. 258 f.). Beim Doppeln können Projektionen vorsichtig zurückgeholt werden:

– *«Das regt mich sehr auf, provoziert mich, da bin ich reizbar.»*
– *«Vielleicht bin ich da reizbarer als andere, weil ich das Thema an mir auch kenne.»*
– *«So wie Herr Kunze will ich nicht sein, ich lehne das ab.»*
– *«Eigentlich wäre ich auch so, lasse das aber nicht zu.»*
– *«Ich unterdrücke und bekämpfe das bei mir, und Sie sind so unverschämt, das bei sich nicht zu unterdrücken.»*
– *«Ich fühle mich betrogen. Eigentlich bin ich wie Sie.»*

Beim Zurückholen von Projektionen sollten Überdosierungen

vermieden werden. Lieber in kleinen Schritten vorgehen und die Aussagen langsam steigern. Wenn ein Angebot in Richtung Projektion erst einmal abgelehnt wurde, weil es für den Gedoppelten zuviel war, ist ein Widerstand entstanden. Eine einmal abgelehnte Projektion kann später nur schwer zugegeben werden. Außerdem kann durch zu starke Konfrontation ein Vertrauensbruch zwischen Doppler und der gedoppelten Konfliktpartei entstehen.

Experiment

In speziellen Fällen kann das Doppeln auch als Experiment, Grenzüberschreitung oder psychologische Konstruktion angekündigt werden: *«Ich versuche jetzt mal etwas, und Sie müssen ganz genau prüfen, ob das für Sie zutrifft. Wir verlassen jetzt das Terrain der gesicherten Aussagen. Schauen Sie mal in sich hinein, ob das, was ich gleich sagen werde, etwas hat oder gar nicht – oder im Gegenteil...»*

Satzanfänge

Doppeln kann auch eingesetzt werden, um dem Gedoppelten Satzanfänge anzubieten. Zum Beispiel:
– *«Und das Schlimmste an Ihnen ist ...»*
– *«Wenn ich mal wirklich die Wahrheit sagen würde, dann müßte doch gesagt werden ...»*
– *«Andere Menschen, die Sie nicht so schonen würden wie ich, würden von Ihnen sagen ...»*
– *«An Kleinigkeiten kann noch erwähnt werden ...»*
– *«Allein schon, wie Sie ...»*
– *«Wenn es nur nach mir ginge, müßten Sie mal ...»*

Außenschale

Doppeln muß nicht immer sofort in die Tiefe gehen. Es kann sich auch nach dem Zwiebelschalen-Prinzip an den äußeren verdorrten Schalenschichten aufhalten. Wenn zum Beispiel je-

mand nichts sagt, kann auch das gedoppelt werden: «Ich bin
sprachlos», «Ich will hier gar nichts sagen» oder «Ich habe
hier nichts mehr zu sagen».

Fehler und Fallstricke

Fallstrick: Verwirrung durch Ankündigung des Doppelns

Wenn der Klärungshelfer in einem neuen Teilnehmerkreis doppeln will, wird die Standardformulierung (*«Darf ich mal neben
Sie treten und etwas für Sie sagen, und Sie sagen dann, ob das so
stimmt?»*) meistens nicht auf Anhieb verstanden. Der Angesprochene wird eventuell verwirrt reagieren («Was, wie? Was
wollen Sie? Ja, natürlich dürfen Sie auf meinem Stuhl sitzen»
oder «Sie wollen jetzt sagen, wie Sie mich erleben, habe ich etwas falsch gemacht?»). Hier gilt es, Ruhe zu bewahren und
noch einmal gelassen den gleichen Inhalt zu formulieren:
*«Nein, ich möchte jetzt aufstehen, zu Ihnen kommen, mich ne-
ben Sie stellen und etwas an Ihrer Stelle, für Sie, zu Person X
sagen, und Sie sagen mir hinterher, ob das zutrifft.»* Der Angesprochene wird immer sein Einverständnis geben. Für Anfänger
ist das natürlich schwierig, weil sie bis dahin vergessen haben,
was sie eigentlich sagen wollten. Sollte das der Fall sein, muß
sich der Klärungshelfer eine kurze innere Pause gönnen, um sich
wieder zu sammeln, und dann handwerklich doppeln, also erst
einmal das schon Gesagte kurz und prägnant in eigenen Worten
wiederholen.

Fehler: Sich an Hypothesen klammern

Wenn der Gedoppelte nach der Frage des Klärungshelfers:
«Stimmt das so?» mit «Nein» antwortet, **muß** der Klärungshelfer die eigene Hypothese über das Innenleben der Konfliktpartei fallenlassen.

Fehler: Indirekt und verschleiernd doppeln

Doppeln soll direkt und klar in Ich-Du-Form geschehen. Passive Formulierungen, Man-, Es- und Wir-Sätze sollen vermieden werden.

Fehler: Zuviel doppeln

Das Doppeln sollte eine Hilfe sein und bleiben. Wenn die Konfliktparteien immer weniger sagen und der Klärungshelfer immer mehr doppelt, ist aus dem Hilfsmittel ein Suchtmittel geworden. «Der Klärungshelfer sagt das alles so schön, wie ich das nie könnte. Warum soll ich selber in mir herumsuchen, ich finde ja sowieso nichts.» Wenn sich diese Haltung einzuschleichen droht, kann der Klärungshelfer als Gegenmittel die Konfliktparteien das Gedoppelte jeweils in eigenen Worten wiederholen lassen oder nur noch Satzanfänge anbieten.

Fehler: Zu lange doppeln

Lange Doppelbeiträge des Klärungshelfers können leicht zu einer Überforderung werden. Insbesondere beim Doppeln von komplexen Gedankengängen sollte nach jedem Teilschritt eine Bestätigung eingeholt werden. Die Gefahr ist sonst, daß die gedoppelte Konfliktpartei am Ende sagt: «Ja, das stimmt zum Teil» oder das Gesagte pauschal annimmt, obwohl nicht alles innerlich gedeckt ist.

Fehler: Ungleichgewichtiges Doppeln

Wird eine Konfliktpartei beim Doppeln in Menge, Ausprägung und Tiefe bevorzugt, ergibt sich ein Ungleichgewicht in der Allparteilichkeit. Daher als Faustregel: höchstens zweimal hintereinander die gleiche Konfliktpartei doppeln, dann wechseln.

Fehler: Wilde Vermutungen

Steckt der Klärungshelfer im dichten Nebel, was das Innenleben einer Konfliktpartei betrifft, soll er nicht wild herumvermutend doppeln. Besonders dann nicht, wenn er schon zwei- bis dreimal ein «Nein, so auch nicht» von dieser Konfliktpartei geerntet hat. Statt dessen kann er einen Schritt zur Selbstklärung zurückgehen, fragen und aktiv zuhören.

Fehler: «Philharmonisch» doppeln

Der Klärungshelfer sollte nicht positiv und übermäßig harmonisch doppeln. Auch die negativen Gefühle sind da und müssen ausgesprochen werden, weil sie der Harmonie im Wege stehen. Harmonie ist ein angenehmes Nebenprodukt der Klärung, aber nicht ihr Ziel.

Fehler: Systemische Sichtweise aus den Augen verlieren

Natürlich muß nicht alles, was gedoppelt wird, unmittelbar systemisch sein. Es ist manchmal sogar notwendig, Schuldzuweisungen zu doppeln, weil sie untergründig vorhanden sind. Trotzdem sollte das Gedoppelte immer wieder zum Systemischen hinführen.

Praxisbeispiel mit Übungen

Im folgenden Kapitel findet sich das Praxisbeispiel einer Klärungshilfe, die ich vor einigen Jahren durchgeführt habe. Sie ist nicht erfunden, sondern hat tatsächlich so ähnlich stattgefunden, wie sie hier beschrieben ist. Natürlich mußte das Material stark gekürzt und gestrafft werden, außerdem wurden Personennamen, Branche und andere Details zum Schutz der Beteiligten verändert.

Ich habe diesen Fall ausgewählt, weil er für eine Diplomarbeit im Fachbereich Psychologie der Universität Hamburg (Claudia Renner 1993) bereits vollständig dokumentiert war (Tonbandaufnahmen und deren Transkripte). Er ist zudem als Beispiel geeignet, weil nur zehn Personen in zwei Hierarchiestufen direkt beteiligt sind. Die Klärung hat drei Tage und das Follow-up drei Monate später noch einen Tag gedauert. Es ist eine durchschnittliche Klärung.

Der folgende Text enthält kleine Aufgaben. Diese sind als Anregung gedacht, sich mit dem Fall und der Rolle des Klärungshelfers auseinanderzusetzen. Die vorgegebenen Antwortmöglichkeiten sind unterschiedlich gut geeignet, um mit der Klärung voranzukommen. Welche ich in der realen Klärung gewählt habe, erfahren Sie im Lauf der Lektüre.

Praxis, Phase 0:
Auftragsklärung

Der Klärungshelfer (KH) bekommt einen Anruf.

Herr Central: Mein Name ist Central, ich habe vor zwei Monaten einen Vortrag von Ihnen über Konflikte in der Arbeitswelt und Mobbing gehört. Würden Sie so etwas auch in unserer Abteilung machen, wie Sie das beschrieben haben? Diese Konfliktklärung? Haben Sie überhaupt noch Termine frei?

KH: Ja, das mache ich im Prinzip. Können Sie einmal sagen, welche Abteilung das betrifft und in welcher Funktion Sie dastehen?

C: Wir sind der EDV-Support der EASY-Versicherung. Wir haben seit einem halben Jahr einen neuen Chef. Der hat mich nun beauftragt, Sie zu kontaktieren, weil das Klima in unserer Abteilung schlecht ist.

Aufgabe

Was sagen Sie? Wie ist Ihre Antwort? Geht das – oder nicht? Ist es die richtige Person, mit der Sie verhandeln müssen und wollen?

KH: Doch, doch, da sind Sie im Prinzip richtig bei mir. Sie können Ihrem Chef ausrichten, daß er mich selber anrufen muß, da ich solche Aufträge nur mit dem hierarchiehöchsten Betroffenen verhandle. Wäre das Ihr Chef?

C: Ja. Der soll Sie dann also anrufen? Zeit haben Sie aber, oder sind Sie völlig ausgebucht?

KH: Ja, gern. Alles Weitere wird sich dann ergeben. Vielen Dank für die Vermittlung Ihrerseits und die Anfrage.

Eine Woche später ruft dann der Vorgesetzte von Herrn Central, Herr Nachfolger, den Klärungshelfer an.

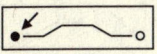

Herr Nachfolger: Durch meinen Mitarbeiter, Herrn Central, habe ich Ihre Nummer bekommen. Sie würden Teamentwicklungen und Konfliktklärungen machen?

KH: Ja, das stimmt.

N: Haben Sie einen Moment Zeit, darf ich Ihnen meine Situation schildern?

KH: Ja, gern.

N: Also, ich bin seit einem halben Jahr Chef des EDV-Supports der EASY-Versicherung. Außer mir sind dort sieben Fachmitarbeiter und zwei Sekretärinnen tätig. Ich habe die Abteilung in ziemlich marodem Zustand übernommen. So etwa: «Jeder gegen jeden und Gott gegen alle», wenn Sie wissen, was ich meine. Mein Vorgänger hatte eine andere Ansicht über Führung als ich. Es entstand eine Atmosphäre des gegenseitigen Übertrumpfens, Anlügens und Ausspionierens. Noch heute ist vieles von diesem Mißtrauen spürbar. Unsere Kunden im Haus merken das auch. Das Image der Abteilung leidet. Da jetzt überall die Rede von Outsourcing ist und uns eventuell eine Fusion ins Haus steht, bedroht uns ein schlechtes Prestige doppelt. Jeder Mitarbeiter wurde zum Einzelkämpfer. Wir sind kein Team. Es gibt viele Vorbehalte untereinander, die zum Teil nur hintenherum deutlich werden – auch gegen mich. Vor viereinhalb Jahren entstand die Abteilung durch die Zusammenlegung dreier kleinerer Abteilungen. Zwei der vorherigen Gruppenleiter wurden zu normalen Mitarbeitern zurückgestuft. Besonders die Abteilungsbesprechungen sind ein Tribunal. Ich muß da meine schützende Hand über die Schwachen halten. So solidarisieren sich die Starken gegen mich, und die Schwachen halten sich raus.

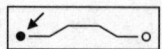

Aufgabe

Was sagen Sie?
– Wie erreichen denn die das?
– Wie ist das für Sie?
– Schicken Sie mir mal ein Organigramm, damit ich verstehen kann, was Sie meinen.
– Wer sind die Starken, wer die Schwachen?

KH: Können Sie mal mit Namen und Funktion sagen, wer alles beteiligt ist, wer die Starken und wer die Schwachen in Ihrer Abteilung sind?

N: Im wesentlichen bestand die Abteilung mal aus zwei Gruppen. Eine war für den Innendienst und die andere für den Außendienst zuständig. Heute ist das alles ein bißchen aufgeweicht, weil sich die Aufgaben nicht mehr so streng trennen lassen. Ich möchte mal anfangen mit **Herrn Weggang**, der die Abteilung und das Sekretariat unter meinem Vorgänger sehr dominiert hat und jetzt auf eigenen Wunsch die Firma verlassen wird. Sein engster Verbündeter ist **Herr Central**. Mit dem hatten Sie ja auch schon telefoniert.

KH: Was ist das für ein Mensch, der Herr Central, welche Funktion übt er aus, und wie steht der leistungsmäßig da?

N: Leistungsmäßig kann ich mich voll auf ihn verlassen. Er ist für Software-Angleichungen zuständig und als Programmierspezialist eine tragende Säule unserer Abteilung. Menschlich ist er frustriert, seit ich da bin. Wohl weil er mit meinem Vorgänger gut ausgekommen ist. Der hat ihn fachlich gefördert und für drei Monate in die USA gehen lassen.

KH: Und Sie fördern ihn nicht weiter?

N: Doch, ich habe ihm sogar das Angebot gemacht, sich mit einem garantierten Grundstock an Aufträgen selbständig zu machen, aber er scheint irgendwie bedrückt in letzter Zeit. Das Angebot hat er auch nicht angenommen. Er ist einer der Starken. Er kann

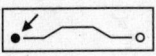

ziemlich aufbrausen, will andere bestimmen. Jetzt aktuell gerade das Sekretariat, da gibt es Spannungen.
KH: Wer ist sonst noch da?

Im weiteren zählt Herr Nachfolger alle seine Mitarbeiter auf und sagt zu jedem, wie er ihn bezüglich Leistung und Zusammenarbeit einschätzt und erlebt. Zusammenfassend ergibt sich etwa folgendes Bild:

Frau Schutz ist seit ungefähr sechseinhalb Jahren in der Firma und macht Software-Beratung und -Schulung für den Innendienst. Sie war bis vor einem Jahr im Erziehungsurlaub. Seither ist sie besonders Herrn Central gegenüber cool und abweisend, worunter dieser leidet. Herr Nachfolger fühlt sich von ihr als Chef nicht akzeptiert und bezeichnet sie als sehr moralisch. Sie gehört zu den Dominierenden.

Herr von Tiefe ist mit 53 Jahren der Abteilungsälteste und schon zehn Jahre in der Firma. Fachlich ist er ein Allrounder und wechselt jetzt schwerpunktmäßig von der Außendienst- zur Innendienstbetreuung. Er ist eine menschlich angenehme Erscheinung, sehr kompetent und zuverlässig. Er wird eher dominiert.

Herr Ruhe ist in der Untergruppe Außendienstbetreuung. Leistungsmäßig ist er noch nicht auf dem Stand der anderen, aber im Kommen. Er hatte Akzeptanz- und Kompetenzprobleme und reagiert sehr positiv auf Unterstützung durch Herrn Nachfolger. Er gehört zu den Schwachen.

Frau Distanz: Auch eine der Schwachen, kann sich schlecht wehren. Ein richtiger Computer-Freak. Sie ist seit Beginn sehr auf Herrn Nachfolger zugegangen. Eher Einzelgängerin, obwohl sie in der Gruppe Innendienst für Beratung und Schulung tätig ist. Sie wird in Zukunft näher mit Herrn von Tiefe zusammenarbeiten müssen und hatte überlegt, die Abteilung ganz zu verlassen. Jetzt bleibt sie aber doch noch zu 20 Prozent. Zu

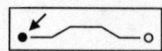

80 Prozent ist sie mit einem anderen Projekt (außerhalb der Abteilung) beschäftigt.

Frau Unab-Hängig: Auch eher eine Einzelgängerin. Sie kann sich im Team nicht gut durchsetzen. Sie organisiert hauptsächlich die Hotline, macht aber auch Schulungen.

Frau Herz ist mit über 20 Jahren Firmenzugehörigkeit die Abteilungsälteste. Sie ist sehr mütterlich und die gute Seele des Sekretariats.

Frau Jung, die zweite Sekretärin, ist erst seit vier Monaten da. Sie kennt Herrn Nachfolger schon aus seiner vorherigen Stelle im Controlling. Sie findet sich in der Abteilung, von normalen Anfangsschwierigkeiten abgesehen, gut zurecht.

Aufgabe
Überlegen Sie sich: Was ist Ihnen bereits klar geworden, und was müssen Sie noch wissen? Welche Fragen würden Sie jetzt konkret stellen? Welches Gefühl haben Sie zum Auftraggeber und zum Auftrag?

KH: Was haben Sie bisher unternommen, um die Situation zu verbessern?

N: Ich habe mit allen Mitarbeitern Einzelgespräche geführt und weiß daher, daß alle leiden. Gleich zu Beginn habe ich ein Kick-Off-Seminar als Teamentwicklungsmaßnahme mit einem externen Trainer durchgeführt. Das brachte allerdings keine nennenswerte Verbesserung. Die Leute kamen nicht aus sich heraus, es war wohl mit einem Tag auch zu kurz angesetzt.

KH: Was möchten Sie erreichen?

N: Ich möchte, daß wir ein Team werden, daß gegenseitige Unterstützung herrscht, und vor allem, daß sich die unterschiedlichen Leute mit ihren unterschiedlichen Aufgaben gegenseitig akzeptieren. Also daß wirkliche Zusammenarbeit stattfindet.

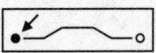

Aufgabe

Finden Sie dieses Ziel akzeptabel? Was hat es für Konsequenzen auf die Organisation der Klärung? Sollen alle teilnehmen (auch Herr Weggang)? Soll die Teilnahme obligatorisch sein? Wieviel Zeit veranschlagen Sie für die Klärung?

KH: Warum rufen Sie mich gerade jetzt an? Hat sich da etwas zugespitzt in letzter Zeit?

N: Ich habe kürzlich von einem Kollegen gehört, daß man in der Firma schon Witze über unsere Abteilung und das Klima bei uns macht. Das gibt mir doch zu denken. Zudem stehen Veränderungen in der abteilungsinternen Aufgabenverteilung an.

KH: Haben Sie keine Befürchtungen, daß Ihnen eine weitere externe Hilfestellung als Führungsschwäche ausgelegt wird?

N: Nein, ich könnte das schon selber machen. Aber mit einem größeren Aufwand. Für mich ist es ein Abwägen der Mittel, und ich entscheide mich für das rationellere Verfahren. Das muß jetzt einfach schnell in Ordnung gebracht werden.

KH: Sind Sie eigentlich auch in die bestehenden Koalitionen verwikkelt?

N: Nein, ich sehe mich noch als außenstehend.

KH: Also, Sie trifft keine Mitbeteiligung?

N: Wenn Sie meinen als Schuld, dann würde ich sagen: «nein». Natürlich habe ich in diesem halben Jahr auch schon unterschiedlich intensiven Kontakt mit den Mitarbeitern gehabt. Vor allem aber aus sachlichen Gründen.

Die Auftragsklärung hat bis hierhin drei Telefonate umfaßt. Ich nehme den Auftrag an und vereinbare folgende Rahmenbedingungen: Die Klärung wird auf drei Tage angesetzt und findet in einem Seminarhotel in der Nähe der Firma statt. Es müssen alle teilnehmen, außer Herrn Weggang, der ja bald weggeht und die Zukunft nicht mehr mitgestalten wird. Zudem kann er den Notdienst der Serviceabteilung aufrechterhalten. Sollten wir nicht die vollen drei Tage brauchen, kann die Klärung mit Kostenabzug verkürzt werden. Im Lauf der Auftragsklärung hat mir Herr Nachfolger folgendes Organigramm (S. 296) der EDV-Support-Abteilung gefaxt. Die handschriftlichen Eintragungen sind von mir.

Aufgabe

Überlegen Sie sich, was Sie als Klärungshelfer zu Beginn des Seminars von sich und der Auftragsklärung erzählen wollen. Was muß zur Wahrheit der Situation gesagt werden? Was sollte Herr Nachfolger in seiner Begrüßung auf alle Fälle sagen?

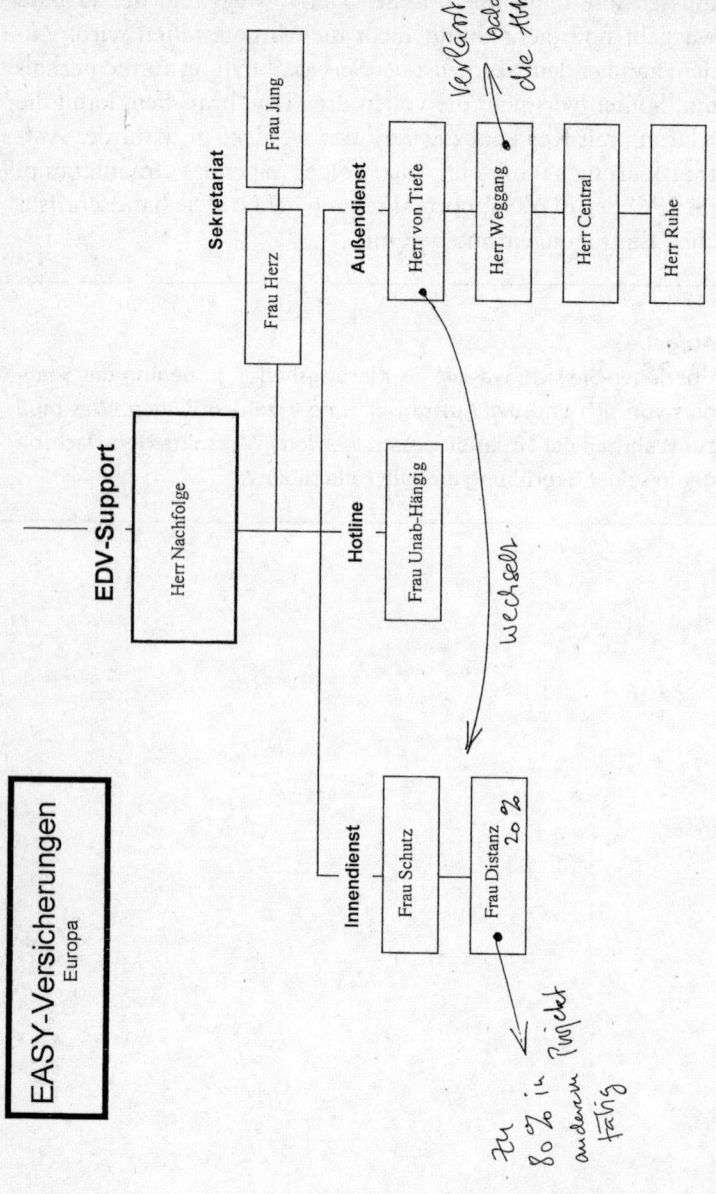

EASY-Versicherungen
Europa

EDV-Support

Herr Nachfolge

Sekretariat

Frau Herz

Frau Jung

Hotline

Frau Unab-Hängig

Außendienst

Herr von Tiefe

Herr Weggang

Herr Central

Herr Ruhe

Verläßt
bald
die Fa.

wechselt

Innendienst

Frau Schutz

Frau Distanz
20 %

Zu
80 % in
anderem Projekt
tätig

Praxis, Phase 1: Anfang

Am Morgen des ersten Klärungstags finden sich alle Beteiligten um 8.30 Uhr im Tagungsraum ein. Herr Nachfolger begrüßt als Chef der Abteilung die Anwesenden und nimmt Stellung zum Seminar.

N: Im letzten halben Jahr, seitdem ich Chef dieser Abteilung bin, habe ich schon deutlich gesehen, daß Sie alle mir gegenüber im Zweiergespräch positiv eingestellt sind. Kaum sind wir aber alle zusammen, sind viele Vorbehalte untereinander spürbar, und zum Teil höre ich über Dritte, daß es auch Vorbehalte mir gegenüber gibt. In dieser Atmosphäre zu arbeiten macht keinen Spaß. Die wöchentlichen Abteilungsbesprechungen sind äußerst schwierig. Entscheidungen werden verzögert und dann torpediert. Die Konflikte dahinter müssen einmal auf den Tisch. Es gibt viele Mißver-

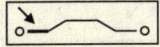

ständnisse. Mit der fachlichen Leistung unseren internen Kunden gegenüber bin ich bisher zufrieden, merke allerdings, daß das Abteilungsklima unser Prestige im Haus nicht positiv unterstützt. Das ist aber wichtig, weil viel Veränderung auf uns zukommt. Wir müssen uns glaubhaft stark und einig nach außen darstellen, um letztlich zusammen zu überleben. Deswegen habe ich Kontakt mit Herrn Thomann aufgenommen, der mir von Herrn Central empfohlen wurde. Im telefonischen Vorgespräch mit ihm hat er mich gefragt, warum ich als so frischer Chef das nicht selber versuchen würde – mit eigenen Bordmitteln sozusagen. Ich habe es mir überlegt und muß sagen: Ich habe das Vertrauen in uns, daß wir das zusammen schaffen würden, aber mit mehr Zeit und Aufwand. Beides möchte ich lieber für unsere fachliche Zusammenarbeit einsetzen. Ich fordere Sie auf und erwarte von Ihnen, daß hier alles Relevante auf den Tisch kommt – auch mir gegenüber. Wie ich in der Einladung geschrieben habe, bin ich insgesamt zuversichtlich, daß wir als Abteilung gestärkt aus diesen drei Tagen hervorgehen werden. Ziel: ein Team, das seine Ziele gemeinsam in die Hand nimmt, obwohl wir sehr unterschiedliche Aufgaben haben. Ich übergebe an Herrn Thomann.

Aufgabe
Sind Sie mit dieser Einleitung zufrieden? Oder müssen Sie noch etwas (in seinem Namen) nachtragen, was die Teilnehmer jetzt wissen müssen?

Ich stelle mich nun selber beruflich und persönlich vor (siehe S. 103 f.) und nehme danach Bezug auf die aktuelle Situation.

KH: Ich kenne die Situation in Ihrer Abteilung bereits aus der Sicht von Herrn Nachfolger. Wir haben in den letzten drei Wochen bestimmt fünfmal miteinander telefoniert. Der erste Vormittag

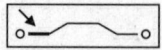

heute dient dazu, die Situation auch aus Ihrem Blickwinkel kennenzulernen. Was ich bisher weiß, ist erst ein Zehntel der Wahrheit. Die anderen neun Zehntel müssen auch noch verstanden werden. Ich will das alles verstehen, und Sie müssen es auch verstehen lernen. Wie ist es jetzt zwischen Ihnen, und was wirkt aus der Vergangenheit noch nach? Sobald etwas ausgesprochen wird, wird es behandelbar, akzeptierbar und ist weniger bedrohlich. Natürlich können dadurch die Wogen auch erst höher schlagen, aber hinterher werden sie flacher.

Meine Position hier ist einfacher als Ihre. Ich arbeite nicht in Ihrer Abteilung, und mein Selbstwert ist geschützt. Ich bin nur Profi, wenn ich nicht betroffen bin. Wenn ich selber betroffen bin, bin ich absoluter Amateur, dann geht es mir wie Ihnen. Für Sie geht es gefühlsmäßig und existentiell an den Kern. Mein Ziel ist es, die Situation jedes einzelnen zu verstehen, um sie klären zu können. Ich möchte jetzt gerne eine erste Runde machen. Jeder sagt seinen Namen, seine Funktion in der Abteilung und wie er zu dieser Klärung hier steht: äußerlich, innerlich, gefühlsmäßig und gedanklich. Wie stehen Sie dazu, daß wir jetzt hier für voraussichtlich drei Tage zusammengekommen sind, um zu klären, was zu klären ist? Welche Bedingungen, Wünsche und Vorbehalte haben Sie? Vielleicht auch noch, wie es Ihnen heute generell geht und was es sonst noch zu sagen gibt. Darf ich gerade mit Ihnen anfangen? Wie ist Ihr Name?

Ulla Unab-Hängig: Ich bin Ulla Unab-Hängig und seit vier Jahren für die Hotline und die Schulung des Innendienstes zuständig. Natürlich mache ich das nicht alleine, sondern wir wechseln uns hier ab. Seit der neuen Vernetzung haben wir enorm viele Störungen und großen Aufwand an der Hotline. Das bringt viel Streß. Auch jetzt sollte ich eigentlich dort sein. Ich hoffe, daß Willi die Stellung hält. Der sollte eigentlich auch hier sein, aber weil er nun geht, ist das vielleicht die beste Lösung. Was das Seminar hier betrifft, weiß ich nicht so recht, wie das wird. Ist das wirklich nötig? Man

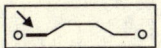

kann auskommen miteinander, aber es ist schon oberflächlich. Aber sind wir schon so weit, daß wir einen Psychiater brauchen? Ich glaube, es ist normal, daß nicht immer alles rundläuft, bei der Arbeitsbelastung, die wir haben. Seit dem Urlaub fühle ich mich stärker.

KH: Gibt es von Ihnen her Bedingungen, um in den nächsten drei Tagen hier mitzuarbeiten?

U: Wissen Sie, wir hatten schon einmal – noch bei Herrn Vorgänger – so ein Psycho-Zusammenarbeitsseminar. Das hat uns nichts genützt. Für einen Monat danach war alles komisch. Man mußte jedes Wort auf die Goldwaage legen. Immer «Gruppengefühl», «Solidarität» und solches Pipapo. Jeder hat doch letztlich alleine zu arbeiten und bucht das Gehalt alleine ab. Bedingungen in dem Sinne habe ich keine. Ich will nur nicht gestelzt reden müssen. Aber das sage ich dann schon – Punkt.

Aufgabe

Wie reagieren Sie darauf?

– Wer hat denn dieses Psychoseminar geleitet?
– War das ein Psychologe?
– Wie hoch war sein Tageshonorar?
– Wenn man dort gestelzt reden mußte, dann war das bestimmt ein Anfänger, der das geleitet hat.
– (Nichts sagen.)

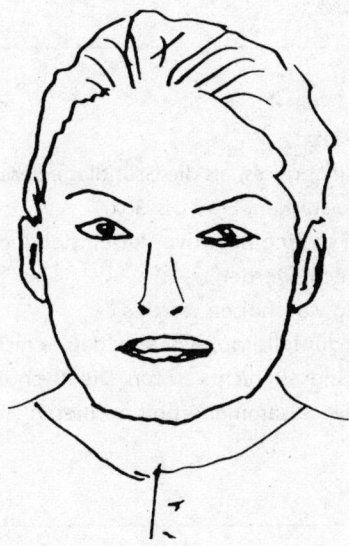

Doris Distanz: Mein Arbeitsschwerpunkt ist seit neuestem Software-Anpassung und zum kleineren Teil Schulung des Innendienstes. Daß das hier drei Tage gehen soll, finde ich bemerkenswert.

KH: Nämlich?

D: Ja, zu lang und zu kurz. Zu lang für unsere kostbare Arbeitszeit und zu kurz, um da wirklich etwas zu bewirken. Ich bin seit sieben Jahren in der Abteilung, und das Klima war nie besser. Ich mache mir Sorgen um die Akzeptanz unserer Abteilung als Zentralfunktion in unserem Unternehmen. Das ist einfach so. (Zum Chef:) Ich finde Ihre Hoffnungen so unterstützungswürdig wie illusorisch. Aber man kann es ja mal wieder versuchen. Andererseits sind wir hier ja auch kein Freundeskreis. Eigentlich habe ich viel zu viel und Wichtigeres zu tun, als jetzt hier zu sitzen.

Aufgabe

Wie reagieren Sie jetzt?

- Es gibt nichts Wichtigeres, als die Grundlage der Zusammenarbeit hier und jetzt zu stärken, Frau Distanz.
- Wenn Sie schon so eine negative Vor-Einstellung haben, kann es ja nur noch schlecht werden.
- Muß die Klärung verschoben werden?
- Ich werde mir jedenfalls Mühe geben, daß es nicht umsonst ist.
- Das hat mit Freundsein nichts zu tun. Die Psychologie hat viel zur Verbesserung der Zusammenarbeit zu bieten, Sie werden es sehen.
- (Nichts sagen.)

KH: Aha. Geht es trotzdem für Sie, daß wir jetzt hier die Klärung machen? Oder ist der Arbeitsberg so dringlich, daß wir noch mal über den Zeitpunkt reden müssen, sofern Herr Nachfolger einverstanden ist? Von meiner Seite aus ist Bedingung, daß alle hier anwesend sind. Es bliebe also nur eine terminliche Verschiebung.

D: Wir finden sowieso nie einen Termin, der allen gerecht wird. Na ja, aber gut.

KH: Also, Sie jubilieren nicht, es geht gegen Ihre Arbeitsauffassung, aber Sie bleiben und machen mit?

D: Ja, gut. Es ist schon ein wichtiges Thema, wie Kollegen miteinander umgehen – ob freundschaftlich oder kritisch. Es bleibt ja nicht aus, daß wir miteinander reden müssen. Wir haben ja auch enge Räumlichkeiten und immer wieder neue Formen der Zusammenarbeit, wo unsere Erfahrungen miteinander auch belastend für die Zukunft sein können. Und ich wehre mich dagegen, die schlechten Erfahrungen, die wir in der Vergangenheit miteinander hatten, aufzurühren und mit in die Zukunft zu nehmen, wo doch bestimmte Konstellationen heute völlig anders sind.

Aufgabe

Wie reagieren Sie?
- Sie verweigern sich also der Klärung?
- Sie wollen also nicht in die Vergangenheit schauen?
- Gerade darum müssen Sie in die Vergangenheit schauen, damit sie aufgearbeitet werden kann.

KH: Habe ich richtig verstanden: Sie möchten hier nicht in die Vergangenheit schauen, um einzelne Beziehungen und Vorfälle noch mal aufzuwärmen, wie Sie sagen? Sie glauben nicht daran, daß das dabei hilft, die Gegenwart und die Zukunft besser und aktiv in die Hand zu nehmen. Habe ich das richtig verstanden?

D: Für mich persönlich – ja.

KH: Aha, Sie wollen sich also nicht sperren, wenn andere das wollen, aber Sie wollen das nicht?

D: In keinster Weise. Das gilt nur für mich persönlich.

KH: Und wenn mit Ihnen jemand noch etwas klären will, ist das in Ordnung? Dürfte er das wollen?

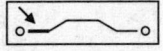

D: Das wäre in Ordnung, ja. Ich habe im Moment keinen aktiven Anlaß, um irgendwo in die Vergangenheit zu gehen.

KH: Ach so, danke.

Susanna Schutz: Ich bin seit sechseinhalb Jahren in der Software-Beratung und Schulung unseres Hauses tätig. Ich fühle mich heute
gut (schnippisch). Wir haben sehr unterschiedliche Beziehungen
hier. Die Gruppe geht insgesamt auseinander. Trotzdem ist mir
jetzt wohler als vor dem Erziehungsurlaub. Ich erwarte von diesem Seminar, daß wir es als Neuanfang nutzen, um dann in die
Zukunft zu blicken. Der Arbeitsanfall ist, wie gesagt, enorm.

KH: Haben Sie auch Befürchtungen und Bedingungen für das Seminar?

S: Nicht direkt.

KH: Und indirekt?

S: Meine Gefühle sind gemischt: Skepsis und «Mal schauen». Bedingungen habe ich erst mal keine.

KH: Können Sie noch ein Wort zur Skepsis sagen?

S: Wir hatten schon einmal so ein Team-Seminar, was ziemlich
schlecht gelaufen ist. Anschließend bin ich dann krank geworden.
Aber das läßt sich nicht direkt vergleichen. Das waren damals
noch andere Zeiten, anderer Chef und andere Seminarleitung.

 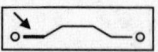

KH: Resultieren daraus noch irgendwelche Bedingungen?
S: Nein.

Norbert Nachfolger: Ich bin seit einem halben Jahr verantwortlicher
Leiter hier im EDV-Support. Vorher waren ich und Frau Jung im
Controlling. Das Klima war da ganz anders. Wie schon gesagt, erwarte ich in der Hinsicht eine Verbesserung hier im Team durch
diese Maßnahme. Es hat sich bereits schon gebessert. Obwohl ich
das angeleiert habe, bin ich jetzt aufgeregt. Das will ich nutzen,
damit auch wirklich alles auf den Tisch kommt, was ich als Neu-
ling in der Abteilung – quasi von außen – sehe.

Jana Jung: Ich bin seit zwei Jahren im Unternehmen und habe auch
schon im Controlling für Herrn Nachfolger gearbeitet. In dieser
Abteilung bin ich jetzt seit vier Monaten hier im Sekretariat. Das
Klima ist manchmal schon sehr gespannt. Ich bin bereit, meine
Fehler einzugestehen. In diesen «schlimmen» Besprechungen bin

ich gar nicht dabei. Ich sehe nur, wie die da herauskommen. Ein gutes Arbeitsklima ist mir wichtig – dann kann ich richtig gut arbeiten. Im Sekretariat haben wir es nett zusammen.

Helga Herz: Ich bin seit 28 Jahren für unsere Firma tätig, seit zwölf Jahren hier in dieser Abteilung. Ich habe drei gute und erwachsene Kinder. Die neue Kollegin neben mir finde ich auch nett, obwohl sie meine Tochter sein könnte. Wir unterstützen uns gegenseitig. Wir sind kein Team hier alle zusammen. Der Funke fehlt. Die Meßlatten sind sehr kritisch. Auch die Erwartungshaltungen treiben uns gegenseitig in die Enge. Die Spaltungen in der Abteilung wirken sich im Sekretariat so aus, daß wir erheblichen Mehraufwand für Koordination und Abstimmungen zwischen den Leuten haben, die nicht richtig miteinander reden. Dann macht wieder einer einen Kopf...

KH: Was heißt das?

H: Nicht reden. Bei den Kindern im Trotzalter ist es das mürrische Schweigen. Obwohl: einzeln habe ich zu allen eine gute Beziehung. Ich bin froh, daß das Seminar stattfindet.

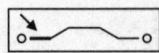

Herr Ruhe: Mein Aufgabengebiet ist in erster Linie Software-Küm-
merer für das Außendienst-Vernetzungsprogramm. Natürlich
kenne ich mich auch mit der Innendienst-Software aus und
springe dort manchmal ein. Ich bin seit drei Jahren hier und sowohl von der Aufgabe wie vom Typ her eher ein Einzelkämpfer.
In den Sitzungen ist die Luft tatsächlich seit längerem «bleihaltig». Dazu kommen unterschiedlich wechselnde Koalitionen. Ich
will mich neutral verhalten. Vielleicht ist es ganz gut, wenn hier
die Katzen mal aus dem Sack gelassen werden. Ich bin für die Klärung, weil die Altlasten drücken.

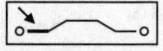

Aufgabe

Was sagen Sie nun?
– Nämlich welche?
– Sind Sie auch eine?
– Können Sie bitte etwas genauere Andeutungen machen, damit
  die Kollegen verstehen, wovon Sie gerade sprechen?
– (Nicht darauf eingehen.)

Christian Central: Gut, daß mal alles auf den Tisch kommen soll.
Hier liegt einiges im argen. Das belastet mich. Mir wurde vor dem
Seminar gesagt, du mußt dich warm anziehen, da weht ein küh-
ler Wind. Ich weiß, es kommt einiges auf mich zu, und ich habe
auch einiges zu sagen. Ich leide enorm unter der Stimmung. Es
gibt keine Abteilungsharmonie. Wir folgen zwar einer Fahne,
aber nicht Arm in Arm. Ich finde es ungeheuerlich, wie man sich
das Leben gegenseitig schwermachen kann. Zum Glück kenne ich
Sie, Herr Thomann, von einem Vortrag. Ich hatte Sie ja auch empfohlen. Wenn das nichts nützt hier, muß ich gehen, oder ich
werde krank. Vielleicht sähen das gewisse Leute gerne. Ich bin
seit sechs Jahren im EDV-Support, hauptsächlich im Bereich Soft-

ware-Anpassungen und Programmiertätigkeiten – manchmal auch Schulungen, aber eher selten. Die Arbeit macht mir Spaß, ich mache sie gern. Es ist nicht so, daß wir schon immer eine schlechte Stimmung hatten. Die ersten beiden Jahre waren gut – mindestens vergleichsweise. Da war noch Vertrauen und Akzeptanz. Aber das werden wir ja hoffentlich alles hier mal besprechen können.

KH: Haben Sie Bedingungen oder Vorbehalte?

C: Ich will offen reden dürfen, und die anderen sollen das auch tun. Aber wenn es ein Gemetzel gibt, und jemand abgeschlachtet wird, hört der Spaß auf! Sie müssen dann eingreifen.

KH: Ja, in Ordnung, und Sie müssen mir sagen, wenn es so weit ist. Ist sonst noch etwas für den ersten Anfang?

C: Mir ist schon ein bißchen unwohl.

KH: Ja (*nachdenklich*)

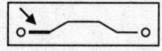

Thies von Tief: Seit zehn Jahren erfülle ich hier die verschiedensten Aufgaben, querbeet von Beratung, Schulung bis zur Anpassung in speziellen Einzelfällen. Den Help-Desk habe ich gegründet, der ja jetzt Hotline heißt. Daß wir hier einen Team-Workshop machen, finde ich begrüßenswert. Es ist nicht alles so, wie es sein könnte. Zwar nichts Akutes, aber es brodelt. Unsere psychische Vernetzung braucht Unterstützung, sozusagen. Ehrlichkeit und Offenheit sind kein Luxus, sondern in unserer derzeitigen Situation der einzige Weg zum Ziel, glaube ich.

Praxis, Phase 2:
Selbstklärung

Nachdem in der Anfangsrunde das Fundament zur Klärung gelegt wurde, und jeder der Beteiligten grundsätzlich bereit ist, jetzt und hier an der Klärung teilzunehmen, geht es nun um die Sichtweisen der einzelnen.

KH: Nun geht es mir darum, jeden einzelnen von Ihnen zu verstehen, seine Sichtweise und seinen Standpunkt, seine Handlungsweisen und seine Gefühlslage nachvollziehen zu können. Nehmen Sie daher bitte jeder ein großes Blatt Papier. Ziehen Sie sich für 15 Minuten allein zurück. Nehmen Sie keinen Kontakt zu den anderen auf. Kapseln Sie sich so gut wie möglich ab, und setzen Sie sich mal dem Streß des leeren Blattes aus. Malen Sie ein Bild, das Ihre Sichtweise deutlich zeigt. Setzen Sie damit nachher andere ins Bild. Für Sie selber ist das nur ein großer Spickzettel, während Sie mir dann vor allen erklären und erzählen, wie die Situation aus Ihrer Sicht aussieht. Wie hat es sich entwickelt, welche Gefühle, Verhaltensweisen, Strukturen, Organisationselemente, Ziele usw. haben eine Rolle gespielt? Das Bild sollte möglichst keine Worte enthalten. Verwenden Sie statt dessen Symbole, wie etwa Blitze, Gewitterwolken, Sonne, Wegweiser, Verkehrsschilder und Farben, Formen und Strichmännchen, alles, was Sie wollen. Natürlich können Sie nicht gut malen. Vielleicht haben Sie Zeichnen schon in der Schule gehaßt. Es ist nicht wichtig, daß Ihr Bild schön, originell, lustig oder interessant wird. Es ist ja letztlich nur ein Spickzettel für Sie und eine Konzentrationshilfe für die anderen. Es geht darum, daß Sie verstanden werden. Das Bild hat den Titel: «Meine Sicht der Dinge, der Entwicklungen, der Verletzungen, der Knackpunkte in Kommunikation und Zusammenarbeit.» Seien Sie dabei so offen, wie Sie können. Überfordern Sie

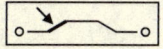

sich aber nicht mit der Offenheit. Malen Sie so, wie es im Moment für Sie angebracht ist. Bringen Sie das Bild in 15 Minuten zurück, und dann werden wir für die nächsten Stunden jedes der Bilder zwei bis zehn Minuten lang anschauen und hören, was Sie dazu zu sagen haben. Es gibt keine Kommentare, keine Interpretationen, höchstens Verständnisfragen. Das Ziel ist: Ich will Sie verstehen, damit Sie von den anderen Beteiligten verstanden werden. Wenn **ich** Sie verstehe, als Dümmster und Langsamster, dann verstehen Sie auch alle anderen.

Die Teilnehmer nehmen die bereitgelegten Flipchart-Blätter und bunten Stifte und ziehen sich für 15 Minuten zurück. Anschließend ist Kaffeepause. Nach der Pause treffen sich wieder alle im Kreis – jeder mit seinem Bild.

KH: Ich möchte jetzt jeden von Ihnen nacheinander aus seiner Sicht heraus verstehen. Das dauert mal länger, mal kürzer, jeder kommt ungefähr zehn Minuten dran, zeigt sein Bild und erklärt seine Sicht der Dinge. Daraus ergibt sich dann ein Gesamtbild. Ich möchte gerne, daß die Abteilungsneulinge vor den «alten Hasen» drankommen, weil die oft noch einen unverstellteren Blick haben. Wer ist der Abteilungsjüngste?

Jana Jung meldet sich. Auf dem Bild von Frau Jung sind lachende Gesichter, Schneckenhäuser, Wellen, Sonne und Gewitterwolken.

J: Also, zu den Altlasten kann ich überhaupt nichts sagen. Nur zu dem, was sich in den letzten vier Monaten, seit ich da bin, abgespielt hat und wie ich das empfinde. Ich bin voller Optimismus zum neuen Job gekommen. Ich bin teilweise herzlich aufgenommen worden, hatte aber manchmal das Gefühl, daß andere damit nicht ganz einverstanden sind, daß ich da bin. Ja, also hier sind noch die lachenden Gesichter außen herum. Nun kommen jetzt

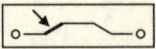

die großen Fragezeichen. Hast du das richtig gemacht? Fühlst du dich wohl, oder fühlst du dich nicht wohl? Hauptsächlich fühle ich mich wohl, aber ich weiß nicht, ob die anderen ganz zufrieden sind mit mir und woran das liegt, wenn sie mir gegenüber distanziert sind. Ich verkrieche mich dann in mein Schneckenhaus und baue eine Mauer um mich herum auf. Da lasse ich nichts an mich herankommen.

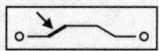

Aufgabe

Was sagen Sie?
- Wie wirkt sich das im Alltag aus?
- Man kann es nicht immer allen recht machen.
- Ahja, das kenne ich auch bei mir. Ich sage mir dann immer: Man kann es nicht allen recht machen.
- Wem gegenüber sind Sie im Schneckenhaus?

KH: Wem gegenüber sind Sie im Schneckenhaus?

J: Gegenüber Herrn Central und Herrn Weggang.

KH: Nur mit den beiden?

J: Ja. Die Sonne hier soll bedeuten, daß ich manchmal auch ein gutes Verhältnis zu ihnen habe, was aber am nächsten Tag schon wieder zum Gewitter werden kann. Da fühle ich mich eigentlich ein bißchen unsicher. Einmal bin ich dann voller Optimismus, und dann bekomme ich wieder einen Knacks im Selbstbewußtsein. Ich gehe jetzt auf ein Sekretärinnen-Seminar und hoffe, daß ich da Anregungen erhalte, wie ich meine Persönlichkeit ein wenig ändern kann.

KH: Wie kommen Sie darauf, daß Sie an Ihrer Persönlichkeit etwas ändern müssen?

J: Ich meine, daß ich vielleicht von mir heraus besser auf Leute zugehen könnte und mich nicht gleich wieder verschließe. Daß ich die Leute in mich hineingucken lasse. Zu den meisten ist ja das Verhältnis bereits ausgeglichen. Das sind die Wellenlinien hier.

KH: Mit wem ist das so?

J: Mit der Frau Unab-Hängig und der Frau Distanz. Mit dem Herrn von Tiefe ist es noch ein wenig anders.

KH: Nämlich?

J: Schon freundlich, aber doch distanziert. Das ist aber in Ordnung.

KH: Was bedeutet diese eingebrochene Mauer?

 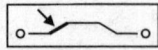

J: Einigen gelingt es, mich zurückzuholen, wenn ich im Schnecken-haus bin, zum Beispiel Frau Herz.

KH: Wie ist das für Sie? Kommen Sie da freiwillig heraus? Oder ist das eine unerlaubte Grenzübertretung?

J: Nein, das ist gut.

KH: Aha. Ist das Zufall, daß das eine Fragezeichen dicker gezeichnet ist, als die anderen beiden? Oder bedeutet das etwas?

J: Nein, ich habe da den Stift gewechselt, das hat keine Bedeutung.

KH (*zu allen*): Haben Sie die Situation von Frau Jung aus ihrer Sicht verstanden? Oder gibt es da noch Fragen?

Frau Schutz: Also, mit der Frau Jung, da fühle ich mich so zurückver-setzt. An Ihnen erlebe ich die unverbrauchte Fröhlichkeit und Un-voreingenommenheit der Jugend.

KH: Haben Sie dazu noch eine Frage?

S: Nein.

KH (*zu allen*): Sonst noch Verständnisfragen?

Frau Herz: Mich würde mal interessieren, warum die Damen und Herren Kollegen die Frau Jung an ihrer Vorgängerin messen.

KH: Augenblick. Ist das denn so, Frau Jung? Empfinden Sie das so?

J: Ja, manchmal.

KH: Gut, dann ist das ein Thema, was wir später, wenn alle dran wa-ren und wir den Überblick haben, besprechen können. Ich notiere es mir. Zunächst ist nur Verstehen dran – und nicht diskutieren, auseinandersetzen und klären.

Sonst noch jemand? – Danke, Frau Jung. Der nächste sind dann, glaube ich, Sie, Herr Nachfolger.

Norbert Nachfolger. Herr Nachfolger beschreibt sehr ausführ-lich den Zustand der Abteilung aus seiner Sicht anhand einer schematischen Darstellung in Kreisform.

Schwierig findet er, daß einige Mitarbeiter ein starkes Bedürf-nis haben, nicht nur sich selber zu bestimmen, sondern auch anderen reinzureden. Besonders stört es ihn, wenn Dritte hin-

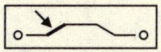

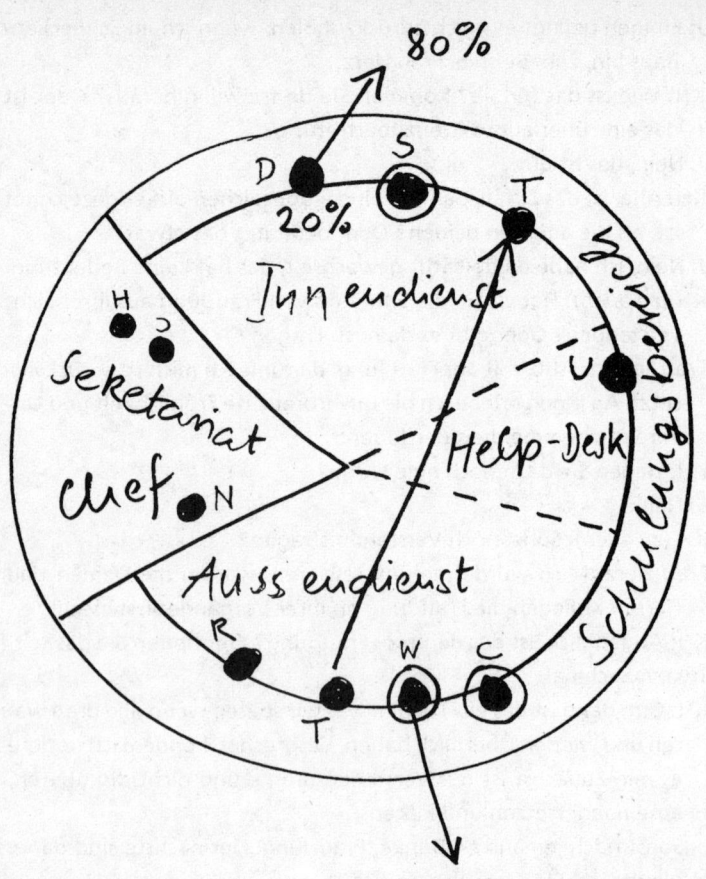

Sich selbst bestimmen, <u>aber</u>
Fehler machen dürfen, ...

ter ihrem Rücken angeschwärzt werden. Auch besteht eine starke Konkurrenz um Gruppensprecherposten, zum Beispiel zwischen Herrn von Tiefe und Frau Schutz. Schade findet er, daß Fehler von anderen kaum akzeptiert werden. Es selbst hat etwas mit Herrn Central zu klären, was ihm auch sehr am Herzen liegt. Es geht um scharfe Kritik, die Herr Central hinter Herrn Nachfolgers Rücken über ihn geäußert habe. Herr von Tiefe und Frau Distanz sollen demnächst zusammenarbeiten, es bestehen aber noch Spannungen zwischen ihnen. Diesen Konflikt hält Herr Nachfolger für gut lösbar. Eine weitere Problemzone sieht er zwischen dem Sekretariat und Herrn Central, der mit der Arbeitsaufteilung dort unzufrieden ist. Insgesamt befindet sich die Abteilung durch das Ausscheiden von Herrn Weggang und die Aufgabenveränderungen bei Herrn von Tiefe und Frau Distanz in einer Umbruchsphase. Es ist schon einiges geschafft – aber noch nicht alles.

Rudolf Ruhe. Das Bild von Herrn Ruhe besteht aus einem Diagramm, indem er den Verlauf der fachlichen und persönlichen Beziehungen über die Jahre eingezeichnet hat.

Unter dem Diagramm hat er einzelne Personen aufgeführt und sie mit verschiedenen Symbolen versehen. Sonnen stehen für eine gute persönliche Beziehung, Plus- und Minus-Zeichen für einen guten fachlichen Kontakt und Blitze für fachliche Meinungsverschiedenheiten. Neben den guten persönlichen Beziehungen zu Frau Schutz, Frau Herz und Frau Jung bestehen zu Herrn Nachfolger und Herrn Weggang positive fachliche Beziehungen. Die Beziehung zu Herrn Weggang beschreibt er als sehr ambivalent. Es bestanden auch fachliche Meinungsverschiedenheiten mit Herrn Central, die Herrn Ruhe allerdings früher mehr belastet haben als in letzter Zeit.

Durch aktives Zuhören wird auch das zwischen den Zeilen steckende deutlich.

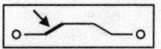

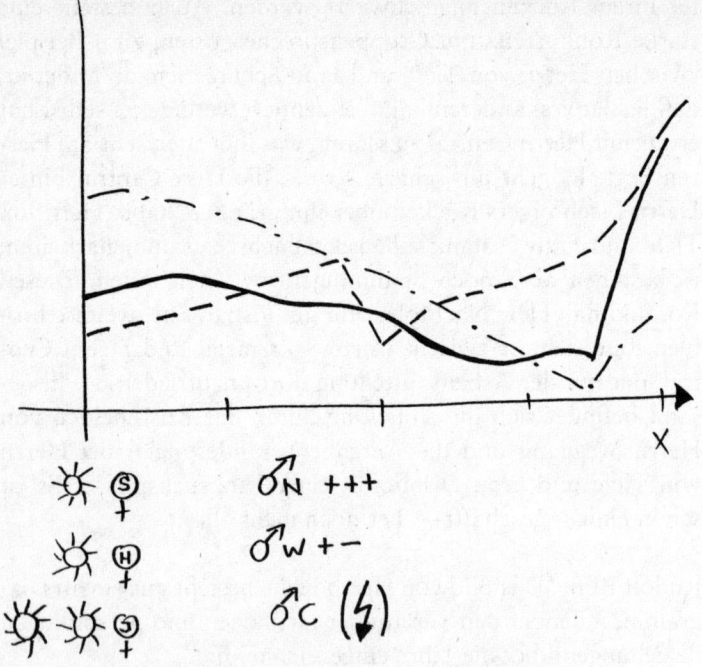

R (*über Herrn Nachfolger*): Er hat mir sehr geholfen. Von ihm kamen
   Feedback, konstruktive Kritik und fachliche Hinweise. Das habe
   ich mit den drei Pluszeichen dargestellt.
KH: Und ich höre zwischen den Zeilen: «Und dafür bin ich Ihnen
   ewig dankbar.»
R: Ich bin dankbar dafür, ja.

Herr Ruhe betont immer wieder entschuldigend, daß die Darstellung der einzelnen Beziehungen nur eine Momentaufnahme
aus seiner subjektiven Sicht sei. Er habe eigentlich nur beschreiben wollen und wolle neutral und ohne Wertung sein. Bei
den anderen Teammitgliedern wollte er sich auch auf Nachfrage hin nicht festlegen. Für die Zukunft wünscht er sich mehr

Solidarität und wohlwollende Unterstützung innerhalb der Abteilung.

Ulla Unab-Hängig. Frau Unab-Hängig zeigt ein ganz einfaches Bild mit drei Symbolen untereinander.

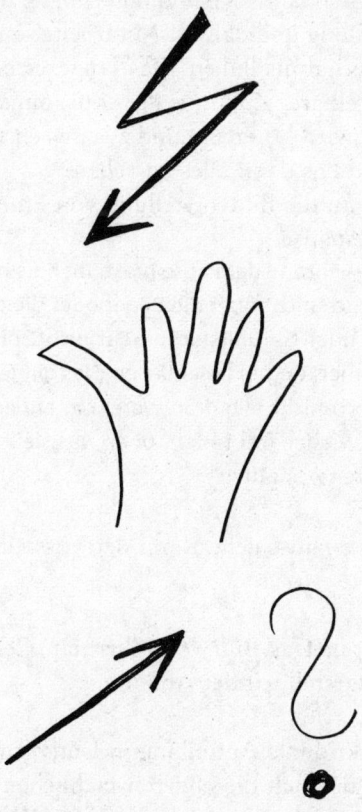

Der Blitz steht für die Zeit unter Herrn Vorgänger. Damals hat sich Frau Unab-Hängig sehr unwohl gefühlt – das Klima war angespannt. Es war kein Vertrauen da, sondern ein sich gegen-

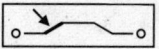

seitiges Ausspielen. Herr Vorgänger habe diese Atmosphäre erzeugt und sie auch genossen. Frau Unab-Hängig hat sich dadurch sehr unsicher und ungeborgen gefühlt. Das zweite Symbol – die ausgestreckte Hand – bezieht sich auf die Gegenwart. Mit Herrn Nachfolger fühlt sie sich besser behütet, weil er die alten Mechanismen aufdecke und unterbinde. Er wolle das Beste für die Abteilung und daß die Mitarbeiter auch untereinander ein gutes Verhältnis haben. Das Fragezeichen bezieht sich auf die unmittelbare Zukunft der Zusammenarbeit: Einer geht, ein Neuer wird kommen, und zwei wechseln ihr Arbeitsgebiet. Wie wird das dann alles aussehen?

Im Anschluß an die Bildvorstellung von Frau Unab-Hängig folgt die Mittagspause.

KH: Ich bitte Sie, während der Pause nicht über die gehörten Inhalte zu sprechen, auch nicht über die Bilder oder die damit verbundenen Personen oder Gefühle. Schon gar nicht sollten Sie spaßige oder spitze Bemerkungen fallenlassen. Das gilt jetzt nur für diese Pause, weil noch nicht alle dran waren. In anderen Pausen können Sie dann wieder frei reden, über was sie wollen. Ist das in Ordnung? Guten Appetit.

Nach der Mittagspause geht es mit der Vorstellung von Herrn Central weiter.

Christian Central. Das Bild von Christian Central zeigt eine schematische Darstellung der Abteilung.

Sowohl die funktionale Aufteilung in Untergruppen und Aufgabenbereiche als auch die engeren fachlichen und vor allem persönlichen Beziehungen werden sichtbar. Die einzige negative Verbindung zeichnet er stark schwarz zwischen sich und Frau Schutz ein. Im Gegensatz zu den anderen, hat sich Herr Central unter Herrn Vorgänger wohl gefühlt. Die Vorbereitung der neuen Außendienstvernetzung war ein großes und für ihn

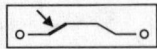

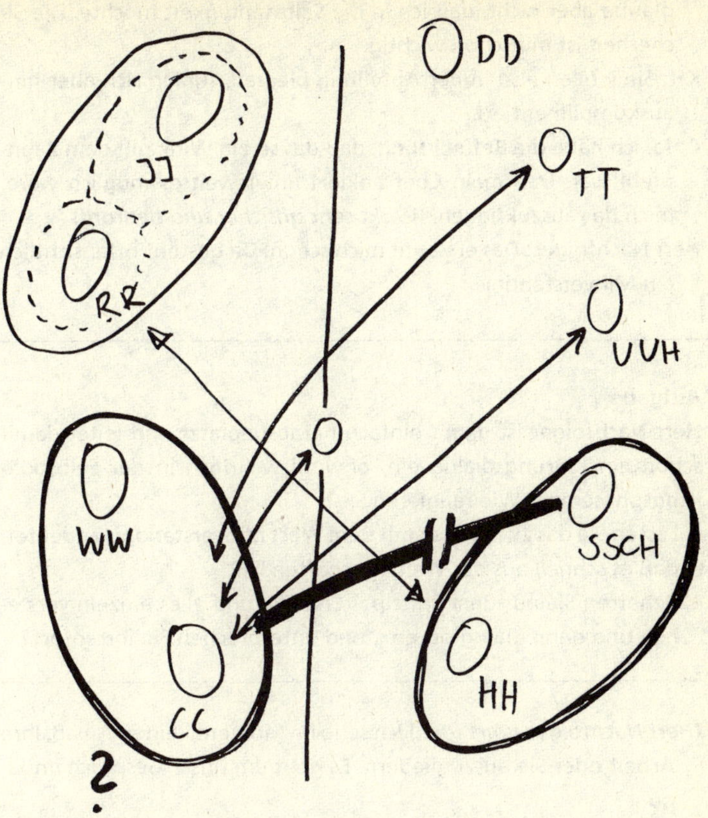

DD

TT

JJ

RR

UUH

WW

SSCH

CC

HH

?

erfolgreiches Projekt. Er fühlte sich unterstützt und gefördert. Als er sehr motiviert nach einem Auslandsaufenthalt zurückkam (bei der Holding-Zentrale in den USA), war Herr Vorgänger schon dabei, die Abteilung zu verlassen. Von da an ging es für Herrn Central abwärts. Obwohl ihm seine Arbeit noch Spaß macht, zweifelt er an seiner Erwünschtheit.

C: In einem Gespräch mit Herrn Nachfolger war dann von Ausgliederung meiner Person die Rede, daß ich meine Dienste der Abteilung quasi als externer Software-Designer anbieten sollte. Ich

glaube aber nicht, daß ich in die Selbständigkeit möchte. Die Sicherheit ist mir schon wichtig.

KH: Sie wollen also in der Abteilung bleiben, fühlen sich aber hinauskomplimentiert?

C: Ja, ich habe die Befürchtung, daß das so ein Wink mit dem Zaunpfahl war. Daß mein Chef abklärt, inwieweit es möglich wäre, mich da rauszukriegen. (*Wirkt sehr unsicher und bedroht*)

Herr Nachfolger: Das erstaunt mich schon. Da besteht offensichtlich ein Mißverständnis.

Aufgabe

Herr Nachfolger ist damit einfach herausgeplatzt und leitet damit schon einen Klärungsdialog ein, obwohl wir noch in der Selbstklärungsphase sind. Wie reagieren Sie?

– Lassen Sie das zu? Weil er mit dem Wort Mißverständnis andeutet, daß es schnell aus der Welt zu schaffen ist?

– Beharren Sie auf dem Prinzip: «Erst alle und alles einzeln verstehen und dann dialogisieren», und unterbrechen Sie ihn sofort?

(*Herr Nachfolger fährt fort:*) Ich sehe im Moment keinen Anlaß, Ihre Arbeit oder Sie auszugliedern. Es geht um unser Gespräch im Januar?

C: Ja. Sie hatten mir nahegelegt, über eine mögliche Selbständigkeit nachzudenken.

KH (*zu Nachfolger*): Und was sagen Sie dazu?

Herr Nachfolger: Ja, den Punkt möchte ich jetzt mal klarstellen. Ich habe mit jedem Mitarbeiter ein Entwicklungsgespräch geführt. Meine Frage war dabei: Was brauchen Sie, um sich weiterzuentwickeln. Sie, Herr Central, sind ein hochqualifizierter Programmierer, und wir brauchen Sie und Ihre Arbeit hier. Ich wollte Sie halten und Ihnen eine externe Perspektive geben, weil es intern erst mal keine Aufstiegsmöglichkeiten gibt. Ich hatte mir Sorgen

gemacht, daß Sie sich nach der Qualifizierung in den USA wegbe-
werben könnten.

Dieser Dialog in der Selbstklärungsphase ist eine große Ausnahme.

KH: Glauben Sie ihm das?

C: Ja, das glaube ich ihm.

KH: Ändert das etwas? Oder ist nach wie vor diese…

C: Nein, das hat mir jetzt gutgetan (*holt tief Luft*), daß er gesagt hat:
«Ich brauche Sie und Ihre Arbeit.» Das hat mir gutgetan. Jetzt
würde ich gerne noch wissen, was Herr Nachfolger noch mit mir
zu klären hat. Ich bin ja schon darauf hingewiesen worden, daß
da was im Busch ist, daß hier «der Tag der langen Messer»
kommt.

KH: Nein. Wenn es geht, würde ich diese Klärung gerne auslagern
und später behandeln. Zuerst möchte ich einen Überblick über
alle hier zu besprechenden Themen haben und jeden verstehen.
Es geht ja um Kritik, die Sie in seiner Abwesenheit Dritten gegenüber geäußert haben sollen. Können Sie es so lange aushalten?

C: Ja, gut.

KH: Will noch jemand etwas sagen? Haben Sie alle seine Sicht der
Dinge verstanden?

Da keiner mehr Fragen hat, geht es mit der nächsten Bildvorstellung weiter.

Susanna Schutz. Das Bild von Frau Schutz sieht sehr chaotisch
aus. Es besteht aus einem großen roten Kreis, in dem verschiedene geometrische Figuren unterschiedliche Persönlichkeiten
darstellen, die mit unterschiedlich langen Pfeilen aufeinander
und gegen außen wirken.

In der Vergangenheit sei zuwenig bedacht worden, daß die Abteilung ein Gesamtsystem ist, bei dem sich die Veränderung
einzelner Teile auch aufs Ganze auswirkten. Sie sagt dann zu

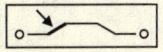

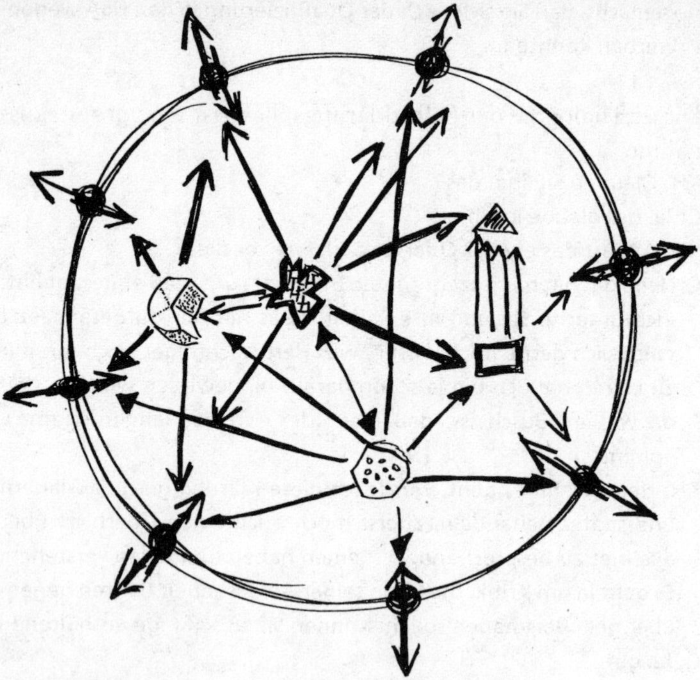

einzelnen Kollegen, wie diese auf sie wirken. Herr von Tiefe wirkt auf sie zum Beispiel ausgepowert und kraftlos, Frau Jung jugendlich, frisch und ohne Vorurteile, Herr Ruhe in sich ruhend und gelassen. Zwischen den Zeilen wird die Konkurrenz zu Herrn von Tiefe um den Posten des Gruppenleiters deutlich. Frau Schutz ist vor einem Jahr aus dem Erziehungsurlaub zurückgekommen und bezeichnet sich selber als zwar noch ehrgeizig, aber nicht mehr so verbissen wie früher.

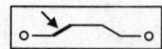

Doris Distanz. Ihr ‹Bild› ist kein Bild, sondern vollgeschrieben mit Wörtern und vielen Fragezeichen.

Interesse für andere Abteilungen
Kollegen: freundschaftlich) ?
       kritisch ?

Enge Räume ? Kommunikation ?
fachliche Aufgaben ? Änderungen ?
Wir - Gefühl ? Vergangenheit ?
Rahmenbedingungen !
Umstrukturierung ? DVV ? ?
gemeinsame Aufgabe bei DVS ?
Produkt ? Service XXX
Motivation ? Schulung ? Support ?
Akzeptanz ? Help-Desk ? Know-how ?
       Programme ?

? ? ? ?

? ?

Aufgabe

Wie reagieren Sie?

– Warum haben Sie nichts gezeichnet?
– (Die Tatsache übergehen und das Bild wie alle anderen behandeln.)
– Ich möchte mal alle fragen, was halten Sie davon, daß Frau Distanz nichts gemalt hat?

Sie sagt, sie sei eine Freundin des Wortes. Das wird dann auch deutlich, indem sie sehr lange, ausführlich, trocken, abstrakt und vor allem unpersönlich beschreibt, wie die Abteilung war und wie eine gute Abteilung sein sollte.

D: Wenn wir uns über unsere gemeinsame Aufgabe im klaren sind, haben wir leichter eine Chance, den einzelnen zu akzeptieren. Man muß nicht die Kritik im Hinterkopf haben, sondern wahrnehmen, was jeder zu leisten hat. Man muß sich mal darüber verständigen, was wir eigentlich machen: im Schulungsbereich eine optimale, anforderungsorientierte Ausbildung und ein Optimum an Know-how in Service und Support entwickeln. Dazu gehören die Motivation und gemeinsame Akzeptanz.

In diesem Stil geht es eine Weile weiter, und die anderen werden nervös und unruhig. Ich versuche mehrfach konkretisierend nachzufragen, um ihren persönlichen Bezug sichtbar werden zu lassen.

KH: Sie haben bisher vor allem beschrieben, können Sie jetzt noch sagen, wie **Sie** dazu stehen?
D (*reagiert weiterhin nur auf der sachlichen Ebene*)
KH: Ja, das habe ich alles gut verstanden, nur sehe ich **Sie** nicht drin.
D (*wieder nur sachliche Erklärungen, sehr ausführlich*)

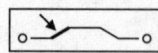

KH: Das ist alles eine treffliche Beschreibung der Aufgaben und Struktur der Abteilung, aber ich weiß noch nicht, wie es **Ihnen** darin ging und geht. Wie fühlt sich das von innen an, wenn man an Ihrer Position steht?

Erst allmählich kommt der persönliche Hintergrund von Frau Distanz zum Vorschein. Sie hat sich unter Herrn Vorgänger sehr in ihr Schneckenhaus zurückgezogen und auf fachlicher Ebene hoch abgesichert. Sie hofft auf einen Neubeginn, insbesondere mit Herrn von Tiefe. Sie bezeichnet sich als «gruppengeschädigt» durch das Abteilungsklima vorher. Den größten Konflikt hatte sie mit Herrn Weggang, der ihre «Hintergrundarbeit» (zum Beispiel das Erstellen von Schulungsunterlagen) abgewertet hat. Als gut bezeichnet sie ihr Verhältnis zu Frau Herz und Herrn Nachfolger.

Thies von Tiefe. Sein Bild ist in drei Bereiche aufgeteilt: positive Vergangenheit, negative Vergangenheit und Zukunftsvision.
    Die Anfänge der Abteilung schildert er als rosig. Er hat mit einem Kollegen zusammen die Hotline aufgebaut und betrieben. Dann wurden mehrere Abteilungen zum EDV-Support zusammengefaßt und unter Herrn Vorgängers Herrschaft gestellt, das bildet den zweiten Teil des Bildes.
T: Was vorher runde Persönlichkeiten waren, schrumpfte jetzt zu Stachelwesen zusammen.
KH: Können Sie mal den Unterschied zwischen einer runden Persönlichkeit und einem Stachelwesen beschreiben? Wie fühlt sich der eine und wie der andere?
T: Der mit den Stacheln fühlt sich als Einzelgänger – von allen Seiten bedroht und zieht sich zurück. Ich rede jetzt mal von meinen eigenen Gefühlen. Ich tu meinen Job, gucke aber nicht mehr auf die Abteilung, auf unseren Ruf, sondern nur noch auf mich. So jemand wird rücksichtslos den Kollegen gegenüber, will sich nur noch qualifizieren und alle anderen übertrumpfen.

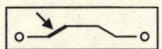

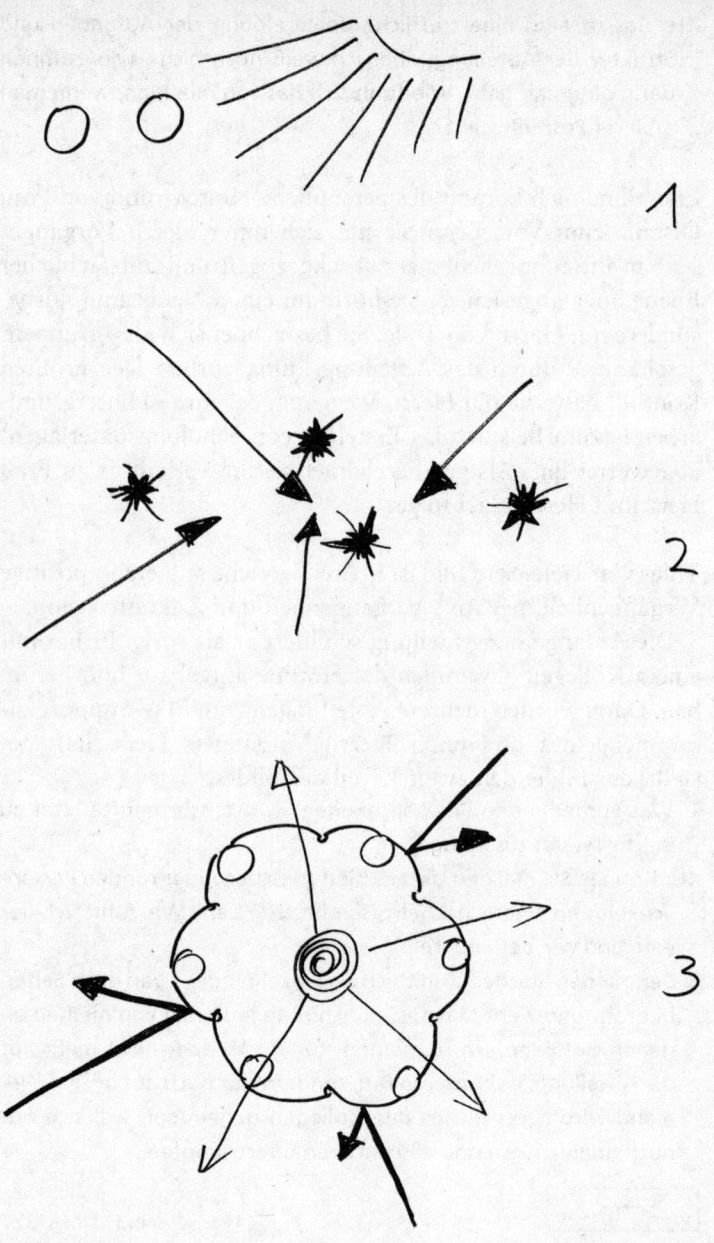

1

2

3

KH: Weil er bedroht ist?

T: Ja, und die anderen als Konkurrenten sieht. Und die Kunden sieht er als Bedrohung, als Beeinträchtigung seiner Kompetenz, seiner Souveränität. In dem unteren Bild hingegen fühlt sich jeder aufgehoben. Die guten Seiten kommen zum Ausdruck und können eingesetzt werden. Als es so war, hatte ich ein gutes Gefühl, und ich wäre sehr froh, wenn es wieder so wäre. Und für die Zukunft wünsche ich mir einen geschlossenen Kreis von Kollegen, die die Arme um die Schultern der anderen legen und so einen Kreis bauen, der nicht so leicht durchbrechbar ist. Die Pfeile von außen werden abgebogen. Wir wären aber nicht nur eine einfache Verteidigungsgemeinschaft, sondern eine aktive Gemeinschaft mit Visionen, die wir nach außen abgeben.

KH: Und was fehlt, damit es wieder so wird, wie sie möchten?

T: Wir müssen das Konkurrenzdenken hinter uns lassen. Wir brauchen eine starke Führung, die hinter jedem steht und die Pfeile abschirmt.

KH: Starke Führung, führt die stark, oder schirmt sie stark ab?

T: Beides.

Darüber hinaus meldet Herr von Tiefe an, daß er noch etwas mit Frau Distanz zu klären hat, da sie jetzt näher zusammenarbeiten werden.

Helga Herz. Frau Herz zeichnet ein relativ einfaches Bild. Oben ein Haus (ihr eigenes), unten ein Rechteck (die Firma), und daneben steht: «Sind meine Erwartungen zu hoch?»

Sie beschreibt einen großen Widerspruch zwischen ihrem harmonischen Zuhause und der Stimmung in der Abteilung. Den Grund für die schlechte Stimmung sieht sie in Herrn Vorgänger, dem ehemaligen Chef. Sie fragt sich, warum sich niemand (sie eingeschlossen) gegen ihn gewehrt habe.

H: Wir sind alle irgendwie auseinandergedriftet. Jeder hat beim an-

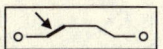

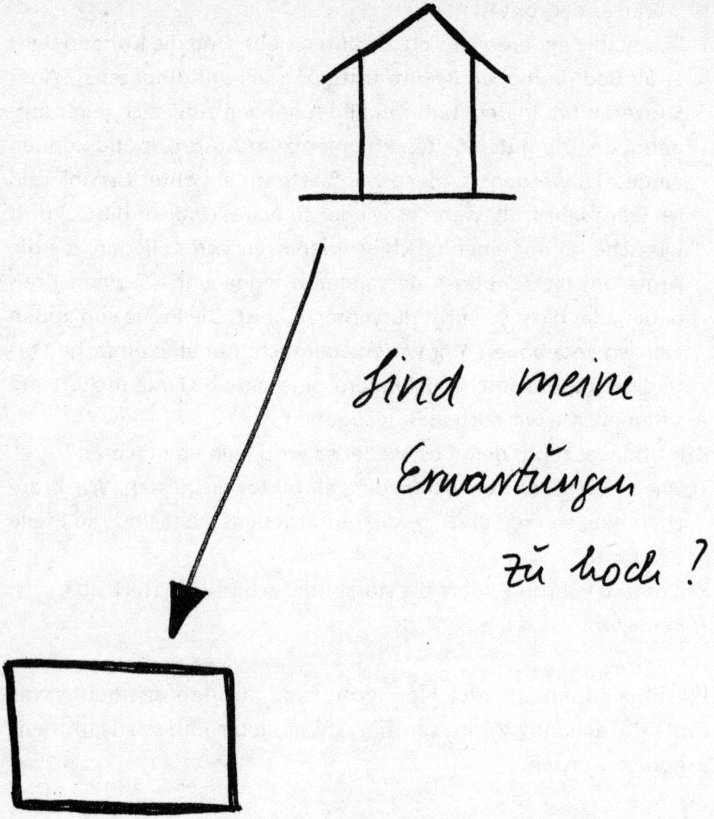

Sind meine Erwartungen zu hoch?

deren nicht mehr die Pluspunkte, sondern nur noch die Minus-
punkte gesehen. Wir selbst sind auch mitschuldig. Wir hätten uns
wehren können.

KH: Das klingt jetzt eher wie eine Predigt: «Jeder ist schuld…» Können Sie mal konkret sagen, wo Sie schuldig geworden sind? Wo
Sie gekniffen haben?

H: Vielleicht aus Angst oder um einen Konflikt aus dem Wege zu gehen. Es gab auch schlecht die Möglichkeit. Es war nicht greifbar,

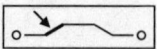

und da ist es schwer, sich zu wehren. Jetzt sehe ich eine Chance für die Zukunft. Ich bin sehr zufrieden mit dem Chef, der sich vor mich stellt und mir Selbstvertrauen gibt.

Außerdem lobt sie ihre neue Sekretariatskollegin, Frau Jung, und bedankt sich bei Frau Schutz für eine wichtige Hilfestellung vor zwei Monaten. Sie hat aber das Gefühl, daß ihr Harmoniestreben in der Abteilung belächelt wird, und fragt sich deshalb, ob ihre Erwartungen an Unterstützung, Zuneigung und Vertrauen zu hoch sind. Ganz aufgeben möchte sie die Erwartungen aber nicht – im Gegenteil, sie will sich weiter dafür einsetzen, zusammen mit Frau Jung.

Aufgabe
1. Zeichnen Sie in das Schema auf S. 332 ein, wer mit wem etwas zu klären hat (als Linien zwischen den Personen).
2. Schreiben Sie hinter einzelne Personen Stichworte zu Themen, die diese besprochen haben möchten.
3. Notieren Sie darunter Gruppen- und Sachthemen, die auch dran kommen sollten.
4. Mit welchem Thema würden Sie beginnen?
Vergleichen Sie Ihr Schema mit demjenigen auf S. 333.

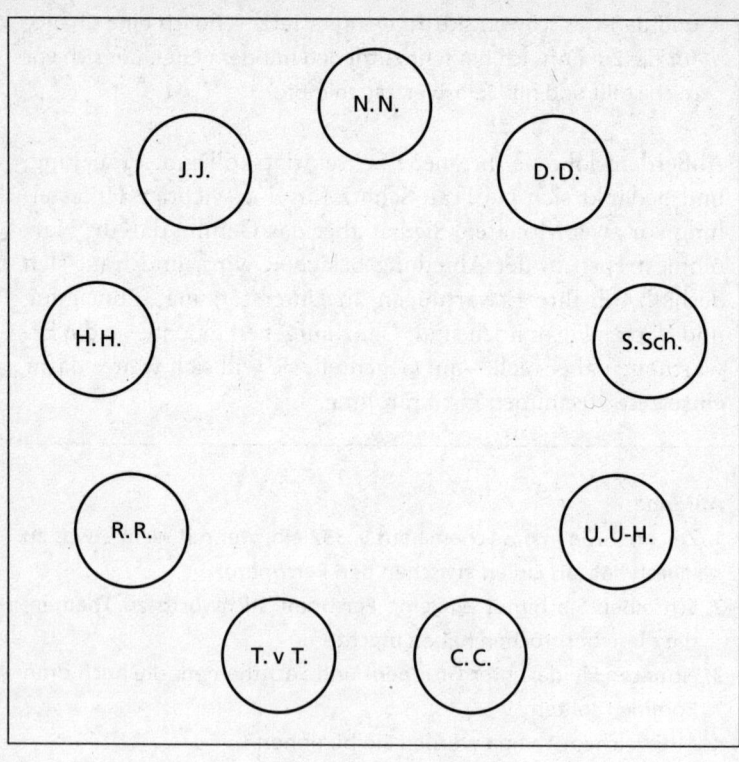

Praxis, Phase 3: Dialog der Wahrheit

Nachdem in der Selbstklärungsphase alle ihre Sicht der Dinge dargestellt haben, ergibt sich folgendes «Inhaltsverzeichnis», das ich am Flip-Chart festgehalten habe.

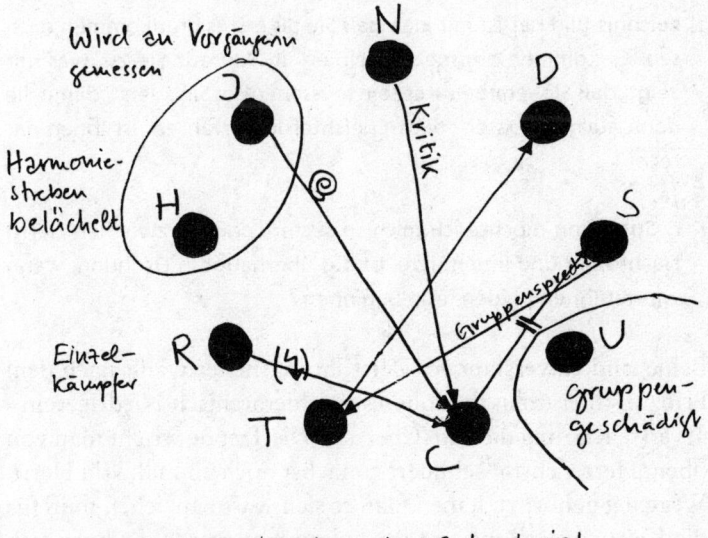

Die Linien zwischen den Personen stellen zu klärende Beziehungen dar. Stichworte bei den Teilnehmern betreffen ihre Einzelthemen. Sachthemen sind unter dem Diagramm aufgeführt.

Ich zähle noch einmal alle Beziehungs-, Einzel- und Sachthe-

men auf und frage die Gruppe, ob es noch Ergänzungen oder Korrekturen dazu gibt – gibt es nicht.

Klärung: Herr Central – Herr Nachfolger

KH (*zu Herrn Central*): Von Ihrer Stimmung und vom Inhaltsver-zeichnis-Bild her ist mir klar, daß Sie als erstes drankommen müs-sen. Es kommen am meisten Linien im Bild auf Sie zu, was mir zeigt, daß Sie sehr belastet sein müssen. Also, Sie zuerst, damit Sie dann auch als erster etwas Erleichterung erfahren. Ist Ihnen das recht?

C: Ja.

KH: Gut, dann möchte ich mich so setzen, daß ich zwischen Herrn Nachfolger und Ihnen sitze. Ist das überhaupt in Ordnung, wenn wir mit Ihnen beiden jetzt beginnen?

Beide sind einverstanden. Der Klärungshelfer wählt nach dem Prinzip «hierarchisch Höheres vor hierarchisch Niedrigerem» als erste Klärung die zum Chef aus. Die Treppe wischt man von oben. Herr Central schildert zunächst noch einmal, von Herrn Weggang gehört zu haben, daß er sich warm anziehen muß für die Klärung, weil viel auf ihn zukommen werde. Es habe sich viel zusammengebraut, viele Altlasten von früher, und jetzt hat auch noch der neue Chef etwas angekündigt. Damit hat er nicht gerechnet.

Herr Nachfolger: Also, das ist schnell gesagt. Ich bekam zugetragen, daß Sie, Herr Central, hinter meinem Rücken über meine Schu-lung zur neuen Innendienst-Software starke Kritik geäußert hät-ten. Mir gegenüber gaben Sie gute Rückmeldung. Das hat mich verstimmt.

C: Wer hat das gesagt?

N: Herr Moliezky von MBI, der ja auch dabei war. Und weil er ein Externer ist, hat es mich besonders verstimmt.

Keiner sagt etwas.

KH: Was soll Herr Central über Sie zu diesem Externen gesagt haben?

N: Nicht über mich, über die Schulung, die ich mit diesem MBI-Vertreter gemeinsam durchführte. Und bei einem späteren Gespräch muß Herrn Central herausgeplatzt sein, daß das unter jeder Sau gewesen sei. Nicht genau so, aber ähnlich.

KH: …das Seminar, das Sie geleitet haben?

N: Ja, daher habe ich es auf mich bezogen. Und zweitens…

KH: Augenblick, können Sie mal etwas dazu sagen, Herr Central?

C: Wie? Ich kann das nicht nachvollziehen.

N (*schnippisch*): OK. Dann eben nicht.

C: Ich habe bloß gesagt, daß ich dort für mich nicht so viel herausholen konnte, nichts von fachlich schwach.

N: Jetzt kommt es mir wieder in den Sinn: Unterstes Niveau, sollen Sie gesagt haben.

Aufgabe

Was sagen Sie?

– Das ist ein starkes Stück.

– Herr Central, haben Sie das gesagt?

– Wie stehen Sie beide zu diesem Herrn Moliezky?

– Herr Central, wie finden Sie denn das fachliche Niveau des Seminars damals?

– Ist dieser MBI-Vertreter ein ehrlicher Mensch?

An dieser Stelle besteht die Gefahr, daß sich eine Diskussion darüber entspinnt, wer nun damals genau was zu wem gesagt hat oder haben soll. Das kann jetzt nicht mehr vollständig re-

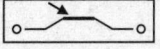

konstruiert werden und lenkt vom eigentlich relevanten Thema ab. Dies ist Herrn Centrals fachliche Beurteilung des Seminars von Herrn Nachfolger.

KH: Können Sie **jetzt** über das fachliche Niveau etwas sagen, wie Sie das Seminar empfunden haben. Und die Leitung?

C: Grundsätzlich sind solche Schulungen mit Externen gut. Praxisaustausch und Novitäten. Diesmal hat es mir aber nichts gebracht. Ich dachte, das kann es doch nicht gewesen sein. Auch aus den Testaufgaben konnte ich nichts herausholen.

KH: Was hätte Ihnen mehr gebracht?

C: Konkrete Aufgaben ausprobieren, aktuelle Anpassungen vornehmen, Störungen bearbeiten.

KH: Aha, mehr praxisorientiert.

C: Das sagte ich schon im Gespräch zu Herrn Nachfolger.

N: Das überzeugt mich noch nicht ganz. Auch Herrn Weggang gegenüber sollen Sie sich sehr kritisch geäußert haben, viel mehr als jetzt. Und diese beiden unabhängigen Meldungen zusammen..., ich vertraue Ihnen einfach nicht mehr so richtig. Was sagen Sie mir direkt – und was hinter meinem Rücken?

KH (*zu Herrn Nachfolger*): Darf ich mal neben Sie treten und etwas an Ihrer Stelle sagen, und Sie sagen dann, ob das stimmt oder nicht?

N: Noch mal! Das habe ich nicht verstanden.

KH (*wiederholt die Frage und darf dann doppeln*): Herr Central, ich bin jetzt einfach angeknackst, bin mißtrauisch geworden. Nicht durch das, was Sie sagen, sondern dadurch, daß es mich nicht **direkt** erreicht. Das mag in dem einen Fall vielleicht die persönliche Empfindlichkeit von Herrn Moliezky gewesen sein, der daraus «unterstes Niveau» gemacht hat. Ich würde aber aufleben, wenn Sie mir das direkt sagen würden. Nicht mir zuerst im direkten Zweiergespräch Bestätigung geben, und hinterher erhalte ich da ein Signal und hier ein Signal, das anders klingt. Dann werde ich mißtrauisch. Das Direkte haut mich vielleicht um, aber es ist mir

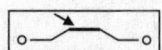

immer noch lieber und belastet unsere Beziehung realer und bodenständiger. Aber dann habe ich Vertrauen. – Stimmt das so?

N: Ja, das stimmt alles.

KH (*doppelt weiter*): Ich habe nicht den Anspruch an mich, Oberguru der Innendienst-Software zu sein. Ich bin erst seit einem halben Jahr hier, da seid ihr alle besser und habt mehr Erfahrung. Ich bin da fachlich eher euer Lehrling. Stimmt das?

N: Ja, natürlich.

KH (*doppelt weiter*): Aber jetzt, wo ich mich zum ersten Mal getraut habe, da möchte ich die Kritik deutlich hören, damit ich schnell lernen kann. Das fördert das Vertrauen, wenn Sie mich nicht schonen. – Ist das richtig?

N: Das trifft die Sache hundertprozentig.

KH: Wie reagieren Sie darauf, Herr Central?

C (*hüstelt*): Ja, das verspreche ich Ihnen gerne.

KH: Heißt das: Ja, das verstehe ich. Oder: Ich gebe zu, daß ich nicht so gehandelt habe. Oder: In der Zukunft werde ich...

C: Nein, jetzt. Ich weiß jetzt, daß er das will und sucht.

N: Da war noch etwas anderes. Ein ähnlicher Punkt war damals unsere Besprechung bei Kellermann. Das paßt dazu, warum ich immer noch zweifle, Ihnen das jetzt sofort abzunehmen. Ich sagte Ihnen damals, daß ich etwas später kommen werde. Kellermann sagte mir später im Gespräch, daß er meine Unpünktlichkeit nicht akzeptiere. Ich fragte ihn dann, ob Herr Central denn nicht gesagt habe, daß ich später komme. Nein, der habe sogar noch auf die Uhr geschaut und gesagt, er sei mal gespannt, ob ich pünktlich sei.

C: Ja, in der Tat, das habe ich gemacht.

N: Und das ist für mich so ein Punkt: Wenn Sie Kritik haben, will ich das hören – und nicht von anderen.

KH (*doppelt*): Ich bin darauf angewiesen, daß Sie die Kritik, die Sie innerlich gegen mich haben, auch mir gegenüber äußern und nicht anderen gegenüber. Schon gar nicht gegenüber Externen. Ich möchte es selber hören, nur so kann ich lernen mit meinen Fehlern und Nachlässigkeiten. Stimmt das so?

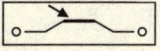

N: Ja.

KH (*doppelt weiter*): Ich brauche das. Und zwar als erster. Sie sollen nicht woanders üben. Ausschließlich bei mir!

N: Ja!

Herr Central senkt den Kopf und schaut länger auf seine Finger.

KH: Was geht innerlich bei Ihnen vor? Wo sind Sie?

C: Ich denke, Sie haben recht, daß ich so etwas nicht hätte sagen dürfen.

KH: Sie sehen das ein?

C: Ich schäme mich dafür.

KH (*doppelt*): Ich gebe es zu. Ich sehe es ein. Es tut mir leid.

C: In der Tat.

KH: Akzeptieren Sie das, Herr Nachfolger?

N: Ja. Mir würde es reichen, wenn Sie sagen: «Diese Unpünktlichkeit stört mich.»

C: Ich mache das jetzt mal so. Ich dachte, ich komme damit zurecht.

N: Bitte sagen Sie: «Das paßt mir nicht.» Es hilft mir nicht, wenn Sie sagen, damit werden Sie schon klarkommen.

C (*zerknirscht*): Jaa.

Aufgabe

Wie zufrieden oder unzufrieden sind Sie jetzt?

– Zufrieden, weil Herr Central durch seine Beschämung zeigt, **daß er einsichtig ist**. Man muß ihn jetzt in Ruhe lassen, weil er sonst trotzig wird.

– Unzufrieden, weil Herr Central nur beschämt und trotzig reagiert, aber nichts klar wird und dadurch **kein Kontakt entstehen** kann, nur Genugtuung (Wiedergutmachungsrache).

Äußerlich läuft alles gut, aber ich bin als Klärungshelfer damit nicht zufrieden. Es läuft durch die Reaktionen von Herrn Cen-

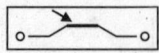

tral eher wie eine «Strafpredigt vom Oberlehrer» als wie eine Klärung. Herr Central bewegt sich auf der moralischen Ebene, wie man sich verhalten soll. Diese moralische Ebene trägt nicht zur Klärung bei. Kontakt und Verständnis – beide notwendig zur Klärung – würden dadurch entstehen, daß Herr Central seinen psychischen Hintergrund (warum er so gehandelt hat) offenlegt. Um Herrn Central auf diese Fährte zu bringen, dopple ich ihn in diese Richtung.

KH (*doppelt*): Also, Herr Nachfolger, ich habe mich in der Tat getäuscht über meine Pingeligkeit. Ich dachte, es wäre mir eher wurst…, daß ich das besser ertragen könnte, aber jetzt sehe ich ein, daß ich an Sie höhere Erwartungen gehabt habe, daß mich das alles mehr gestört hatte, als ich es mir selber eingestanden hatte. Ich bin da traditioneller, als ich dachte.

C: Ja, stimmt. Ich denke halt, ich bin da und Sie nicht. Und daß ich da bin, ist auch nicht nur Pünktlichkeit, sondern auch Zuverlässigkeit, Anerkennung und Achtung.

KH (*doppelt weiter*): Mir ist Pünktlichkeit wichtig, gleichzeitig finde ich das aber kleinkariert, daß mir das so viel bedeutet. In der Zusammenarbeit mit meinem Chef bedeutet Pünktlichkeit auch Wertschätzung und gegenseitige Sorgfalt.

C: Ja. So ist es. Ich versuchte, damit klarzukommen, aber es gelang mir nicht.

KH (*doppelt weiter*): Es stört mich, wenn Sie unpünktlich sind.

C: Ja. Es stört mich. (*Nickt und schaut N. in die Augen.*)

Der direkte Kontaktfunken ist also kurz übergesprungen.

KH: Ist das klar genug?

N: Ja. (*Pause*) Durch die direkte Kritik wird auch wieder glaubwürdig, was er zu mir sagt. Das ist für mich in Ordnung so.

Da Herr Central darauf zwar erleichtert, aber auch ungläubig-verwundert dreinschaut, erkläre ich den eben erlebten zwischenmenschlichen Vorgang kurz, um ihn verständlich zu machen. Ein kleiner vorgreifender Abstecher in Phase 4.

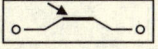

Aufgabe

Wie würden Sie das theoretisch erklären (Sachkommentar)?

KH (*zu Herrn Central*): Herr Nachfolger ist ein Mensch, der lebt auf, wenn er Negatives über sich hört. Das macht ihn sicher in der Beziehung und die Beziehung für ihn glaubwürdig. (*Direkt zu Herrn Nachfolger*) Sie haben bis jetzt ja mit keinem Wort gesagt, daß Sie sich vollständig bessern wollen. Aber Sie wissen jetzt, woran Sie sind.

N: Richtig. Ich lebe auf, das stimmt. Ich kann wieder mit Ihnen arbeiten, Herr Central. – Ich bin zufrieden.

Der Klärungshelfer fragt in die Runde, wer sonst noch so ähnlich wie der Chef funktioniert, daß er Kritik gerne direkt hören würde. Und auch wer ähnlich scheu und zurückhaltend mit dem Geben direkter Kritik ist wie Herr Central. Daraus ergibt sich eine kurze «Solidaritätsdiskussion». Alle sind ungefähr wie die beiden.

KH: Also, deswegen sitzen wir jetzt hier und werden das noch weiter nachholen und üben.

Diese Klärung war dafür, daß es die erste war, ungewöhnlich mühelos, nebensächlich und fast banal. Im Gesamtkontext ist sie eher ein Vorgeplänkel oder die Beseitigung einer aktuellen Störung von Herrn Central, die das Angehen der eigentlichen Konfliktherde erschwerte.

Ohne Pause, die sonst nach jeder Klärungseinheit angebracht ist, geht es zur ersten richtigen, tiefen Klärung weiter.

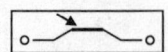

Klärung Herr Central – Frau Schutz

KH: Herr Central, was ist als nächstes dran von dem, was sich zusammengebraut hat?

C: Ich denke, da ist von Frau Schutz, von ihr her noch eine ganze Menge im Keller. (*Holt tief Luft.*)

Aufgabe

Wie reagieren Sie?

- Aber **Sie** haben doch den dicken schwarzen Balken heute morgen zu ihr unterbrochen gezeichnet.
- Vermuten Sie das nur von ihr her, oder haben Sie selber auch etwas zu klären?
- Aha, dann beginnen **Sie**, Frau Schutz!

Herr Central schiebt die Last des Klärenwollens ab, indem er behauptet, nur oder hauptsächlich Frau Schutz habe etwas zu klären. Da die Klärung aber immer zuerst da ansetzen muß, wo die (größere) Motivation dazu ist, darf dieser Punkt hier nicht übergangen werden.

KH: Vermuten Sie das nur von ihr her, oder haben Sie selber etwas, was Sie klären möchten, was noch einmal gesagt, gehört und verstanden werden muß?

C (*unsicher*): Auch von mir her. Ich erinnere mich an meinen unterbrochenen schwarzen Balken zu ihr in der Zeichnung heute morgen.

Herr Central benennt auch seine eigene Motivation zur Klärung. Die nächste wichtige Voraussetzung ist jetzt das Einverständnis von Frau Schutz zur Klärung mit Herrn Central.

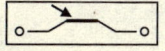

KH: Frau Schutz, sind Sie einverstanden, daß Sie jetzt auch dran sind?

Schutz: Ich habe nichts zu klären. Ich verhalte mich neutral zu Herrn Central (*sehr abweisend*).

Diese Antwort läßt aufhorchen: Hat sie nichts zu klären, oder verweigert sie sich einer angefragten Klärung? Das muß herausgefunden werden. Ich nehme sie zunächst **wörtlich** (sie selber hat nichts zu klären) statt **ernst** (sie will nicht klären, was zwischen ihr und ihm los ist), um sie zu einer klaren Selbstaussage zu provozieren.

KH: Sind Sie einverstanden, daß er mit Ihnen etwas zu klären hat?

S (*schnippisch*): Wenn er das nötig hat...

KH: Sie sind also bereit, an der Klärung seiner Beziehung zu Ihnen teilzunehmen?

S: Ich will nicht.

Die schlimmste Befürchtung scheint sich zu bestätigen. Es gibt drei Möglichkeiten: sie will «nur» selber nichts klären, verweigert die Klärung oder verbietet sie sogar. Letzteres würde den gesamten Klärungsprozeß sprengen.

KH: Ich verstehe nicht richtig. Verweigern Sie sich, oder wollten Sie nur selber nichts klären?

S: Es spielt für mich keine Rolle. Ich habe kein positives Gefühl und kein negatives Gefühl (*wirkt sehr kühl*).

KH: Gut, dann hören Sie sich doch mal an, wie es ihm geht. Nehmen Sie innerlich etwas Distanz, und wenn Sie dann trotzdem etwas sagen wollen, kommen Sie einfach ins Gespräch. Ist das in Ordnung so?

S: Ja.

Das ist noch mal gutgegangen. Es scheint sich um einen kalten Konflikt zu handeln mit großen Verletzungen, vor denen sie sich fürchtet. Um den Konflikt zu lösen, müssen diese alten Gefühle aber nochmals hervorgeholt werden, damit sie befreit und aufgelöst werden können. Der Konflikt muß also aufgetaut und zwischenzeitlich in einen «heißen» Zustand überführt werden.

Ich setze mich so im Kreis, daß ich mit den beiden, die sich ohnehin fast genau gegenübersitzen, ein Dreieck bilde. Beide brauchen meiner Ansicht nach gleich viel Unterstützung, um sich zu zeigen.

Die eigentliche Klärung kann jetzt beginnen.

KH: Also, Herr Central, der schwarze Balken. Können Sie dazu etwas sagen?

Herr Central beschreibt die Entwicklung der Beziehung aus seiner Sicht. Frau Schutz war mal seine Gruppenleiterin und wurde dann unter Herrn Vorgänger, im Rahmen einer Hierarchieabflachung, auf Mitarbeiterebene zurückgestuft.

C: ... Und ich war daran beteiligt – wie alle anderen auch. Ich habe das Gefühl, daß bei ihr gerade mir gegenüber noch etwas von damals mitschwingt.

KH: Aha, die Hierarchie wurde nicht nur von oben her abgebaut, sondern auch von unten angesägt. Und ihnen wird das noch angehängt.

C: Ja, das macht mich unsicher. Ich habe gehofft, es ließe sich kippen, was da mal gewesen ist. Sie hat sich positiv verändert seit ihrem Erziehungsurlaub. Sie hat ja auch viel durchgemacht. Mit dem Hörsturz und diesen Geschichten vorher, da war sie ja auch länger krank geschrieben deswegen. Aber ich hatte nicht den Mut, ihr das zu sagen. Von ihr her zu mir habe ich immer das Gefühl, «ob du nun da bist oder nicht, ist mir scheißegal». Und das wollte ich mir nicht abholen und anhören. Erst heute morgen bei der Zeichnung wurde mir klar, daß mir ihre Ablehnung doch etwas ausmacht. Vorher dachte ich, es ist nicht so wichtig.

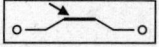

Frau Schutz schaltet sich nun erstaunlich schnell und spontan ins Gespräch ein. Sie scheint die Klärung doch mehr zu wollen, als ich dachte.

S: Das ist gar nicht der Punkt, mit der Hierarchieabflachung. Ich fand die Vorgehensweise unsagbar brutal (*in unverzeihlichem Ton*). Sie haben mit sich spielen lassen, als Mittel zum Zweck. Ohne Rücksicht auf Verluste.

KH: Sie nehmen ihm das übel? War er fies?

S: Ja, auch. Ich nehme ihm übel, daß er das mit sich hat machen lassen.

KH: Darf ich einmal neben Sie treten und etwas für Sie sagen? Sie sagen dann, ob es stimmt. (*Doppelt:*) Wie Sie sich damals haben benutzen lassen, nehme ich Ihnen bis zum heutigen Tag übel. Und ich denke auch, daß der Hörsturz damit zu tun hatte.

S: Ja.

KH (*doppelt weiter*): Es hat mich dermaßen tief getroffen. Ich kann Ihnen nicht verzeihen.

S (*scharf*): Na ja, über den Punkt bin ich hinweg. Er ist mir egal.

Aufgabe

Was denken und fühlen Sie?

– Oje, das fühlt sich aber nicht so an ...

– Aha, ist erledigt.

– Gott sei Dank können wir fortfahren.

Hier zeigt sich wieder der Mechanismus des kalten Konflikts: die gegen eine Klärung arbeitende Tiefkühlung der Verletzungsgefühle. Im Doppeln versucht der Klärungshelfer dagegen anzugehen.

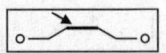

KH (*doppelt weiter*): Ich habe es irgendwie abgemurkst in mir. Sie
   sind zwar nicht der Hauptschuldige, aber Sie haben mitgemacht
   und sind derjenige, der vom ganzen Spiel übriggeblieben ist.
S: Jaja, Anti-Hierarchie-Spiel.
KH: Welche Schuld trägt er an Ihrem Hörsturz?
S: Nein, das habe ich nicht gesagt. Er hat sich nur drauf eingelassen,
   am allgemeinen Kesseltreiben mitzumachen und Herrn Vorgänger gewähren zu lassen.
KH: Aha, das stimmt also nicht, was ich vorher gedoppelt habe. –
   Wie wichtig ist der Hörsturz heute noch für Sie?
S: Ja, manchmal habe ich noch einen hohen Dauerton im Ohr. Dann
   kommt sofort wieder die alte Angst herauf. Das war sehr
   schmerzhaft damals. In einigen Fällen bleibt das Piepen auch bis
   zu sechs Wochen. Es wird zwar langsam besser und seltener, aber
   es ist nicht für immer verschwunden.

Frau Schutz wirkt die ganze Zeit sehr kalt und abweisend. Sie
hebt die Stimme nicht und bleibt distanziert, als ginge sie das
alles nicht viel an.

Aufgabe
Was würden Sie tun?
– Ihr Feedback geben, wie sie auf mich wirkt, um sie aufzurütteln
  und zu erreichen.
– Mich von ihr zurückziehen, da mir das zu unangenehm ist.
– Sie fragen, wie sie sich die Zusammenarbeit in Zukunft vorstellen
  würde, und dann ihn, ob er damit einverstanden ist.

Daher mache ich einen zweiten Versuch, ihre inneren (tiefküh-
lenden) Schutz- und Abwehrhilfen zu erreichen, zu verstehen
und sie dadurch überflüssig zu machen.

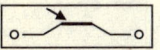

KH: Mich verwundert, daß Sie das so ruhig erzählen können. Das beeinträchtigt Sie ja dauernd. Ich empfinde Sie in der ganzen Frage äußerlich verhärtet und abweisend – weil innerlich sehr stark berührt. Ich an Ihrer Stelle könnte nur schwer verzeihen, wenn ich da einen Zusammenhang sehen würde. So kann ich mir das Ganze erklären. Trifft das zu?

S: Ja.

Empörter Tumult unter den Teilnehmern. Besonders Frau Distanz platzt heraus.

Frau Distanz (*zu Frau Schutz*): Moment – ich fühle mich da von Ihnen attackiert, da ist ein Vorwurf: Ihr habt Schuld, daß ich den Hörsturz hatte.

S: Nein.

KH (*doppelt*): Nicht Ihr alle habt Schuld, sondern ihr wart beteiligt.

S: Ja, diese Schuld möchte ich Ihnen nicht aufladen.

KH: Herr Central, wie reagieren Sie darauf?

C: Das ist eine Schuldzuweisung.

KH: Nein, nicht Schuld, sondern Beteiligung: Sie waren dabei.

C: Ja, gut. Wir hatten ja einen konkreten Anlaß. Daß das dann solche Konsequenzen hatte, das tut mir leid. (*Pause*) Und dieser Anlaß war mein Hintergrund, warum ich bei Ihrer Degradierung mitgemacht habe. Sie hatten mich ja vorher auch in die Pfanne gehauen.

KH: Nämlich?

C: Die Sache damals mit der Schulung der Außendienstvernetzung in diesem teuren Seminarhotel, wo ich mich mit den Nebenkosten vergaloppiert hatte. Ich bin anschließend sofort zu ihr als meine Chefin gegangen und habe es gesagt. «Das geht dann schon irgendwie», war ihre Antwort. (*Pause*) Hinter meinem Rücken hat sie sich dann per Eilpost die Belege senden lassen und ist damit zum Chef gerannt. Herr Vorgänger und sie haben mich dann auf die Anklagebank gesetzt und vor die Alternative gestellt, entwe-

der zahlen oder Abmahnung. Ich war sauer. Ich fühlte mich wie der letzte Henker.

KH: ...wie der letzte Verurteilte, entweder Pistole oder Fallbeil?

C: Ja.

KH: Ging es wirklich um das Geld oder um das Prinzip?

C: 3000!

KH (*doppelt*): Da habe ich mich verraten gefühlt.

C: Ja, verraten und verkauft.

Es entzündet sich jetzt eine hitzige Diskussion darüber, daß Frau Schutz den Hörsturz erst sechs Monate nach der Degradierung hatte und die Hotelspesenaffäre nochmals Monate vor der Degradierung stattgefunden hat. Besonders Frau Distanz, die sich als Drahtzieherin für die Hierarchieabflachung bezeichnet, ist empört über den Zusammenhang und die damit für sie immer noch in der Luft hängende Schuldzuweisung.

KH: **Ich** habe das Wort Schuld als Frage an Frau Schutz eingebracht. Sie hat es verneint und von Mit-sich-machen-Lassen, also Mitbeteiligung, gesprochen. Sie hat weder Schuld noch Rache gesagt – weil sie eigentlich gar nicht darüber reden will. Daß sie nicht darüber reden will, ist ein Problem, wenn sie weiter zusammenarbeiten müssen. Der ungelöste Konflikt gefriert und macht innen und außen kalt. Diese Klärung hier findet ja halb gegen den Willen von Frau Schutz statt. Von ihr her ist die Schuldzuweisung aus der Welt. Aber **Sie** kleben noch daran, Frau Distanz, und Sie auch ein bißchen, Herr Central?

Frau Distanz: Nein, nein, sie hat das heute zum erstenmal ausgesprochen.

S: Nein, habe ich eben nicht. Herr Thomann hat recht. Nach der Zurückstufung habe ich am meisten unter der Atmosphäre gelitten. Ich wurde geschnitten und hatte das Gefühl, im Zweifel geht es gegen mich. Das hat mich sehr belastet. Und ich hatte auch das Gefühl, daß sich die Atmosphäre mir gegenüber seit der Umstruk-

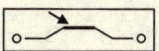

turierung weiter verschlimmert hat. Zum Zeitpunkt des Hörsturzes war es schier unerträglich.

Langsam kommt Frau Schutz aus sich heraus und zeigt von sich aus ihre Verletzungsgefühle.

KH (*doppelt*): Also, äußerlich liegt das alles zeitlich ziemlich auseinander, das gebe ich zu. Aber innerlich hängt das für mich alles zusammen – Spesenabmahnung, Zurückstufung und Hörsturz – und hat sich sukzessive aufgebaut und verschlimmert. Ist das richtig so?

S: Ja.

Frau Distanz: Ich frage mich, warum Sie wiedergekommen sind, wenn es Ihnen so schlecht ging.

KH: Was wollen Sie damit sagen?

Frau Distanz: Frau Schutz übertreibt meiner Meinung nach ein bißchen und lastet uns alles an.

S: Ich habe unter Ihnen gelitten, Frau Distanz, und unter Ihnen, Herr Central. Das alles hat die Konsequenz, daß ich keinerlei Beziehung zu Herrn Central anstrebe.

Frau Distanz: Ich glaube es einfach nicht. Ich glaube es einfach nicht ...

KH: Sondern, Sie glauben ...?

Frau Distanz: Ich könnte mir vorstellen, daß sie uns jetzt alles anhängt, besonders Herrn Central.

Herr von Tiefe: Die Aktion damals richtete sich gegen das Hierarchiesystem, deren Vertreter ich und Frau Schutz waren, daher auch gegen uns.

KH: Trotzdem – ich verstehe Sie nicht, Frau Distanz. Ich empfinde Sie abwehrend.

Frau Distanz: Ja. Ich vermute, daß es da seit vielen Jahren eine unausgesprochene Differenz zwischen mir und Frau Schutz gibt, von ihr her.

S: Also, um es mal klar zu sagen, ich sah Sie beide nicht im Vorder-

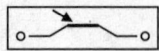

grund. Im Vordergrund war eindeutig Herr Vorgänger, aber der ist jetzt ja weg. Und von Herrn Central erwartete ich lange eine Racheaktion, die nicht kam.

C: Da bin ich aber froh. Weil, was Sie mir eben aufbürden wollten, war mir zuviel. Sie haben es fast geschafft, mir ein schlechtes Gewissen zu machen. Da meine Frau auch einen Hörsturz hatte und bis heute mit dem Tinnitus zu tun hat, weiß ich aus nächster Nähe, was das heißt, Tag und Nacht. Gut, ich kann damit leben, daß ich nur ein Faktor war und nicht die Schuld habe.

S: Herr Central, das ist mir zu billig, daß Sie damit leben können. Das höre ich oft in dieser Abteilung, «damit muß ich leben».

C (*hilflos, enttäuscht*): Gut, ich muß mit Ihnen leben. Mit Ihrer Nicht-Beachtung.

S: Von Ihnen fehlt mir am meisten die Einsicht. Die ganze Zeit schon, Herr Central.

C (*trotzig*): Die fehlt mir bei Ihnen sowieso schon.

Aufgabe

Wollen Sie jetzt

– schauen, wohin das führt, also weiterlaufen lassen,
– doppeln, um wieder Kontakt herzustellen und die Energien zu nutzen, die sich hier negativ zeigen,
– aufstehen und im Weggehen zurückrufen: «Dann streitet doch alleine weiter, so geht das nicht mit mir!»

Negative Eskalation: Beide schützen sich und verhärten so den Konflikt wieder. Hier muß mit Doppeln versucht werden, dem wirklichen Kontakt eine Chance zu geben. Die Sprache der abgewehrten, verletzten und dadurch verhärteten Gefühle wird entschlüsselt und übersetzt. Ohne dies würde ein Klärungsabbruch riskiert und damit die Zusammenarbeit für die Zukunft weiter erschwert.

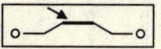

KH (*zu Herrn Central*): Darf ich mal für Sie sprechen, weil sich die Sache jetzt verhärtet? Ist jetzt natürlich dumm, weil die Zeit gleich abgelaufen ist und das Essen wartet. Aber natürlich möchte ich nicht so aufhören. (*Doppelt Herrn Central*) Ich bin richtig erleichtert, daß Sie mich teilweise freigesprochen haben. Das hat mich sprachlos gemacht vorher. Ich bin erleichtert, daß die Ereignisse Abmahnung, Degradierung und Hörsturz zeitlich so weit auseinanderliegen. Und ich sage dann: «Damit muß ich leben», weil ich bei Ihnen nicht verändern kann, daß das für Sie innerlich näher zusammenliegt. Da bin ich nur hilflos. – Stimmt das?

C: Ja.

KH (*doppelt weiter*): Das war so. Ich hatte tatsächlich meine Gründe, Sie leiden zu lassen. Ich habe mitgemacht bei Herrn Vorgänger. Das stimmt. Das gebe ich zu. Und daß Sie gelitten haben, habe ich in Kauf genommen (*Pause*) – oder wollte es sogar?

C: Hmhm (*nickt*).

KH (*doppelt weiter*): Aber ich wollte in keinem Moment, daß Sie einen Hörsturz mit chronischen Folgen haben wie meine Frau. Das habe ich Ihnen nicht gewünscht.

C: Ja.

KH (*doppelt weiter*): Es übersteigt die Dimension meiner Verletzung und meines Zorns Ihnen gegenüber.

C: Ja.

KH (*doppelt weiter*): Und daß Sie mich für ewig abblitzen lassen, daß ich keine Chance habe, gefällt mir nicht. Aber ich habe eben keine Chance. Und ich werde natürlich nicht bitten und betteln, obwohl ich es gerne besser haben möchte zwischen uns.

C: Ja.

KH (*doppelt weiter*): Aber ich bin am kürzeren Hebel. Wenn Sie nicht wollen, geht es nicht.

C: Ja, genau.

S: Ich kann nicht.

Herr von Tiefe: Das ist schon besser, als wenn Sie nicht wollen.

S: Ich kann einfach nicht.

Es herrscht nun kurz eine ruhige, gelassenere Atmosphäre. Alle atmen etwas auf. Aber es ist nur eine Zwischenpause, da noch nicht alles ausgestanden ist. Prompt geht es auch schon weiter.

C: O.k. Wie soll denn nun unser Zusammenleben vonstatten gehen, wir sind nun mal in einer Abteilung? Arbeiten Sie gegen mich? Oder lassen Sie mich? Oder enthalten Sie sich aller Wertungen? Mit was muß ich eigentlich jetzt bei Ihnen rechnen?

S (*Schulterzucken*)

C: Dazu kenne ich Sie aber zu gut als ausgefeilte Politikerin, die mit allen Wassern gewaschen ist.

S: Vielen Dank.

C: Wenn Sie nämlich immer noch eine Art von Unmut, Haß oder sonst etwas gegen mich haben…

S: Gleichgültigkeit.

C: Ja, gut, Gleichgültigkeit. Ich habe Sie aber auch erlebt, Sie sind in der Lage…

KH (*doppelt*): Ich traue Ihnen zu…

C: Ich traue Ihnen zu, daß Sie irgendwelche Dinge gegen mich initiieren.

KH (*doppelt weiter*): Ich fürchte mich davor.

C: Ja. Davor habe ich Angst, weil ich mich dagegen nicht wehren kann.

Herr Ruhe: Haben Sie denn das in den letzten zwei Jahren erlebt? Ich kenne keine Beispiele.

C: Ich kenne nur Beispiele, wie es anderen passiert ist. Zum Beispiel Herrn von Tiefe und Frau Distanz.

KH (*zu den beiden Genannten*): Stimmt das? Sehen Sie das auch so?

Beide verneinen nach kurzer Diskussion.

S: Also Aug um Auge habe ich nicht gemacht in den letzten Jahren.

KH (*doppelt Central*): Ich habe Anlaß zur Angst. Der Anlaß mag nur klein sein, aber die Angst ist groß. Es ist meine Angst. Ich habe

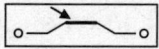

diese Angst, wenn ich zu jemandem keinen Kontakt habe und man mich abblitzen läßt. Und von Kontakt bin ich abhängig.

C: Ja, absolut.

S: Herr Central, das könnte ich tatsächlich machen. Dazu bin ich fähig, Stimmungsmache usw. Aber ich habe es in der Vergangenheit nicht getan, tue es in der Gegenwart nicht und werde es auch in Zukunft nicht tun, weil ich das verachte. Herr Vorgänger hat das gemacht. Solche Menschen verachte ich maßlos. Ich habe einen sehr hohen Anspruch an mich und auch an andere. Aber ich bleibe mir treu ...

KH (*doppelt*): Deswegen verbiete ich es mir selber.

S: Ja, deswegen verbiete ich es mir selber.

KH (*doppelt weiter*): Und daher können Sie sicher sein, Herr Central.

S: Ja. Trotzdem kann ich keine positive Beziehung zu Ihnen aufnehmen.

KH: Gut. Können wir hier mal einen Punkt machen? Können Sie das so akzeptieren oder mindestens zur Kenntnis nehmen?

S: Ja, das ist für mich ausgestanden.

KH: Mir schwingt noch die maßlose Verachtung für Herrn Vorgänger im Ohr nach. Wurden Sie da niederträchtig behandelt?

S: Ja, und wie. Aber – ich bin in dieser Situation gewachsen, viel stärker geworden.

KH: Aber das Dankbare überwiegt nicht?

S (*Unverständnis*): Dankbar? Was einen nicht umbringt, macht einen stärker. Das habe ich für mich verarbeitet.

Herr von Tiefe: Aber härter sind Sie geworden.

S: Ich bin nachher zu dem Schluß gekommen, daß man, was Menschen angeht, für viele Dinge Verständnis aufbringen kann, für Reaktionen, ob positiv oder negativ ...

KH (*unterbricht*): Das war ein Feedback – «Aber härter sind sie geworden».

S: Ich bin auch härter geworden, ja.

KH: Sind für Sie Stärke und Härte notwendig gekoppelt? Oder ist Härte eine Nebenwirkung?

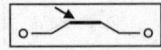

S: Es gehört leider zusammen.

KH: Ja, das empfinde ich bei Ihnen so. Was ich als Kälte bezeichnet habe, diese kompromißlose Ablehnung ...

S: Ja, das ist es, Kompromißlosigkeit. (*Ruhiger, weicher*) Ich gehe meinen Weg kerzengerade. Auf der anderen Seite lasse ich mehr los. Das wurde dann auch schon falsch interpretiert – als hätte ich weniger Ehrgeiz im Beruf. Ich empfinde das positiv.

KH: Nur ist leider das Positive noch gekoppelt mit einer negativen Unerbittlichkeit. Leider für ihn, er leidet jetzt daran. Das ist jetzt so. Ich will es nicht schöner machen. Ich will schon gar nicht, daß Sie sich Mühe geben sollten, etwas vorzutäuschen oder gar sich etwas aufzuschminken. Es ist nicht schön, aber es ist so. Und es hat seine Gründe.

Aufgabe

Was denken Sie über diese Gründe?

– Diese müssen wir jetzt herausfinden, daran hängt ja alles.

– Hier stopp, weil das ins Private geht (im Kern-Schalen-Modell in die Weh-Schicht, in den Schutz des Kerns).

S (*zu Central*): Also, ich werde Ihnen – wie soll ich das sagen – positiv neutral begegnen. Freundschaft können Sie von mir nicht erwarten.

KH (*zu Central*): Können Sie das mal so stehenlassen? Und trotzdem jetzt essen und schlafen?

C: Ja, doch. Ich jubiliere nicht, aber das geht (*nickt und atmet tief durch*).

Ich bin mit dem Resultat der Klärung fürs erste zufrieden. Es ist realistisch. Und wieder offen für eine neue Entwicklung der Zusammenarbeit, auch wenn nicht über alles Gras wächst.

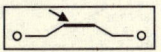

KH (*zu Herrn von Tiefe und Frau Distanz*): Am liebsten würde ich die Sache mit Ihnen beiden und Frau Schutz auf Eis legen und morgen mal gesondert anschauen. Geht das?

Beide bejahen das glaubwürdig. Obwohl schon eine halbe Stunde überzogen ist, frage ich jetzt noch die anderen in der Runde, ob sie den ersten Klärungstag so beenden können. Daraus ergibt sich dann noch eine viertelstündige Abschlußrunde, in der vor allem die vorher Schweigenden noch einmal ihre Überraschung und Betroffenheit äußern. Anschließend kündige ich an, daß es am nächsten Morgen als allererstes eine Morgenrunde geben wird, in der meine Rolle als Klärungshelfer, die Art und Richtung, der Fortschritt der Klärung und das Klima betrachtet werden. In nachdenklicher Stimmung schließt der erste Tag der Klärungsklausur um 20:15 Uhr.

Morgenrunde

In einer außergewöhnlich ausführlichen Morgenrunde äußern sich alle Teilnehmer zum vorigen Tag, zur Art des Vorgehens in den Klärungen und zum Klima des Miteinanders.

Frau Herz fühlt sich sehr gut aufgehoben.

Frau Jung fühl sich auch wohl, obwohl sie viel über die Abteilung erfährt, was sie nicht wußte. Sie hofft, daß sich das alles noch lösen wird. Über die Leitung ist sie sehr positiv überrascht und erstaunt, wie auf alle und alles genau eingegangen wird.

Herr von Tiefe fürchtet sich etwas vor dem heutigen Tag, weil er sich einiges vorgenommen hat. Auch er fühlt sich erstaunlich wohl in der Klärungsklausur. Besonders das Doppeln, das «intuitive Sprachrohr der Beteiligten», wie er es nennt, bewundert er. Daß das immer alles stimmen würde ... Zum Schluß wurde es seiner Meinung nach aber zu häufig eingesetzt.

Frau Unab-Hängig hat sehr gut geschlafen. Sie findet nicht,

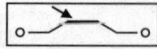

daß das Doppeln zu häufig war, sondern daß es half, das Verzettelte und Verdeckte zu klären. Jeder wurde respektiert.

Frau Distanz hat etwas Angst, weil sie heute auch in den Ring steigen will. Sie findet aber gut, daß das alles angesprochen wird, was bisher verschwiegen ablief. Sie zweifelt allerdings, ob alle Beziehungen wiederherstellbar seien.

Herr Central fühlt sich erleichtert, obwohl noch nicht alles ausgestanden ist. Zum Beispiel möchte er noch die Rolle von Willi Weggang klären, auch wenn der jetzt nicht da ist und die Abteilung verlassen wird. Zudem möchte er mit allen zusammen in die Zukunft ihrer Zusammenarbeit blicken, damit zu Hause die Arbeit wieder funktioniert. Beim Klärungshelfer fühlt er sich, wie erwartet, gut aufgehoben. Er wurde nicht ausgegrenzt, was er schon erlebt hat.

Für Herrn Nachfolger läuft es wie im richtigen Leben: Ernsthaftigkeit beim Arbeiten und gute Laune zwischendurch. Die Erwartungen, die er in die Klärungshilfe gesetzt hatte, wurden bisher voll erfüllt. Auch er hat schon ganz anderes erlebt.

Frau Schutz hat den gestrigen Tag als anstrengend und schwer erlebt. Besonders weil sie über Dinge reden mußte, über die sie gar nicht gern redet, ist noch einmal alles hochgespült worden. Vor dem Zubettgehen sei das aber alles wieder ruhig geworden. Sie hat gut geschlafen. Die Arbeitsweise des Klärungshelfers sei hilfreich, die Dinge auf den Punkt zu bringen, aber nicht zu forsch, sondern sorgfältig.

Herr Ruhe ist auch sehr zufrieden, aber er glaubt nicht, daß das schon alles war. Es muß noch mehr kommen. Er will sich heute noch mehr zu Wort melden als gestern. Eine Gefahr des Doppelns sieht er in der Manipulation, im Hineininterpretieren. Alles geht dann so gut auf, weil es in einen bestimmten Kanal geleitet wird.

Auch ich als Klärungshelfer berichte in der Morgenrunde, wie es mir geht und wie ich die Klärung bis jetzt empfinde.

KH: Ich fand den gestrigen Tag belastend und war erstaunt über die

gute Stimmung beim Abendessen. Ich habe gut geschlafen und bin froh, daß sich gestern alle auf die Klärung eingelassen haben. Für heute habe ich ein gutes und kraftvolles Gefühl.

Aufgabe

Gibt es noch etwas, was jetzt in einer allgemeinen Diskussion geklärt werden sollte? Oder etwas, auf das Sie als Klärungshelfer noch eingehen sollten oder das Sie beantworten sollten?

Nachdem sich in der Runde alle geäußert haben, ist die Diskussion offen für Nachträge, Antworten, Fragen und zum Schluß noch für Organisatorisches.

Da sich in der Runde mehrere Teilnehmer zum Doppeln geäußert haben, komme ich noch mal darauf zurück. Hat das Doppeln gestern etwas schöner oder versöhnlicher dargestellt, als die Wahrheit geklungen hätte? Unterbindet es Selbständigkeit? Die Teilnehmer äußern sich unterschiedlich. Allgemeiner Tenor ist, daß das Doppeln enorm hilfreich war. Auch sonst werden noch Kleinigkeiten von gestern zwischen den Teilnehmern kurz und befriedigend geklärt.

Frau Schutz hat ein **organisatorisches Anliegen**: Ihre Kinderfrau ist verhindert, und sie hat nur bis heute abend jemand gefunden. Darf sie dann gehen, oder unterbricht sie so für alle die Klärung, wird ausgeschlossen oder verpaßt Wichtiges? Eigentlich möchte sie auch nicht, daß das Seminar ohne sie weitergeht. Nach allgemeiner Diskussion wird die Entscheidung auf den Abend vertagt. Jedenfalls darf sie dann ohne weiteres gehen. «Kind geht vor Beruf» ist der allgemeine Tenor. Gegen 18 Uhr soll dann entschieden werden, ob die anderen noch Kraft für einen dritten Tag haben oder ob man ihrem Wunsch entsprechen soll.

Nach der Morgenrunde zeigt sich, daß die gestrige Klärung zwischen Frau Schutz und Herrn Central noch nicht zu Ende ist.

Aufgabe
Wie entscheiden Sie?
– Ja also, dann geht es halt noch weiter.
– Nein, gestern haben wir doch schon alles geklärt.
– Nein, die anderen müssen auch mal daran kommen (dürfen).

Das macht noch einen zweiten Angang nötig.

KH: Frau Schutz, was meinten Sie vorher mit der Kälte um Sie herum?

S: Kälte spürbar als Desinteresse, Türen zumachen vor Personen, auch Ausgrenzen. Da sehe ich Herrn Central, Herrn Weggang und auch meine ehemalige Sekretärin, Frau Pieck, ich habe das als sehr massiv empfunden, besonders auch diese Grüppchenwirtschaft. Wenn ich in einer Gruppe drin bin und sehe einen, der außen vor steht, gehe ich davon aus, daß der auch hineinwill. Jeder Mensch hat doch ein Liebes- und Harmoniebedürfnis. Und ich versuche in solchen Fällen anzusprechen, will er die Außenseiterposition oder will er hinein.

Frau Schutz spricht wieder nicht direkt von ihren Erlebnissen, sondern allgemein und mit moralischem Unterton.

KH: Und Sie hätten das auch gebraucht, damals?

S: Nein. (*Pause*) Doch ja, und ich hätte das nicht nur gebraucht, sondern ich konnte nicht nachvollziehen, daß Türen geschlossen waren.

KH: Wissen Sie, was gemeint ist, Herr Central?

C: Ja und nein, ich war ja immer hinter der Tür! Aber das kann ich so

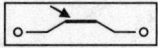

nicht stehenlassen. Also, ich habe von ihr nie, nie einen Versuch bemerkt, in eine Gruppe hineinzukommen. Im Gegenteil, ihr Weg war nur noch zwischen Büro und Toilette, und da wurde nicht einmal gegrüßt. (*Direkt zu Frau Schutz:*) Das steckte dermaßen tief in Ihnen drin, Sie haben mich ja nicht mal ignoriert, das war schon zuviel! Sie kamen nur noch ins Sekretariat, wenn es unumgänglich war.

S: Ja, ich ging da sehr ungern hin, obwohl sie meine frühere Sekretärin war und wir uns immer gut verstanden hatten. Und ich spürte, daß Sie ein Verhältnis hatten. Das war eine seltsame Situation für mich.

C: Das sind zwei Sachen: Meine Beteiligung an Ihrer Zurückstufung vorher und dann meine Beziehung mit Frau Pieck. Das war eine Phalanx, eine starke Verbindung, gegen die Sie schlecht angekommen wären.

S: Phalanx finde ich zu stark.

C: Das freut mich, daß Sie das sagen.

S: Für mich ist das klärend ...

KH: Nämlich?

S: Phalanx ist Angriffskrieg bei den Griechen, so war es nicht.

C: Es war in der Tat von meiner Seite etwas gegen Sie, aber auf der anderen Seite haben Sie auch nichts Integratives, Versöhnliches getan. Deswegen möchte ich den Vorwurf, wir hätten Sie nicht reingelassen, nicht allein auf mir sitzen lassen.

Herr Ruhe: Ihr wart aber eine Phalanx, eine uneinnehmbare Einheit!

S: Interessant! Wie sahen das andere? Zum Glück sind sie da. Liege ich falsch? Das ist schon möglich, daß ich übersensibel erlebe.

Herr von Tiefe: Ich habe das auch so erlebt. Sie wurden isoliert, herausgedrängt. Ich kann Ihre Empfindung bestätigen.

S: Ich bin froh, das zu hören. Die ganze Zeit denke ich, ich bin verkehrt. Ich war mir so unsicher, was ist Ursache, was ist Wirkung.

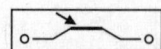

Aufgabe

Was hören Sie heraus? Was geht gerade in Frau Schutz vor?
- Ich hätte deutlicher grüßen sollen, damals.
- Jetzt weiß ich, daß ich Opfer von objektiv bösen Machenschaften war.
- Ich dachte die ganze Zeit, daß ich allein schuldig bin.

Damit unterstellt sie, daß sie selber nur das arme Opfer war und die andere Partei die bösen Täter waren. So etwas darf nicht unkommentiert oder unbehandelt durchgelassen werden. Das ist wieder die alte Art der Eskalationsanheizung.

KH: Das ist etwas anderes, das ist nicht das gleiche! Sie haben richtig empfunden, aber das muß noch lange nicht heißen, daß Sie nur das Opfer sind.

S: Aber Herr von Tiefe hat das auch so gesehen.

Herr von Tiefe: Ich hatte Mitleid mit Ihnen.

KH: An Konflikten Beteiligte fühlen sich immer als Opfer! Das gilt auch für Sie beide. Und jeder ist in seinem Opfersein auch wieder Täter.

S: Ja, eine Opferrolle kann einen auch zum Täter machen.

KH: Selbst, wenn man nichts tut.

C: Wir haben uns nach wie vor am allgemeinen Treffpunkt aufgehalten, im Sekretariat. Das war schon immer so. Und Sie sind daran vorbeigegangen, haben gar keinen Versuch gemacht, sich zu integrieren. Nicht einmal gegrüßt ...

S: Daß ich keinen Versuch mache, wo Sie doch ausgrenzen ...

C: Sie haben keinen Versuch gemacht ...

S: Ist das wirklich wahr? Das ist ja ungeheuerlich!

C: Sie haben keinen Versuch gemacht.

S: Ungeheuerlich, ungeheuerlich.

C: Ungeheuerlich? Sie sind ungeheuerlich! Von Ihrer Seite war ge-

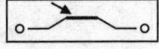

nausogut die Ablehnung spürbar. Genauso. Was wollen Sie denn?

Herr von Tiefe: Wir hatten alle das Gefühl, da sitzt eine Clique im Sekretariat, die ist nicht zu knacken! Ruhe nickt jetzt auch! Wenn man hereinkam, verstummte alles. Ich hatte auch das Problem. Willi hat dann gesagt, wir seien da jederzeit alle eingeladen. Ich habe mir dann selbst mehrere Anstöße geben müssen, daß ich da hineinging. Ich muß fairerweise sagen, ich habe Sie dann offen erlebt, dann waren ehrliche Gespräche möglich. Aber einfach war das nicht. Und Sie in Ihrer schweren Situation, das wäre verdammt schwer gewesen.

KH: Was sagen Sie dazu, Herr Central?

C: Ja, das glaube ich.

KH: Ich verstehe gut, Frau Schutz, daß Sie das nicht geschafft haben. Sie hatten die Kraft nicht. Verstehen Sie das, Herr Central?

C: Ich wäre sehr wahrscheinlich auch nicht hineingegangen.

Pause.

KH: Verstehen Sie, was das heißt, Frau Schutz?

S: Nein.

KH: Das heißt im Klartext von Herrn Central: Ich verstehe und akzeptiere, wie Sie es gesehen haben, wie Sie es gefühlt haben und was Sie gemacht haben.

S: Nein, das glaube ich ihm nicht.

KH (*doppelt Herrn Central*): In Ihrer Situation wäre ich auch nicht hineingegangen. Das heißt: Obwohl ich sage, Sie hätten jederzeit die Möglichkeit gehabt, zu kommen, verstehe ich, daß Sie nicht gekommen sind. Stimmt das so?

C: Ja. Das war eine absolute Niederlage, die Sie damals erlitten haben. Und daran gab es viel zu knacken und zu knabbern, und Sie haben sich zudem zurückgezogen und sich nicht zu denen gesellt, die Ihnen zu knacken gaben. Mir wäre das auch so gegangen.

S: Das war nicht mein Grund, das genügt mir nicht. Ich war menschlich von ihnen und Frau Pieck sehr enttäuscht. Das andere ist se-

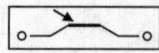

kundär, es war mehr das Menschliche … es war mehr … ich konnte nicht akzeptieren … die Sache …

KH: Was denn konkret?

S: Seine Wertvorstellungen. Ich habe meine von den Eltern übernommen. Ihre decken sich nicht mit meinen … Ich weiß nicht, wie ich das sagen soll.

(Peinliches Schweigen, alle sind erstarrt).

KH: Treue? Untreue? Sexualität? Scheidung? Affären …?

S: Treue, Treue, ja. Scheidung nicht, das habe ich ja auch erlebt. Aber wechselnde Bekanntschaften, Weibergeschichten, das hat mich sehr enttäuscht.

Aufgabe

Soll die Klärungshilfe darauf eingehen, oder ist das zu privat? Was tun Sie jetzt konkret? Was sagen Sie?

– Das ist Ihrer aller Privatsache, darüber reden wir hier nicht.

– Das ist jetzt eine heikle Situation. Einerseits ist es privat und andererseits betrifft es Ihre Zusammenarbeit und vielleicht auch Ihren Ruf als Abteilung, ich weiß es nicht.

– Darüber müssen wir jetzt reden. Erzählen Sie, Frau Schutz, an welche Weibergeschichten von Herrn Central denken Sie?

Ich überlege öffentlich, ob die Klärung darauf eingehen soll. Einerseits ist das ein privater Bereich, den jeder handhaben kann, wie er es für gut hält. Andererseits spielt es hier direkt in den betrieblichen Alltag und die Zusammenarbeit hinein. Kaum schweigt der Klärungshelfer aber nachdenklich, quellen die entsprechenden Geschichten übereinander nur so heraus, und der jeweils Beschuldigte gibt eine zurück nach dem Motto: «Sie ja auch!» Viele davon sind tendenziöse Halbwahrheiten,

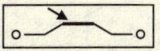

üble Nachreden, Klatsch. Einiges kann auch zugegeben werden. Nach einer Weile flaut das Ganze ab. Es entstehen Regeln, wie in Zukunft damit umzugehen sei, wenn man wieder etwas munkeln hört.

Dann sagt Frau Schutz plötzlich zu Herrn Central:

S: Ich hätte erwartet, daß Sie mir nach meinem Erziehungsjahr mit Freundlichkeit begegnen. Das haben Sie nicht gemacht.

C: Wie? Was erwarten Sie, daß ich zu Kreuze krieche?

S: Ich erwarte gar nichts von Ihnen, gar nichts.

C: Eben, da ist es wieder, das Ignorieren.

S: Ich erwarte gar nichts mehr von Ihnen, ich habe keine Beziehung mehr zu Ihnen, weder eine gute noch eine schlechte.

C: Das weiß ich seit gestern auch.

S: Ich habe keine Erwartungshaltung mehr an Sie! Ich habe abgeschlossen.

C: Gut, ich an Sie dann auch nicht mehr. Und dann sind die Fronten klar. (*Er steht auf und zieht sich das Jackett an.*)

Aufgabe
Was tun Sie jetzt?
– Kapitulieren,
– auch aufstehen, um ihm das Jacket wieder abzunehmen,
– Ihn mit Worten stoppen und mit der Klärung normal weiterfahren.

Zum x-ten Mal krachen diese beiden aufschaukelnd aneinander. Hört es denn nie auf? Ich wollte und mußte aus dem kalten Konflikt einen heißen machen. Daß es dann so lange weitergeht, zeigt nur, daß heftige Gefühle der Verletzung und Enttäuschung, der Angst und Unsicherheit jetzt auftauen.

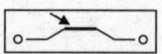

KH: Stopp, bleiben Sie hier. Es stimmt beides nicht: weder daß Sie
abgeschlossen haben mit ihm und nichts mehr erwarten, noch
daß Sie, Herr Central, das gut finden: Prima, dann haben wir
keine Beziehung. Das ist nicht wahr. (*Herr Central setzt sich wieder.*) Sie, Frau Schutz, empfinde ich als dermaßen verletzt, daß Sie
sich innerlich geschworen haben, das will ich nie mehr erleben,
das ist mir zu gefährlich, da muß ich mich fernhalten. Und Ihre Beziehung empfinde ich absolut nicht als tot, im Gegenteil, viel zu
lebendig für Ihren Geschmack.

S: Also, dann ist eine negative Beziehung auch eine Beziehung?

KH: Ja, auf jeden Fall! Sonst könnten Sie Herrn Central Herrn Central sein lassen. Aber das können Sie nicht. Es ist offensichtlich,
daß Sie ihm nachtragen, daß Sie verletzt und verwundet sind,
und daß es viele reale Gründe gibt, daß Sie unrettbar getroffen
sind. Sie konnten sich nicht genug schützen, so daß Sie die Menschen um sich als Hyänen empfanden …

S: Ja, das trifft's.

KH: Und ihm können Sie nicht verzeihen und sind dadurch negativ
an ihn gebunden. Und das ist etwas ganz anderes als «Von Ihnen
erwarte ich gar nichts» oder «Wir haben keine Beziehung, weder
eine positive noch eine negative». Jetzt kann er Sie nämlich sogar
verstehen, und er sieht, was los ist, und kann sich innerlich damit
beschäftigen. Sie können ihn äußerlich trotzdem abblitzen lassen, aber er weiß jetzt wenigstens, warum. Ich erwarte nicht, daß
Sie freundlich auf ihn zugehen. Das ist jetzt alles klar. Ist das in
Ordnung soweit für Sie?

S: So, ja.

Es herrscht Schweigen.

Frau Distanz: Ist das möglich, daß aus solchen Sachen ein solches
Verhalten entspringt? Ich glaube nicht. Da ist doch mehr dahinter.

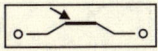

Aufgabe

Was sagen Sie jetzt?
- (Nichts.)
- Nein (sagen).
- Ich habe genug!
- Es ist doch jetzt gut, Frau Distanz, warum fangen Sie wieder an? Können Sie schöne Situationen nicht aushalten?

Wenn ich auch solche Äußerungen nicht liebe, besonders nicht in Momenten, wo es endlich ruhig ist, so dienen sie doch immer der Überprüfung, ob man dem Frieden trauen kann. Und wenn man noch etwas aufhetzen oder aufstacheln kann, ist es noch nicht vollständig erlöst, aufgelöst und verstanden. Hier muß in der Klärungshilfe bis zum letzten Rest gearbeitet werden. Alle Gefühlswucherungen müssen raus. Ich ergebe mich, mache nichts. Aber es geht trotzdem weiter. Herr Central fühlt sich angesprochen.

C (*zu Frau Distanz*): Ich habe mich damals von ihr nicht offen und ehrlich behandelt gefühlt (*spricht wieder von der Hotelspesen-Angelegenheit*). So in der Art: «Jetzt paß mal auf, jetzt werden wir sehen: Ganz egal, was du jetzt machst, du kommst hier mit einem blauen Fleck raus.»

S: Menschlich enttäuscht?

C: Ja, ich bin doch direkt zu Ihnen gekommen, als es mir klar wurde!

S: Ich erinnere mich genau: Zuerst versuchte ich es hinzudeichseln, aber dann schaltete sich Herr Vorgänger ein und sagte: «Nein, das geht nicht mehr.»

C: Ob das nun wirklich Herr Vorgänger war, da habe ich ganz schön Zweifel dran.

S: Klar war er es.

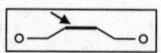

Aufgabe
Aussage gegen Aussage: Wem glauben Sie?
Was ist Ihr nächster Schritt?

Wie schon einmal zu Beginn, steht hier wieder Aussage gegen Aussage. Eine Sackgasse, wenn man versucht, die historische Wahrheit herauszufinden. Daher: ohne Gesichtsverlust für beide vom Wörtlichen und Untersuchungsrichterhaften weg zum Verstehen.

KH (*zu Herrn Central*): Angenommen, Herr Vorgänger hätte ihr Druck gemacht, was hätten Sie dann noch für Vorwürfe an Frau Schutz?

C: Ja, diese Art von Problemlösung! Entweder du zahlst, oder deine Karriere ist zu Ende.

S: Ich dachte, ich helfe Ihnen dabei. Das andere wäre sehr schlecht für Sie gewesen. An Ihrer Stelle hätte ich lieber bezahlt.

KH: Herr Central, mir scheint, Sie müßten Ihr den Vorwurf machen: «Sie haben nicht mit mir, Ihrem loyalen Mitarbeiter, gekämpft und sich für mich eingesetzt, sondern nur akzeptiert, was andere wollten.»

C: So ist es!

Manchmal muß ich als (allparteilicher) Klärungshelfer einer Partei helfen, die richtigen Vorwürfe zu formulieren, damit diese Vorwürfe gehört und geklärt werden können.

S: Ich konnte mich nicht durchsetzen.

KH: Was hinderte Sie daran, sich bedingungslos hinter Ihren Mitarbeiter zu stellen und zu Herrn Vorgänger zu sagen: «So geht das nicht. Ich bin mit Herrn Central zufrieden. Er hat mir seine Verfehlung gleich in aller Offenheit gestanden. Es ist eine schlimme Geschichte, das befreit ihn natürlich nicht von Konsequenzen! Aber **nicht** in dieser drastischen Art, **nicht** als Alternative und **nicht** ohne ihn und seine Ideen. Das kann ich nicht akzeptieren.»

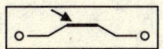

S: Herr Thomann, ich habe mich vor ihn gestellt. Aber da hat es Anrufe gegeben, ein Regionalleiter, Herr Fox, tobte, und der machte
schon Stimmung in der Personalabteilung. Keinen Groschen zahlt
die Firma! Was bildet sich der EDV-Support eigentlich ein?

C (*überrascht*): Warum haben Sie mir das nicht gesagt?

S: Ich hatte ein Versprechen gegeben.

KH: Was natürlich eine Gemeinheit ist.

S: Ich habe gekämpft. Ich habe versucht zu helfen.

C (*lacht*): Nein, so habe ich mich nicht gefühlt.

S: Das merke ich, zum zweitenmal.

KH (*zu Central*): Sie wußten ja auch nicht alles. Jetzt wissen Sie mehr.
Verändert das etwas?

C: Moment. Ich will das noch zu Ende erzählen. Ich habe es dann öffentlich gemacht und bin zum Betriebsrat gegangen. Ich bin das
ganze Risiko eingegangen und – mir ist nichts passiert! Ich frage
mich nun tatsächlich, ob Sie alles versucht haben. Meine Antwort:
es ging doch nur darum, welche Strafe. Freispruch gab es für Sie
nicht.

S: Also, ich finde das auch verwunderlich, daß das kein Nachspiel
hatte.

Beide sind inhaltlich von ihrer eigenen Meinung absolut überzeugt. In solchen Fällen hilft manchmal ein Sachkommentar
vom Klärungshelfer.

Aufgabe
Was würden Sie hier erklären?
Wie würden Sie es formulieren?

KH: Herr Central denkt, wenn er sich selber anzeigt, kann er mit
Milde und Straffreiheit rechnen. Frau Schutz denkt, wenn er et-
was gemacht hat, muß er so oder so dafür geradestehen. Mit
Konsequenzen. Also, wenn ein Dieb etwas gestohlen hat, soll er

es trotzdem nicht behalten dürfen, auch wenn er zum Bestohle-
nen sagt: Ich habe dir etwas gestohlen.

C: Ich habe nichts gestohlen.

KH: Das ist ja nur ein Vergleich.

Der Kommentar fruchtete nicht. Der Gefühlszug ist schon wieder abgefahren, und die Weichen sind gestellt. Also muß ich
auf den Zug aufspringen und mich durch Verstehen zur Lok
vorkämpfen.

C: Sie waren beide meine Vorgesetzte. Sie haben über mich verhandelt, (*laut*) ohne mich hinzuzuziehen.

KH: Jetzt geht es um das Wesentliche.

C: Sie haben verurteilt ...

S: Nein, ich wollte verhindern, daß Sie eine Abmahnung bekommen.
Ich wollte Sie nicht verlieren.

C (*schüttelt den Kopf*)

KH: Nehmen Sie ihr das nicht ab?

C: Daß Sie damals nicht bewußt nach einer anderen Lösung gesucht
haben – ich wiederhole es –, obwohl ich zu Ihnen gekommen bin
(*betont jedes einzelne Wort laut und scharf*) und gesagt habe,
daß ich einen Fehler gemacht habe. (*Erregt:*) Also, also, allmählich wird es etwas hart hier.

KH (*doppelt*): Gut, also: Ich habe Blödsinn gemacht, ich habe einen
Fehler gemacht. Das habe ich schon x-mal gesagt. Auch damals
schon. Das steht wohl außer Zweifel. Ich habe es zugegeben und
eingesehen und bin nicht weggerannt. Aber der Vorwurf, der für
mich bleibt, ist, daß Sie in Geheimaktion mit meinem Chef, ohne
mich einzubeziehen, **über** mich und **gegen** mich verhandelt haben, mit zweifelhaften Informationen und unter Druck von außen, und mir erst das Endresultat präsentiert haben. Das nehme
ich Ihnen übel. Ich wäre gerne von Anfang an bei dieser Gerichts-
verhandlung dabeigewesen. Wir hätten uns andere Lösungen
überlegen können, zum Beispiel alle Teilnehmer zusammenzu-

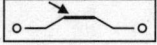

trommeln und sie um ihren Beitrag zu bitten oder anderes. Und das nehme ich Ihnen übel. Obwohl ich von Anfang an offen war.

C: Ja.

Nachdem ich jetzt durch Verstehen bei der Lok des negativen Gefühlszuges bin, übernehme ich die Steuerung.

KH (*doppelt weiter*): Ich sehe ein, daß ich nicht automatisch auf Straffreiheit oder gar Konsequenzenlosigkeit hoffen konnte, aber einbezogen hätte ich werden wollen. – Stimmt das?

C: In der Tat.

KH (*zu Frau Schutz*): Akzeptieren Sie das?

S: Ja, das akzeptiere ich, das Einbezogenwerden.

KH: Herr Central, akzeptieren Sie das auch? Und glauben Sie es ihr?

C: Ja.

Unerwartet plötzlich ist die Atmosphäre gelöst, klar und ruhig. Schweigepause.

Herr Ruhe: Ich sehe Sie jetzt anders, Frau Schutz, irgendwie menschlicher. Jetzt kann ich Sie besser verstehen.

C: Ja, geht mir auch so. Wie Sie jetzt im Augenblick dasitzen und wie Sie sprechen, das ist auch anders als heute morgen.

Allgemeines Nicken und Zustimmung.

KH: Ja, es ist etwas anders mit Ihnen jetzt.

S: Also, ich erlebe mich, daß ich Sie das erstemal wieder anschauen kann. (*Leise*:) Ich konnte Sie nicht anschauen, haben Sie das gemerkt?

C: Ja, in der Rauchpause.

Langes Schweigen. Ruhige Situation.

 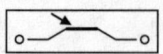

Aufgabe

Würden Sie jetzt noch ansprechen, ob das für jemanden ein Problem ist, daß aus der Affäre zu Frau Pieck eine Ehe wurde, die jetzt noch besteht?

– Ja, dann kann man auch das noch behandeln, weil wir gerade am Aufräumen sind.
– Bloß nicht! Jetzt ist Ruhe, und die darf nicht mit neuen problematischen Themen gestört werden.

KH: Daß Sie dann Frau Pieck geheiratet haben, ist das ein Thema hier in der Gruppe?
Frau Herz: Nein. Das ist kein Thema.

Das wird so glaubwürdig gesagt, und auch die Stimmung bleibt dabei ruhig, daß ich zu einer Kaffeepause anrege. Endlich ist eine Erleichterung spürbar. Gelöst und trotzdem sorgfältig gehen die Teilnehmer miteinander in der Pause um.

Als nächstes geht es um die Klärung zwischen Herrn Central und dem Sekretariat, hauptsächlich Frau Jung. Da sie die Nachfolgerin von Frau Pieck ist, die inzwischen mit Herrn Central verheiratet ist, fühlt sie sich sehr an ihrer Vorgängerin gemessen. Es stellt sich heraus, daß Herr Central wirklich sehr hohe Ansprüche an sie gestellt hat, weil er durch die Beziehung zu Frau Pieck quasi an eine eingearbeitete, hauptsächlich für ihn zuständige Sekretärin gewöhnt war. Frau Jung hingegen behandelt alle gleichwertig und hat teilweise sehr allergisch auf die Anspruchshaltung von Herrn Central reagiert. Durch das gegenseitige Entdecken der persönlichen Hintergründe und Empfindungen löst sich die Verhärtung der beiden Konfliktparteien weitgehend auf.
    Mittagspause.

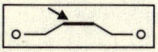

Klärung: Herr von Tiefe – Frau Distanz

Nach dem Essen und einer kleinen Frischluftpause beginnt die Sitzung mit einem Blitzlicht: eine Kurz-Runde, in der jeder Teilnehmer sagt, wo er oder sie innerlich gerade steht. Im Teilnehmerkreis ist aufkeimendes Vertrauen spürbar. Es ist zwar noch nicht alles geklärt, aber die Richtung stimmt. Ich habe das Gefühl, daß wir über den Berg sind.

Herr von Tiefe meldet sich dann von sich aus zu Wort:

Herr von Tiefe: Darf ich jetzt etwas mit Ihnen klären, Frau Distanz?

Frau Distanz: Ja.

T: Wir haben schon vor drei Jahren eine schwere Krise gehabt, als unser aller Verbleib in der Firma zur Diskussion stand. Das konnte zwar abgewendet werden, aber immerhin war es so, daß es für mich klar war: Wenn eine Kollegin so mit mir umgeht, wie Sie das gemacht haben, versucht, mich derartig in die Pfanne zu hauen, dann kann ich nicht länger mit ihr zusammenarbeiten. (*Zum Klärungshelfer:*) Wir mußten damals den Außendienst schulen, und sie ist kurzfristig dazugekommen, weil das Projekt in den Erziehungsurlaub von Frau Schutz verschoben wurde. Ich habe sie dann eingeführt, und wir haben uns die Arbeit aufgeteilt. Meinen Teil zeigte ich ihr kurz, und sie sagte darauf: «Das ist ja wohl nicht das, was der Chef haben will. Da verliert die Firma doch allein durch die Datenübertragungskosten auf Dauer 7 bis 10 Mio.»

D: Ja, da kriegte ich einen Schreck. Unsere Interpretationen der Aufgabe gingen sehr auseinander ... wie bringen wir das wieder zusammen? Und wir schicken die Leute raus, ohne das zu überprüfen ...

T: Es entzündete sich also die Frage: Ist das von mir durchgeführte Training im Sinne der Wirtschaftlichkeit?

Frau Schutz: Ja, er hat damals schon die Zukunftsversion geschult, die aber für die damalige Ausstattung noch gar nicht vorgesehen war.

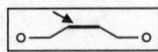

Herr Nachfolger: Diskutieren Sie bitte nicht die Details, sondern das Problem.

T: Ja, o. k. Wozu dienen diese ganzen Details hier – da ist noch ein alter Groll. Frau Distanz hat mich damals in die Pfanne hauen wollen. Und das ist gestern wieder hochgekommen, als sie mit «O Gott» darauf reagierte, daß ich in ihre Gruppe wechseln soll. Ich dachte, wir hätten die Geschichte damals erledigt. ich wurde sogar vom Chef rehabilitiert. Ich hatte wirklich kurz die Zukunftsvision vorgestellt, die Leute sind natürlich darauf geflogen. Schwerpunkt und eigentlich vermittelter Inhalt war aber die aktuelle und ausstattungsgemäße Nutzung des Programms. Sie, Doris, haben damals in meiner Abwesenheit einen Riesenzoff gemacht: den Chef informiert, der hat eine Krisensitzung anberaumt. Dort mußte ich vortragen, wie ich das denn wirklich im Seminar mache. Ich wurde dort – so steht es auch im Protokoll – freigesprochen und rehabilitiert.

KH: Sie hatten also den Eindruck, daß Ihnen geglaubt wurde?

T: Ja. Dieser Demonstration wurde geglaubt. Ich konnte auch noch schriftliche Beweise von anderen Unterlagen vorlegen. Eigentlich kann ich jetzt nicht verstehen, warum ich immer noch so eine Wut auf sie habe: «Mit der kannst du nicht, die ist nicht verläßlich, die ist link.» Das verstehe ich nicht. (*Zu Frau Distanz:*) Bei Ihnen sehe ich eine ähnliche Reaktion, wenn Sie «O Gott» sagen. Wahrscheinlich haben wir die ganze Geschichte einfach mit sehr viel freundlichen Worten und Schulterklopfen zugedeckt und haben sie nie innerlich verarbeitet. Das können wir jetzt vielleicht mal machen.

D: Diese Geschichte ist für mich beerdigt. Wir haben sie geklärt. Aber Sie haben dieses Gefühl von Linken offensichtlich immer noch. Ich fühlte mich damals sehr getroffen, daß Sie mir Eigennutz vorwarfen.

KH: Also, auf seine Kosten groß herauszukommen?

D: Ja. Ich dachte, wir konnten das klären, daß ich Ihnen nichts Böses wollte, sondern Unheil abwenden in einer Situation, in der nicht

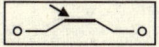

mehr viel Zeit war. Bei Ihnen sind es die Schnellschüsse, Attacken, Angriffe gegen mich vor Publikum, die mich stören. Dinge, die wir direkt hätten klären können. Und Sie wissen auch, daß Sie mich damit schon oft getroffen haben (*schweres Atmen*), daß Ihre Angriffe unter der Gürtellinie gelandet sind. Sie nehmen dann manches wieder zurück – aber der Pfeil sitzt erst mal. Ist es das, was Sie erreichen wollen? Wegen Ihres Gelinkt-Fühlens?

T: Nicht nur. Da ist noch etwas anderes. Wie Sie manchmal auftreten – das stört mich etwas. Die Lautstärke, mit der Sie sich über Nebensächlichkeiten ereifern, zum Beispiel gestern abend beim Essen. Ich könnte da manchmal nur noch schreien oder gehen. Das stört mich manchmal wahnsinnig. Ich ertrage so laute Leute nicht – das war schon immer so.

KH: Vermuten Sie denn, daß Sie aus dieser «Allergie» heraus die Angriffe starten?

T: Ja. Ich finde das auch nicht in Ordnung, daß ich dann auf so unadäquate Weise reagiere und Attacken und Schnellschüsse starte, aber vielleicht sollte ich mal alles zusammenkramen, was mich stört. Nicht als Vorwurf oder zur Reglementierung, sondern um es verständlich zu machen?

KH: Sie will es ja wissen, wo das alles herkommt, was sie so trifft.

T: Frau Distanz, ich kann nicht verstehen, daß Sie schon ein paarmal Schulungen abgegeben haben, die eigentlich Ihre Aufgabe waren. Das ist nicht Faulheit, sondern Drückebergerei – weil Sie lieber am Computer sitzen, anstatt zu trainieren. Sie fühlen sich vor den Außendienstlern doch unsicher – das ist nicht in Ordnung. Ich bin der Meinung: Wenn ich einen Job angenommen habe, muß ich das durchstehen – auch wenn ich ihn nicht mag oder mich nicht vorbereitet habe. Darüber ärgere ich mich.

KH: Möchten Sie auch manchmal Kurse abgeben?

T: Ja. Ich denke schon manchmal, was habe ich mir da wieder eingebrockt, aber abgeben würde ich es dann nicht mehr.

KH: Also, Sie verbieten es sich selber, so zu handeln, aber die Grundempfindung haben Sie auch?

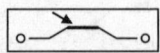

T: Das hat jeder mal, daß er sich der Gruppe nicht gewachsen fühlt. Ja. Doris, das ist mein großer Wunsch: Machen Sie den Job, schmeißen Sie sich rein – mit Ihrer ganzen Kompetenz. Stehen Sie es durch – das ist besser als diese ganze Drückebergerei.

KH (*leicht ironisch*): ... zumindest hätten wir dann keine Konflikte.

D: Sie empfinden das also als Drückebergerei, daß ich nicht gerne in Schulungen stehe? Da gibt es noch etwas anderes. Ich kann mich ja nur dann drücken, wenn das von oben gestützt wird.

T: Davon weiß ich nichts.

Frau Distanz beschreibt nun lange und sehr detailliert, wie es kommt, daß sie manchmal Schulungen abgibt. Im Vordergrund steht dabei Ihre Doppelbelastung durch die Einführung eines neuen Systems (DVV) und die laufenden Routine-Schulungen. Sie sei jetzt neuerdings nur noch mit 20 Prozent für die alten Schulungen zuständig und mit 80 Prozent für DVV. Sie betont sehr, daß das nicht ihre Idee war, sondern der Auftrag von oben. Die Kollegen schalten während dieser Darstellung ab, sind gelangweilt und teilweise genervt, weil Frau Distanz fast ausschließlich auf sachlicher Ebene spricht, obwohl ich sie mehrfach nach ihrer gefühlsmäßigen Reaktion auf den Vorwurf der Drückebergerei frage.

KH: Das war jetzt wieder alles das Sachliche. Können Sie noch mal innerlich nachschauen und gefühlsmäßig sagen, was an der Drückebergerei stimmt – und was nicht? Was stimmt daran, daß Sie nicht gern Schulungen leisten, besonders mit den Außendienstlern. Stimmt da überhaupt was dran – und wenn ja zu wieviel Prozent?

D: Jein. Zu 20 Prozent stimmt es, daß ich mit Vorbehalten in Schulungen gehe. Besonders wenn es Regionalleiter sind. Grundkurse hingegen mache ich sehr gern. Die Leute sind da unheimlich aufnahmebereit. Sie finden es spannend, und es macht mir viel Spaß. Da habe ich auch wesentlich weniger Schwierigkeiten mit Störun-

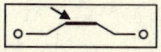

gen und Widerständen – mit denen ich schwer umgehen kann. Bei den anderen aber – das gebe ich ganz offen zu – bin ich dankbar für jede Schulung, die ich nicht machen muß.

T: Endlich ist es raus. Aber bei der ewigen Leier vorher hatte ich Probleme zuzuhören.

D: Warum, weil es zu langatmig war?

T: Ja, und weil es auch nicht mein Problem traf, sondern nur, was Sie davon abgehalten hat, daß es von anderen Leuten in Gang gesetzt wurde usw. Aber zum Thema Drückebergerei kam kein Wort. Und was mich jetzt beschäftigt, ist die Frage: Wie soll es in Zukunft gehen, wenn wir beide zusammenarbeiten? Wenn ich mich darauf verlasse, daß Sie eine Basis-Schulung machen, und Sie sagen kurz vorher ab, weil Ihnen etwas von DVV dazwischengekommen ist? Springe ich dann für Sie ein, oder wie soll das gehen?

KH: Gut, das ist die zweite Frage. Die möchte ich noch zurückstellen. Erst das mit der Drückebergerei.

D: Das empfinde ich als ungerechten Vorwurf, Herr von Tiefe, wie einiges in ähnlicher Richtung von Ihnen.

KH: Können Sie dazu Stellung nehmen, jetzt?

D: Ich empfinde es als unfair, als Drückeberger bezeichnet zu werden, ohne vorher gefragt zu werden, warum, aus welchem Anlaß ich etwas abgebe.

Herr Ruhe: Das haben wir doch jetzt alles gehört. Aber der Vorwurf schwingt noch nach.

KH: Weil sie nicht glaubhaft Stellung dazu bezieht. (*Zu Frau Distanz:*) Glaubhaft heißt für andere Leute etwas anderes als für Sie. Für Sie heißt glaubhaft: eine detaillierte, sachliche – ich möchte fast sagen – juristische Begründung. Die anderen sind dann gelangweilt, genervt und schalten ab. Ähnlich wie schon gestern bei der Vorstellung Ihres «Bildes». Da waren nur Worte drauf. Ich weiß nicht, ob Sie das selber merken. Sie reden fast nur auf der Sachebene. Sie haben schon gesagt: «Ich bin eine Freundin des Wortes». Ich merke dahinter ein wahnsinniges Ver-

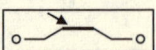

langen, sich zu verteidigen, Dinge richtigzustellen, um dadurch verstanden zu werden. Leider erreichen Sie damit das Gegenteil. Die Leute schalten ab und glauben Ihnen nicht, obwohl alles belegbar ist, was Sie sagen. Meine Empfehlung an Sie: Machen Sie das eine, lassen Sie das andere aber nicht. Sagen Sie: «Ich empfinde es als Vorwurf, habe das Gefühl, ungerecht behandelt zu werden, und will Ihnen jetzt beweisen, warum.» Das würde alles einfacher machen. Aber Sie haben die Marotte, zuerst das Sachliche ellenlang zu verbreiten und hinterher zu sagen: «... deswegen fühle ich mich ...» Da wachen die Leute dann wieder auf.

D (*nachdenklich*): Gerade anders herum also?

KH: Ja. Darf ich so zu Ihnen sprechen?

D: Ja.

Frau Schutz (*zu Frau Distanz*): Ich habe vor zwei Minuten das erstemal von Ihnen gehört, daß Sie zum Teil Schulungen nicht gern machen und Schwierigkeiten haben. Und über die ganzen Jahre haben Sie immer gesagt, Sie wären in irgendwelchen Vorbereitungen. Sie sind eine Freundin des Wortes – ich denke dazu: aber nicht der Tat. Schulungen sind aber Arbeit mit Menschen, und die machen Sie halt nicht gern.

KH (*zu Frau Schutz*): Sie möchten? (*Im Sinne von: Warum sagen Sie das jetzt?*)

Frau Schutz: Mir hat jetzt geholfen, daß Sie schlichtweg die Wahrheit gesagt haben und nicht so Pseudogründe, sondern: «Ich gehe da nicht gerne rein, weil ich Schwierigkeiten habe.» Das ist schlichtweg die Wahrheit, die ich immer vermutet habe. Wenn Sie dazu stehen und nicht irgendwelche Sachgründe aufbauen, wo ich dann abschalte und die ich nicht glaube, ist das eine neue Ebene zwischen uns.

KH: Nämlich? Was bewirkt das bei Ihnen, wenn sie die Gründe sagt und zugibt?

Frau Schutz: Das ist Erlösung. Karten auf den Tisch.

KH: Akzeptieren Sie das denn, wie es ist?

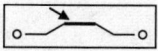

Frau Schutz: Ja. Ich akzeptiere das nicht nur, sondern es ist Teil der Lösung, wenn man so anfängt.

D: Ich habe im Moment das Gefühl, da wird was durcheinandergeschmissen. Schulungen, die ich nicht so gerne mache, und solche, die ich abgegeben habe. Zum Beispiel Regionalleiter mache ich nicht so gerne, muß ich aber machen.

KH: Darf ich mal doppeln? (*Doppelt Frau Distanz*)... Es ist nicht so, daß ich es bei allen Trainings, die ich ungern mache, so hindeichsle, daß ich sie nicht machen muß. – Stimmt das?

D: Ja. Nicht ganz. Es gibt auch Schulungen, die ich gerne mache. Das habe ich doch eben gesagt, und das muß man doch auch merken.

An dieser Stelle klinken sich die anderen ein, um mit vielen kleinen Hinweisen und Beispielen zu untermauern, daß Frau Distanz sich doch öfter drückt, als sie es bis jetzt dargestellt hat.

Herr Nachfolger: Ich werde jetzt sehr unruhig. Ich höre viele Details und Vermutungen. Es wird eine grundsätzliche Mißachtung der Arbeit der anderen deutlich – jeder gegen jeden. Das gefällt mir nicht. Hören Sie auf mit den Details, die die Nichtakzeptanz des anderen belegen.

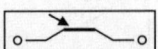

Aufgabe

Wie empfinden Sie das, und was folgt daraus?

- Sie fühlen sich vom Chef unterbrochen, spüren, daß ihm alles zuviel wird, vermuten, daß er daher die Notbremse zieht, und wollen auf seine Störung eingehen. Sie sagen: «Zum Glück kommt das Negative hervor. Es ist ein Zeichen des aufkeimenden Vertrauens.»
- Sie fühlen Sich vom Chef getadelt und möchten, daß er zufrieden ist. Daher sagen Sie: «Ja genau. Was sollen all diese Details aussagen?»
- Sie fühlen sich unterstützt und sagen: «Warum akzeptieren Sie sich alle nicht?»

KH: Es ist schon ein großer Vorteil, daß das ausgesprochen wird, weil es dadurch überhaupt erst mal rauskommt.

Herr Nachfolger: Ja gut, o. k.

KH: Jetzt kommt es hervor! Deswegen bin ich ruhiger als Sie. Die Vorbehalte werden deutlich, was ja nur auf der Grundlage des Vertrauens möglich ist. Vorher gab es diese Grundlage nicht, deshalb ist es da auch nicht hervorgekommen. (*Zu Frau Distanz:*) Sie haben vorher gesagt, daß Sie nicht wissen, was von Ihnen erwartet wird. Ich erwarte, daß Sie Stellung beziehen, reagieren, vor allem persönlich: im Sinne von «Ja, das stimmt» oder «Nein, das stimmt nicht» – und zwar menschlich, nicht sachlich.

D (*holt tief Luft und sagt dann langsam*): Also. Ich fühle mich sehr getroffen, daß andere meine Tätigkeit nachkontrollieren.

Herr Central: Ist dir das denn so neu, muß ich jetzt mal fragen?

D: Pfffff … eigentlich nicht.

Frau Distanz läßt sich von Herrn Central zu rasch von ihrem Gefühl ablenken, das sie endlich mal kurz genannt hat. Daher gebe ich einen Gegenimpuls.

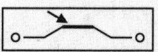

KH: Na ja, ein bißchen doch!

D: Ich spreche den Kollegen nicht das Recht zu, mich zu kontrollieren, weil ich das für eine Führungsaufgabe halte. Wenn die Kollegen aber direkt in Ihrer Tätigkeit betroffen sind, dann haben sie ein Recht dazu, das anzusprechen.

KH: Das stimmt, was Sie sagen – und trotzdem können Sie nicht verhindern, daß Kollegen einander Seitenblicke zuwerfen. «Ach, so macht die das – so könnte ich das auch machen.» Es wäre einfach günstig, wenn Sie jetzt etwas dazu sagen könnten, zum Beispiel, ich fühle mich nicht verstanden, oder ich fühle mich ...

D (*platzt laut heraus*): Ja, ich fühle mich nicht verstanden! (*Wirkt erleichtert.*)

KH: Ja, das müssen Sie sagen!

D: Also, ich habe schon oft das Gefühl gehabt, daß die Dinge, die mir Spaß machen, für andere völlig unerheblich sind. Die messen dann nur mit der eigenen Meßlatte. Keiner versucht mal zu verstehen – «Was machst denn du da eigentlich?» Ich möchte verstanden werden.

KH: Die Gelegenheit haben Sie jetzt. Sagen Sie, was Ihnen Spaß macht und warum Sie sich so verhalten, wie Sie es tun. Natürlich ist es Führungsaufgabe, sie zu kontrollieren. Aber hier in der Teamklärung kommen die Kollegen mit Gefühlen heraus, die sie daran hindern, Sie zu verstehen. Wenn Sie sich jetzt verweigern, dann bleibt das im Raum stehen. Im Moment haben Sie große Mühe, sich zu äußern, und das macht die Leute kribbelig.

D (*gibt sich einen Ruck*): Was mir sehr viel Spaß macht, ist die Erstellung von Schulungsunterlagen – auch für Kollegen. Das ist besser als die gleiche Schulung zum zehnten Mal durchzuführen.

T: Das kann ich gut verstehen, das geht mir auch so.

D: Ich finde Grundkurse toll, weil da neue Menschen sind ...

Herr Central: Die dich akzeptieren!

D: Ja.

Frau Herz: Die Ängste vor den Teilnehmern sind dann nicht da. Bei den Regionalleitern ist schon ein bestimmtes Image entstanden.

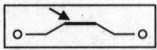

KH: Haben Sie ein schlechtes Image bei den alten Hasen?

D: Ja, (*tiefes Durchatmen*) ja. Von dem Feedback und den Schwierigkeiten, die ich in solchen Schulungen habe. Wobei Klärungsversuche entweder abgeblockt wurden, oder ich habe mich selber ge-
drückt, mich in den Ring zu begeben. Ja, da gebe ich zu, daß ich
ab und an versuche, mich zu drücken.

Aufgabe

Was sagen/tun Sie jetzt?

– Endlich haben Sie es zugegeben.
– Das ging aber lange und mühsam.
– Warum ist das so schwierig für Sie, etwas zuzugeben?
– (Nichts)

T: Ich glaube, das ist unser Problem, daß wir das immer nur oberflächlich behandelt haben und nie auf den Grund gekommen
sind. Ein Rest bleibt und wächst bis zum nächstenmal.

KH: Wie ist das denn jetzt, wo sie das gesagt hat?

T: Sehr gut. Ich beginne jetzt so langsam, einen Menschen zu erkennen. Laß uns mehr so sprechen. Wir waren doch auch schon öfter
mal so weit, aber dann reißt es immer irgendwo ein. Wir haben in
unseren Zweiergesprächen große Tiefe erlangt.

D: Ja. Wieso können wir auf dieser Basis nicht etwas Gemeinsames
machen?

Beide sind ratlos.

KH (*doppelt Frau Distanz*): Herr von Tiefe, wieso suchen Sie immer
wieder die Öffentlichkeit, um mir etwas Schlimmes zu sagen, was
Sie mir eigentlich privat sagen müßten? Das steckt dann wegen
der Öffentlichkeit als Pfeil in mir. – Ist das richtig so?

D: Ja.

T: Das ist ein berechtigter Vorwurf, das wird mir jetzt klar. Antwort:
Wenn wir zu zweit sind, sind Sie eine andere als wenn Sie in einer

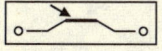

größeren Gemeinschaft sind. Da fühle ich mich von Ihnen verlassen. Weil Sie nicht mal durch einen kurzen Seitenblick erkennen lassen, daß wir vertraut sind, sondern sich abstrakt, laut, für mich entfremdet, verhalten.

KH: Sie verleugnet?

T: Das ist ein gutes Wort. Nach dem Motto «Das war zwar ein gutes Gespräch, aber jetzt will ich nichts mehr mit dir zu tun haben. Ich muß mich wieder um die anderen kümmern, auftreten und laut sein.» Das stört mich, und ich wünsche mir mehr Nachdenklichkeit, etwas Leiseres, mehr Sensibilität.

Frau Herz: Frau Distanz ist immer so streng zu sich. Immer die tapfere Frau Distanz. Die, die ich so kenne, wenn sie bei mir ist, die weiche, die zeigt sie selten in der Gruppe. Das muß ich alles heraushören, und das finde ich schade. Ich habe nicht nur fachlich, sondern auch menschlich viel von ihr profitiert.

T: Auch mit Christian verbinden mich solche Gespräche. Wenn wir uns dann im Flur begegnen, ist Einverständnis zwischen uns da. Das spüre ich in unserer Beziehung, Doris, nicht.

D: Das trifft mich sehr.

Frau Distanz ist sichtlich gerührt und sehr nachdenklich. Die Stimmung in der Gruppe ist plötzlich ruhig und weicher. Es folgt eine ruhige Schweigepause.

KH (*zu Frau Distanz*): Was hindert Sie sonst, im großen Kreis so zu sein wie jetzt gerade?

D: Ich glaube, ich selber, die Angst, verletzbar zu sein.

KH (*doppelt Frau Distanz*): Ich habe Angst, von euch verletzt zu werden, daß Ihr darüber lächelt, wenn ich mal schwach bin, oder es sonstwie ausnutzt. Vor jedem einzelnen habe ich keine Angst, aber vor euch als «Meute».

D: Ja, vor allem, was mehr als drei ist. Tatsächlich. (*Sehr nachdenklich:*) Was machen wir jetzt mit mir? Was soll ich da machen?

KH: Es gibt gar nichts zu machen mit Ihnen. Die Angst vor der

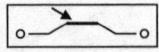

Gruppe hat einen Grund. Ich kenne das auch von mir selber. Ich bin paradoxerweise gerade in den Beruf gegangen, wo diese Angst ist. Aber auch wenn man das weiß, Frau Distanz, ist sie dadurch nicht außer Kraft gesetzt. Es ist nur klar, und alle wissen, daß es so ist. Und können jetzt ein bißchen behutsamer mit Ihnen umgehen, wenn Sie hart und unverletzbar wirken. Die wissen dann, es ist nicht wahr, es ist nur eine Fassade.

D (*lacht überrascht, erheitert*): Ja, diese Fassade mußte ich aufbauen in meinem Leben.

KH: Das ist normal und manchmal nützlich.

D: Nur darf es nicht so sein, daß es fast unmöglich ist, dahinter zu gucken.

Herr Central: Ja. Das hat mich jetzt auch dazu gebracht, dich zu akzeptieren.

KH: Trotzdem ist die Fassade wichtig. Wenn Sie mal nicht akzeptiert werden, können Sie trotzdem überleben, zum Beispiel bei den Regionalleiterkursen.

D: Nein, ich habe das Gefühl, daß das auch irgendwie provozierend ist, alles hochschaukelt und Widerstände hervorruft. Ich bleibe dann in dieser Fassade wie in einer Rüstung stecken, habe keine Löcher und komme nicht mehr raus.

KH: Ja, das habe ich bei Ihnen so empfunden. Und Herrn von Tiefe nehme ich so wahr, daß er Sie nicht nur aus Verletztheit «anbohrt», sondern auch aus Sehnsucht. Er will Sie wieder aus Fleisch und Blut spüren. Nicht diese eiskalte Rüstung. Sie können wirklich ganz eiskalt und sachlich Dinge darstellen, und nichts kommt dann an Sie heran – das habe ich jetzt zweimal beobachtet. Das kann provozieren.

D: Ich denke, darin liegt auch der Grund, warum ich Schwierigkeiten in manchen Schulungen habe.

KH: Ist das denn auszuhalten für Sie, wenn Sie jetzt ohne Rüstung in der Gruppe sind?

D: Nicht leicht. Ich weiß nicht, warum da so viel Mauer, Kopf und Rüstung ist. Da bin ich stark – sonst nicht.

KH: Ja, wenn man auf der Analyse-Ebene kognitiv angegriffen wird, trifft es einen ja auch nicht so.

T: Doris, vielleicht gibt es Gelegenheiten, das zu trainieren. Sie müssen ja nicht schwach bleiben.

Da ich keine Diskussion über den Vorschlag von Herrn von Tiefe will (Kann man Schutzlosigkeit üben?), aber sein Anliegen dahinter verstehe, formuliere ich es etwas um.

KH (*zu Frau Distanz*): Möchten Sie gerne hören, wie andere das machen?

D: Ja.

KH: Gibt es andere, die auch diese Angst vor der Gruppe – der Meute – haben? Kennt das jemand von sich selber, dann mag er bitte erzählen, wie er oder sie damit umgeht.

Daraufhin entsteht ein allgemeiner Erfahrungsaustausch, wie jeder mit der Angst vor Gruppe umgeht. Der Tenor ist, daß alle, besonders Frau Distanz, in schwierigen Gruppensituationen mehr auf den «Bauch» hören wollen, als sie es normalerweise tun. Es entsteht eine solidarische Stimmung. Ich beteilige mich sowohl persönlich als auch in meiner Rolle als Fachmann an der Diskussion. Als Klärungshelfer erkläre ich, was erlebt wurde, um es auch dem «Kopf» zugänglich zu machen – dieser Einschub ist wieder ein kleiner Abstecher in die Phase 4, «Erklärungen und Lösungen».

KH: Also, mir geht es auch so wie Ihnen, Frau Distanz. Mir hilft auch der Kopf in vielen Gefühlsnotsituationen. Der weiß in jeder Situation, wie man sich verhalten muß, müßte, sollte und was man da noch sagen kann. Ich bin eben auch ein Freund des Wortes wie Sie, ich kann das alles auch. Aber ich finde, das ist nicht das Wahre. Es ist ein Schutzschild. Wenn mich jemand unerwartet frontal angreift, muß ich mich dahinter zurückziehen können,

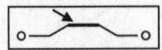

wenn es mich trifft und ich geknickt bin. Besonders wenn ich es nicht zeigen will oder kann und deshalb cool bleibe. Für mich ist es wichtig, das zu können und jederzeit zur Verfügung zu haben. Ich habe das lange geübt in meinem Leben, aber es ist nicht angenehm. Es ist einsam, traurig und allein. – Ich habe noch eine zweite Methode, damit umzugehen: Flucht nach vorne. Ich sage zum Beispiel vorher schon, wie es mir geht oder auch nur gehen könnte, bevor ich dazu gezwungen werde, das zu zeigen. Zum Beispiel Unsicherheit in Situationen, wo ich gerade sicher sein sollte, wie in der beruflichen Rolle. Auch diese Lösung, bei der ich immer alles im Griff habe, ist nicht angenehm. Die dritte Methode ist die schönste und war für mich lange die schwierigste: zu zeigen, wie es mir gerade geht. Ich rede nicht darüber. Ich stehe zum Beispiel bedröppelt da, mache keinen Hehl daraus, wie ich fühle: feuchte Hände haben, zeigen, daß ich unsicher bin, mir vorkomme wie bestellt und nicht abgeholt oder eingeschnappt bin. Das darf dann sein, vor allem vor mir selber. Ich habe zwar einen hohen Anspruch an mich, daß das nicht passieren soll. Aber ich bin eben nicht abgeschnitten von den anderen Menschen. Diese können dann auch eher zeigen, wer und wo sie gerade innerlich sind. Und dadurch entsteht wirklicher Kontakt. Manchmal unangenehm, aber letztlich immer gut. Die anderen Menschen sind meistens froh, wenn sich einer als erster wirklich zeigt. So jemand ist oft ein Eisbrecher in der arktischen Zwischenmenschlichkeit. – Aber es gibt auch Situationen, wo man sehr gut gefrühstückt haben muß, um durchzustehen, so ungeschützt zu sein. Besonders wenn andere dann weiter hauen und stechen.

Darauf ergibt sich eine Diskussion, inwieweit man als Nichtpsychologe so etwas auch anwenden kann und will. Nach einer Weile wende ich mich wieder an Frau Distanz und Herrn von Tiefe:

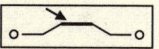

KH: Wollen Sie noch etwas sagen, wie geht es Ihnen, kann man das jetzt so lassen?

T: Ich bin sehr berührt und betroffen. Ich habe auch etwas über mich selbst gelernt. Ich habe diese Angriffe gemacht, um sie mal weich zu sehen, um mit ihr innerlich mehr in Kontakt zu kommen. Das war mir nicht bewußt. Ich merke erst jetzt, wie sehr ich Ihnen weh getan habe, und es tut mir leid für jedes Mal. Das war alles Neuland. So haben wir in diesem Kreis noch nie miteinander geredet.

D: Also, ich kann nicht gerade behaupten, daß ich jetzt ruhig bin (*atmet schwer*). Ich kämpfe immer noch mit mir selber – aber doch, ich bin erleichtert.

KH: Muß von den anderen noch etwas gesagt werden, bevor wir diese Klärung abschließen?

Niemand hat etwas.

KH: Gut, dann machen wir jetzt Pause.

In dieser Klärung wurde wenig gedoppelt, weil sich die Konfliktparteien größtenteils schon sehr offen und direkt ausgedrückt haben. Das liegt unter anderem auch daran, daß es sich um eine der späteren Klärungen im Prozeß handelt und die Konfliktparteien schon aus den vorhergegangenen Klärungen lernen konnten. Außerdem ist die Stimmung in der gesamten Gruppe nach den vorhergegangenen Klärungen weicher und offener als zu Beginn des Seminars.

Im weiteren Verlauf des Nachmittags finden noch die Klärungen zwischen Herrn Ruhe und Herrn Central sowie die Einzelklärungen von Frau Herz und Frau Unab-Hängig statt. Nach der Kaffeepause teilt Frau Schutz mit, daß ihr Mann sich wider Erwarten entschlossen hat, morgen zu Hause zu bleiben. Sie kann also doch noch weiter an der Klärung teilnehmen.

Die Klärungen des Nachmittags verlaufen mühelos, direkt und immer kürzer. Ich muß deutlich weniger steuern und eingreifen. Das ist ein Zeichen dafür, daß die Stimmung in der Ab-

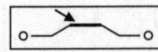

teilung erleichtert ist und die Mitarbeiter verstanden haben, wie und warum Konfliktklärung funktioniert. Es hat sich ein metakommunikatives Klima etabliert, das eine Weile halten wird: Man kann ansprechen, wenn etwas komisch, schwierig oder verwirrend ist, ohne abgewiesen oder schlechtgemacht zu werden.

In einer kurzen Abschlußrunde äußern sich alle zufrieden mit dem Verlauf des zweiten Klärungstags und wünschen sich, zum Abschluß noch eine Musik zu hören.

Der dritte Tag der Klärung beginnt wieder mit einer Morgenrunde.

Herr von Tiefe hat dann noch ein Anliegen an Frau Schutz. Nach der Bearbeitung dieses Anliegens ist die Dialogphase der Klärung um 10 Uhr beendet.

Praxis, Phase 4:
Erklärungen und Lösungen

Zu diesem Zeitpunkt muß nichts mehr erklärt werden. Das kann auch anders sein. In diesem Fall jedoch habe ich schon während der Phase 3 die notwendigen Erklärungen eingeflochten. Die Stimmung in der Gruppe ist ruhig und zukunftsorientiert. Aus diesem Grund werden nun die Sachthemen in Angriff genommen. Damit sind wir jetzt auch im Bereich der Lösungen angekommen.

Eine Sammlung der noch ausstehenden Sachthemen ergibt folgende Liste:
- Arbeitsaufteilung im Sekretariat,
- Abteilungsmeetings,
- neue Abteilungsstruktur,
- Zukunft der Abteilung,
- Konfliktprophylaxe/Teamsolidarität.

Auf Nachfrage zieht Herr von Tiefe sein Thema «Regelung der Zusammenarbeit mit Frau Distanz» zurück.

Ich frage in die Runde, welche Themen heute vordringlich behandelt werden sollen. Nach kurzer Diskussion einigen sich die Teilnehmer auf ein Auswahlverfahren, in dem jeder drei Stimmen zu vergeben hat. Es siegt als dringendstes Thema die Zukunft der Abteilung, gefolgt von der Arbeitsaufteilung im Sekretariat, an dritter Stelle rangiert Konfliktprophylaxe/Teamsolidarität.

Die Zukunft unserer Abteilung.
Eine allgemeine Eröffnungsdiskussion zum Thema ergibt folgende inhaltliche Stichpunkte:
- Werden wir als Abteilung ausgegliedert?
- Was heißt es, eine Serviceabteilung zu sein?

 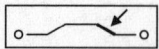

- Haben wir ein internes Monopol?
- Sind wir als Profitcenter zu teuer?
- Sind wir Stunden- und Taglöhner?
- Wir sollen wie freie Software-Spezialisten denken, sind aber gebunden und abhängig.
- Was heißt es, interne Kunden zu beraten und zu pflegen?
- Müssen wir dazu lügen, Fehler schönreden?
- Dürfen wir keine Zeit haben und Aufträge ablehnen?
- Müssen wir unser eigenes internes Marketing betreiben?
- Oder nur schneller und billiger sein?
- Kritik an uns ansaugen statt Augen schließen.

Die Diskussion verläuft sehr offen, solidarisch und trotzdem kontrovers. Es sind sich alle einig, die Zukunft zuversichtlich und aktiv anzupacken. Dann werden drei unterschiedliche Varianten in Kleingruppen erarbeitet – Outsourcing (Ausgliederung), Profitcenter und Serviceabteilung, wie bisher. Jede Kleingruppe erarbeitet Chancen, Gefahren, Knackpunkte und Ziele mit Verhaltensweisen für ihre Zukunftsvariante. Die Resultate werden ausgetauscht und gegenseitig abgeglichen. Das Ergebnis ist für die Abteilung inhaltlich befriedigend. Alle fühlen sich für die Zukunft gewappnet und gehen in gelöster Stimmung zum gemeinsamen Mittagessen. Nach dem Thema «**Arbeitsaufteilung im Sekretariat**» wird am Nachmittag als letzter inhaltlicher Punkt «**Konfliktprophylaxe / Teamsolidarität**» bearbeitet.

KH: Können mal bitte diejenigen, die dieses Thema heute morgen gewählt haben, sagen, was es dazu zu sagen gibt?

Es entsteht folgende Stichpunktsammlung:
- Was heißt das konkret?
- Gemeinsamkeiten und individuelle Wege,
- Standardanforderungen angleichen,
- Qualitätskontrolle,

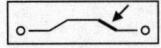

- gegenseitige Einarbeitung in Spezialwissen,
- wechselseitige Kontrollen und Kritik, um besser zu werden,
- den neuen Kollegen rasch einführen und integrieren,
- unterschiedliche Kompetenzen benennen und bewerten,
- Ängste und Vertrauen,
- die Vielfalt der Unterschiedlichkeit akzeptieren, nutzen und ausgleichen.

In der folgenden Diskussion muß ich, im Gegensatz zum ersten Sachthema, die allgemeine Begeisterung bremsen. Ich vertrete dabei die Realität der Konkurrenz und der inneren Ängste. Als Advocatus Diaboli bringe ich mehrmals unrealistische «Sonntagsschulentscheide» zu Fall. Die Lösungen und Verabredungen, die trotzdem bleiben oder erst dadurch zustande kommen, sind dann etwas kleiner und bescheidener:

- Alle, die Schulungen machen, veröffentlichen unter sich das Schulungsmaterial.
- Für die Abteilungsbesprechung wird ein Standard-Tagesordnungspunkt verabredet: Klima, Solidarität und schwierige Gefühle.
- Herr Central wird Einführungspate für den neuen Mitarbeiter, der voraussichtlich in drei bis vier Monaten kommen wird.
- Frau Distanz macht beim nächsten Regionalleitertreffen mit Herrn von Tiefe zusammen eine Einführung in das DVV-Projekt.
- Frau Jung wird von Herrn Central zu einer Schulung mitgenommen, damit sie mal erlebt, was sie organisieren soll. Sie nimmt an der Schulung normal teil, um die Außendienstsoftware besser kennenzulernen.

Praxis, Phase 5: Abschluß

Gegen 16:30 Uhr, nach einer kleinen Pause, beginnt die Abschlußphase. Da noch Sachthemen zur Bearbeitung ausstehen und in den nächsten Monaten einige Veränderungen und Bewährungen eintreten werden, schlägt Herr Nachfolger ein Folgetreffen in sechs Wochen vor. Das wird allgemein bejaht. Ich bin einverstanden, rate aber dringend, das Nachfolgetreffen frühestens in drei Monaten einzuberufen, um dem neuen Alltag eine Chance zu geben. Wir einigen uns auf ein eintägiges Nachfolgetreffen in drei Monaten im firmeneigenen Seminarraum.

Nachdem so das weitere Verfahren geklärt ist, kann die Abschlußrunde beginnen.

KH: Wir haben in dieser Klärungsklausur schon einige Runden gemacht, daher ist alles Wesentliche bereits gesagt, nehme ich an. Zum Schluß noch die Frage an alle: Was muß noch gesagt werden, was ist noch nicht gesagt worden?

Die Teilnehmer sind mit der Klärungshilfe zufrieden. Frau Distanz ist erstaunt über sich selber, darüber, daß sie so froh ist. Sie war sich gar nicht bewußt, wie sehr ihr das alles doch zu schaffen gemacht hatte. Erst jetzt, wo es geklärt ist, merkt sie es. Herr Ruhe hatte gehofft, daß eine Klarheit erreicht wird, aber nicht damit gerechnet. Frau Schutz spricht von einer Lawine, die in eine positive Richtung losgetreten wurde. Ich selber bin auch zufrieden und warne nochmals davor, die gemeinsame Zusammenarbeit ab jetzt allzu blauäugig zu sehen.

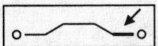

KH: Es wird wieder Probleme geben. Daß Sie jetzt einiges geklärt haben, ist keine Garantie für Konfliktfreiheit und Harmonie in der Zukunft. Das einzige, was Sie jetzt haben und vorher nicht hatten, ist das Wissen, daß sich auch scheinbar Unklärbares klären läßt. Und daß dieser Vorgang zwar unangenehm ist, trotzdem aber gut sein kann. Auch daß sie sich gegenseitig im Alltag bei den fälligen Klärungen helfen können.

Dann bedanke ich mich noch einmal offiziell für den Auftrag und übergebe dem Chef der Abteilung, Herrn Nachfolger, den Stab.

Herr Nachfolger: Ich bin froh, daß ich durch Herrn Central die Idee und die Adresse für diese Klärung erhalten habe. Sie war nötig. Ich bedanke mich bei allen, daß Sie mitgemacht haben. Ich fahre mit einem Ergebnis nach Hause, das mich froh macht. Endlich ist die Vergangenheit vergangen, und ich kann mit Ihnen bei Null anfangen. Das stimmt mich froh. Das stimmt mich für unsere Zukunft befreit. Ich danke Ihnen allen. Kommt gut nach Hause.

Praxis, Phase 6: Nachsorge

Ich habe in der Zwischenzeit mit Herrn Nachfolger telefoniert, um den Termin zu bestätigen und mich zu erkundigen, wie es geht und ob das Follow-up Sinn macht und stattfinden kann, wie geplant war.

Zum vereinbarten Termin erscheinen alle pünktlich. Herr Nachfolger eröffnet die Sitzung mit optimistischen Worten und übergibt an mich. Nach meiner Begrüßung rege ich eine Anfangsrunde an.

Aufgabe
Wie eröffnen Sie die Runde?

KH: Wie ist es Ihnen in den letzten drei Monaten ergangen? Was hat sich bewährt, welche Rückschläge gab es? Was hat nicht funktioniert? Das letzte Bild, das ich von Ihnen habe, ist, wie sie erschlagen und zufrieden aus der Klärung gehen. Wie sieht es jetzt aus, und was ist heute zu besprechen?

Frau Distanz findet, daß auch der Umgang mit den Kunden profitiert habe. Frau Herz lobt das alltägliche Bemühen umeinander. Auch Frau Unab-Hängig findet die Zusammenarbeit entkrampft und lebendig. Herr Ruhe ist zufrieden über den leichteren Umgang untereinander. Herr von Tiefe sagt, daß sich die Abteilungskultur wesentlich verbessert habe. Heute möchte er hier inhaltlich und konzeptionell arbeiten. Frau Schutz findet alles menschlicher, schonender und behutsamer. Es sei sogar Freude aufgekommen. Herr Nachfolger lobt alle

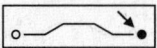

und beschreibt auch, wie die Effizienz und Schnelligkeit bei der Arbeit zugenommen haben. Einzig Herr Central bedauert, daß alles noch nicht supertoll ist. Er würde jedenfalls noch mit gebremsten Schaum fahren. Zudem fühlt er sich immer noch am Rand der Abteilung. Aber insgesamt ist es jetzt gut.

Daraus ergibt sich, zusammen mit den alten Themen, folgende Besprechungsliste:
- Herr Central am Rande der Abteilung,
- Abteilungsmeetings,
- neue Abteilungsstruktur,
- Einbindung von Frau Distanz (Projekt DVV) in die Abteilung,
- Schnittstelle mit der Personalabteilung im Bereich Training,
- Team-Teaching-Formen für die Schulungen,
- interne Qualitätskontrolle.

Ich versichere mich noch mal, daß es nicht noch andere Themen für die Beziehungsklärung gibt. Das wird glaubhaft verneint.

Aufgabe
Mit welchem Thema möchten Sie beginnen?
Wie oder wer entscheidet das?

Ich schlage vor, mit dem Thema von Herrn Central zu beginnen.

Zunächst schildert Herr Central die Situation aus seiner Sicht. Die Angesprochenen nehmen Stellung – es zeigt sich bald, daß Herr Central aus Unsicherheit heraus verschiedene Signale und Begebenheiten fehlgedeutet hat, was die anderen auch verstehen können. Er ist erleichtert.

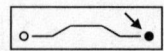

Als erstes großes Sachthema werden vor dem Mittagessen noch die **Abteilungsmeetings** besprochen.

In Zweiergruppen (es sollen sich die wählen, die in der täglichen Arbeit nicht so eng miteinander arbeiten) sollen positive und negative Äußerungen zum normalen Ablauf auf Karteikarten gesammelt werden. Jede Gruppe präsentiert ihre Ergebnisse nach 12 Minuten Miniteam-Arbeit. Das ergibt ein reiches, aber doch einheitliches Meinungsbild. Die Punkte werden gruppiert und nacheinander durchgesprochen. Die Ergebnisse:

– Abteilungskonferenz 14tägig, statt monatlich.
– Der Chef leitet sie weiterhin, nicht weil er die Führungskraft ist, sondern weil er von allen als neutral anerkannt wird.
– Wenn die Sitzungsleitung vom aktuell besprochenen Thema stark betroffen ist, gibt sie die Leitungsfunktion an einen unbetroffenen, neutraleren Teilnehmer weiter.
– Wenn jemand etwas besprochen haben will, soll er es bis zwei Tage vorher am internen Brett genau bekanntgeben.
– Herr Nachfolger soll vor oder in einer Diskussion immer sagen, ob sie konsultativ, meinungsbildend oder entscheidungswirksam ist.
– Zu Beginn jeder Abteilungssitzung wird eine Anfangsrunde gemacht wie hier im Klärungsseminar. Jeder kann und möge kurz etwas über sich sagen, damit man sich aufeinander einstellen kann und eventuell vorgewarnt ist, wie es jemandem geht. Dies geschieht nach dem Prinzip: «Kontakt kommt vor Kooperation.»
– Abstimmungen dürfen erst erfolgen, wenn niemand mehr das Wort ergreifen will.
– Als Argument gilt nicht nur Fachliches wie bisher, sondern auch Zwischenmenschliches, Firmenpolitisches, Gefühlsmäßiges und anderes «Unsachliches». Alles, was sowieso da ist und wirkt. Daher ist es öffentlich willkommen.
– Zum Schluß jeder Sitzung leitet der Chef eine Abschluß- und

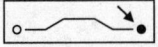

Feedbackrunde (Blitzlicht) ein: Wie wurde die Sitzung geleitet? Welches Klima herrschte? Wie ging es mir? Wie ertragreich war die Zusammenkunft?

Am Nachmittag werden zunächst die Themen
- **Neue Abteilungsstruktur** und
- **Einbindung von Frau Distanz (Projekt DVV) in die Abteilung**

effektiv und in konzentrierter Stimmung bearbeitet. Aus Zeitgründen werden die restlichen drei Themen nach der Kaffeepause in parallel laufenden Kleingruppen bearbeitet und anschließend in der Großgruppe präsentiert und verabschiedet.

Unterdessen ist es fast 18 Uhr geworden. Die Teilnehmer sind müde. Nach einer kurzen Schlußrunde, in der alle sehr befriedigt sind, verabschieden sie sich. Es wird kein neuer Termin vereinbart, die Klärung ist abgeschlossen.

Ich melde mich nach einem knappen Jahr noch einmal telefonisch bei Herrn Nachfolger und erfahre die Neuigkeiten der Abteilung.

Drei Jahre später bekomme ich einen Anruf von Herrn Nachfolger, der vor zwei Jahren eine weitere Abteilung dazubekommen hat, mit der er auch eine Teamentwicklung machen möchte.

Ausbildung und Supervision

Ausbildung

Wenn Sie beim Lesen dieses Buches das Gefühl hatten, daß Sie schon mehr oder weniger so vorgehen wie hier beschrieben, dann brauchen Sie natürlich keine Ausbildung mehr, außer Intervision und Supervision, die ohnehin jeder benötigt.

Wenn Sie hingegen das Gefühl haben: «Oh, das ist ja alles spannend und interessant, aber das ist so vielschichtig und schwierig, daß ich das nie lernen kann», dann richtet sich dieses Kapitel an Sie.

Menschen, die Klärungshilfe lernen wollen, sind meiner Erfahrung nach in jeweils einem Teilgebiet bereits gut informiert. Die einen kommen von der **organisatorischen** Seite her, haben vielleicht selber viele Jahre in Produktion, Dienstleistung oder Verwaltung gearbeitet, eventuell als Führungskraft. Sie kennen sich mit Arbeitsabläufen, Strukturen, Hierarchien und mit den Rechten und Pflichten von Arbeitnehmern aus. Sie brauchen Aus- und Weiterbildung im **Psychologischen**: zwischenmenschliche Kommunikation, Umgang mit Gefühlen und Konflikteskalationen, neurotische Mechanismen etc. Die andere Gruppe von Interessenten für Klärungshilfe kommt bereits aus diesem Bereich. Sie kennen sich mit den menschlichen Dynamiken aus und müssen noch die strukturelle Dynamik einer Organisation mit Führung, Strategie, Profit und sachlicher Orientierung durchschauen lernen. **Für beide kommt dann zusätzlich noch die Verknüpfung dieser Teilgebiete als Lernschritt dazu.**

Ich habe dieses Buch geschrieben, um die Klärungshilfe in ihrer ganzen Breite und für jeden erreichbar darzustellen – vom Ablauf über die Feinheiten bis zu Stolpersteinen und Schwierigkeiten. Bisher gab es einen kompletten Überblick nur in Kursen, die von meinen Kollegen und mir angeboten werden.

Wenn jemand dieses Grundwissen hat (aus Buch oder Kursen) und sich nun praktisch als Klärungshelfer erproben will, schlage ich folgendes Vorgehen vor.

1. **Praktisches Üben** in kleinen Kontexten, zum Beispiel
   - wenn Sie Seminarleiter sind, und es ergibt sich ein Konflikt zwischen Seminarteilnehmern;
   - wenn Sie Personalbetreuer oder Führungskraft sind, und es ergibt sich ein Konflikt in Ihrem Arbeitsgebiet, an dem Sie nicht beteiligt sind.

   In diesen Situationen können Sie das eine oder andere probieren, zum Beispiel die Grundhaltung, konkrete Techniken (aktives Zuhören, Zusammenfassen, Moderieren), oder sogar die Phasen anwenden und vielleicht auch das Doppeln.

2. **Hospitieren**. Ich nehme immer einen Ausbildungskandidaten oder Kollegen in meine Klärungshilfen mit. Er ist immer dabei und bekommt den Ablauf «live» mit. In den Pausen und abends sprechen wir dann die Ereignisse durch. Wenn Sie in Ihrem Kollegenkreis Gelegenheit haben zu hospitieren, dann greifen Sie zu. Es lohnt sich. Sollte eine Hospitanz nicht möglich sein, dann empfehlen Sie im Konfliktfall einen professionellen Klärungshelfer und bitten ihn, bei seiner Klärungshilfe hospitieren zu dürfen.

3. **Co-Leitung** mit einem erfahrenen Leiter.

4. Sie **leiten,** und der erfahrene Leiter wird zum Supervisor, der immer dabei ist.

5. **Supervision**. Vor- und Nachbesprechung der Fälle mit einem erfahrenen Kollegen (einzeln oder in Gruppe).

Die Ausbildung soll Sie vor allem befähigen, in die Praxis zu gehen und in der Praxis zu leiten; natürlich nicht von Anfang an fehlerfrei, aber **korrekturfähig**. Dabei lernt man am meisten. Nehmen Sie dabei nie Fälle an, die Sie überfordern. Beginnen Sie klein, zum Beispiel in Zweierklärungen.

Klärungshilfe ist kein rein handwerklicher Prozeß. Es ist immer auch viel Psychisches und Gefühlsmäßiges im Spiel, bei den Konfliktpartnern **und** beim Klärungshelfer. Es kann nicht schaden, sich mit seinen eigenen Anteilen, der eigenen Persönlichkeit, der Art und Weise, wie man selber funktioniert, auseinanderzusetzen. Das geschieht am wirksamsten in einer Psychotherapie, kann aber auch in Selbsterfahrung oder Supervision geschehen.

Ausbildungsmöglichkeiten
Über aktuelle Weiterbildungen, Seminare und eine mehrteilige Ausbildung in Klärungshilfe erfahren Sie mehr, wenn Sie sich schriftlich an den Autor wenden (bitte mit Ihrer Faxnummer).
Christoph Thomann
Fax 0041/(0)31/8792320

Meine persönlichen
Voraussetzungen für die Klärungshilfe

Von Haus aus bin ich ein harmoniesüchtiger Streitvermeider. Ich schnappe ein, bin empfindlich, aufgebracht und manchmal duckmäuserisch, fühle mich nicht verstanden oder ungerecht behandelt und bin auch beleidigt. Ganz anders, als Erwachsene oder Profis in Konflikten zu sein hätten. Nebenbei gesagt eben so, wie Chefs und Mitarbeiter meistens auch sind, die sich in schweren Konflikten befinden. Weil sie sich dann schämen, kindisch zu wirken, können sie nur schlecht Hilfe suchen. Ich kann sie gut verstehen.

Wir Konfliktvermeider sind es ja, die große und scheinbar unlösbare Konflike überhaupt entstehen lassen. Wir schweigen lange, schlucken und übersehen Differenzen großzügig. So schieben wir die Konflikte vor uns her und verschlimmern sie dadurch.

Es sind nicht diese Voraussetzungen, die mich a priori zu einem guten Konfliktklärer machen, sondern daß ich mir dessen bewußt bin und diese Seite bei mir und anderen nicht verurteile.

Meditation
Werden auch Sie sich bewußt, welche Art der Konfliktverarbeitung, welches Konfliktverhalten Sie von Haus aus mitbringen. Sind Sie ein wilder Streiter, ein Rächer oder ein Wahrheitsfanatiker? Ziehen Sie sich zurück, sind Sie distanziert, lächeln oder rationalisieren Sie? Oder schweigen Sie einfach, bis alles vorüber ist?

Wie auch immer, Sie sind willkommen im Profi-Club der Konfliktklärer. Alle diese Muster sind herkömmlich, normal und legitim, obwohl sie auch alle ungünstig sind. Wenn Sie sich Ihres Musters bewußt sind, es auch im privaten Alltag beobachten können und sich dafür nicht verurteilen, wird Ihnen dies auch mit den Konfliktparteien und in Ihren beruflichen Beziehungen gelingen. Voraussetzung dafür ist, daß Sie nicht innerlich gegen die Konfliktparteien und deren «unmögliche» Konfliktmuster kämpfen. Äußerlich müssen Sie natürlich schon handlungsfähig werden und etwas dagegen unternehmen können.

Eine weitere Voraussetzung, die ich mitbringe, ist die Kontaktfähigkeit, die ich in die Wiege gelegt bekommen habe. Es handelt sich dabei eher um eine äußere Kontaktfähigkeit, die es mir ermöglicht, in fast allen Situationen auf die unterschiedlichsten Menschen zuzugehen, auch wenn sie verhärtet, erbost, abweisend oder distanziert sind. Daß dies nicht nur ein gutes

Geschenk ist, sondern daß dahinter auch Kontaktbedürftigkeit steht, ist mir erst später in der Psychotherapie klargeworden. Der Nachteil dieses Geschenks ist die Gefahr, die innere Mitte zu verlieren und nur noch bei den anderen zu sein. Weil ich von anderen abhängig bin und nicht zur Ruhe kommen kann, wenn die anderen nicht ruhig sind. Daraus entsteht möglicherweise ein Übermaß an Aktivismus meinerseits, während mein Gegenüber immer passiver wird.

Meditation

Machen Sie sich Ihr Kontaktverhalten bewußt. Wie gestalten Sie Kontakte? Was fällt Ihnen leicht, was fällt Ihnen schwer? Was steht dahinter, daß es Ihnen so leicht oder so schwer fällt? Das Thema Bedürftigkeit, Machtstreben, Sicherheitssuche, Freiheitsbedürfnis, vielleicht das Grundgefühl, unfrei zu sein? Oder müssen Sie sich anstrengen, um im Kontakt bestehen zu können?

Der Komfortweg zu dieser Bewußtheit ist die Psychotherapie: sich in die Klientenrolle begeben und Therapie am eigenen Leib zu erleben. Es gibt auch andere Wege, die etwas zur Bewußtheit beitragen können, zum Beispiel das Gespräch mit Vertrauten, Partner, Freunden oder das Schreiben eines Tagebuchs, in dem Belastendes zur Sprache und zu Papier gebracht wird. Auch Supervision und Intervision sind geeignet, um gezielt, anhand der täglichen Arbeitserfahrungen, nach solchen Schwachstellen und blinden Flecken zu suchen. Besonders Erfahrungen aus Arbeiten, die nicht reibungslos und gut abgelaufen sind, sollten genau unter die Lupe genommen werden. Klärungshilfe-Anfängern empfehle ich, mindestens in den ersten zehn Jahren ihrer Tätigkeit Supervision und Intervision zu nehmen.

Wenn ich sage, daß die eigene Psychotherapie ein komfortabler Weg ist, stimmt das nur grundsätzlich. Konkret ist das natürlich oft auch ein Leidensweg. Allerdings ein selbstgesuchter, zum Teil auch selbstgestalteter Leidensweg, der viele sonstige Leiden überflüssig macht (Krankheiten, Schicksalsschläge, Unfälle, Krisen). Das Schicksal muß (so hoffe ich) nicht mit härteren Schlägen nachdoppeln, um mich zu zermürben und weichzumachen. Ich bin überzeugt davon, daß es das Ziel des Schicksals ist (in dessen Dienst auch die Konflikte stehen), unsere Fassaden und inneren Schalen zu zermürben und uns menschlich zu machen, damit die Liebe in uns und zwischen uns ganz Einzug halten kann. Nicht Liebe, die etwas will, sondern Liebe, die gibt. Bis es allerdings so weit ist, brauchen wir noch viele Ermahnungen des Schicksals und eben auch Konflikte.

Die eigene Therapie war für mich der mühsamste Teil meiner Entwicklung zum Klärungshelfer. Ich mußte vom hohen Roß der Professionalität, die ich schon hatte, herunter. Ich mußte den Weg vom Kopf in den Bauch finden und ins Herz. Prestige, Mißtrauen, Macht, Absicherung und Distanz mußte ich dabei hinter mir lassen.

Ein weiterer Meilenstein war die Ehetherapie, die ich selber mit meiner Partnerin gemacht habe. Ich habe mich lange dagegen gesträubt, wie übrigens auch gegen die Einzeltherapie. Schon allein dieses Sichsträuben ist als Erlebnis wichtig. Mindestens eine der Konfliktparteien kommt mit diesem akuten Gefühl in die erste Stunde; Gefühle des Widerstands, des Trotzes, der Angst, der Scham (daß ich es nicht alleine schaffe), Angst vor Gesichtsverlust, vor allem vor sich selber, das Eingestehenmüssen der Hilfsbedürftigkeit.

> Sie dürfen keine Therapie machen, wenn Sie nicht wollen.
> Auf keinen Fall, weil es andere sagen. Aber wenn Sie wollen, machen Sie eine. Wollen Sie? Möchten Sie mehr über
> Ihre Angst und Ihre Lebensfreude herausfinden? Es ist
> nicht der einzige Weg der Persönlichkeitsentwicklung.
> Wenn Sie sich sowieso in sich und in alle anderen einfühlen
> und alle lieben können, dann brauchen Sie keine Therapie.
> Den anderen, die Sympathie und Antipathie automatisch
> verteilen, denen rate ich langfristig hingegen zur Therapie.

Diese ganzen Zermürbungen haben mir geholfen, meine Klienten besser zu verstehen und sie klar, ruhig und sanft konfrontieren zu können. Das Wort «sanft» spielt dabei eine Extrarolle. Mit «sanft» ist nicht gemeint, die Spitze in Watte zu packen oder den Spiegel, in den die Konfliktpartei schauen soll, zu verschleiern. Ich meine damit, daß ich mit der Konfrontation keine Vorwurfshaltung, gefühlsmäßige Allergie oder Aversion von meiner Seite mittransportiere. Statt dessen soll der Konfrontation eine grundsätzliche Akzeptanz der anderen Person zugrunde liegen. Konfrontation ist an und für sich schon bedrohlich genug.

Erst meine Psychotherapie hat bei mir die gewöhnlichen Sozialisationsmuster von Männern aufgebrochen, die ich auch bei meinen Klienten in der Klärungshilfe antreffe. Ich fasse sie unter den Stichwörtern zusammen: strategisches Denken, Produktorientiertheit, Erfolgsorientiertheit, Gesichtswahrung, Juristisches, Betriebswirtschaftliches, Volkswirtschaftliches, Geld und Sicherheit. Sie nähren sich aus der Abwehr von darunterliegenden Unsicherheiten, Bedürftigkeiten, Schamgefühlen, dem Gefühl, ausgeliefert, unverstanden und zu kurz gekommen zu sein, Ohnmacht, Einsamkeit, Scheu, Kränkungen, dem Eindruck, ausgelacht und abgewiesen zu werden. Ich war genauso in mein Macht- und Sicherheitsgebaren verstrickt. Mittlerweile erkenne ich diese Strukturen bei anderen schon (sehr schnell) aus Distanz. Hierbei gilt das gleiche wie bei der Konfliktscheu: Wenn ich etwas bei mir annehme, kann ich es bei anderen besser und klarer sehen, ohne daß ich es ihnen vorwerfen muß. Ich trete nicht mehr auf gleicher Ebene mit den anderen in einen Konkurrenz- und Machtkampf oder einen Austausch von Mißtrauen. Ich kann ihnen helfen, sich davon zu befreien. Einerseits habe ich Verständnis für Menschen, die so ihre Ängste abwehren oder ihr Innerstes schützen, andererseits kann ich diese Faktoren in der berufliche Zusammenarbeit und in der sachlichen, organisatorischen, strukturellen Beschaffenheit des Umfeldes gut einschätzen. Ich hadere zum Beispiel nicht mit Organisationsstrukturen, Hierarchien, juristischen Verträgen, strukturellen Abläufen, die vorgegeben sind. Sie sind mir auch nicht heilig. Ich kann ihren ursprünglichen Sinn sehen und wiederherstellen, für das gemeinsame Ziel nutzen und das auch anderen schmackhaft machen.

Meditation

Werden Sie sich darüber klar, was Sie sich geschworen haben, damit Sie Ihre untergründigsten Ängste und schlimmsten Erfahrungen nie mehr erleben müssen. Was haben Sie dagegen unternommen? Sie müssen als Klärungshelfer Ihren Auftraggebern und den Konfliktparteien nicht gleichen, müssen nicht die gleiche Sozialisation erfahren habe. Ganz gleich, ob Sie Mann oder Frau sind. Sie müssen nur Ihre Art, die Grundverletzung Ihres Lebens zu bewältigen, kennen, akzeptieren und wohlwollend betrachten können, dann sind Ihnen die anderen Arten auch zugänglich.

Als weiterer Faktor eher fachlicher, handwerklicher Art war für mich die langjährige Praxiserfahrung als Paar- und Familientherapeut wichtig, in der ich auch ausgebildet wurde. Ich habe über zehn Jahre als Paartherapeut gearbeitet und dabei täglich im Konfliktfeld gestanden. Dabei konnte ich die Konfliktdynamik zwischen Menschen beobachten und aushalten lernen. Außerdem wurde mir dort das allgemeine Handwerk des Verstehens, Vermittelns, Konfrontierens und Deeskalierens zur Routine.

Ich habe auch eine Einzeltherapie-Ausbildung und habe lange Zeit als Psychotherapeut gearbeitet. Dabei habe ich viele Stunden damit verbracht, Menschen unterschiedlichster Art, die mir zum Teil nicht von Anfang an zugänglich und sympathisch waren, zuzuhören. Darunter waren auch Menschen, mit denen ich im Alltag sonst nichts zu tun gehabt hätte und auch nichts zu tun haben wollte. Ich habe dabei immer wieder beobachtet, wie diese Aversionen und Antipathien geschmolzen sind wie das Eis in der Sonne, sobald ich wirklich Kontakt zu ihnen bekommen habe. In diesen Stunden habe ich gelernt, mich einzufühlen, zuzuhören und zu verstehen, was mir nicht auf Anhieb verständlich war.

> Gehen Sie mit den unterschiedlichsten Menschen in Kontakt, nicht nur mit denen Ihrer Art oder Ihrer Schicht, sondern auch mit den Außenseitern Ihres Systems, seien es nun Kapitalisten, Politiker, Prostituierte, Pfarrer oder Sportfans – wer auch immer die Außenseiter Ihres Systems sind …

Supervision und Intervision

Supervision
Nach- und Vorbesprechung von Klärungshilfen mit einem erfahrenen Außenstehenden.

Intervision
Austausch unter ungefähr gleich erfahrenen «Kollegen» über Erfahrungen und schwierige Fälle. Gegenseitige Unterstützung nach dem Prinzip «Vier oder sechs Augen sehen mehr als zwei». Die eigene Betriebsblindheit wird durch die Sicht der anderen ausgeglichen.

Supervision und Intervision sind unverzichtbar für die Arbeit als Klärungshelfer. Ich habe selber jahrelang Supervision und Intervision genommen und nehme es heute noch. Es ist jedesmal eine Bereicherung, mit anderen Sichtweisen konfrontiert zu werden. Und jedesmal hat sich in den Fällen, die ich eingebracht habe, durch mehr Klarheit etwas zum Guten geändert. Für den Anfänger hat Supervision auch den Charakter der Nachausbildung. Er wird auf Versäumnisse und Fallstricke hingewiesen. Für den Fortgeschrittenen besitzt Supervision neben dem Fortbildungsaspekt immer mehr die Bedeutung einer berufsbezogenen Selbsterfahrung. Themen sind dann:
- Erfolgsdruck,
- Eigenanteile bei Antipathien gegen Auftraggeber und Konfliktparteien,
- Gefühlsgrenzen,
- Existenzangst,
- Sympathien und Vorurteile,
- Umgang mit Verletzungen.

Das alles dient nicht dem Selbstzweck, sondern der notwendigen ständigen Verbesserung in diesem beruflichen Bereich.

Ohne supervisorische Begleitung über Jahre hätte ich mich nicht so entwickeln können. Ich möchte das jedem Klärungshelfer ans Herz legen: Suchen Sie sich eine Gruppe von gleichgesinnten, in gleichem Sinn arbeitenden Menschen oder einen Ort, wo Sie Supervision nehmen können. Sprechen Sie dort regelmäßig anhand konkreter Anliegen über Ihre Arbeit, besonders über die schwierigen Punkte, wo etwas nicht funktioniert hat, zäh war oder ins Gegenteil umgeschlagen ist. Da all diese Fehler und schwachen Punkte natürlich nicht nur mit den Klienten, sondern auch mit Ihnen und Ihrer Person zu tun haben, wird jede Supervision auch ein Stück persönliche Entwicklung und Therapie sein. Und das ist spannend! Anfangs hat mich das erstaunt, da ich dachte, daß manche Teilnehmer, die mir Schwierigkeiten machen, objektiv unmöglich sind. Ich mußte dann in jedem einzelnen Fall einsehen, daß ich auch unmöglich war, daß jeder etwas dazu beiträgt. Die Konfliktklienten haben ohnehin das Recht, unmöglich zu sein, deswegen melden Sie sich ja bei einem Klärungshelfer. Ich als Klärungshelfer habe natürlich auch das Recht auf meine unmöglichen Seiten, habe aber gleichzeitig die Pflicht, mich als mein Arbeitsinstrument zu entwickeln und von Irrungen und blinden Flekken zu befreien. Wie das letztlich geschieht, ist nicht so wichtig. Es ist allerdings von Vorteil, das Setting, in dem man selber arbeitet, auch als Teilnehmer erlebt zu haben. Jemand, der Zweierklärungen macht, sollte auch mit seinem Partner eine Zweierklärung mit eigenen existentiellen Problemen (durch)gemacht haben. Jemand, der als Teamklärer arbeitet, sollte auch Gruppensituationen erlebt haben, in denen er als Teilnehmer im eigenen Team mit seiner Art und Weise Thema wurde, sich mit der Andersartigkeit der anderen auseinandersetzen und sich mit seinen Ecken und Kanten zeigen mußte.

Literatur

Besemer, Christoph: Mediation. Vermittlung in Konflikten. Stiftung Gewaltfreies Leben (Königsfeld), Werkstatt für Gewaltfreie Aktion, Baden (Heidelberg – Freiburg) 1995

Cohn, Ruth: Von der Psychoanalyse zur Themenzentrierten Interaktion. Suttgart 1975, Klett Cotta

Glasl, F.: Konfliktmanagement. Ein Handbuch für Führungskräfte und Berater. Stuttgart 1990, Verlag Freies Geistesleben.

Gordon, Thomas: Familienkonferenz. Die Lösung von Konflikten zwischen Eltern und Kindern. Hamburg 1972, Hoffman und Campe.

Redlich, Alexander: Konfliktmoderation. Windmühle GmbH.

Renner, Claudia: Wege aus dem Konflikt. Leitende Prinzipien einer Klärungshilfe an einem Fallbeispiel aus dem beruflichen Alltag. Diplomarbeit am Fachbereich Psychologie, Universität Hamburg, 1993. Unter demselben Titel in der Reihe «Materialien» der Arbeitsgruppe Beratung und Training, hg. von Alexander Redlich. Fachbereich Psychologie der Universität Hamburg, Band 9 (1995), erschienen.

Riemann, Fritz: Grundformen der Angst. Eine tiefenpsychologische Studie. München, Basel 1989, Reinhardt Verlag.

Rogers, Charles: Therapeut und Klient: Grundlagen der Gesprächspsychotherapie. München 1977, Kindler Verlag.

Schulz von Thun, Friedemann: Miteinander reden 1. Störungen und Klärungen. Allgemeine Psychologie der Kommunikation. Reinbek 1997, Rowohlt Taschenbuch Verlag.

Schulz von Thun, Friedemann: Miteinander reden 2. Stile, Werte und Persönlichkeitsentwicklung. Differentielle Psychologie der Kommunikation. Reinbek 1997, Rowohlt Taschenbuch Verlag.

Schulz von Thun, Friedemann: Miteinander reden 3. Das «Innere Team» und situationsgerechte Kommunikation. Reinbek 1998, Rowohlt Taschenbuch Verlag.

Tausch, Reinhard, und Tausch, Anne-Marie: Gesprächspsychotherapie. Göttingen 1979.

Thomann, Christoph, und Schulz von Thun, Friedemann. Klärungshilfe. Handbuch für Therapeuten, Gesprächsleiter und Moderatoren in schwierigen Gesprächen. Reinbek 1997, Rowohlt Taschenbuch Verlag.

Satir, Virginia: Kommunikation, Selbstwert, Kongruenz: Konzepte und Perspektiven familientherapeutischer Praxis. Paderborn 1990, Junfermann Verlag.

Watzlawick, Paul, Beavin, Janet, Jackson, Don: Menschliche Kommunikation. Bern 1969, Verlag Hans Huber

Watzlawick, Paul, Weakland, John, Fisch, Richard: Lösungen. Bern 1974, Verlag Hans Huber.

Widmer, Samuel: Ins Herz der Dinge lauschen. Vom Erwachen der Liebe. Solothurn 1989, Nachtschattenverlag.

rororo science

Kopfnüsse für Querdenker

John D. Barrow
Ein Himmel voller Zahlen
*Auf den Spuren
mathematischer Wahrheit*
3-499-19742-1

Pierre Basieux
Abenteuer Mathematik
*Brücken zwischen Wirklichkeit
und Fiktion*
3-499-60178-8

Beck-Bornholdt/Dubben
Der Hund, der Eier legt
*Erkennen von Fehlinformation
durch Querdenken*
3-499-61154-6

Dietrich Dörner
Die Logik des Misslingens
*Strategisches Denken
in komplexen Situationen*
3-499-19314-0

László Mérö
Die Logik der Unvernunft
*Spieltheorie und die Psychologie
des Handelns*
3-499-60821-9

Gero von Randow
Das Ziegenproblem
Denken in Wahrscheinlichkeiten
3-499-19337-X

Tschernjak/Rose
**Die Hühnchen von Minsk
und 99 andere hübsche
Probleme**

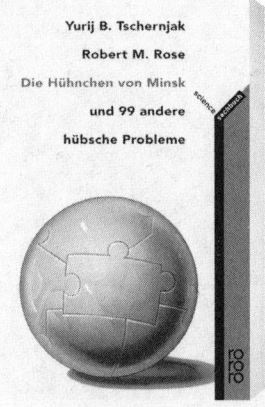

3-499-60363-2

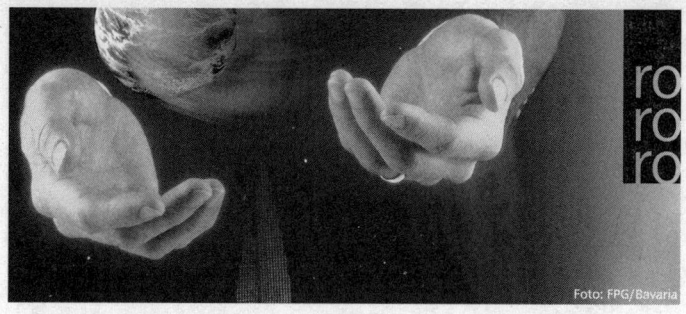

Politik, Zeitgeschichte, Gesellschaft

«In Zeiten wie diesen gehört viel Mut dazu, den Finger in die Wunden des Westens zu legen.»
Süddeutsche Zeitung

Brisard/Dasquié
Die verbotene Wahrheit
Die Verstrickungen der USA
mit Osama bin Laden
3-499-61501-0

Martin/Schumann
Die Globalisierungsfalle
Der Angriff auf Demokratie
und Wohlstand 3-499-60450-7

Prenzlauer Berg Museum/
Annett Gröschner
«Ich schlug meiner Mutter die
brennenden Funken ab»
Berliner Schulaufsätze aus dem
Jahr 1946 3-499-60834-0

Inge Viett
Nie war ich furchtloser
Autobiographie 3-499-60769-7

Donella Meadows/Dennis
Meadows/Jorgen Randers
Die neuen Grenzen des
Wachstums
3-499-19510-0

Daniela Dahn
Spitzenzeit

Lebenszeichen aus einem
gewesenen Land 3-499-61117-1
Wenn und Aber
Anstiftungen zum Widerspruch
3-499-61458 8
Westwärts und nicht vergessen
Vom Unbehagen in der Einheit
3-499-60341 1

3-499-61451-0

Abb: Archiv für Kunst und Geschichte, Berlin/Alma Tadema

science

Mathematik, Physik, Medizin, Philosophie, Kunst, Genetik – so kommt die Wissenschaft in den Kopf

Pierre Basieux
Die Top Ten der schönsten mathematischen Sätze
3-499-60883-9

Jörg Blech
Leben auf dem Menschen
Die Geschichte unserer Besiedler
3-499-60880-4

Richard Dawkins
Das egoistische Gen
3-499-19609-3

Michio Kaku
Im Hyperraum
Eine Reise durch Zeittunnel und Paralleluniversen
3-499-60360-8

Detlef B. Linke
Kunst und Gehirn
Die Eroberung des Unsichtbaren
3-499-60258-X

James Trefil
Physik im Strandkorb
Von Wasser, Wind und Wellen
Professor James Trefil ist komplexen Naturerscheinungen auf den Grund gegangen – ein Kolleg auf hohem Niveau, voller vergnüglicher Geschichten!

3-499-19683-2

rowohlts monographien
Begründet von Kurt Kusenberg, herausgegeben von Wolfgang Müller und Uwe Naumann.

Eine Auswahl:

Konrad Adenauer
dargestellt von
Gösta von Uexküll
(50234)

Kemal Atatürk
dargestellt von Bernd Rill
(50346)

Anita Augspurg
dargestellt von
Christiane Henke
(50423)

Willy Brandt
dargestellt von Carola Stern
(50232)

Heinrich VIII.
dargestellt von
Uwe Baumann
(50446)

Adolf Hitler
dargestellt von
Harald Steffahn
(50316)

Thomas Jefferson
dargestellt von
Peter Nicolaisen
(50405)

Rosa Luxemburg
dargestellt von
Helmut Hirsch
(50158)

Nelson Mandela
dargestellt von
Albrecht Hagemann
(50580)

Franklin Delano
Roosevelt
Alan Posener

Mao Tse-tung
dargestellt von
Tilemann Grimm
(50141)

Franklin Delano Roosevelt
dargestellt von Alan Posener
(50589)

Helmut Schmidt
dargestellt von Harald
Steffahn
(50444)

**Claus Schenk Graf von
Stauffenberg**
dargestellt von
Harald Steffahn
(50520)

Richard von Weizsäcker
dargestellt von
Harald Steffahn
(50479)

Weitere Informationen in der
Rowohlt Revue, kostenlos in
Ihrer Buchhandlung, und im
Internet: www.rororo.de

rowohlts monographien

rowohlts monographien
Begründet von Kurt Kusenberg, herausgegeben von Wolfgang Müller und Uwe Naumann.

Alfred Andersch
dargestellt von
Bernhard Jendricke
(50395)

Lou Andreas-Salomé
dargestellt von Linde Salber
(50463)

Bettine von Arnim
dargestellt von
Helmut Hirsch
(50369)

Jane Austen
dargestellt von
Wolfgang Martynkewicz
(50528)

Simone de Beauvoir
dargestellt von
Christiane Zehl Romero
(50260)

Wolfgang Borchert
dargestellt von
Peter Rühmkorf
(50058)

Albert Camus
dargestellt von
Brigitte Sändig
(50635)

Raymond Chandler
dargestellt von
Thomas Degering
(50377)

Joseph von Eichendorff
dargstellt von
Hermann Korte
(50568)

Ernest Hemingway
Hans-Peter Rodenberg

Theodor Fontane
dargestellt von
Helmuth Nürnberger
(50145)

Frauen um Goethe
dargestellt von Astrid Seele
(50636)

Ernest Hemingway
dargestellt von
Hans-Peter Rodenberg
(50626)

Henrik Ibsen
dargestellt von
Gerd E. Rieger
(50295)

James Joyce
dargestellt von Jean Paris
(50040)

Ein Gesamtverzeichnis der Reihe *rowohlts monographien* finden Sie in der *Rowohlt Revue*. Vierteljährlich neu. Kostenlos in Ihrer Buchhandlung. Rowohlt im Internet: www.rowohlt.de

rowohlts monographien
Begründet von Kurt Kusenberg, herausgegeben von Wolfgang Müller und Uwe Naumann.

Hannah Arendt
dargestellt von
Wolfgang Heuer
(50379)

Aristoteles
dargestellt von J.-M. Zemb
(50063)

Walter Benjamin
dargestellt von Bern Witte
(50341)

René Descartes
dargestellt von Rainer Specht
(50117)

Johann Gottlieb Fichte
dargestellt von
Wilhelm G. Jacobs
(50336)

Michel Foucault
dargestelt von
Bernhard H. F. Taureck
(50506)

Georg Wilhelm Friedrich Hegel
dargestellt von
Franz Wiedmann
(50110)

Karl Jaspers
dargestellt von Hans Saner
(50169)

Immanuel Kant
dargestellt von Uwe Schultz
(50101)

Jean-Paul Sartre
dargestellt von
Christa Hackenesch
(50629)

Jean-Paul Sartre
Christa Hackenesch

Karl Marx
dargestellt von
Werner Blumenberg
(50076)

John Stuart Mill
dargestellt von
Jürgen Gaulke
(50546)

Friedrich Nietzsche
dargestellt von Ivo Frenzel
(50634)

Jean-Jacques Rousseau
dargestellt von
Georg Holmsten
(50191)

Karl Popper
dargestellt von
Manfred Geier
(50468)

Der Wiener Kreis
dargestellt von
Manfred Geier
(50508)

Ludwig Wittgenstein
dargestellt von
Kurt Wuchterl
und Adolf Hübner
(50275)